本书系中共中央宣传部2015年中国特色社会主义理论体系研究中心重大课题"弘扬核心价值观与继承传统文化研究"（2015YZD12）、2016年教育部人文社会科学重点研究基地重大项目"社会主义核心价值观社会认同伦理研究"（16JJD720016）的阶段性成果

道德·价值·文化丛书

自由的哲学论证

康德批判哲学解读

江 畅／著

科学出版社

北 京

图书在版编目（CIP）数据

自由的哲学论证：康德批判哲学解读 / 江畅著 . —北京：科学出版社，2017.12

（道德·价值·文化丛书）

ISBN 978-7-03-055556-4

Ⅰ . ①自⋯　Ⅱ . ①江⋯　Ⅲ . ①康德（Kant，Immanuel 1724-1804）－哲学思想－研究　Ⅳ . ① B516.31

中国版本图书馆 CIP 数据核字（2017）第 283468 号

丛书策划：侯俊琳　樊　飞

责任编辑：侯俊琳　樊　飞 / 责任校对：何艳萍

责任印制：张欣秀 / 封面设计：无极书装

科 学 出 版 社 出版

北京东黄城根北街 16 号

邮政编码：100717

http://www.sciencep.com

北京虎彩文化传播有限公司 印刷

科学出版社发行　各地新华书店经销

*

2017 年 12 月第　一　版　　开本：720×1000　B5

2018 年 2 月第二次印刷　　印张：18 1/4

字数：365 000

定价：**99.00 元**

（如有印装质量问题，我社负责调换）

本书写于 1986 年前后，是我大学本科毕业留校任教后不久写作的。写这本书的时候，出版学术著作非常困难，不像现在可以通过提供出版资助出书。当然，即使当时有这样的机会，我作为一位青年教师实际上也无力支付。初稿写成后，我曾经请过名家推荐，但未能如愿出版。后来，我有了很多出版著作的机会，但又一直忙于读学位、教学、科研、学科建设以及行政工作，没有时间对这部手稿进行整理和修改。因此，这部书稿一直留存到今天。促使我今天整理出版这部书稿的直接原因是我准备出版我的文集。在整理过去文稿的过程中，我发现这部著作今天仍然有一定的学术价值和现实意义，于是我请我的学生将书稿录入电脑，我本人最后整理修订定稿，在这里呈现给读者。

我是"文化大革命"后的第一届（即"七七级"）大学生。在大学毕业前，当时我就读的武汉师范学院政治教育系为了充实教师队伍，决定让我和另外三位同学提前半年到中国人民大学和北京大学进修，准备进修回校后留校任教。当时我进修的专业是伦理学，为了学好伦理学，我不仅在中国人民大学和北京大学聆听了罗国杰、马博宣、许启贤、宋希仁、魏英敏等教师有关伦理学原理和伦理思想史的课程，而且因为伦理学是哲学的一个分支，我也选修了不少哲学原理、哲学史方面的课程。其中对我影响最大的是中国人民大学苗力田先生的两门课，一是康德的《道德形而上学的奠基》；二是西方英文哲学原著选读。当时苗先生正在翻译《道德形而上学的奠基》（后来他以《道德形而上学原理》书名出版），他一边翻译一边给学生讲解。我正是受他授课的影响而关注康德的。我在北京进修两年后，回校教授了两年伦理学课程就转教西方哲学史。鉴于康德在西方哲学史上的重要地位，我最初科研关注的焦点就放在了康德批判哲学上，于是边学习康德的著作，边写起了这本书，那时大致是 1985 年下半年。

当时康德著作的中译本非常有限。《纯粹理性批判》只有蓝公武先生的半文言半白话的译本，《道德形而上学的奠基》只有唐钺先生的译本，书名为《道德形而上学探本》，《实践理性批判》有关文运先生的译本，《判断力批判》是韦卓民先生的译本。除以上这些主要著作有中译本之外，康德的其他著作似乎都没有中译本。

我的德文不好，不能直接阅读康德的德文原著，也找不到康德著作的英译本。于是，我就研读以上所列的几部主要著作，并以它们为依据对康德哲学进行阐述。正因为如此，所以本书只是涉及康德的几部主要著作，而没有涉及康德的其他著作。当时国内出版的研究康德的著作也很少，好像只有李泽厚先生和郑昕先生的研究著作以及齐良骥先生为《西方著名哲学家评传》写的"康德"辞条。因此，本书涉及有关康德研究的成果也较少。

　　本书在文献资料方面存在明显的局限，研究的文本主要限于康德的几部主要中译本著作，而且也是本人的处女作，有很多不足，特别是内容不够翔实，也较缺乏学术深度，但本书还是有其独特的价值。本书从自由问题与康德哲学关系的角度，对康德的批判哲学做了初步的考察和研究，提出了一种新的解释，认为康德哲学是关于自由的哲学，是对自由可能性、实在性和始因性的哲学论证，自由问题是康德哲学体系的出发点和核心。在我看来，自由和必然的关系问题是西方哲学史上长期争论不休而又没有得到解决的重大哲学问题，康德是在对历史上的自由意志主义和决定主义进行批判考察的基础上，以解决自由与必然关系问题，特别是自由问题作为他的哲学的根本目的和主要任务的。正是以解决这个问题为出发点和核心，康德建立起了他的批判哲学体系。我认为，为了解决自由问题，康德从自由与必然的关系角度，分别对自由的可能性、实在性以及自由对必然的作用（始因性）进行了较为详细的论证。本书还对康德自由思想的社会实质，康德自由哲学的理论价值及其历史影响也分别作了考察。我认为，康德的自由思想是近代资产阶级革命时期的时代精神的哲学精华和升华，同时也是人类追求自由要求的系统的哲学反映。批判哲学体系作为人类思想史上的第一个自由哲学体系，对于马克思主义哲学，对于现代西方哲学，特别是其中的人文主义思潮产生了深刻的影响。本文在论述康德哲学的过程中，对于康德研究中的不同观点和看法也提出了商榷意见。正是基于对本书的以上认识，我觉得本书特别有助于初步接触康德批判哲学的读者从总体上把握康德哲学，也对从事西方哲学教学和研究的教师全面理解康德哲学有某种启迪意义。这正是本人出版本书的初衷。

　　在整理本书的过程中，考虑到它是本人的一部有纪念意义的作品，因而几乎没有作什么大的修改。修改主要在两个方面：一是本书过去的引文都是比较早期的康德著作中译本的版本，这次全部改为李秋零教授主编的《康德著作全集》中译本。选择他的译文并不是因为他的译本质量更高（我德文不好，没有能力做出这样的评价），主要是因为他主编的《康德著作全集》揽括了康德的所有著作，这样便于读者查对。二是对于过去的一些表述作了相应的调整，一般都统一到李秋零教授的中译本所采用的译名。例如，"悟性"统一改为"知性"、"物自体"或"自在之物"

统一改为"物自身",《道德形而上学探本》或《道德形而上学基础》改为《道德形而上学的奠基》,等等。

本书从字迹十分潦草难认的草稿到今天这样成熟的文稿,得益于我的几位同事、学生和学术助手。我的同事洪华华老师和蔡利平老师组织了整个手稿的誊抄和录入工作。我的三位硕博连读生蔡梦雪、陶涛、宋进斗及其他一些同学将书稿录入电脑,使之转化为电子文本,她(他)们还帮我校对了全部的引文,做了人名术语的摘录。我的学术助手李巧萍女士对录入的文稿进行了校对,并将原来的引文转换为新的引文。她(他)们的工作为本书的最终完成作了充分的准备,在此我要深深地感谢她(他)们。本书毕竟是本人的处女之作,诸多方面极不成熟,错误不妥之处亦很多,在此我恳请读者和方家谅解、海涵,更希望得到诸位的批评和赐教!

本书是本人主持的 2016 年教育部人文社科重点研究基地重大项目"社会主义核心价值观社会认同伦理研究"(16JJD720016)、中共中央宣传部 2015 年度中国特色社会主义理论体系研究中心重大课题"弘扬核心价值观与继承传统文化研究"(2015YZD12)的一项阶段性成果,也是本人作为中华文化发展湖北省协同创新中心、湖南省中国特色社会主义道德文化协同创新中心、中国人民大学伦理学与道德建设研究中心、清华大学道德与宗教研究院研究员的一项科研成果。本书的出版得到了湖北省教育厅"十三五"省属高校优势特色学科群"中国文化传承与发展"、湖北大学哲学学院湖北省重点特色学科哲学学科和湖北省道德与文明研究中心项目经费的资助,得到了科学出版社的大力支持,责任编辑樊飞先生为本书的出版提供了全力帮助,在此一并深表谢忱!

目录

第一章　自由问题在康德思想体系中的地位（上）

自康德的批判哲学问世至今，有关康德哲学的研究成果真可谓是汗牛充栋，不可胜数，对他的哲学也有众多的评说。笔者在对康德哲学初步研读之后感觉自由问题是康德批判哲学的中心问题，认为他的整个批判哲学体系就是围绕这一中心问题构建起来的。在笔者接触的非常有限的有关文献中，未发现有研究者持这种观点，故不揣浅薄，将自己的研读心得呈示给读者，希望得到方家的指正和批评。

一、康德批判哲学体系的出发点和核心

自由问题在康德思想体系中的地位如何，特别是在整个批判哲学体系中的地位如何，在康德思想研究中，这似乎是一个没有定论的问题。康德的后继者黑格尔曾经指出过，康德哲学是以卢梭的自由原则为基础的。他说："这个原则（即卢梭提出的自由原则——引者注）提供了向康德哲学的过渡，康德哲学在理论方面是以这个原则为基础的。"[1] 黑格尔的这个论断道出了康德哲学的思想实质。但是，他并没有对自由问题在康德思想体系中的地位进行具体研究和做出评价。18世纪英国伦理学家西季威克认为，自由学说是康德学说的最重要组成部分之一，但是，对这个断言并没有做出详细的论证，而且这个论证本身也是有很大片面性的。[2] 后来的许多外国学者研究过康德的自由问题，但是往往从伦理学的角度去研究它，特别是把自由问题与道德责任问题联系起来。如英国的蒂尔在研究康德的自由问题时，主要是把自由与道德评价中的善恶责任联系起来，认为康德的自由学说只是为了从理论上说明人的善恶责任提出来的。[3] 苏联著名哲学家凡·费·阿斯穆斯在其《康德的哲学》中认为，对于康德来说，"承认自由是必要的，因为不然的话，就不可能承认人对他所做的一切事情所负的责任，而报应的公正也就成为不可能了。"[4] 在国内，康德关于自由问题的思想长时期被人们所忽视。堪称我国认真介绍康德哲学的第一部专著的郑昕先生所著的《康德学述》，没有专门谈

---

① ［德］黑格尔：《哲学史讲演录》第四卷，贺麟、王太庆译，商务印书馆1978年版，第234页。

② 西季威克在《康德的自由意志概念》中认为，康德关于道德的学说和关于自由的学说是他的学说的两个最重要的组成部分。但他并没有进行证论，而且，他把康德的自由学说与道德学说并列起来并不恰当，因为康德关于自由的学说是包含在他的全部思想体系之中，特别突出地反映在道德学说之中的。

③ Cf. A. E. Teale, *Kantian Ethics*, Chapter 12, Greenwood Press, 1957.

④ ［苏］瓦·费·阿斯穆斯：《康德的哲学》，蔡华五译，上海人民出版社1959版，第73页。

到康德的自由思想。虽然自由概念在康德的思想体系，主要是伦理思想体系中的地位应首推李泽厚所著的《批判哲学的批判》。这部著作是国内（就中国内地而言）第一部全面系统地介绍康德思想的著作。在这个著作中，李泽厚系统地研究了康德的自由概念，分析了自由问题在康德的理论思想中的地位，认为自由"是康德全部道德伦理学说的最高原理"①。李泽厚的结论是正确的，可惜的是他没有具体地论述自由问题在整个康德思想中的地位问题，而这个问题本身对于把握康德关于自由的思想，对于从总体上把握康德思想体系的结构、核心和实质又是至关重要的。因此，对于这个问题，无论是在国内还是在国外的康德研究中都是值得高度重视的。

正如许多康德研究者所注意到的，康德关于自由问题的研究，突出地表述在他的伦理学著作中。在这些著作中，康德明确地给自由概念赋予了自己的含义，明确地表述了自由与道德法则，特别是与意志自律原则的关系，以及作为理念的自由与其他理念（上帝、灵魂）的关系。从研究者的角度看，研究康德关于自由的思想及其在他思想体系中的地位，自然地会从康德在伦理学著作中的这些明确表述入手。但是，如果把眼光仅仅放在康德的伦理学著作的范围，就无法得出关于他的自由思想的正确结论。许多康德研究者的问题就发生在这里。如果我们从对康德伦理学著作中所表述的自由思想着眼，进一步仔细研究康德的整个思想体系，就会发现虽然在表面上康德只是把自由问题与道德问题联系起来，关于自由问题的讨论也主要在伦理学领域，但是实际上，自由问题是康德批判哲学体系的出发点和归宿，是康德全部思想的核心，他的全部哲学思想体系都是围绕着这个问题而展开的。康德的整个思想可谓是博大精深，通常认为它至少包括研究真的认识论、研究善的伦理学和研究美的美学三大基本部分。的确，康德对他研究所涉及的问题大多有自己独到的见解，在许多方面提出了深刻的有价值的思想。他的研究所涉及的各个学科，几乎都可以自成体系。但是，康德是一个伟大的思想家，他把建立统一的理性哲学体系作为自己研究的基本任务。而且，他的批判哲学体系是经过他十一年的沉思而创立的。他的思想的各部分绝不是机械的拼凑，也并不完全是人们常说的那样：他的认识论讲自然因果的现象界，他的伦理学讲本体界，为了沟通被他割裂开来彼此对峙的这两个方面，于是又建立了美学和目的论。应该看到，他的整个批判哲学思想体系是有机统一的，这个统一的中心就是自由问题，可以说他的思想的各部分都是解决他的中心问题所必不可少的。

为了说明自由问题在康德思想体系中的中心地位，我们首先考察一下自由问题

---

① 李泽厚认为，康德的伦理学的中心是抽象形式的道德律令，这与我的看法是不一致的。我认为，康德伦理学的中心问题是"纯粹理性是否以及有可能有实践力量"的问题，实即自由问题。

在那里最初是怎样被提出来的。在"前批判时期"①，康德的主要研究兴趣是自然科学，对以牛顿为代表的物理科学自然科学有深刻的信仰和研究。据康德的传记作家阿尔森·古留加的研究，康德在大学时期就从老师马丁·克努真教授那里接受了牛顿物理自然科学的影响，并在这位老师的帮助下，从大学四年级起就开始独立地撰写物理学著作，即《论对活力的正确评价》②。李泽厚认为："这本论著很重要，它第一次表现了康德思想某些特征。"③此后，康德进行了大量的物理学、天文学的研究，写了一系列自然科学的论文，取得了显著的成果。其中最突出的是自然科学史有名的两个假说，一个是康德在 1754 年发表的《对地球从生成的最初在自转中是否发生过某种变化的问题的研究》论文中提出的地球自转速度因潮汐摩擦而延缓的假说。这个假说为后来自然科学所证实。另一个假说就是他在 1755 年发表的《自然通史和天体论》④提出的"星云假说"。这个假说以牛顿力学（万有引力定律）为基础，创造性地解释了天体起源和宇宙发展，认为引力和斥力这两种对抗力量的斗争、运动和相互作用，产生了太阳系和其他宇宙星体，并不要借助于任何神意或上帝的干预，也不需要牛顿所强调的外力的第一次推动。恩格斯对康德的后一个假说的科学成就作了很高的评价，指出："康德关于目前所有的天体都从旋转的星云团产生的学说，是从哥白尼以来天文学取得的最大进步。认为自然界在时间上没有任何历史的那种观念，第一次被动摇了。……康德在这个完全适合于形而上学思维方式的观念上打开了第一个缺口，而且用的是很科学的方法，以致他所使用的大多数论据，直到现在还有效。"⑤以上情况表明，前批判时期，康德是一位站在当时自然科学前沿的自然科学家，他对以牛顿为代表的自然科学唯物主义自然观有着深刻的信念。作为一位卓有成效的自然科学家，他相信只有脚踏实地的经验，才是我们关于现实知识的唯一源泉，坚信事物的存在和因果的必然性。康德在自然科学研究中所形成的自然科学唯物主义自然观和康德早年所信奉的莱布尼茨－沃尔夫形而上学唯心主义唯理论发生了矛盾。这个哲学对宗教和神学采取顺从和妥协的态度。神学在当时哲学界占统治地位，所谓"先验神学"（宗教的哲学论证）、"先验心理学"（论灵魂不死等哲学神学学说）、"先验宇宙论"（阐发上帝创世的宇宙观念、自由意

①　通常以 1770 年康德的教授职位论文《论感觉世界和理智世界的形式和法则》为界，划分为"前批判时期"和"批判时期"。因为这个著作中开始形成了康德的主要哲学著作（三大批判特别是《纯粹理性批判》）中的某些基本观点。在这个问题上，看法也不尽一致，齐良骥认为，真正进入批判时期是在 1780 年，从 1769 年到 1780 这大约十二年的时间，是从前批判时期向批判时期转变的过渡时期，不过他仍然把 1770 年以前看做是前批判时期。（参见齐良骥：《康德》，载王树人、李凤鸣编：《西方著名哲学家评传》第六卷，山东人民出版社 1984 年版。）

②　写成于 1746 年，发表于 1749 年。

③　参见李泽厚：《批判哲学的批判》（修订本），人民出版社 1984 年第 2 版，第 30 页。

④　中译本名为《宇宙发展史概论》，上海人民出版社 1972 年版。

⑤　［德］恩格斯：《自然辩证法》，《马克思恩格斯选集》第三卷，人民出版社 1972 年版，第 96 页。

志学说），是当时大学哲学课堂的重要内容。康德在大学里所接受的就是这种正统的教育，在这种形而上学教育影响下形成的世界观在他的前批判时期的哲学著作中有明显的表现。康德的第一篇哲学论文《对形而上学认识论基本原理的新解释》就是在莱布尼茨、特别是沃尔夫学派的唯理论影响下形成的。早在康德的处女作《对活力的正确评价》中，康德就已经感觉到牛顿与莱布尼茨，以及他们所代表的新科学方法和旧形而上学处于矛盾之中。但这时的康德主要是一个莱布尼茨 - 沃尔夫主义者，认为物质并非一种像牛顿主张的能靠外力推动的被动的基体，而是自身拥有"活力"（引力和斥力）的运动现象。早期自然科学的研究和对哲学形而上学的密切关心，使康德进一步尖锐地感到以牛顿为代表的自然科学和以莱布尼茨 - 沃尔夫为代表的形而上学之间有着深刻的矛盾。作为自然科学家，康德坚信自然科学的正确性和科学性。于是，旧唯理论形而上学逐渐在康德世界观中发生了动摇，唯理论的本体论的迷梦开始破灭了。正是在这样的条件下，休谟的经验论怀疑论起了触媒作用，使康德从独断论迷梦 ① 中惊醒。"他所要求的无非是在原因概念中不要必然性的任何客观含义，而是假定一种纯然主观的含义，亦即习惯，以便否定理性关于上帝、自由和不死的一切判断；而且他肯定善于这样做，为的是只要人们承认他的这些原则，就以一切逻辑上的确凿性从中推出结论来。"② 这样，康德对旧形而上学唯理论的信仰就被彻底推翻了。

康德不仅是钻研自然科学的科学家，而且也是一个哲学家。在他从事自然科学研究和教学的同时，他对哲学形而上学问题有着浓厚的兴趣，他说："尽管我罕能自诩从形而上学那里得到了几分青睐，但我注定已经迷恋上了它。"③ 然而，事实已经证明，那些旧形而上学的问题不能像科学真理那样得到证实，在处理自然界问题的科学在迅速前进的情况下，处理人和宇宙的根本问题的哲学在莱布尼茨 - 沃尔夫的形而上学唯理论的支配下却一筹莫展。用康德的话说就是："当任何一门别的科学都在不断地进步时，这门自命为智慧本身、任何人都要讨教的科学却是不断地在原地兜圈子，一步也不前进，这差不多是可笑的。"④ 但是另一方面，牛顿力学、英国的经验论也不能解决形而上学问题，特别是伦理道德问题。把经验论贯彻到底必

---

① 康德自己称在 1755 年至 1769 年这段讲师生活为"独断论的迷梦"，（见李泽厚：《批判哲学的批判》初版附录《康德年表》1769 年）。康德于 1783 年回顾自己思想发展历程时说："正是大卫·休谟的提醒，在多年以前首先打破了我的独断论迷梦，并且给予我在思辨哲学领域的研究以一个完全不同的方向。"（[德] 康德：《未来形而上学导论》，李秋零主编：《康德著作全集》第 4 卷，中国人民大学出版社 2005 年版，第 261 页。）

② [德] 康德：《实践理性批判》，李秋零主编：《康德著作全集》第 5 卷，中国人民大学出版社 2007 年版，第 14 页。

③ [德] 康德：《一位视灵者的梦》，李秋零主编：《康德著作全集》第 2 卷，中国人民大学出版社 2004 年版，第 370 页。

④ [德] 康德：《未来形而上学导论》，李秋零主编：《康德著作全集》第 4 卷，中国人民大学出版社 2004 年版，第 256～257 页。

定会否定形而上学问题，甚至否定科学的基础，休谟的怀疑论就是明证。这样，旧的唯理论的老路已经走不通，而牛顿的力学、经验论又必然导致否定形而上学问题。那么，形而上学究竟是否具有存在的根据，道德现象的存在如何解释。正在这个时候，卢梭给了康德以重大启发，阅读卢梭的作品，对康德进行新探索起了极其重要的作用。卢梭成了极力挣脱旧形而上学而又苦于无法解决道德伦理问题的康德的一位强有力的向导。

1764 年康德写道："卢梭是另一个牛顿。牛顿完成了外界自然的科学，卢梭完成了人的内在宇宙的科学，正如牛顿揭示了外在世界的秩序与规律一样，卢梭则发现了人的内在本性。必须恢复人性的真实观念。哲学不是别的，只是关于人的实践知识。"[①]这再次表明，卢梭给康德的影响，首先在于康德认为卢梭首次揭示了人的真正本质。按照卢梭的观点，人类在进入社会政治状态前，曾生活在一种所谓"自然状态"中。在这种状态中，人类享有天然的自由和平等，这种自由和平等是人类的天性。而此后的一切社会发展则使人日益丧失独立和自由，从而陷入深重的罪恶灾难和奴役之中。康德深刻地洞察到，卢梭这一学说的真谛，就在于它以返身自顾的形式产生了天赋人权和个性解放，并把自由提出来作为人的本质。不仅如此，卢梭的教育理论、一般生活哲学，特别是他的政治哲学也都是从人的自由本质出发，并以维护、升华这种本质为归宿的。这给康德很大启发。其次，卢梭使康德坚信哲学所要解决的根本问题是人的问题，人的本质或本性问题。而人的本质就是自由及以自由为基础的道德，人的理性、自由以及以它们为基础的道德是人的本质的体现，它们是人的问题的根本。早在 1764 年，康德就写道："如果说存在着确实为人所需要的科学，那么这门科学就是我所讲授的科学。"这里所说的科学就是伦理学，亦即"教导人以应有的方式在世界中占据为他指定的地位的科学，并从中可以学会：应该做怎样的人才是真正意义上的人"[②]。后来康德在《纯粹理性批判》中又强调指出："由于道德哲学与其他一切哲学相比所拥有的这种优越性，在古人那里，人们在任何时候都把哲学家同时并且尤其理解为道德学家；通过理性而自制的外部表现甚至使得人们即便在今天也按照某种类比称某人为哲学家，即使他的知识有限。"[③]卢梭使康德看到，哲学不是科学知识，而是比科学知识更高的道德实践，这才是形而上学的"本体"。

卢梭使康德坚信自由的存在，坚信自由问题即道德问题是哲学所要解决的根本问题。但是，卢梭并没有从理论上论证自由的可能性，没有说明作为人的本性的自由与自然必然之间的关系，特别是卢梭从人的自然本性引申自由，实际上是一种经

---

① 转引自李泽厚：《批判哲学的批判》（修订本），人民出版社 1984 年第 2 版，第 40 页。
② 转引自［苏］K. C. 巴克拉捷：《近代哲学史》，愚生译，上海译文出版社 1983 年版，第 437 页。
③ ［德］康德：《纯粹理性批判》（第 2 版），李秋零主编：《康德著作全集》第 3 卷，中国人民大学出版社 2004 年版，第 536 页。

验论的观点，而这种观点在休谟那里已经证明最终是不能证明自由的存在的。

这样，康德对自然和自由的确信，使他陷入了深刻的矛盾之中。因为作为一位自然科学家，他坚信科学和科学所证实的自然因果关系的客观性，而"当纯粹理性要上升到原因系列中的无条件者的时候，它的二论背反也就在这一方和另一方同样地卷入到不可理解的东西之中"①。但另一方面，康德对自由的确信又要求他"即使人们绝不能理解自由如何可能，也必须至少以令人信服的方式消除这种表面的矛盾，因为如果甚至自由的思想也与自己或者与同样必然的自然相矛盾，那么，自由就必须相对于自然必然性而完全被放弃"。②"因为人类理性既不能放弃自然的概念，也同样不能放弃自由的概念。"③如果思辨理性"视其为不可思维的"，就会"被抛入怀疑论的深渊"。④这样，康德所确信的自由是如何可能的？自由的存在与他所确信的自然必然之间的关系怎样，这些问题使得康德长期困惑和苦恼。正是这种困惑和苦恼促使他从事理性的批判。康德在谈到他为什么要建立他的批判哲学体系时说："纯粹理性在其超验应用上的这一产品（指'当纯粹理性要上升到原因系列中的无条件者的时候，它的二论背反也就在这一方和另一方同样地卷入到不可理解的东西之中。'——引者注）是纯粹理性最值得注意的现象，它在一切现象中也是最有力地作用于把哲学从其独断论的安睡中唤醒，并推动它去从事理性自己的批判的艰难工作。"⑤康德在晚年回忆又说，不是对上帝存在、灵魂不死等的探索，而是纯粹理性的二论背反：世界有一个开始，又没有开始等。到第三个，尤其是其中的自由问题——正命题"世界上有凭借自由的原因"与反命题"没有自由，相反一切都是自然"⑥——才首先把他从独断论的迷梦中唤醒过来，并使他转到对理性自身的批判上来，以及消除"理性与自身有矛盾这种怪事"⑦。可见，康德之所以要对理性进行批判，之所以要建立他的批判哲学体系，其主要目的是解决自然和自由的关系问题，而关键又是自由是否可能的问题。

应该注意，在康德那里自由是否可能的问题实际上就是形而上学是否可能的问

---

① ［德］康德：《实践理性批判》，李秋零主编：《康德著作全集》第 5 卷，中国人民大学出版社 2007 年版，第 32 页。

② ［德］康德：《道德形而上学的奠基》，李秋零主编：《康德著作全集》第 4 卷，中国人民大学出版社 2004 年版，第 464 页。

③ ［德］康德：《道德形而上学的奠基》，李秋零主编：《康德著作全集》第 4 卷，中国人民大学出版社 2005 年版，第 464 页。

④ ［德］康德：《实践理性批判》，李秋零主编：《康德著作全集》第 5 卷，中国人民大学出版社 2007 年版，第 4 页。

⑤ ［德］康德：《未来形而上学导论》，李秋零主编：《康德著作全集》第 4 卷，中国人民大学出版社 2005 年版，第 342 页。

⑥ ［德］康德：《未来形而上学导论》，李秋零主编：《康德著作全集》第 4 卷，中国人民大学出版社 2005 年版，第 343 页。

⑦ 参见 1798 年 9 月 21 日给加尔夫（C. Garve）的信。

题。他的批判研究发现，虽然理性（即认识）的形而上学是不可能的，但实践理性（道德）的形而上学却是有可能的。形而上学在传统的意义上是指思辨理性的形而上学，康德否定这种形而上学，但他却为道德哲学保留了形而上学。他说："思辨理性的形而上学就是人们在狭义上习惯称为形而上学的东西；但是，就纯粹的道德学说毕竟仍然属于出自纯粹理性的人类知识、而且是哲学知识的特别主干而言，我们还想为它保留那种称谓，尽管我们在这里以它并非我们现在的目的而把它搁置一旁。"①在《纯粹理性批判》和《未来形而上学导论》中所讲的形而上学是怎样可能的，实际上是讲思辨理性形而上学作为理性的自然倾向是可能的，而作为一种科学知识是不可能的，同时蕴含着道德形而上学是怎么可能的。正如《康德传》作者阿尔森·古留加指出的："在《纯粹理性批判》的基本问题——先天综合判断为什么是可能的——背后，回响着另一个对康德来说更为重要的问题——人的自由为什么是可能的。"②

那么，康德是怎样围绕着自由问题来建立他的哲学思想体系的呢？我们从康德对这个问题的研究过程和建立他的哲学思想体系的结构的宏观分析可以发现：康德首先做的工作是对纯粹思辨理性进行批判，通过批判，详细地考察人的理性认识能力，给人的认识能力划分范围和界限，从而给自由留地盘，并通过解决从自然和自由的关系的矛盾证明自由存在的可能性。继之，康德对纯粹实践理性进行批判，通过批判，详细地考察了人的理性的实践能力，从自由与道德关系的角度，证明自由存在的实在性，使自由问题也使人是什么的问题得到解决，从而也使自然与自由最终统一到统一的哲学体系之中。最后，通过对判断力的批判，康德以自然之合目的性的论证为依据，进一步把自然和自由沟通起来，使理论哲学和道德哲学结合为一个整体，从而使自由的哲学证明最后得以完成，也使他的全部思想体系建立工作告以结束。这样，康德从解决自由问题入手，并以自由问题为中心，建立了一个不同于旧形而上学的新形而上学体系。③康德的这个思想体系的结构是以他所写的"三大批判"为支柱的，"三大批判"是康德表述整个思想体系的主要著作。因此，我们这里以"三大批判"为主要依据，兼及其他有关的哲学著作来具体考察康德是怎样以自由问题为中心来建立他的思想体系的。

---

① ［德］康德：《纯粹理性批判》（第2版），李秋零主编：《康德著作全集》第3卷，中国人民大学出版社2004年版，第537页。

② ［苏］阿尔森·古留加：《康德传》，贾泽林、候鸿勋、王炳文译，商务印书馆1981年版，第125～126页。

③ 康德的哲学体系主要是以解决自由问题为中心的思辨哲学体系，他对人的研究主要限于先验的自由问题。虽然康德提出过要解决"人是什么"的问题，并且写过解决这个问题的人类学。但由于这个问题要从各个方面具体考察人作为现实存在的各种问题，因而可以说康德并没有解决这个问题。所以，康德哲学主要是思辨哲学体系，而非人类体系。他所要解决的人的问题主要是人的自由问题，而并非人是什么的问题。这正好表明了康德哲学的社会实质。对此下面章节将有进一步的阐述。

二、纯粹理性批判——限制知识给自由留地盘

康德对纯粹思辨理性进行批判的目的是限制知识，以给道德信仰留地盘。"如果不同时取消思辨理性越界洞察的僭妄，我就连为了我的理性必要的实践应用而假定上帝、自由和不死也不能"①，就是说，要在实践上假定神、自由、灵魂不死，必须否定那种认为思辨理性能够认识超经验的神、自由、上帝等的主张，因为思辨理性不具有认识这些物自身的功能，它要认识物自身就只能运用经验原理。而如果运用经验原理来认识物自身，物自身就变成了现象，就成了受传统原理制约的东西，这样假定神、自由、灵魂存在就不能成立。所以，要给自由留地盘，必须限制思辨理性的运用，给人的认识能力划一条界线。"与知性在显象领域能够学到的一切相比，我们认为这种研究在重要性上要优越得多，其最终目的也要崇高得多，我们在这方面甚至冒着出错的危险宁可做一切，也不愿出自某种顾虑的理由或者出自蔑视和漠视而放弃如此令人关注的研究。纯粹理性自身的这些不可回避的课题就是上帝、自由和不死。但是，其最终目的及其所有准备都本来只是为了解决这些课题的科学，就叫做形而上学。"②通常，人们仅仅把康德的《纯粹理性批判》看做是认识论的著作，这是有很大的片面性的。G.马丁正确看到："康德的最终意向是导向本体论，一种存在的学说。"③这种本体论不是自然本体论，而是人的本体论，是理性自由的本体论。《纯粹理性批判》正是为建立这种本体论奠定理论基础的，是一种理性本体论的导论。的确，康德的《纯粹理性批判》研究认识能力，从而给自然科学之所以可能提供论据。但是他不是为了研究认识论本身来研究人的认识能力的，而是为了限制认识能力来研究它，试图通过研究认识能力的范围和界限给先验的自由留地盘。虽然他在研究人的认识能力的时候，提出了许多认识论方面的重大问题，但实际上这可以说是他为了实现自己的目的进行研究的副产品。

康德对纯粹理性进行批判，矛头首先是针对莱布尼茨－沃尔夫的唯理论形而上学的。莱布尼茨－沃尔夫唯理论独断论的基本观点是由莱布尼茨提出来的。莱布尼茨在继承笛卡儿唯理论的基础上建立了单子论哲学体系。他认为，宇宙是由许多各自独立、互不相干的精神性的单子所构成的。它们是"内在活动的源泉""无形体的自动机"，具有不同程度的知觉和力的能动性。作为这种能动性高级形态的"理性灵魂"或"精神"，则使人能认识必然真理。他和笛卡儿一样，认为数学是"清楚、明晰"的绝对可靠的必然知识，人的认识能够凭借天赋的理性，得到如数学那

---

① [德]康德：《纯粹理性批判》（第2版），李秋零主编：《康德著作全集》第3卷，中国人民大学出版社2004年版，第18页。

② [德]康德：《纯粹理性批判》（第2版），李秋零主编：《康德著作全集》第3卷，中国人民大学出版社2004年版，第29～30页。

③ [德]马丁（G·Martin）：《康德的形而上学与科学理论》。

样的必然知识。在他看来，"只有理性才能建立可靠的规律"，才能提供具有普遍必然性的"推理的真理"，而感觉则只能提供偶然的不可靠的事例或"事实的真理"。莱布尼茨把一切真理和知识的来源和标准都归结为所谓先天理智中潜在的天赋观念和自明原则。他还接受了笛卡儿对上帝存在所作的本体论证明，把上帝看做是无穷因果系列的最后原因或"充足理由"。莱布尼茨的这些观点在他的直接继承者克利斯坦·沃尔夫（Christian Wolff，1679～1754）那里得到了系统化，形成了一个庞大的、僵死的"形而上学"体系，被称为"莱布尼茨－沃尔夫哲学"。这个形而上学体系包括四个方面的内容：①本体论：抽象地静止地研究一些哲学范畴，如存在、非存在、有限、无限等；②理性心理论：论证灵魂不死；③理性宇宙主义：论证世界在时间、空间上是有限的等；④理性神学：论证上帝的存在。莱布尼茨－沃尔夫的唯理论"形而上学"的基本出发点，是认为无需感觉经验，人们单凭理性就可以无矛盾地把握住宇宙本质，一劳永逸地解决哲学、神学上的一切问题。[①]康德指出，这种形而上学是一种"专制的""独断论"。在他看来，这种独断论的基本特征在于，在没有对人类理性的范围和局限性进行批判的探讨、分析以前，就独断地（或武断地）断定理性自身所具有的原理或范畴就是客观事物本身的规定，仅仅用理性的方法就能认识事物的真相和世界的根本实在；断定真理在于理性，只有理性才是全能的、绝对的，只有从理性推出的知识才具有普遍必然性，而感性则是模糊的、不可靠的。康德认为，"独断论"是理性的盲目运用和误用，是没有预先对人类理性作全面的考察，因而对理性自身的构造和功能缺乏真正了解的必然结果。这种形而上学独断论由于没有对纯粹理性进行批判，没有弄清形而上学是否可能，没有弄清它的存在根据、范畴和界限，从而使神、自由、灵魂不死这些道德上必然的假设成为不可能，使形而上学成为伪科学。康德说："形而上学的独断论，即认为无须纯粹理性的批判就在形而上学中前进的成见，是所有与道德性相冲突的无信念的真正来源，无信念在任何时候都是完全独断的。"[②]因此，要建立新的形而上学，不批判这种独断论就会成为一句空话。康德纯粹理性批判的矛头直接指向的就是"独断论"。此批判"与凭借一种从概念（哲学概念）出发的纯粹知识按照理性早已运用的原则、从不调查理性达到这种知识的方式和权利就能前进的僭妄对立"[③]。"如果不同时取消思辨理性越界洞察的僭妄，我就连为了我的理性必要的实践应用而假定上帝、自由和不死也不可能，因为思辨理性为了达到这些洞识就必须利用这样一些原理，这些原理由于事实上只及于可能经验的对象，如果它尽管如此仍然被运用

---

① 冒从虎：《德国古典哲学》，重庆出版社 1984 年版，第 26 页。

② ［德］康德：《纯粹理性批判》（第 2 版），李秋零主编：《康德著作全集》第 3 卷，中国人民大学出版社 2004 年版，第 18 页。

③ ［德］康德：《纯粹理性批判》（第 2 版），李秋零主编：《康德著作全集》第 3 卷，中国人民大学出版社 2004 年版，第 20～21 页。

于不能是经验对象的东西，实际上就总是会把这东西转化为显象，这样就把纯粹理性的所有实践的扩展都宣布为不可能的。"[①]

在反对独断论的同时，康德也反对经验论的怀疑论，他把这种怀疑论比作破坏定居秩序的游牧民族。这种怀疑论强调一切从感知、经验出发，对什么都不确证，从根本上否认了形而上学存在的可能性，当然也反对新形而上学的重建。"怀疑论是这样一种思维方式，其中理性对自身如此行事粗暴，以至于这种思维方式绝对唯有在对理性最重要的意图方面的满足完全失望的时候才能产生。"[②] 所以，康德说，反对独断论"并不是要以僭越的大众化名义来为饶舌的浅薄说话，或者根本不是要为断然否定整个形而上学的怀疑论说话"[③]。

康德认为，要克服独断论的虚妄，要反对经验论的怀疑论，必须对纯粹理性进行批判。"我们可以把纯然判断纯粹理性及其来源和界限的科学视为纯粹理性体系的预科"[④]，从而确定形而上学是否可能。康德认为，只有通过批判才能铲除唯物主义、宿命论、无神论、无信仰，狂信、迷信这些有害于公众的东西，以及观念论、怀疑论等有害于学派的学说。所以康德说："我所理解的批判，并不是对某些书和体系的批判，而是就它独立于一切经验能够追求的一切知识而言对一般理性能力的批判，因而是对一般形而上学的可能性或者不可能性的裁决，对它的起源、范围和界限加以规定，但这一切都是出自原则。"[⑤] 很明显，康德批判莱布尼茨—沃尔夫的形而上学的独断论，并不是要否定形而上学本身，这一点正是康德所反对的经验论的怀疑论的主张，而是要克服"在任何时候一种形而上学都与另一种形而上学要么在主张本身上，要么在其证明上相互矛盾"[⑥] 的状况，使形而上学成为一门科学。康德在《纯粹理性批判》第二版序言中明确指出："纯粹思辨理性的这一批判的工作就在于那种尝试，即通过我们按照几何学家和自然研究者的范例对形而上学进行一场完的革命，来变革形而上学迄今为止的做法。"[⑦] 如果我们联系作为"《纯粹理性批判》的缩写本"的《未来形而上学导论》来看，这一点就更明显了。在《〈导论〉

---

① ［德］康德：《纯粹理性批判》（第 2 版），李秋零主编：《康德著作全集》第 3 卷，中国人民大学出版社 2004 年版，第 18 页。

② ［德］康德：《未来形而上学导论》，李秋零主编：《康德著作全集》第 4 卷，中国人民大学出版社 2005 年版，第 272 页。

③ ［德］康德：《纯粹理性批判》（第 2 版），李秋零主编：《康德著作全集》第 3 卷，中国人民大学出版社 2004 年版，第 21 页。

④ ［德］康德：《纯粹理性批判》（第 2 版），李秋零主编：《康德著作全集》第 3 卷，中国人民大学出版社 2004 年版，第 40 页。

⑤ ［德］康德：《纯粹理性批判》（第 1 版），李秋零主编：《康德著作全集》第 4 卷，中国人民大学出版社 2005 年版，第 7 页。

⑥ ［德］康德：《未来形而上学导论》，李秋零主编：《康德著作全集》第 4 卷，中国人民大学出版社 2004 年版，第 272 页。

⑦ ［德］康德：《纯粹理性批判》（第 2 版），李秋零主编：《康德著作全集》第 3 卷，中国人民大学出版社 2004 年版，第 14 页。

的总问题》这部分中，康德明确指出《导论》的总问题是形而上学究竟是否可能。他说："由于对什么都没有告诉我们的独断论感到厌烦，同时也对到处都不承诺我们任何东西，甚至连被许可的无知这种坦然也不承诺的怀疑论感到厌烦，由于受到我们所需要的知识的重要性的敦促，而且由于长期的经验而在我们认为已拥有的或者在纯粹理性的标题下呈现给我们的任何知识方面感到怀疑，于是我们就只剩下一个批判的问题了，在回答完这个问题之后，我们就能够确立我们后面的态度了。这个问题就是：形而上学究竟是可能的吗？"①

那么，康德是怎样围绕"形而上学究竟是否可能"这个问题展开他的纯粹思辨理性批判的呢？他又是如何通过对纯粹理性批判来解决这个问题的呢？我们主要以康德及他的纯粹思辨理性批判之主要著作《纯粹理性批判》为线索展开分析。

《纯粹理性批判》由"导论"和正文构成，正文又分为两大部分，即"先验要素论"和"先验方法论"。"先验要素论"又分为"先验感性论"（讲感性）和"先验逻辑"。"先验逻辑"再分为"先验分析论"（讲知性）和"先验辩证论"（讲理性）。

在《纯粹理性批判》的《导言》中，康德提出了纯粹理性批判所要解决的问题：形而上学作为科学是否可能。在康德看来，一切知识都是判断，而一切科学知识的构成必须具备两方面的条件，一是普遍性和必然性（先天判断），一是增加新的内容（综合判断），因而一切科学知识都必须是先天综合判断。形而上学要作为科学知识，它也必须是先天综合判断。"这样，形而上学至少就其目的而言纯粹是由先天综合命题组成的。"②先天综合判断是否可能呢？康德通过对数学和自然科学的分析认为，一切数学都是先天综合判断，自然科学则包含有先天综合判断，因而先天综合判断是可能的。那么，剩下的问题是"先天综合判断是如何可能的？"如果弄清了先天判断是如何可能的，那么，就可以审察形而上学是不是先天综合判断，从而可以看出作为科学知识的形而上学是否可能。这样，纯粹理性批判所要解决的"形而上学作为科学是否可能"就变成为"先天综合判断如何可能"。康德认为，以往的形而上学之所以至今处于虚浮和矛盾动摇状态之中，就是由于没有考虑这个问题。他说："形而上学的成败就基于这一课题的解决，或者基于令人满意地证明这一课题要求知道已得到说明的可能性实际上根本不存在。"③

为了解决以上问题，并弄清纯粹理性在一切包含有"对象的先天的理论知识"的学问中运用的可能性，需要解答以下问题："纯粹数学是如何可能"（先验感性论

---

① ［德］康德：《未来形而上学导论》，李秋零主编：《康德著作全集》第 4 卷，中国人民大学出版社 2004 年版，第 275 页。

② ［德］康德：《纯粹理性批判》（第 2 版），李秋零主编：《康德著作全集》第 3 卷，中国人民大学出版社 2004 年版，第 36 页。

③ ［德］康德：《纯粹理性批判》（第 2 版），李秋零主编：《康德著作全集》第 3 卷，中国人民大学出版社 2004 年版，第 37 页。

回答），"纯粹自然科学如何可能"（先验分析论回答），"形而上学作为自然意向如何可能"（"先验辩证论"回答）和"形而上学如何可能"（全书回答）。对于数学和自然科学的研究目的不是为了自身，而是为了解决形而上学问题："这两门科学需要上述研究，并不是为了它们自身，而是为了另一门科学，亦即形而上学。"①

康德认为，通过以上的纯粹理性批判，可以建立一种关于理性能够提供"先天的知识的原理"的能力的特殊学问，即先验哲学。康德说："我把一切不研究对象、而是一般地研究我们关于对象的认识方式——就这种方式是先天地可能的而言——的知识称为先验的。这样一些概念的体系可以叫做先验哲学。"②就是说，并非所有先天的东西都是先验的（例如分析性批判是先天的，但不是先验的），只有作为先天的综合认识的条件的那种先天的东西才是先验的，它决定着先天的综合知识的可能性。而关于这些观念的体系就是先验哲学。所以，在康德看来，先验哲学是要研究认识之所以可能的先验形式方面，而不是要去研究各种先天综合判断等知识内容。正如几何学把三角形从各种经验到的具体的三角形中抽象出来加以研究，构成一整套先天综合判断的先验体系一样，先验哲学也正是把时空直观和知性范畴从经验认识、科学知识抽取出来加以研究，构成一整套纯粹的先验知识。

不少康德研究者把康德的"先验哲学"等同于"批判哲学"③，这是误解。且不说批判哲学除了纯粹思辨理性批判之外，还包括纯粹实践理性批判和判断力批判，仅就纯粹思辨理性批判而言，"批判哲学"也不同于"先验哲学"，纯粹思辨理性批判虽然包含全部先验哲学的内容，但两者并不等同。康德自己说："构成先验哲学的一切都属于纯粹理性批判，而纯粹理性批判是先验哲学的完备理念，但还不是这门科学自身，因为它在分析中只能前进到对先天综合知识作出完备的判断所必须的程度。"④先验哲学"不以扩展知识自身为目的，而仅仅以纠正知识为目的，并应为一切先天知识是否具有价值提供试金石"⑤。先验哲学的这个任务只是纯粹理性批判的消极效果。纯粹理性批判还包括积极的效果，即"迫使纯粹理性放弃它在思辨应用中过于夸张的僭妄，退回到它特有的领地即实践原理的界限之内"⑥。纯粹理性批

---

① ［德］康德：《未来形而上学导论》，李秋零主编：《康德著作全集》第4卷，中国人民大学出版社2004年版，第330～331页。

② ［德］康德：《纯粹理性批判》（第2版），李秋零主编：《康德著作全集》第3卷，中国人民大学出版社2004年版，第40页。

③ 如李泽厚说："康德把自己的'批判哲学'又叫做'先验哲学'。"（李泽厚：《批判哲学的批判》（修订本），人民出版社1984年第2版，第70页。）

④ ［德］康德：《纯粹理性批判》（第2版），李秋零主编：《康德著作全集》第3卷，中国人民大学出版社2004年版，第42页。

⑤ ［德］康德：《纯粹理性批判》（第2版），李秋零主编：《康德著作全集》第3卷，中国人民大学出版社2004年版，第41页。

⑥ ［德］康德：《纯粹理性批判》（第2版），李秋零主编：《康德著作全集》第3卷，中国人民大学出版社2004年版，第507页。

判的这一积极效果是先验哲学所具备的，因为"先验哲学是一种纯粹的、全然思辨的理性的世俗智慧"①。而"虽然道德性的至上原理及其基本概念是先天知识，但它们却不属于先验哲学，因为它们虽不以快乐和不快、欲望和偏好等都具有经验性起源的概念为其规定的基础，但在义务的概念中毕竟必须把它们或者作为应当克服的障碍、或者作为不可当作动因的诱惑而一起纳入道德性体系的制订。"②康德进行纯粹思辨理性批判，就是要通过批判来否定旧的形而上学，建立一种新的理性哲学，即先验哲学，来为自然必然和科学知识作论证。但是，建立先验哲学并非康德的最终目的，他甚至否认先验哲学是学说。他说："这种研究真正说来不能称为学说，而只能称为先验的批判。"③康德是想运用先验哲学来说明思辨理性构成知识的形式来源，并且说明思辨理性划定的范围，即只能运用于现象界，而不能运用于作为本体的物自身。所以，康德建立先验哲学的目的在于解决自由的可能性问题。

那么，康德是怎样解决这个问题的呢？《纯粹理性批判》正文的第一部分是《先验感性论》。这一部分研究感性直观形式，其目的是要证明空间和时间是先天的直观形式；它们调整物自身提供的多种多样的感觉，同时是数学原理的普遍性和必然性的条件。康德首先证明空间和时间是先天的感性直观形式，然后断言，它们是知识的条件。康德称前一个证明为形而上学的阐明，称后一个证明为先验的阐明。康德所谓的"感性"，是指主体自我借助于感觉经验并形成感性直观知识的先天认识能力，也即是感性直观形式。康德认为，一个具有普遍性和必然性的感性直观知识（数学就是这种知识，如 7+5=12）是由两种因素构成的：一是独立于我们意识之外的物自身提供的经验的感觉材料、印象、质料；二是我们主体整理这些材料的先天的感性直观形式。在他看来，"物自身"所用于感官所产生的感觉，只是一团混乱的心理状态。只有经过先天的直观形式的整理才能形成一定的感性对象，构成感性直观知识。康德断定，人心中存在着两种先天的感性直观形式：时间和空间。他认为，空间和时间是"纯形式"，就是说，空、时不是从经验中得来的，不包括丝毫的经验成分，它不仅不是从经验中来，而且是经验存在的前提条件，它们不能独立自存，却普遍必然地存在于一切感性经验之中。

对此，康德做了所谓"形而上学的阐明"和"先验的阐明"。"形而上学的阐明"是要阐明时空不是经验的，而是先天的，即阐明时空不依存于经验的形而上学性质。其中的第一、第二个"阐明"是否定时空是经验的表象，肯定他们是先天的；

①　［德］康德：《纯粹理性批判》（第 2 版）李秋零主编：《康德著作全集》第 3 卷，中国人民大学出版社 2004 年版，第 42 页。

②　［德］康德：《纯粹理性批判》（第 2 版），李秋零主编：《康德著作全集》第 3 卷，中国人民大学出版社 2004 年版，第 42 页。

③　［德］康德：《纯粹理性批判》（第 2 版），李秋零主编：《康德著作全集》第 3 卷，中国人民大学出版社 2004 年版，第 40 ～ 41 页。

第三、第四个"阐明"（在时间是第四、第五）是指出时空是直观，而不是概念。"先验的阐明"是要阐明时、空应用于经验如何具有普遍必然的客观有效性，也就是说，为什么它们是构成知识的先验条件。在这里康德通过时空的先验运用来证明它们的先验性。他认为，时空是我们感知（感性）的形式，如果我们不使用空间和时间这种先天形式就不能思考几何学原理（它们同空间片段打交道）、算术原理（它们同代数打交道）、力学原理（它们同事物在空间和时间的运动打交道）。也就是说，除非通过认识主体的先天形式，否则我们就不能进行思考。康德强调，空间的先天感性直观能普遍用于外部现象界的万事万物，也就是说，空间直观具有普遍适用于经验的先验性；而时间是一切运动变化的普遍必然的前提条件。这种条件不是概念（知性），而是直观（感性）。

康德对关于时、空的上述论证做了总结。在总结中，他特别强调时空不是物自身的存在形式，只是现象的存在形式。就是说，时间和空间不能适用于那提供感性材料的"物自身"，只适用于"物自身"所提供的感性材料。在这里，康德提出了区别于时空的所谓"先验的实在性"和"经验的观念性"的所谓"经验的实在性"和"先验的观念性"。

所谓"经验的实在性"是指空间、时间在经验上是实在的。首先，时、空是与感性经验相联系。康德认为，空间是外部现象的形式，时间是外部和内部一切现象的形式。作为现象形式的时空只能是感性直观。虽然没有理由排除另一种超时、空的或无需时、空的"理性的直观"，但这不是人类所特有的，人类的直观只是感性的，一切不以时空为条件的对象，都不能在经验中提供给我们。其次，由于时空与感性材料直接关联，所以具有直接的客观性质。就是说，时空虽是主观直观形式，却具有经验中的客观性，它们是事物现象界的先后相继（时）左右并列（空）等客观次序。空间的每一个纯粹判断都是同一空间的纯粹片断，时间也是如此，不同的时间都是同一时间的一部分。所以，通过时空建立起来的现象界的秩序，就不是主观感知的经验秩序，而是具有客观实在性的经验秩序。康德反对巴克莱把时空与色、声、香、味、暖一样都当作主观的经验感知。如果从这种主观经验出发，就没法区分醒与梦、真理与幻境，因为它们都是主观的经验感知。在康德看来，这是不同于他主张的"经验的实在性"的"经验的观念性"。

所谓"先验的观念性"是指时空在先验上是观念的。康德虽然强调时空的经验的实在性，但认为时空并没有绝对的实在性，他反对把时空看做是物自身的形式或性质。如果不把时空看做是现象的形式，而把它们归属于物自身，就没有任何的时间和空间。由于时空是感性知识的先验意识形式，因而是观念的。

为了避免误会，康德一而再，再而三地回到时空不是物自身的形式，而是感性的形式这一论点上。在《先验感性论》中，康德已经勾画了一幅后来逐渐变得清晰的图像（特别是先验分析论那一部分的第三卷第三章），这就是：物自身世界是存在的，物自身作用于感官引起感觉，感觉为建立知识而构成必要条件，但它们本身还不代表任何知识，因为感觉不过是客观上存在着的物自身的主观映像。形形色色的感觉是杂乱无章的，必须加以整理，感性的纯直观（形式）时空对它们加以整理。由于时空是意识的形式，而不是物自身本身的形式，因而经过时空整理感觉所形成的现象与它们的原因——物自身并不相似。

这样，康德在纯粹理性批判的一开始就把世界划分为物自身世界和现象世界。这就为他彻底否定旧形而上学的独断论，建立他的先验哲学奠定了基础，为他解决自由与必然的矛盾提供了可能，从而使"自由为什么是可能的"这个问题解决有望。因而《先验感性论》是理解全部康德批判哲学的关键。海涅把康德关于所谓现象和本体（物自身）的讨论当作是他的哲学的核心。他的结论是对的，但是他的理由只对了一半，因为他只是从认识论的意义上来理解，而不是从自由是如何可能这个意义上来理解的。罗素说《纯粹理性批判》的最重要部分是空间和时间的学说。"①叔本华说："康德的最大功绩是划清了现象和自在之物两者之间的区别。"②"超绝的感性学是这样突出的富于功绩的作品，以至单是这一作品就足以使康德名垂不朽了。"③阿尔森·古留加也许说得更对，他说："如果说时间是事物自身所固有的，那么自由则是不可能的。只是由于在理性世界中没有铁一般的因果联结，没有时间，才能有'通过自由'（只有自由才使人变成为有道德的生物）这种特殊种类的因果性。在自然界中，同样一种原因将按铁的必然性而引起同样一种作用。而人却可以改变所做的事，并且尽管条件并没有变化，人也可以按另一种方式行事。人可以'废除'时间，改变它的进程。"④他说，由此比较清楚了，为什么布洛克会在对先验感性那一部分进行思考的影响下，写了他那献给康德的诗篇。布洛克认为这一部分是康德学说的主要部分。

《先验感性论》主要是谈感性。它所解决的主要是认识对象问题。也就是说认识的对象是经过纯粹感性直观形式整理物自身作用于人的感官所形成的现象，而不是物自身本身。在这里，康德把人的认识的对象范围限制在现象，为解决自由的可能性问题留下了地盘。与《先验感性论》并列的《先验经验论》则主要是谈知性和理性，讨论科学知识（真理）如何构成以及旧形而上学的谬误怎样产生的问题。在这里，康德进一步说明一切科学知识都是关于现象的知识，从而把科学知识限制在现象范围，并在批判旧形而上学错误的基础上，说明旧形而上学所"独断"的上帝、自由、灵魂不死在认识领域（现象领域）如何不可能，而自由作为理性的理

① ［英］罗素：《西方哲学史》下卷，马元德译，商务印书馆 1976 年版，第 256 页。
② ［德］叔本华：《作为意志和表象的世界》，石冲白译，杨一之校，商务印书馆 1982 年版，第 592 页。
③ ［德］叔本华：《作为意志和表象的世界》，石冲白译，杨一之校，商务印书馆 1982 年版，第 595～596 页。
④ ［苏］阿尔森·古留加：《康德传》，贾泽林、侯鸿勋、王炳文译，商务印书馆 1981 年版，第 126 页。

念又是如何可能的，从而在现象与物自身划分的基础上，解决了自然和自由的关系问题。

《先验分析论》主要讲知性。康德所谓的"知性"是指从主体自我对感性对象进行思维，把特殊的、没有联系的感性事物加以综合联结，使之成为有规律的自然科学知识的一种认识能力。知性与感性一样，也是构成知识的认识能力，但两者是平行独立互不相关的不同能力。康德说："我们的知识产生自心灵的两个基本来源，其中第一个是接受表象的能力（印象的感受性），第二个是通过这些表象认识一个对象的能力（概念的自发性）；通过前者，一个对象被给予我们，通过后者，该对象在与那个（仅仅作为心灵的规定的）表象的关系中被思维。因此，直观和概念构成了我们一切知识的要素，以至于无论是概念没有以某些方式与它们相应的直观、还是直观没有概念，都不能提供知识。"① 又说："如果我们愿意把我们心灵在以某种方式受到刺激时接受表象的这种感受性称为感性的话，那么与此相反，自己产生表象的能力，或者知识的自发性，就是知性。我们的本性导致直观永远只能是感性的，也就是说，只包含我们被对象刺激的方式。与此相反，对感性直观的对象进行思维的能力是知性。这两种属性的任何一种都不应当比另一种更受优待。……这两种能力或者性能也不能互换其功能。知性不能直观任何东西，而感官则不能思维任何东西。只有从它们的相互结合中才能产生出知识。"② 很明显，康德强调感性与知性联合才产生知识。感性直观形式把形形色色的感觉改造成形形色色的现象，知性的作用则在于，它能主动作用于感性，能对感性所提供的现象进行规范、组织和构造，即能综合统一感性直观提供的多种多样的现象，将它们组织到逻辑形式的概念系统中去，把它们改造成合乎规律、整体，改造成自然界或科学知识。康德认为知性这种综合统一的作用是通过"知性纯粹概念"即范畴实现的。他说，"在一个我称为'我的'的直观中所包含的杂多，通过知性的综合被表象为属于自我意识的必然统一，而这是通过范畴发生的。"③ 又说："一切感性直观都从属于范畴，范畴是唯一能使感性直观的杂多聚集到一个意识中的条件。"④ 康德依据传统逻辑的判断形式分类，将亚里士多德的十范畴加以增删，提出了十二范畴，并按分类原则列了一张范畴表。

康德认为，知性范畴是纯概念，它们不是来自感性对象，不是对感性对象之

① ［德］康德：《纯粹理性批判》（第 2 版），李秋零主编：《康德著作全集》第 3 卷，中国人民大学出版社 2004 年版，第 69 页。
② ［德］康德：《纯粹理性批判》（第 2 版），李秋零主编：《康德著作全集》第 3 卷，中国人民大学出版社 2004 年版，第 69～70 页。
③ ［德］康德：《纯粹理性批判》（第 2 版），李秋零主编：《康德著作全集》第 3 卷，中国人民大学出版社 2004 年版，第 110 页。
④ ［德］康德：《纯粹理性批判》（第 2 版），李秋零主编：《康德著作全集》第 3 卷，中国人民大学出版社 2004 年版，第 109 页。

间的内在联系的反映。它们和时空感性直观形式一样也是为人脑所先天地具有的，不包含任何经验的成分。他说："范畴不依赖于感性而仅仅在知性中产生。"① 又说："纯粹知性概念与经验性的（甚至完全感性的）直观相比是完全异类的，绝不能在任何直观中遇到。那么，把后者归摄在前者之下、从而把范畴运用于经验是如何可能的呢？因为毕竟没有人会说：这些范畴，例如因果性，也可以通过感官被直观，并且包含在显象中。"② 范畴的基础和根源在"自我意识"，知性范畴的运用不过是"自我意识"的具体实现。"自我意识"也就是所谓的"统觉的原始综合统一"（又叫做"纯粹知觉的综合统一"。在康德看来，自我意识不仅是范畴的基础和根源，而且是知性运用的最高原理。康德一再强调"自我意识"的"先验统一"是认识的最高点。他说："统觉的综合统一就是人们必须把一切知性应用，甚至把全部逻辑以及按照逻辑把先验哲学附着于其上的最高的点，这种能力也就是知性本身。"③ 又说："统觉的综合统一的原理是一切知性应用的至上原则。"④ "这一原理乃是全部人类知识中的至上原理。"⑤ 康德认为，时、空因为与感性直接关联，所以具有客观性。范畴并不与感性直接关联，它的客观有效性有赖于"自我意识"。康德在《先验分析论》的"知性纯粹范畴的先验演绎"中专门研究了这个问题。在这部分中，康德把"先验演绎"分为主观演绎和客观演绎两个方面。所谓"主观演绎"，简单说来，就是从主观心理方面探索知识所以可能的条件，从人们知识发生的进程来说明"自我意识"。它以意识首先表现为"时间意识"这个事实为出发点，描述所谓主体能动性的三种综合，即"直观中把握的综合"、"想象中再造的综合"和"认知中概念的综合"。康德认为，我们之所以能由知觉、想象、概念而认识一个对象，杂乱无章的感觉印象之所以能够通过知觉、想象、概念的综合而成一个统一的对象，完全是由于主体意识中有一种所谓主动的统一性将它们联系综合起来的缘故。对象的统一来源于构造它们的主体意识的综合统一性。这个意识的统一性就是"自我意识"，即所谓"统觉"本源的综合统一性。所谓"客观演绎"，主要是直接探究先验范畴既发源于纯粹理性，为何能对经验具有客观有效性。这里着重讨论了对象意识问题，从哲学上论证了自我意识的本性。康德所谓对象意识，是指意识中所建立的对

---

① ［德］康德：《纯粹理性批判》（第 2 版），李秋零主编：《康德著作全集》第 3 卷，中国人民大学出版社 2004 年版，第 110 页。

② ［德］康德：《纯粹理性批判》（第 2 版），李秋零主编：《康德著作全集》第 3 卷，中国人民大学出版社 2004 年版，第 128 页。

③ ［德］康德：《纯粹理性批判》（第 2 版），李秋零主编：《康德著作全集》第 3 卷，中国人民大学出版社 2004 年版，第 104 页。

④ ［德］康德：《纯粹理性批判》（第 2 版），李秋零主编：《康德著作全集》第 3 卷，中国人民大学出版社 2004 年版，第 105 页。

⑤ ［德］康德：《纯粹理性批判》（第 2 版），李秋零主编：《康德著作全集》第 3 卷，中国人民大学出版社 2004 年版，第 104 页。

象，即对象出现在意识中。与"对象意识"相对应的是"自我意识"，自我意识是不同于经验的自我意识的先验自我意识。也就是说，康德所谓的自我意识是人类特有的、常住不变的意识的同一性的形式本性。它是先验的，具有客观的效力，是一切经验意识的前提和条件，而它本身绝不是任何独立的实体和存在。在康德看来，对象意识和自我意识是彼此对立又相互依存的。一方面，自我意识不能脱离对象意识，依存于对象意识。另一方面，对象意识又由自我意识所建立。康德正是用自我意识来统一认识，构造对象，保证认识的普遍必然的客观有效性。

先验演绎的核心是讲综合统一问题，这种统一是使范畴成为可能（也就是使知性可能运用）的前提、基础或条件。它是一种更根本的综合统一性，即"本源的综合统一"。它是认识直观的前提，是范畴的基础。康德说："对于探究我们称之为知性的能力、同时规定其应用的规则和界限来说，我不知道还有什么研究比我在题为纯粹知性概念的演绎的先验分析论第二章中所做出的研究更为重要的了。"①这个部分之所以如此重要，就在于它说明知性纯粹概念的客观有效性，解决了康德纯粹思辨理性批判所要解决的主要问题，即"知性和理性脱离开一切经验能够认识什么、认识多少？"②

既然范畴是先天的"知性纯粹概念"，与一般概念不同，它们与经验毫无关系。那它们又如何运用到现象上去呢？康德认为这里必须有某种第三者，他称之为"先验图型"。这种先验图型必须一方面与范畴相一致，另一方面又与现象相一致。它一方面是知性的，另一方面是感性的。它必须是纯粹的，没有任何经验内容。只有这样它才能将范畴运用于现象。康德认为，时间就是作为知性纯粹概念与感性之间中介的"先验图型"。因为时间是纯粹直观，没有任何经验的内容，同时时间作为先天感性直观形式，一切事物必须在其中才能为我所感知，没有时间或不在时间中的对象，根本不是认识对象，而且时间与空间不同，它作为内部感觉与知性范畴的根源（即先验统觉的自我意识）又有密切关系。时间意识与"自我意识"息息相关，后者必须在时间中展开，为时间所限定。所以，时间具有知性的特征。康德认为，图型是使知性通向感性从而获得客观现实性的桥梁，它的作用就在于：一方面使范畴应用于现象而具有现实性；另一方面又在认识过程中约束范畴，使之不运用于感性经验之外。康德根据四项范畴对时间的图型做了划分："量"的图型是"数"，即时间系列；"质"的图型是"度"，即时间内容；"关系"的图型是时间顺序；"模态"的图型是时间总和。

以时间图型为桥梁，根据范畴表，康德对"知性的先验原理"进行了规定。康

---

① ［德］康德：《纯粹理性批判》（第1版），李秋零主编：《康德著作全集》第4卷，中国人民大学出版社2005年版，第9页。

② ［德］康德：《纯粹理性批判》（第1版），李秋零主编：《康德著作全集》第4卷，中国人民大学出版社2005年版，第9页。

德说："范畴表给我们提供了原理表的完全自然的指示，因为后者毕竟无非是前者的客观应用的规则。据此，纯粹知性的所有原理是：①直观的公理；②知觉的预先推定；③经验的类比；④一般经验性思维的公设。"①第一，直观的公理，即"纯粹知性的原理：一切显象按照其直观都是广延的量。"②这是时、空直观形式的原理。它意思是，直观是由一部分到另一部分的不断的综合，亦即部分的相继出现。这是量的范畴原理，只有通过数的图型数或时间系列，现象才为我们所知。第二，"预先推定一切知觉为知觉的原理如下：在一切显象中，感觉和对象与感觉相应的实在的东西（realitas phaenomenon——作为现象的实在性）都有强度的量，即一种程度。"③这是说知觉必须有一定程度的度量。如果这个量消失为零，感觉就不存在了，任何经验也就不可能了。这种量不是通过时间系列一部分一部分地给予的，而是当下在任何一个时间点上都必须具有的。这是"质"的范畴的原理，它的图型是度或时间内容。第三，"经验的类比的普遍原理是：一切显象在其存在上都先天地服从规定它们在一个时间中的相互关系的规则。"④这一原理的意思是：只有通过知觉间的某种必然联系（不是知觉的偶然联系）的推论类比，经验才是可能的。这是关系范畴的原理。康德认为，与前两项原理不同，这个原理不是直观的，而是推论的，它不是对一个对象作数学的直观构造（如前两项那样），而是指引人们对一个对象作所谓力学的逻辑组织。关系范畴的图型的"时间次序"。第四，"一般经验性思维的公设：①凡是与经验的形式条件（按照直观和概念）一致的，就是可能的。②凡是与经验的质料条件（感觉）相关联的，就是现实的。③凡是其与现实的东西的关联被按照经验的普遍条件规定的，就是必然的（必然实存的）。"⑤这是模态范畴原理。与前三类范畴不同，它不是范畴自身的性质，而是范畴与人们主观认识的关系，它不是指向客观的对象，而是指向认识状态自身，即认识的可能性、现实性与必然性问题。它们是经验思维中必须具有或遵循的"准则"，其时间构架是：有时存在（可能存在），某一定时间内存在（现实性），无论何时都存在（必然性）。

　　在论述了"原理体系"之后，康德反复强调，知性范畴不能脱离感性作超经验使用这个主题。他说："我们不能仅仅按照范畴认识任何事物的可能性，而是必须

<hr>

　　① ［德］康德：《纯粹理性批判》（第1版），李秋零主编：《康德著作全集》第4卷，中国人民大学出版社2005年版，第106页。
　　② ［德］康德：《纯粹理性批判》（第1版），李秋零主编：《康德著作全集》第4卷，中国人民大学出版社2005年版，第107页。
　　③ ［德］康德：《纯粹理性批判》（第1版），李秋零主编：《康德著作全集》第4卷，中国人民大学出版社2005年版，第109页。
　　④ ［德］康德：《纯粹理性批判》（第1版），李秋零主编：《康德著作全集》第4卷，中国人民大学出版社2005年版，第115页。
　　⑤ ［德］康德：《纯粹理性批判》（第1版），李秋零主编：《康德著作全集》第4卷，中国人民大学出版社2005年版，第140～141页。

总在手头有一种直观，以便根据它展示纯粹知性概念的客观实在性，这是某种非常值得注意的事情。"①康德认为，如果没有直观，我们就不知道我们是否在用范畴思维对象，是否有实在的对象适合这种范畴。所以康德强调，范畴自身并非知识，不能构成任何综合命题，它仅是使感性直观提供的材料构成知识的思维方式。康德还特别强调外部感性直观，即由空间直观形式整理的感性直观对范畴的意义。他说："更值得注意的是：为了理解事物依据范畴的可能性，从而阐明范畴的客观实在性，我们不仅需要直观，而且甚至始终需要外部直观。"②因为康德认为，表现为量的事物的可能性，以及量的客观实在性，只能在外部直观中展现，只有以外部直观作媒介，才能应用于内部感官。康德指出，以上所述是告诉我们关于主观认识能力的界限。他的基本结论是："纯粹知性的一切原理都无非是经验的可能性的先天原则，而一切先天综合命题都仅仅与经验相关，甚至它们的可能性本身也是完全依据这种关系的。"③

这样，康德就为范畴的应用划清了界限，就是说范畴只对经验对象有效，只适用于感性造成的"现象世界"。它既不反映"物自身"的性质，也不适用于规定"物自身"。这样，康德通过《先验分析论》冗长的分析又回到现象和物自身（本体）的划分这个要害问题上来。在《先验分析论》的最后，康德专门写了《所有一般对象区分为现象和本体的根据》一篇来谈"本体"与现象问题。在这里，康德主要是强调范畴的使用不能超过经验的事物（现象），它只能用于经验，不适用于本体。他说："一切概念，从而还有一切原理，无论它们如何是先天可能的，都仍然与经验性直观、从而与可能经验的材料相关。没有这种相关，它们就根本没有任何客观有效性，而是一种纯然的游戏，是想象力或者知性各自用自己的表象所做的游戏。"④"纯粹知性概念永远不能有先验的应用，而是在任何时候都只能有经验性的应用，纯粹知性的原理只有在与一种可能经验的关系中才能与感官的对象相关，但绝不能与一般而言的物（不考虑我们能够直观它们的方式）相关。"⑤"当人们把它们与一切感性分离开来时，它们就根本没有任何应用了。"⑥等等。

---

① ［德］康德：《纯粹理性批判》（第2版），李秋零主编：《康德著作全集》第3卷，中国人民大学出版社2004年版，第192～193页。
② ［德］康德：《纯粹理性批判》（第2版），李秋零主编：《康德著作全集》第3卷，中国人民大学出版社2004年版，第194页。
③ ［德］康德：《纯粹理性批判》（第2版），李秋零主编：《康德著作全集》第3卷，中国人民大学出版社2004年版，第196页。
④ ［德］康德：《纯粹理性批判》（第2版），李秋零主编：《康德著作全集》第3卷，中国人民大学出版社2004年版，第199页。
⑤ ［德］康德：《纯粹理性批判》（第2版）李秋零主编：《康德著作全集》第3卷，中国人民大学出版社2004年版，第201页。
⑥ ［德］康德：《纯粹理性批判》（第2版），李秋零主编：《康德著作全集》第3卷，中国人民大学出版社2004年版，第202页。

　　为了说明人的认识（范畴使用）的界限，康德提出了与现象相对立的"本体"概念。他说："为了不使感性直观一直扩展到物自身之上，从而为了限制感性知识的客观有效性，这个概念又是必要的（因为感性直观所达不到的其他对象之所以叫做本体，恰恰是为了借此表明，那些知识不能把自己的领域扩展到知性所思维的一切之上）。"①"本体"概念，实际上就是物自身概念。"一个本体的概念，亦即一个根本不应当作为感官的对象、而是应当作为物自身（仅仅通过纯粹知性）被思维的事物的概念"②。"物自身"作为"本体"概念，"纯然是一个界限概念，为的是限制感性的僭妄"③。所以，"本体"概念在这里是消极的，即仅仅作为经验、认识界限的标记。④值得注意的是，康德在这里区别"现象"和"本体"时，已包含有将后者作为知性思维的对象，与前者作为感性直观对象相区别，从而"把它们称做知性物（noumena，本体）"⑤。康德提出这里的"本体"除了"消极含义"之外，还有一种所谓的"积极含义"。他说："如果我们把本体理解为这样一个物，在抽掉我们直观它的方式时，它不是我们的感性直观的客体，那么，这就是一个消极意义上的本体。但是，如果我们把它理解为一个非感性直观的客体，那么，我们就假定了一种特殊的直观方式，即理智的直观方式，但它并不是我们的直观方式，我们也不能看出它的可能性，而这就会是积极意义上的本体。"⑥就是说，从消极意义看，"本体"不是感性直观的对象，它是认识的限界，但从积极的意义看，"本体"可以是一种非感性的直观（知性直观）。人虽然没有这种知性直观，但可以把它作为思维的对象。这样，康德就假定了本体即物自身的存在。这就为他后来肯定自由理念存在的可能性留下了余地，这对于康德解决自由问题具有颇为重要的意义和作用。

　　事实上到这里，康德就达到了限制知识，给信仰留地盘的目的。海涅认为："康德讨论现象和本体的这一章是康德哲学的最主要部分，是他哲学的核心。"⑦海涅的结论是对的，但是他的理由只对了一半，因为他只是从认识论的意义上来理解这一章的重要性，而没有从它对解决自由是否可能这个问题的意义上来理解。

---

　　① ［德］康德：《纯粹理性批判》（第2版），李秋零主编：《康德著作全集》第3卷，中国人民大学出版社2004年版，第205页。

　　② ［德］康德：《纯粹理性批判》（第2版），李秋零主编：《康德著作全集》第3卷，中国人民大学出版社2004年版，第205页。

　　③ ［德］康德：《纯粹理性批判》（第2版），李秋零主编：《康德著作全集》第3卷，中国人民大学出版社2004年版，第205页。

　　④ 需要指出的是，康德这里的"物自身"不仅指与现象对立的客体方面，同时也指主体方面，即"先验演绎"中与"先验对象"相对峙的"先验自我"，亦即作为"统觉综合统一"的"自我意识"。

　　⑤ ［德］康德：《纯粹理性批判》（第2版），李秋零主编：《康德著作全集》第3卷，中国人民大学出版社2004年版，第203页。

　　⑥ ［德］康德：《纯粹理性批判》（第2版），李秋零主编：《康德著作全集》第3卷，中国人民大学出版社2004年版，第203～204页。

　　⑦ ［德］海涅：《论德国宗教和哲学的历史》，海安译，商务印书馆1974年版，第108页。

先验分析论已经说明，科学认识受经验的限制，它涉及的是现象，而不是不依赖于意识的本体。人可以认识他自己所创造的现象，而不是物自身本身，虽然不能否认物自身的存在，但人是不能认识的。由此可以得出结论，关于物自身的科学知识是不可能的，旧形而上学不是，也不可能是科学。这样，康德在《纯粹理性批判导言》中所提出的问题得到了解决。数学和纯自然科学实际上是存在的，也有权存在，形而上学实际上也是存在的，但它在认识范围内没有存在的权利。但是，康德并不满足这些问题的解决，因为这只是解决了自然必然性何以可能的问题，而更主要的问题即自由何以可能的问题并没有得到解决。康德在《未来形而上学导论》中指出，形而上学除了对待那些永远应用在经验之内的自然界概念以外，还要对待纯粹理性概念。纯粹理性概念永远不能在任何可能的经验里提供，因而其客观实在性（即它们不是纯然的幻觉）和形而上学独断论的真伪，都不能通过任何经验来证明或揭露。而这一部分形而上学又恰恰是构成形而上学的根本目的部分，"其他的一切都只不过是它的手段罢了"①。因此，康德继续考察了理性，通过对理性的考察，一方面揭露旧的形而上学独断论的灵魂不死、意志自由、上帝存在在认识上怎么不可能；另一方面证明这些理念作为理性的自然意向又是怎样可能的，特别是其中的自由在理性的实践运用上怎样可能。这就是"先验辩证论"。

在"先验辩证论"里，康德具体分析了所谓"先验幻相"产生的原因，并通过给知性划定界限，指出灵魂、自由意志、上帝这些形而上学的实体。这些实体由于没有感性直观的经验基础，即感性经验不能给这些实体提供任何后天的经验材料，超出了知性所能适应的范围，因而它们不是认识的对象，而只不过是一种先验的幻象。康德逐一驳斥了一切证明灵魂不死、意志自由和上帝存在的理论学说，即当时流行的所谓"理性心理学"、"理性宇宙论"和"理性神学"，指出它们是不能成立的。其中特别是对论证上帝存在的神学（安瑟尔谟）—哲学（笛卡儿）的本体论证明，以及"宇宙论的证明"和"自然神学证明"予以了详细讨论和批驳。同时，康德也注意到这些观念作为理性的自然趋向对认识有积极的意义，是知性认识追求的方向和目标，更重要的是，它们作为信仰对于人们的实际生活和伦理道德有益。这样，康德也就证明了思辨理性（认识）的形而上学，作为理性的自然倾向是可能的，但作为一种科学是不可能的。关于这些内容在第三章已经详细论述到，这里不作进一步的讨论。

这里需要重新申述的是，康德对待理性的三类理念，即灵魂、宇宙、上帝的态度是不一样的。关于"灵魂"这个理念，康德认为它不过是理性心理学把"我思"实体化的结果。至于上帝，康德认为它只是纯粹理性的"设想"，要用纯粹理性来

---

① ［德］康德：《未来形而上学导论》，李秋零主编：《康德著作全集》第4卷，中国人民大学出版社2005年版，第331页。

论证它的存在是不可能的。关于"宇宙"理念，康德指出，知性范畴一旦超出了现象范围，就会产生二论背反。康德提出了四个二论背反，其目的是要表明，当人企图用理性认识"宇宙"这个"物自身"时，必然要遇到矛盾，这证明人的认识能力是有界限的，它不能超出现象的范围，从而限制了知识，为信仰留下了地盘。但是，康德又通过对四个二论背反加以区别给自由可能存在留下余地。他把这四个二论背反划分为两类，并且指出第一、二两个二论背反，无论就物自身来说，还是就现象来说，正题反题都是错的；而第三、四两个二论背反从物自身和现象的划分来看，其正题和反题则都可以是对的。其中，康德又着重论述了第三个二论背反即自由与必然的关系问题。他以先验观念论即物自身和现象的划分为依据，详细论述了自由和必然可以并存而不发生矛盾，指出认为它们必然发生矛盾是一个幻相。[①] 这样，康德就从理论上解决了自由和自然必然如何可能的问题。到此为止，康德就从纯粹理性批判的消极效果，即限制思辨理性的经验运用引出了积极的效果，即清除了实践理性运用的障碍，证明自由是可能的，以自由为基础的实践理性（道德）的形而上学也是可能的。从而，纯粹思辨理性批判的任务宣告完成。

---

① 在灵魂、自由、上帝三个理念中，康德否认了先天认识灵魂、上帝的可能性，但肯定了先天认识自由的可能性，这在后来的《实践理性批判》中可以发现佐证。在那里，康德明确指出，"在思辨理性的一切理念中，自由也是唯一我们先天地知道其可能性、但却看不透的一个理念。"（康德：《实践理性批判》，李秋零主编：《康德著作全集》第5卷，中国人民大学出版社2007年版，第5页）。这明显不过地表明了康德对三个理念的不同态度。

第二章 自由问题在康德思想体系中的地位（下）

一、批判哲学体系应有的环节

康德对纯粹思辨理性"批判地"考察的结果表明，一切科学知识（先天综合判断）之所以可能，必须具备两个条件：一是物自身作用感官所提供的感觉材料，二是理性固有的具有普遍性和必然性的先天的认识能力。人的认识活动就是用先天的认识能力（形式）去整理后天的感觉（质料），以形成具有普遍性和必然性的科学知识。在与"感性"、"知性"和"理性"这三种认识能力相关的三种学问（即数学、自然科学和"形而上学"）中，数学和自然科学这两者学问都是先天的认识能力和感觉经验的结合，都是关于现象界的知识，具有普遍性和必然性，作为科学知识是能够成立的。与数学和自然科学不同，"形而上学"则是理性企图撇开经验，超越现象世界去把握物自身的自然倾向的理论表现，因而它作为理性的一种自然趋向来说是实在的，但就其本身而言完全是假学问，作为科学知识是不能成立的。康德在《未来形而上学导论》中的"作为科学的形而上学怎样才可能"这个"总问题的解决"中明确指出："形而上学，作为理性的自然禀赋，是现实的，但仅仅就它自身来说（就像第三个主要问题的分析性解决所证明的那样），它是辩证的和虚假的。"① 这样，康德就把思辨理性限制在经验的范围之内，并认为纯粹理性批判的主要作用就在于此。康德在《纯粹理性批判》第二版序言中说："浮光掠影地浏览一番这部著作，人们将认为察觉到，它的用处毕竟只是消极的，也就是说，永远不要冒险凭借思辨理性去超越经验的界限；事实上这也是它的第一个用处。"② 在康德看来，这种纯粹思辨理性批判的主要成果，也是理性哲学（也即他由纯粹思辨理性建立的先验哲学）的主要任务。他说："纯粹理性的一切哲学的最大的、也许是唯一的用途大概只是消极的，也就是说，因为它不是作为工具论被用来扩展，而是作为训练被用来规定界限，而且不是揭示真理，而是只有防止错误的默默功绩。"③ 如果说，康德要建立一种新的形而上学的哲学，那么这种纯粹思辨理性批判的成果即先验哲学

① ［德］康德：《未来形而上学导论》，李秋零主编：《康德著作全集》第 4 卷，中国人民大学出版社 2005 年版，第 370～371 页。

② ［德］康德：《纯粹理性批判》（第 2 版），李秋零主编：《康德著作全集》第 3 卷，中国人民大学出版社 2004 年版，第 15 页。

③ ［德］康德：《纯粹理性批判》（第 2 版），李秋零主编：《康德著作全集》第 3 卷，中国人民大学出版社 2004 年版，第 508 页。

就是这种形而上学。这种哲学与旧的形而上学的根本区别在于，它不是扩大思辨理性的使用，而是限制思辨理性的使用。

康德认为，就纯粹思辨理性批判限制思辨理性的范围而言是消极的，但是，这种限制给实践理性的运用扫除了障碍（即一切无信仰的根源——形而上学独断论），给道德留下了地盘，因而具有更为重要的积极作用。他说："一项限制思辨理性的批判，虽然就此而言是消极的，但由于它借此同时排除了限制或者有完全根除理性的实践应用的危险的障碍，事实上却具有积极的和非常重要的用处。"① 又说："批判将轻而易举地揭露独断的幻象，迫使纯粹理性放弃它在思辨应用中过于夸张的僭妄，退回到它特有的领地亦即实践原理的界限之内。"② 从这里很明显地可以看出，康德更强调的是纯粹思辨理性批判的积极作用，这也清楚地表明，康德进行批判的主要目的是通过限制理性的思辨运用，来为理性的实践运用留余地。他在《纯粹理性批判》第二版序言中又说："思辨理性却总是至少为我们作出这样的扩展创造了地盘，尽管它必然让这地盘闲置着；因此，在我们可能的情况下用思辨理性的实践素材去充实这一地盘，依然是听便于我们的，我们甚至还受到了思辨理性的敦促。"③

在《纯粹理性批判》的第二部分"先验方法论"中，康德专门研究了理性纯粹使用的终极目的问题。他认为理性的思辨方面在其先验使用中所指向的终极目的是与三种对象相联系的，即意志自由、灵魂不死和上帝存在。它们在思辨理性范围内常常是超验的，因而不能使用，不是科学知识所必需的条件。但是，人的理性又有追求这些目的的自然倾向。既然如此，它们的主要意义必定会在实践方面，即以自由为其基础的道德方面。康德说："如果这三个基本命题（即意志自由、灵魂不死、上帝存在——引者注）对我们来说根本不为知识所必需，尽管如此还被我们的理性迫切地推荐给我们，那么，它们的重要性真正说来必定仅仅关涉到实践的东西。"④ "也许，它可以希望在还给它剩下的唯一道路上，也就是说在实践应用的道路上，会有对它来说更好的运气。"⑤ "在一种超出一切经验的界限之外四处漫游的理性的一切沽名钓誉的意图都破灭之后，还给我们留下了足够的东西，即我们有理由在

① ［德］康德：《纯粹理性批判》（第2版），李秋零主编：《康德著作全集》第3卷，中国人民大学出版社2004年版，第15页。

② ［德］康德：《纯粹理性批判》（第2版），李秋零主编：《康德著作全集》第3卷，中国人民大学出版社2004年版，第507页。

③ ［德］康德：《纯粹理性批判》（第2版），李秋零主编：《康德著作全集》第3卷，中国人民大学出版社2004年版，第13～14页。

④ ［德］康德：《纯粹理性批判》（第2版），李秋零主编：《康德著作全集》第3卷，中国人民大学出版社2004年版，第510～511页。

⑤ ［德］康德：《纯粹理性批判》（第2版），李秋零主编：《康德著作全集》第3卷，中国人民大学出版社2004年版，第508页。

实践方面对此感到满足。"①在康德看来，以上这些理性的最终目的，又是与更远的最终目的联系的。这个更远的最终目的，就是康德提出的"我应当做什么"，即道德行为。他说："这三个问题本身又都有其更为深远的意图，也就是说，如果意志是自由的，如果有一个上帝，有一个来世，那么应当做什么。既然这涉及我们与最高目的相关的行为，所以睿智地照料我们的自然在设立我们的理性时，其终极意图真正说来就只是着眼于道德的东西。"②

由以上可见，康德的纯粹思辨理性批判否定理论的形而上学，并不是真正消灭形而上学，而是为了论证实践的形而上学的必要性和可能性；否定理性的认识意义，是为了肯定理性在实践领域的重要意义。在这个意义上说，康德的《纯粹理性批判》是他的以自由为中心的道德形而上学的"导论"或"预先说明"，同时它本身又包含了道德形而上学体系的轮廓。康德自己说："这项批判是一部关于方法的书，而不是一个科学体系自身；但是，它尽管如此仍然既在这门科学的界限方面、也在它的整个内部构造方面描画了它的整个轮廓。"③既然康德断言理性使用的终极目的不在认识领域而在道德领域，那么，现在的问题是：纯粹理性的实践运用是否可能？在实践的范围内，纯粹理性能否引导我们达到理念呢？实践理性能否在道德方面把思辨理性所完全拒绝的理念提供给我们呢？康德认为这是有待研究的问题。他说："现在，给我们剩下的还有一种尝试，也就是说，在实践的应用中是否也可以发现纯粹的理性，纯粹理性在实践的应用中是否也导向我们上面提到的纯粹理性最高目的的理念，因而纯粹理性是否能够从实践旨趣的观点出发，提供它就思辨旨趣而言根本拒绝给予我们的东西。"④这个任务是由纯粹实践理性批判来完成的。

关于纯粹实践理性批判的任务，康德在《实践理性批判》原序的一开始就作了明确规定："它应当阐明的只是存在着纯粹的实践理性，并且在这种意图中批判其全部实践能力。"⑤也就是说，纯粹实践理性批判的任务是要证明纯粹实践理性是存在的，或者说，纯粹理性是具有实践力量的。而要达到这个目的，不仅要批判纯粹实践理性，而且要批判理性的全部实践能力，也就是进行"一般实践理性的批判"。通过这种批判，阐明纯粹理性是否以及怎么能够有实践力量，或者说理性能否以及

①　康德：《纯粹理性批判》（第2版），李秋零主编：《康德著作全集》第3卷，中国人民大学出版社2004年版，第528页。

②　康德：《纯粹理性批判》（第2版），李秋零主编：《康德著作全集》第3卷，中国人民大学出版社2004年版，第511页。

③　康德：《纯粹理性批判》（第2版），李秋零主编：《康德著作全集》第3卷，中国人民大学出版社2004年版，第14页。

④　康德：《纯粹理性批判》（第2版），李秋零主编：《康德著作全集》第3卷，中国人民大学出版社2004年版，第513页。

⑤　康德：《实践理性批判》，李秋零主编：《康德著作全集》第5卷，中国人民大学出版社2007年版，第4页。

怎么能够决定意志。后来，康德又强调指出："它在此研究纯粹理性是否以及如何能够是实践的，亦即直接地规定意志的。"①康德认为，如果证明纯粹理性实际上已经具有实践能力，那么就可以由此证明纯粹理性自身的实在性和它的各个概念（即理念）的实在性，从而就可以驳倒否认纯粹理性及其理念具有实在性的种种诘难。康德说："如果它做到了这一点，则它就不需要批判纯粹的能力本身，就可以看出理性以这样一种能力作为一种纯然的僭妄而超越了自己（就像在思辨理性那里发生的那样）。因为如果它作为纯粹的理性而现实地是实践的，那么，它就通过这个事实证明了它以及它的概念的实在性，而否认它有这样的可能性的一切玄想就都是徒劳了。"②

尤其重要的是，康德认为，如果纯粹理性具有实践能力，他所长期苦恼的自由的实在性问题就得到了解决。"凭借这种能力，从此也就确立了先验的自由。"③康德认为："在思辨理性的一切理念中，自由也是唯一我们先天地知道其可能性、但却看不透的一个理念。"④但是，思辨理性只能在或然方式下把这个概念看做是可以思维的，是可能存在的，却不能确使它有任何的客观实在性。现在，如果能通过实践理性批判证明纯粹理性具有实践能力，那么，自由概念的实在性就可以确立了。从这里我们可以清楚地看出，康德进行实践理性的批判，研究道德问题的目的，就是要解决自由问题，要证明自由是确实存在的，只是它所存在的领域不同于自然必然性，它不是存在于认识领域而是存在于道德领域（后面可以进一步看到，自由是全部道德的基础），因而自由和自然可以并存而不相矛盾。

《纯粹理性批判》发表以后，遭到了种种责难。康德认为，其中最严重的责难是两点：一是指责康德在理论的认识中否认各个范畴运用于本体上具有客观实在性，而在实践（道德）的认识方面，却又肯定了这种实在性。二是指责康德在《纯粹理性批判》中表现出一种莫名其妙的要求，即一方面把人看做是自由的主体，看做是本体，同时又从自然的观点把人看做是自己经验意识中的一个现象。简言之，指责康德一方面把人看做是本体，另一方面又把人看做是现象。这两种指责对于《纯粹理性批判》来说是致命的。虽然《纯粹理性批判》中已经包含了对这两个问题的答案，但却是不明确的，很容易使人们产生误解。为了反驳人们提出的责难和误解，康德认为必须对实践理性进行详尽的批判，并把他的观点明确地表达出来。

---

① ［德］康德：《实践理性批判》，李秋零主编：《康德著作全集》第5卷，中国人民大学出版社2007年版，第49页。

② ［德］康德：《实践理性批判》，李秋零主编：《康德著作全集》第5卷，中国人民大学出版社2007年版，第4页。

③ ［德］康德：《实践理性批判》，李秋零主编：《康德著作全集》第5卷，中国人民大学出版社2007年版，第4页。

④ ［德］康德：《实践理性批判》，李秋零主编：《康德著作全集》第5卷，中国人民大学出版社2007年版，第5页。

他说："唯有对实践理性的一次详尽的批判才能消除这一切误解，并澄清恰好构成实践理性之最大优点的那种一贯的思维方式。"①

应该注意，对于这两个责难的辩答，并非促使康德进行实践理性批判的真正动机。他的真正动机在于以上所述的，为了解决《纯粹理性批判》中已经提出但没有解决的纯粹实践理性是否存在的问题，实即自由的实在性问题。而这个问题的解决，又是指向整个批判哲学体系的最终目的即证明自由和自然是并行不悖的。而将两者统一起来的是人，因此必须以自由来建立道德形而上学，使人的自由方面控制人的自然方面，从而使人成为自然和自身的主人。所以，康德在《道德形而上学的奠基》中指出："除了一种纯粹实践理性的批判之外，道德形而上学真正说来没有别的基础。"②从内容上看，责难的第一个问题，实际上已经包含在上面提出的问题之中。至于第二个责难，实际上是康德整个批判哲学体系所要回答的问题。这就是说，康德的整个批判哲学体系所要解决的问题，即自由与必然的关系问题，最后就落脚到人身上。人属于理智世界（本体），因而具有自由，人属于感觉世界（现象），因而要受到感性经验的制约，自由和必然只有在人这里才能并行不悖。

因此，康德之所以要进行实践理性批判并不是论战或辩护的需要，而是他的整个思想体系的需要，只是这种需要中包含了对人们责难的问题的回答。康德自己在谈到进行实践理性批判的动机时说："人们将把这种类型的考察（指对纯粹思辨理性的各个概念和原则的考察——引者注），此外把再次、但却是在纯粹理性的实践应用中针对自由概念的考察，不是看做例如应当仅仅用于填补思辨理性的批判体系之漏洞的插叙（因为这个体系就自己的意图而言是完备的），也不是像在一栋仓促建造的房子那里通常发生的那样，在后面装上支架和扶垛，而是看做使体系的联系清晰可见的真实环节，为的是使在那里只能或然地设想的概念如今可以在其实在的展现中被看透。"③

那么，为什么要证明纯粹理性具有实践力量呢？康德在《实践理性批判》"导论"中指出："如果我们现在能够找到根据去证明，这种属性事实上应归于人的意志（而且也应归于一切有理性的存在者的意志），那么，由此就不仅说明了纯粹理性能够是实践的，而且说明了唯有纯粹理性，而不是经验性上受限制的理性，才是无条件地实践的。"④这就是说，要证明纯粹理性具有实践力量，关键在于证明自

———————————

① ［德］康德：《实践理性批判》，李秋零主编：《康德著作全集》第5卷，中国人民大学出版社2007年版，第8页。

② ［德］康德：《道德形而上学的奠基》，李秋零主编：《康德著作全集》第4卷，中国人民大学出版社2005年版，第398页。

③ ［德］康德：《实践理性批判》，李秋零主编：《康德著作全集》第5卷，中国人民大学出版社2007年版，第8页。

④ ［德］康德：《实践理性批判》，李秋零主编：《康德著作全集》第5卷，中国人民大学出版社2007年版，第16页。

由是意志的特性。换言之，如果能证明意志是自由的，那么就证明了纯粹理性具有实践力量。康德这里所讲的只有证明意志是自由的，才能证明纯粹实践理性具有能力，与前面在"前言"中所讲的如果纯粹理性具有实践能力，先验的自由也就被确定了，似乎存在着矛盾。事实上，两种说法并无矛盾，从我们在第四章将要阐述的康德的自由含义可以看出，前者主要是就自由的实践意义而言的，即自由是意志以道德法则为唯一动机开始行动的能力，而后者则主要是就自由的先验意义而言的，即自由是理性具有脱离自然因果性自发地开始事件的能力。在康德看来，如果意志具有不受经验因素影响，以道德法则为唯一动机开始行动的能力（即自由），那么就证明纯粹理性具有实践力量，即理性可以支配人的行为；而如果理性具有支配人的行为的起因作用，那么先验自由的实在性也就得到了证明。从这里我们也可以进一步看出，在康德那里，先验自由、纯粹理性的实践能力（实践理性）、实践自由，在本质上是一致的，只是相对不同对象而言各有侧重罢了。

现在的问题是，如何证明自由是意志的特性或意志是自由的？康德认为，证明意志自由，必须从道德法则入手。在他看来，"这个理念通过道德法则而显示出来"[①]。在第五章我们将阐明，意志、自由、道德法则在康德那里是关系极为密切的概念。康德的实践理性批判就是围绕着意志与道德法则的关系来证明自由的实在性的，从而证明理性是具有实践力量的。

康德说，他经过批判后所描述的实践理性体系即《实践理性批判》，是以《道德形而上学的奠基》一书为其准备的。不过实际上，虽然两书的内容不尽相同，但是它们所要解决的问题是一致的，只是解决的方法不同。《道德形而上学的奠基》基本上是用康德所谓的分析法写成的，即从日常道德经验出发，进而分析道德哲学、道德形而上学，最后追溯其先验的基础即自由。康德说："我在本书中（即《道德形而上学的奠基》——引者注）采用的方法是这样的：如我相信，只要人们愿意分析地采取从普通知识到规定其最高原则的途径，再综合地采取从对这一原则的检验及其源泉返回到它在其中得到应用的普通知识的途径，那么，这种方法就是最恰当的方法。"[②] 相反《实践理性批判》采用的是综合法，即从先验的基础即自由出发，然后展开到应用它的通常知识，其中心是证明自由的实在性。在《道德形而上学的奠基》中，由道德经验到道德法则再到自由，说明自由的存在，自由是道德的基础。这也就是康德后来所谓的"道德法则是自由的认识理由"，即是说，只有通过道德法则才能认识自由的存在。"如果不是在我们的理性中早就清楚地想到了道德法则，我们就绝不会认为自己有理由去假定像自由这样的东西（尽管自由并不

---

① ［德］康德：《实践理性批判》，李秋零主编：《康德著作全集》第 5 卷，中国人民大学出版社 2007 年版，第 5 页。

② ［德］康德：《道德形而上学的奠基》，李秋零主编：《康德著作全集》第 4 卷，中国人民大学出版社 2005 年版，第 399 页。

自相矛盾）。"①而对道德法则的认识本身又离不开日常道德经验，离不开一般的道德哲学。在《实践理性批判》中，康德自由到理性原则（道德法则）再到意志的对象（善恶）、道德情感等，从相反的方向说明自由的存在以及自由是道德的基础。这也就是康德所谓的"自由是道德法则的存在理由"，即是说道德法则之所以存在，是因为有自由作为它的基础。"如果没有自由，在我们里面也就根本找不到道德法则。"②有了自由，才有道德法则，才有其他的道德现象。虽然这两本书的内容不完全相同，但是所要解决的问题，或者旨意和任务是一致的。这里仅以《实践理性批判》为依据来说明自由问题在康德思想体系中的地位。

二、实践理性批判——确证自由的客观实在性

在《实践理性批判》中，康德主要是从纯粹理性与意志动机的角度来讨论自由这种特性是否确实属于人类意志。康德认为，就理性在实践上的运用而言，理性只处理意志的动机。因此，《实践理性批判》必须研究意志，必须从理性与这个意志和其原因性的关系方面，而非理性和对象的关系方面考察理性。"是纯粹理性独自就足以对意志做出规定，还是它唯有作为经验性上有条件的理性才能是意志的规定根据。"③如果是前者，那么就可以证明自由确实属于人类的意志的特性。如果是后者，那么自由就不是意志的特性，意志只是被决定的。

《实践理性批判》的结构在形式上与《纯粹理性批判》大体上是一致的。它也划分为原理论和方法论，而在原理论中又分为作为真理规范的分析论和阐述并解决实践理性判断中幻觉的辩证论。因为在康德看来，关于纯粹理性的知识在这里仍然是其实践运用的基础，所以实践理性批判的章节划分必须大体上与思辨理性批判的章节相符合。与《纯粹理性批判》结构不同之处只在于，其中的分析论的论述次序与纯粹思辨理性批判的次序相反。在《纯粹理性批判》中，他是从感觉出发，然后到原理，而在这里，他是从原理出发，进而概念（善恶），然后再论述感觉（道德情感等）。康德提出的理由是："我们现在必须探讨的是一种意志，并且必须不是在与对象的关系中，而是在于与这种意志及其因果性的关系中来考虑理性，因为必须是经验性上无条件的因果性的原理来开头，然后才能去尝试确立我们关于这样一种意志的规定根据、关于上述原理在对象上的应用、最后关于

---

① ［德］康德：《实践理性批判》，《康德著作全集》第 5 卷，李秋零主编：中国人民大学出版社 2007 年版，第 5 页。

② ［德］康德：《实践理性批判》，《康德著作全集》第 5 卷，李秋零主编：中国人民大学出版社 2007 年版，第 5 页。

③ ［德］康德：《实践理性批判》，《康德著作全集》第 5 卷，李秋零主编：中国人民大学出版社 2007 年版，第 16 页。

它们在主体及其感性上的应用的概念。出自自由的因果性的法则，亦即任何一个纯粹实践的原理，在这里都不可避免地成为开端，并规定着唯有它才能涉及的那些对象。"①

在《纯粹实践理性的分析论》中，康德首先确定了纯粹实践理性原理。在这一卷的一开始，康德就提出了纯粹实践理性的四条原理和纯粹实践理性的基本法则。它的逻辑顺序是：首先规定实践原理有两种，一是只对行为主体的意志有效的主观的准则，二是对一切有理性者的意志都有效的客观的实践法则，后者才是纯粹实践理性的原理。接着康德提出了定理一、定理二、定理三。定理一是讲如果实践原理把欲望的对象（如快乐、痛苦等）假设为意志的动机，就是依靠经验的，这种实践原理不能提供实践法则。就是说，主体如果以欲望的对象为动机，就是主观法则，而不是实践法则。这个定理强调纯粹实践理性法则的非经验性。定理二是一切实质的（即经验以欲望对象为动机的）实践原则都从属于一般的自爱原则或个人幸福法则。就是说，经验的或实质的实践原则实质上是自爱原则，或幸福原则。这个定理强调纯粹实践理性法则是非幸福的。第三条原理是讲只有有理性者不是依靠实质而只是依形式来决定他的意志动机，他的准则才是实践的普遍法则。也就是说，只有抽去法则的全部经验内容，单单留下普遍法则的纯粹形式，这样的纯粹形式才能提供纯粹理性的法则。由于"唯有准则的纯然立法形式才能够充当其法则的意志，就是一个自由意志"②，所以这种纯粹的法则形式就是理性的纯粹形式。由于这种纯粹形式能够提供普遍法则，因而这种纯粹形式也是普遍的立法形式。这条原理强调纯粹实践理性的法则是纯粹形式的。从这条原理，康德引出了意志自由。他说，如果除了普遍立法形式以外，没有别的意志动机能够作为意志的法则，那么这样一个意志就是完全独立于互相联系着的自然现象法则（因果法则）之外，因而这个意志是自由的。反过来，康德以意志是自由的为条件，推出能够必然决定它的法则。这就是，"立法的形式只要包含在准则中，它就是唯一能够构成意志的一个规定根据的东西。"③那么，这种立法形式具体说来是什么呢？于是，康德提出了纯粹实践理性的基本法则："要这样行动，使得你的意志的准则在任何时候都能同时被视为一种普遍的立法的原则。"④由于这条法则是"意志"具有立法作用，或者说是以意志能够自律为条件的，因而康德就引出了第四条定理，即意志的自律是一切道德法则所

①　［德］康德：《实践理性批判》，李秋零主编：《康德著作全集》第5卷，中国人民大学出版社2007年版，第17页。

②　［德］康德：《实践理性批判》，李秋零主编：《康德著作全集》第5卷，中国人民大学出版社2007年版，第31页。

③　［德］康德：《实践理性批判》，李秋零主编：《康德著作全集》第5卷，中国人民大学出版社2007年版，第31页。

④　［德］康德：《实践理性批判》，李秋零主编：《康德著作全集》第5卷，中国人民大学出版社2007年版，第33页。

依据的唯一原理，是与这些法则相符合的义务所依据的唯一原理。

康德的以上这些纯粹实践理性原理，总的精神是强调纯粹实践理性法则的非经验的先验性、非幸福的义务性、非实质的形式性和非他律的自律性。其根据是意志自由，即意志是以立法形式为唯一动机，而排除一切实质的动机，因而独立于自然的因果性法则之外。这里明显地可以看出，只有意志是自由的，纯粹理性的实践原则才能成立，理性也才有实践力量。康德正是以自由是纯粹理性的实践法则，即道德法则的根据，来证明人类的意志确实是自由的，因而自由是实在的。康德的纯粹理性的实践原理是针对传统的唯理论，尤其是经验论的。在对这些定理和法则的论述中，康德对唯理论和经验论的道德理论进行了系统的批判，这些与所述问题关系不大，恕从略。①

在提出了纯粹实践理性基本原理之后，康德对这些原理进行了演证。康德这里的论证和《道德形而上学的奠基》最后一章关于绝对命令何以可能的论证大致上相似。他以纯粹思辨理性批判中的现象与物自身的划分为基础，提出一个有理性者的意志，就其属于感性世界而言，虽然不得不服从因果法则，但同时在另一方面的实践领域中，即作为物自身看是具有自由的。由于意志是自由的，因而意志能够脱离欲望对象而仅根据形式自己为自己立法，即意志能自律。意志自由和意志自律这两者是不可分离地联系着的，甚至还是合二为一的。因为意志自由，所以意志能够自律，而意志自律则是自由的充分体现。意志自律是一切道德法则所依据的唯一原理，从意志自律可以引申出作为道德法则的纯粹实践理性的基本法则。这样，就可以证明纯粹理性是有实践力量的，也就是说，它能不依靠任何经验的东西，单靠自己就能决定意志。

值得注意的是，由于康德对纯粹实践理性的基本原理的演证是以物自身与现象的划分为理论根据，因而他在这里再次强调了他的理论哲学对于他的实践哲学的意义。他说，纯粹思辨理性批判虽然否定了思辨理性能认识超验对象即本体事物，但是它也有很大的贡献。"它保全了本体的概念，亦即保全了思维这种本体的可能性，乃至必要性，而且举例来说，它从消极方面来看针对一切责难拯救了自由，亦即假定与纯粹理论理性的那些原理和限制完全相容的自由，却对于这样的对象没有提供任何确定的东西供认识，因为它毋宁说完全切断了这方面的一切希望。"②

康德在提出并论证了纯粹理性的实践原理之后，又回到纯粹实践理性批判所要解决的主要问题，即康德说的"纯粹理性在其思辨运用中所原不能有而在实践运用中却毕竟能有的那种扩充权利"问题。在《纯粹理性批判》中已经证明，纯粹理性

---

① 关于批判的内容，可参见李泽厚：《批判哲学的批判》（修订本），人民出版社 1984 年第 2 版，第 277～285 页。

② ［德］康德：《实践理性批判》，李秋零主编：《康德著作全集》第 5 卷，中国人民大学出版社 2007 年版，第 46 页。

概念（理念）由于没有任何直观作为它的基础，因而是空洞的概念，虽然不能否定它们的可能性，但不能在理论上证实它们。因而在思辨理性运用的领域，这些理念没有存在的权利，如果试图在经验中证实它们，就会产生先验幻相，产生二论背反。但是康德认为，现在我们已经借助道德原理建立起了一条超感性世界的一切条件的原因性法则，即纯粹实践理性的法则，从而证明了一个不受经验制约的原因性概念（自由）虽然在理论上是空虚的，尽管是可能的，但是在道德法则中，在实践方面却获得了实在性。而一旦自由在超感官界获得了客观实在性，就会给其他的一切纯粹理性概念以一种客观实在性，当然只是实践上的实在性。

在这里，康德对休谟的怀疑主义进行了批判。休谟认为，因与果的必然联系只有在它们被先天地认识的范围内才能承认它有必然性，而在经验中，原因概念是虚假的，只不过是习惯的联想。由于在休谟看来只有数学命题全部是分析的，因而只有在数学中才有因果的必然联系，这样就否认了全部科学，甚至包括数学（因为在康德看来，数学命题并非先天的，而是先天综合的）。康德认为休谟的错误在于把经验的对象当成了物自身。如果说断言物自身中的原因概念是虚妄的幻觉，那就是对的，因为物自身是不可认识的。但是休谟不仅在物自身方面，而且也在感官对象方面否定原因性概念的客观有效性。这样，原因性概念就成为理论上不可能的概念，因而也就是一种无用的概念。康德认为，休谟的这种作法，不仅否认了原因性范畴的理论意义，而且否认了它的实践意义。他说："一个理论上没有意义的概念的实践应用也就会完全是无稽之谈。"[1]这里表现出康德在纯粹思辨理性批判中保留自然因果必然性的真正意图。他之所以要在认识领域即在现象界肯定因果必然性，固然是为了给自然科学的存在作哲学论证，但同时也是为了实践的目的，离开了自然因果必然性，实践的原因性或自由，对于实践的因果作用就不能成立。因为否认了因果必然性，作为现象的行为与作为原因的意志之间就没有了必然联系，尽管意志具有起因作用，它也不能必然导致行为。从这里也可以看出，纯粹理性批判对于实践理性批判，以及对于自由之所以可能的重要意义。

在《纯粹实践理性的分析论》中，康德在论述了纯粹实践理性原理之后，研究了纯粹实践理性对象的概念和纯粹实践理性的动机这两个问题。前者是研究理性法则（即道德原则）表现在对象（客体）概念上的结果（善恶）；后者是研究理性法则对主观心理的影响（道德情感）。理性法则是超感性的纯粹形式，当它涉及现实行为时，就有善恶。所以，康德说善恶是纯粹实践理性的对象概念。什么是善恶对象？康德规定说："人们通过前者来理解欲求能力的一个必然对象，通过后者来理

---

① ［德］康德：《实践理性批判》，李秋零主编：《康德著作全集》第 5 卷，中国人民大学出版社 2007 年版，第 60 页。

解厌恶能力的一个必然对象，但二者都依据理性的一个原则。"①康德强调先有理性原则，然后才有理性原则的对象善恶。善恶以理性原则为依据，因而善恶概念不能在理性法则之前规定。他说："善和恶的概念必须不是先行于道德法则（表面上必须是这概念为道德法则提供依据），而是仅仅（如同这里也发生的那样）在道德法则之后并由道德法则来规定。"②"不是作为一个对象的善的概念规定道德法则并使之成为可能，而是反过来，道德法则首先对善的概念就善完全配得上这一名称而言予以规定并使之成为可能。"③由此，康德把善恶与福（乐）祸（苦）区别开来，善不是引起福乐的手段，恶不是引起祸苦的原因。善恶是指行为本身是否体现了道德法则的要求。从这里可以看出，康德从道德法则引出善恶概念，是为了通过善恶概念来证明道德法则的实在性，从而证明自由的实在性。不仅如此，康德还直接强调善恶对象概念是"一个作为因自由而有的可能结果"④。善恶概念的存在证明了人们依据理性原则行动的自由。

在关于纯粹实践理性的动机一章中，康德分析了道德法则的敬重心这种道德情感作为道德动机的意义。康德认为，意志在受道德法则规定的时候，总有一个重要的条件，就是意志作为自由意志，必须只被道德法则决定，它不但不需要感性冲动的协助，而且要排除这些冲动。康德认为，就这一点来说，作为动机的道德法则的效果是消极的，因为它排除了感性冲动，因而排除了感情的因素。但是，道德法则又有一种积极的效果，它在排除了上述那些感情因素的同时，能够唤起人们对于道德法则的敬重心（即道德感情）来。由于人是感性的存在，就其本性而论，欲望的对象往往首先闯在眼前，他的意志容易受到欲望对象的影响，是一个尚不彻底善良的意志。因此对于人来说，就存在着排除好恶情感的对道德法则的敬重心的道德感情问题。这种敬重心的作用在于，"仅仅用做动机，以便使道德法则在自身中成为准则。"⑤所以康德说，"对道德法则的敬重是唯一的、同时无可怀疑的道德动机，就像这种情感也不指向任何别的客体，而只指向出自这个根据的客体一样。"⑥

那么，道德法则为什么能唤起人们对它的敬重心呢？这是因为人有理性。人虽

---

① ［德］康德：《实践理性批判》，李秋零主编：《康德著作全集》第 5 卷，中国人民大学出版社 2007 年版，第 62 页。

② ［德］康德：《实践理性批判》，李秋零主编：《康德著作全集》第 5 卷，中国人民大学出版社 2007 年版，第 67 页。

③ ［德］康德：《实践理性批判》，李秋零主编：《康德著作全集》第 5 卷，中国人民大学出版社 2007 年版，第 68 页。

④ ［德］康德：《实践理性批判》，李秋零主编：《康德著作全集》第 5 卷，中国人民大学出版社 2007 年版，第 61 页。

⑤ ［德］康德：《实践理性批判》，李秋零主编：《康德著作全集》第 5 卷，中国人民大学出版社 2007 年版，第 81 页。

⑥ ［德］康德：《实践理性批判》，李秋零主编：《康德著作全集》第 5 卷，中国人民大学出版社 2007 年版，第 84 页。

然是感性的存在，就其本性而言，欲望对象往往首先闯在眼前，他的意志容易受到欲望对象的影响，但是人又是有理性的，而道德法则本身又是理性的起因作用（自由）的形式，因而道德法则就能够成为有理性者（人）的敬重对象。因此康德说，对道德法则的敬重心这种情感是理性产生的。从这里我们可以看到，道德法则之所以能成为意志的动机，是因为它能成为人们敬重的对象，而人们之所以能产生这样一种敬重心，是因为他有理性，是自由的，也就是说人有"摆脱感性世界而依理性世界法则决定自己意志的能力"。

在《纯粹实践理性分析论》的最后，康德对纯粹实践理性分析论进行了批评性阐明。他把批评性阐明"理解为当人们把它与另一个以类似的认识能力为基础的体系进行比较时，对它为什么必须恰好具有这种而不是别样的系统形式所作的研究的辩解"[①]。在这里，康德主要是对以经验原理为其整个基础的幸福论进行了批评。他指出："在幸福学说中，经验性的原则构成了整个基础，但对于道德学说来说，它们却不构成其丝毫的附加，幸福学说与道德学说的区分在纯粹实践理性的分析论中是它的首要的和最重要的职责性工作。"[②]康德对经验论的幸福论的批评主要是围绕着他视为全部道德基础的自由问题展开的。依据经验论的观点，幸福论把自由看作是一种心理学的特性，它像说明任何其他的自然能力一样说明自由，这样就把自由理解为时间中的原因性，因而逃脱不了自然因果连锁，自由也就成了一个虚无缥缈、不能成立的概念。康德说他所谓的自由是一种先验的自由，即"必须被设想为对于一切经验性的东西，因而对于一般自然的独立性"[③]，是属于物自身的。康德认为，"如果人们还要拯救自由，那么，除了把一个事物的存在就其在时间中可被规定而言，因而也把按照自然必然性法则的因果性仅仅赋予显象，而把自由赋予作为物自身的同一个存在者之外，就无路可走了。这样，如果人们想同时保持两个彼此反感的概念的话，上述做法就当然是不可避免的了。"[④]在这里，康德进一步阐明，他之所以能挽救自由，原因就在于他在《纯粹理性批判》中把现象和物自身划分开来了，而把自由看成是属于超于时间的物自身的。他由此感叹说："在纯粹思辨理性的批判中所完成的时间（以及空间）与物自身的实存的分离，就具有如此大的重

---

① ［德］康德：《实践理性批判》，李秋零主编：《康德著作全集》第 5 卷，中国人民大学出版社 2007 年版，第 95 页。

② ［德］康德：《实践理性批判》，李秋零主编：《康德著作全集》第 5 卷，中国人民大学出版社 2007 年版，第 98 页。

③ ［德］康德：《实践理性批判》，李秋零主编：《康德著作全集》第 5 卷，中国人民大学出版社 2007 年版，第 103 页。

④ ［德］康德：《实践理性批判》，李秋零主编：《康德著作全集》第 5 卷，中国人民大学出版社 2007 年版，第 101～102 页。

要性。"①

康德认为，纯粹理性，不论我们从它的思辨运用方面或从它的实践运用方面来考察它，总是有其辩证性的。因此，康德像在《纯粹理性批判》中一样，在研究了分析论以后就研究辩证论。康德之所以要研究纯粹实践理性的辩证论，是为了进一步说明纯粹理性为什么具有实践的力量，说明自由在实践领域的客观实在性。在"分析论"中，康德通过纯粹实践理性原理以及纯粹实践理性的对象和动机的分析，说明了理性或自由是这些道德事实的基础，从而证明自由是客观实在的。在"分析论"中，康德主要是从道德生活方面来研究的，然而人不仅有理性的道德生活（德行），还有经验的感性生活（幸福），也就是康德所说的，人既是理性存在者，又是感性存在者。因此，实践理性道德法则进入经验就是不可避免的，否则道德法则对人也就没有意义，没有客观实在性，从而自由的实在性最终也得不到证明。道德法则、实践理性必须落实到人的身上，而人却是感性自然存在，因而实践理性一旦渗入经验就会发生二论背反。解决这种矛盾构成了康德实践理性批判"辩证论"的主要内容。

康德认为纯粹思辨理性为追求无条件的总体而有理念，纯粹实践理性同样也追求无条件的总体，于是有了"至善"。他说："它作为纯粹的实践理性，同样为实践上的有条件者（基于偏好和自然需要的东西）寻求无条件者，而且不是作为意志的规定根据，而是即便这个规定（在道德法则中）已经被给予，也以至善的名义寻找的纯粹实践理性对象的无条件总体。"②至善才是道德形而上学（伦理学）的最后目的，是"有限的理性存在者"（即人）所欲望的对象。什么是至善？康德指出："德性和幸福在一个人格中共同构成对至善的拥有。"③康德认为，德性是"最高的善"，它作为使人配享幸福的一种价值，是作为至善的"第一条件"或"至上条件"。但是它还只是一个方面，不是完全圆满的善。德性只有加上幸福才是至善。"至善就意味着整体，意味着完满的善。"④

纯粹实践理性要求道德与幸福相统一而达到至善，但康德认为现实世界中这两者却无法联系和结合在一起。假如把它们联系结合起来，就会造成纯粹实践理性中的二论背反。因为在现实生活中把道德和幸福结合起来可能有两种情形："要么对

---

① ［德］康德：《实践理性批判》，李秋零主编：《康德著作全集》第 5 卷，中国人民大学出版社 2007 年版，第 109 页。

② ［德］康德：《实践理性批判》，李秋零主编：《康德著作全集》第 5 卷，中国人民大学出版社 2007 年版，第 115 页。

③ ［德］康德：《实践理性批判》，李秋零主编：《康德著作全集》第 5 卷，中国人民大学出版社 2007 年版，第 118 页。

④ ［德］康德：《实践理性批判》，李秋零主编：《康德著作全集》第 5 卷，中国人民大学出版社 2007 年版，第 118 页。

幸福的欲求是德性的准则的动因，要么德性的准则必须是幸福的作用因。"①康德认为，第一种情形是绝对不可能的，因为把谋求幸福的欲望作为意志的动机或法则是完全不道德的，因而不可能产生出法则。第二种情形也是绝对不可能的，因为在康德看来，"不能在世界上通过一丝不苟地遵守道德法则来期望幸福与德性的任何一种必然的和足以达到至善的联结。"②

在《纯粹理性批判》中，康德通过物自身与现象的划分来解决思辨理性的二论背反；在这里，康德又以同样的方式来解决纯粹实践理性的二论背反。他认为，幸福不能产生德性，但德性不能产生幸福只是就德性被看做感性世界中的一种原因性而言才如此，而把德性看做一种超感性世界的理智世界本体中的一种原因性却是可能的。因为"我不仅有权把我的存在也设想为一个知性世界中的本体，而且甚至在道德法则上拥有我的（感官世界中的）因果性的一个纯粹理智的规定根据，所以，意向的道德性作为原因，而与作为感官世界中的结果的幸福拥有一种即便不是直接的，但也毕竟是间接的（以自然的一个理知的创造者为中介），而且是必然的联系。"③

那么，至善怎样才可能呢？康德提出了作为实现"至善"必要前提的实践理性的"公设"——灵魂不死与上帝存在。康德认为，要达到"至善"，首先就必须使人的意志同道德法则完全契合。因为，"在尘世中造就至善，这是一个可以由道德法则规定的意志的必然客体。"④但是，人是具有感性欲望的，人的感性欲望也会影响意志，成为意志的动机。人的意志并不能完全与道德法则相契合，因为对于人来说，只能要求他的意志应当同道德法则相契合。要使人的意志同道德法则完全契合，只有通过无止境的努力才能达到，光靠短短的一生的努力是不行的。"但是，这种无限的进步唯有预设同一个理性存在者的一种无限绵延的实存和人格性（人们把这称为灵魂的不死）才是可能的。"⑤因此，必须假设灵魂不死，今生不行，来世再努力。他说："至善在实践上唯有预设灵魂的不死才是可能的。"⑥不仅如此，康德还认为，要把道德和幸福这两种根本对立的东西调和起来，光靠人力是办不到的，

---

① ［德］康德：《实践理性批判》，李秋零主编：《康德著作全集》第 5 卷，中国人民大学出版社 2007 年版，第 121 页。
② ［德］康德：《实践理性批判》，李秋零主编：《康德著作全集》第 5 卷，中国人民大学出版社 2007 年版，第 121 页。
③ ［德］康德：《实践理性批判》，李秋零主编：《康德著作全集》第 5 卷，中国人民大学出版社 2007 年版，第 122 页。
④ ［德］康德：《实践理性批判》，李秋零主编：《康德著作全集》第 5 卷，中国人民大学出版社 2007 年版，第 129 页。
⑤ ［德］康德：《实践理性批判》，李秋零主编：《康德著作全集》第 5 卷，中国人民大学出版社 2007 年版，第 130 页。
⑥ ［德］康德：《实践理性批判》，李秋零主编：《康德著作全集》第 5 卷，中国人民大学出版社 2007 年版，第 130 页。

只有假设一个超自然的最高存在者——上帝的存在，才有可能实现。他说："既然至善唯有在上帝存在的条件下才是成立的……假定上帝的存在，在道德上是必然的。"①

值得注意的是，康德的这两个公设并不是唯理论"形而上学"的"灵魂不死""上帝存在"，也不同于宗教神学的上帝存在、灵魂不死。它们在认识上不具有实在性，是不可证明的，它们不过是道德上必需的"臆设"，是从道德原理出发的，是借"自由"这个公设经由道德法则确立了自由的实在性，才在道德上具有了实在性。"不能证明任何理念的客观实在性，除开自由理念外。因为自由是道德律令的条件，它的实在性是（自明的）公理；上帝理念的实在性只能通过道德法则来证明，因之只是一种实践的意义，这就是，好像有一个上帝那样去行动——这个理念就只能如此证明。"②

虽然康德认为要解决纯粹实践理性二论背反问题，就必须假设灵魂不死、上帝存在，但他所强调的，或者说他的思想实质仍然是自由。关于这三者的关系，康德在《实践理性批判》"前言"中作了明确的说明："它（指自由——引者注）是我们知道的道德法则的条件。但是上帝和不死的理念却不是道德法则的条件，而只是一个由道德法则来规定的意志的必然客体（即至善——引者注）的条件。"③这里可以明确看出，只有自由才是道德法则和道德的根基和先决条件，而灵魂不死和上帝存在不过是实现道德完善的一种假设条件。康德不仅认为这两个公设是以自由（或者说道德法则）为条件的，而且认为"通过意志的自由产生出至善，这是先天地（在道德上）必然的"④。在他看来，实现至善，只是一个被道德法则所决定的意志的对象，至善实质上是意志和道德法则完全契合的对象或结果。离开了自由意志的自己为自己确立道德原则这个前提条件，谈不上什么至善。而且意志之所以能与接受道德法则的绝对命令，努力追求与道德法则的完全契合，其原因也在于就人是有理性的存在者或者说属于理智世界的成员而言的，它的意志是自由的，能够摆脱自然的因果必然（欲望对象等）而独立，并以理性原则作为自己的意志动机。因此，通过意志自由实现至善才是道德上的必然。"纯粹实践理性的公设所设立的则是一个对象（上帝和灵魂不死）本身出自无可置疑的实践法则的可能性，因而是为了一种实践理性设立的；因为所设立的可能性的这种确定性根本不是在理论上、因而也不是

---

① ［德］康德：《实践理性批判》，李秋零主编：《康德著作全集》第 5 卷，中国人民大学出版社 2007 年版，第 133 页。
② ［德］康德：《逻辑讲义》，转引自李泽厚：《批判哲学的批判》(修订本)，人民出版社 1984 年第 2 版，第 320 页。
③ ［德］康德：《实践理性批判》，李秋零主编：《康德著作全集》第 5 卷，中国人民大学出版社 2007 年版，第 5 页。
④ ［德］康德：《实践理性批判》，李秋零主编：《康德著作全集》第 5 卷，中国人民大学出版社 2007 年版，第 120 页。

无可置疑地、亦即不是就客体而言被认识到的必然性，而是就主体而言为了遵循实践理性的客观的、但却是实践的法则而必要的假设，所以是纯然必要的假说。"①由此可见，康德解决至善问题，虽然借助了"灵魂不死""上帝存在"等公设，但实质上是要通过至善这个现实问题进一步证明自由的实在性问题。

到此为止，康德通过纯粹实践理性批判，解决了纯粹实践理性是否以及如何能有实践力量的问题。纯粹理性之所以具有实践力量就在于人作为理性存在者，其意志是自由的。而"纯粹理性是否以及如何能有实践能力"的问题，本身就是意志是否以及如何能有自由的问题。证明意志是自由的，从而自由是实在的，是纯粹实践理性批判的根本目的，也是它的最重要成果。对于康德来说，自由实在性的证明的最重要意义就在于，由自由实在性的证明最终解决了他所长期苦恼的问题：自由如何可能的问题。通过自由实在性的证明，说明自由不仅是可能的，并且是实在的。而这种肯定，不是与自然必然相矛盾的唯理论形而上学的独断，而是坚持自然因果必然性并以它为理论前提的。也就是说，自然必然存在于经验的现象界，而自由存在超经验的物自身。世界上只有人既是属于现象的感性存在，又是属于物自身的理性存在，因而必然与自由在人这里而达到统一。

在康德看来，道德形而上学是绝对不可少的。"一门道德形而上学是不可或缺地必要的，这并不仅仅是出自思辨的一种动因，为的是探究先天地存在于我们的理性中的实践原理的源泉，而是因为只要缺乏正确地判断道德的那条导线和最高的规范，道德本身就依然会受到各种各样的败坏。"②纯粹实践理性批判的另一个重要成果就在于，由于证明了自由的实在性，因而为道德形而上学奠定了基础。康德正是以自由意志为中心，确立了他认为是道德形而上学最高原理的道德法则（即意志自律），以及其他相关的道德原理，并且以自由的实在性为基础，在道德领域赋予不死和上帝存在以实在性，从而解决道德的最终对象（现实结果）的至善问题。这样康德就以自由为中心建立起了他的道德形而上学体系，从而实现了他拯救自由的最终目的。所以康德说："自由的概念对于一切经验论者来说是绊脚石，但对于批判的道德论者来说却也是最崇高的实践原理的钥匙。"③康德就是这样的批判的道德学家。

康德认为自由实在性的证明，不仅为建立他的道德形而上学（道德哲学）奠定了基础，而且为建立他理论哲学和道德哲学统一的理性哲学体系提供了"拱顶石"，

---

① ［德］康德：《实践理性批判》，李秋零主编：《康德著作全集》第 5 卷，中国人民大学出版社 2007 年版，第 12 页。

② ［德］康德：《道德形而上学的奠基》，李秋零主编：《康德著作全集》第 4 卷，中国人民大学出版社 2005 年版，第 396～397 页。

③ ［德］康德：《实践理性批判》，李秋零主编：《康德著作全集》第 5 卷，中国人民大学出版社 2007 年版，第 8～9 页。

使这种统一哲学体系的建立成为可能。康德说："自由的概念，就其实在性通过实践理性的一条无可置疑的法则得到证明而言，如今构成了纯粹理性的、甚至思辨理性的一个体系的整个大厦的拱顶石。"①

康德的哲学一方面研究理性为自然立法，其中心是必然，这就是关于思辨理性的道德哲学；另一方面研究理性为道德立法，其中心是自由，这就是关于实践理性的道德哲学。但是，思辨理性和实践理性毕竟是同一理性的不同运用，"因为毕竟归根到底只能有同一种理性，它唯有在应用中才必须被区别开来。"②所以，康德要求，关于理性的哲学必须是统一的，虽然开始可以分别对它们进行研究，但最后必须统一起来，建立包括理论哲学和道德哲学在其中的统一的理性哲学体系。在康德看来，自由的实在性的证明，为他最后把哲学的这两部分统一起来奠定了基础，确立了支柱并树立了最高的目标。以自由为"拱顶石"就可以建立统一的理性哲学体系。

康德认为，在人的理性的思辨的和实践这两个方面，人的实践理性（道德或自由）最突出地表现了人与自然中任何事物不同的本质。"唯有自由的概念允许我们可以不超出我们之外去为有条件的东西和感性的东西找到无条件的东西和理知的东西。"③因而道德（实践）哲学高于理论哲学，"由于道德哲学与其他一切哲学相比所拥有的这种优越性，在古人那里，人们在任何时候都把哲学家同时并且尤其理解为道德学家"④。理论哲学一方面解决科学的根据问题，通过证明人为自然立法来论证自然必然的实在性，同时又为实践哲学扫清障碍，提供理论基础（即假定自由可能，并且与必然的矛盾），因而它是必要的而且是重要的，它为统一的哲学体系提供了认识基础。但是，只有道德哲学才是最终的，也是最高的目的，因为它直接回答了"人是什么"这个哲学的最高问题。而作为道德哲学关键的自由问题，也就成了统一的理性哲学体系的核心问题。由此看来，以直接证明自由的实在性为中心的实践理性批判在康德的三大批判中具有中心的地位。

三、判断力批判——沟通自然与自由并整合理论哲学和道德哲学

通过对纯粹思辨理性的批判和对纯粹实践理性的批判，康德建立起了理论哲学

---

① ［德］康德：《实践理性批判》，李秋零主编：《康德著作全集》第5卷，中国人民大学出版社2007年版，第4页。

② ［德］康德：《道德形而上学的奠基》，李秋零主编：《康德著作全集》第4卷，中国人民大学出版社2005年版，第398页。

③ ［德］康德：《实践理性批判》，李秋零主编：《康德著作全集》第5卷，中国人民大学出版社2007年版，第112页。

④ ［德］康德：《纯粹理性批判》（第2版），李秋零主编：《康德著作全集》第3卷，中国人民大学出版社2004年版，第536页。

（即理论形而上学）和道德哲学（即道德形而上学）。然而，康德所建立起来的理论哲学和道德哲学是相对于两个不同的领域即自然领域和道德领域的，但这两个领域由于现象和物自身的划分而是离的，或者说是对峙的。在康德那里，理性虽然被划分为思辨的理性和实践的理性，但理性本身是统一的。因此，通过理性两个方面的分别研究从而建立起理论哲学和道德（实践）哲学是必要的，但最终必须把它们统一起来。他说："人类理性的立法（哲学）有两个对象，即自然和自由，因而既包含自然规律，也包含道德法则，一开始以两个专门的哲学体系，最终则以一个唯一的哲学体系。自然哲学关涉存在的一切，道德哲学则关涉应当存在的一切。"①因此，使理论哲学和道德哲学统一起来是康德在建立起了理论哲学和道德哲学之后所面临的任务。这是从建立理论体系的需要来说的，从解决问题的需要来看，康德通过对纯粹思辨理性的批判和对纯粹实践理性的批判，证明了必然与自由可以在自然领域和道德领域这两个不同的领域并存而不矛盾，证明了自由的可能性和实在性。但是，他证明必然与自然可以并存而不矛盾，证明自由的可能性和实在性，都是以物自身和现象的划分为基础的。自由是可能和实在的，并且它的存在可以与自然的存在并存而不矛盾，但它们是存在于不同领域的。那么，它们是否可以沟通起来呢？康德推崇理性自由和道德，那么，理性自由和道德是否对感性、必然、经验具有影响力呢？这样，自由能否过渡到自然，自由是否对自然具有影响，就成为康德论证了自由和自然可能并存，自由是可能的并且是实在的之后需要解决的问题。为了解决这个问题，并且出于建立统一的哲学体系的需要，康德进行了所谓"判断力批判"。"判断力批判"就是要证明自由领域（物自身）能否以及怎样过渡到自然领域（现象界）的问题。通过判断力批判，康德完成了他的全部批判工作，建立起了他的批判哲学体系，最终圆满地解决了使他苦恼的自由问题。所以，康德说："我以此结束我的全部批判工作。"②

通常人们把康德的《判断力批判》看做是康德论述自己的美学思想和目的论思想的著作。严格说来，这种看法是不正确的。在《判断力批判》中，康德固然阐述了他的美学观点和目的论观点，但是他的主旨并不在于此，而在于上面所说的解决自由问题和建立统一的哲学体系。康德在《判断力批判》的序中就明确指出："对作为审美判断力的鉴赏能力的研究在这里不是为了陶冶和培养鉴赏（因为这种陶冶和培养即使没有迄今和以后的所有这样的研究也将进行下去），而纯然是在先验的意图中进行的，所以，我自以为这一研究就缺乏那种目的而言也将受到宽容的评

---

① ［德］康德：《纯粹理性批判》（第2版），李秋零主编：《康德著作全集》第3卷，中国人民大学出版社2004年版，第536页。

② ［德］康德：《判断力批判》，李秋零主编：《康德著作全集》第5卷，中国人民大学出版社2007年版，第179页。

判。"①这里康德明确指出了他研究审美判断力的目的不是为了培养和提高人们的审美趣味，而是为了解决先验哲学的问题。注意康德研究美学和目的论的意图，对于把握他关于这些问题的某些观点和系统思想是十分必要的。脱离康德进行判断力批判的需要和目的，是不可能正确地把握和理解康德美学观点和目的论观点的。由于人们把判断力批判当作是关于美学和目的论的著作，因而往往不重视判断力批判在整个康德思想体系中的地位，甚至在阐述康德思想体系时根本不提及这个著作（这种情况在国内外康德思想研究和康德思想叙述中都是常见的），这是不正确的。事实上，在《判断力批判》中，康德在更深的层次上解决他所关心的自由问题。在这里才最集中、最明显地体现了康德思想的实质，即不仅理性、道德、自由和感性、经验、自然可以并存，而且前者高于后者，前者要作用后者，正是理性、自由、道德体现了人之为人的本质规定性，也是理解人是什么这个最高的哲学问题的关键。所以，忽视研究《判断力批判》，就不可能全面系统地理解康德思想的体系，不可能真正把握康德思想的实质，甚至不可能正确理解和把握前两大批判所阐述的思想。

《判断力批判》共分三个部分："导论"、"审美判断力批判"和"目的论判断力批判"。在"导论"中，康德指出了判断力批判如何能使哲学的两个部分成为整体的结合手段，自然领域怎么不能作用自然领域，而自由领域又怎么能够作用自然领域。在这里，康德提出了判断力的先验原理，即自然的合目的性的概念。正是这种自然的合目的性，使自由过渡到并影响自然成为可能，使知性和理性结合起来。那么，自然的合目的性是否存在呢？在《审美判断力的批判》里，康德通过对美和崇高的分析证明自然的形式（主观）的合目的性是存在的。在《目的论判断力的批判》中，康德通过对目的论的分析证明自然的实质（客观）的合目的性是存在的，并且证明这种合目的性存在与自然的因果必然法是可以并存而不相矛盾的。最后，康德提出了人就是自然的最终目的，而人之所以是自然的最后目的，就在于人是有理性的，理性（自由）所确立的道德法则（最后的目的）可以在人这里得到实现，理性或自由的因果作用的结果就是自然的最终目的。这样，就说明了超感性领域可以作用感性领域，自由可以作用自然。

在《导论》中，康德首先分析了"作为哲学的这两个部分结合成为一个整体的手段的判断力批判"②。康德认为，把哲学分为理论和实践两部分的分类是正当的，因为我们全部的认识能力有两个领域，即自然概念领域和自由概念领域。自然诸概念是以先验的理论认识为基础，并且通过知性的立法建立起来的，自由概念则是以一切感性地无制约的实践的准则为基础，并且通过理性的立法建立起来的。自然领

---

① ［德］康德：《判断力批判》，李秋零主编：《康德著作全集》第 5 卷，中国人民大学出版社 2007 年版，第 179 页。

② ［德］康德：《判断力批判》，李秋零主编：《康德著作全集》第 5 卷，中国人民大学出版社 2007 年版，第 185 页。

域只能永远限于一切可能经验的对象的总和，即不超过现象的范围，因为如果不是这样，知性在这方面的立法是不可思维的，而理性也只能在实践范围内立法。"因此，知性和理性在经验的同一个地域上有两种不同的立法，一种立法不可以损害另一种立法。因为自然概念对于通过自由概念的立法没有影响，同样，自由概念也不干扰自然的立法。"①康德认为，哲学有理由分解为原理完全不同的两个部分，即理论的，叫做自然哲学，和实践的，叫做道德哲学。然而，由于知性只限于给自然界立法，理性只限于在实践范围立法，因而在自由概念领域和自然概念领域之间存在一个不可逾越的鸿沟。"前一种立法之下的自然概念的领域和后一种立法之下的自由概念的领域，背逆它们独自（每一方根据自己的基本法则）就能够有的相互影响，被把超感性的东西与显象分离开来的那个巨大的鸿沟完全隔离开来。"②那么，这两个领域之间能否沟通，理论哲学和道德哲学可不可以结合呢？康德的回答是肯定的。他认为，判断力批判就是沟通两个领域，使哲学的两部分结合成整体的手段。于是康德对判断力进行了研究。

康德认为，人的心灵的全部机能或能力可以归结为三种：即认识、愉快及不愉快的情感和欲求能力③，这就是通常所说的"知、情、意"。与此认识机能相应的有所谓知性，与欲求机能相应的认识能力有所谓理性，也必定有一种与愉快不愉快的情感相应的认识能力。④康德认为，这种认识能力就是判断力。他说："在高等认识能力的家族中毕竟还有知性和理性之间的一个中间环节。这就是判断力。"⑤什么是判断力？康德认为"判断力"并不是一种独立能力，它是介于知性和悟性之间的，既不像知性那样提供知性概念，也不能像理性那样提供理性理念。它只是在普遍与特殊之间寻找关系的一种心理功能。康德把判断力分为两种：规定的（或又称作确定的）判断力和反思的判断力。如果普遍的概念即规则、原理或规律是所予的，而把特殊的东西纳入其中，则这样的判断力是规定的判断力。在这里，普遍的规律是给定的、现成的，问题在于要把它具体应用于特殊事物。知性的范畴加之于感性的材料就借助于这种规定的判断力。《纯粹理性批判》中所讲的把知性范畴应用于现象的先验判断力就是这种判断力。与规定的判断力相反，反思辨判力则是特殊的东西给予的，问题是要去寻找普遍的概念。它不是从普遍的概念、原理、规律出发来

---

① ［德］康德：《判断力批判》，李秋零主编：《康德著作全集》第 5 卷，中国人民大学出版社 2007 年版，第 184 页。

② ［德］康德：《判断力批判》，李秋零主编：《康德著作全集》第 5 卷，中国人民大学出版社 2007 年版，第 204～205 页。

③ ［德］康德：《判断力批判》，李秋零主编：《康德著作全集》第 5 卷，中国人民大学出版社 2007 年版，第 186 页。

④ 康德这里所指的认识能力是广义的认识能力，狭义的认识能力指的是知性。

⑤ ［德］康德：《判断力批判》，李秋零主编：《康德著作全集》第 5 卷，中国人民大学出版社 2007 年版，第 186 页。

制定特殊事实，而是从特殊的事实、感受出发去寻觅普遍。反思辨判力产生一种规定性的概念，如"这朵花是美的""有机体是有目的的"等都是借助于规范性的概念而形成的。反思判断力也就是审美的和目的论的判断力，如果把自然的美看成是一种形式的、主观的合目的性的表现，那就是审美的判断力；而如果把自然界的目的看做一种实在的或客观的合目的性的表现，那就是目的论的判断。康德说："一般判断力是把特殊的东西当做包含在普遍的东西之下、来对它进行思维的能力。如果普遍的东西（规则、原则、法则）被给予了，那么，把特殊的东西归摄在普遍的东西之下的判断力（即使它作为先验的判断力先天地指明了诸条件，唯有依据这些条件才能被归摄在那种普遍的东西之下）就是规定性的。但如果只有特殊的东西被给予了，判断力为此必须找到普遍的东西，那么，这种判断力就纯然是反思性的。"①

康德认为，正是这种"反思的判断力"，能够把知性（理论理性即认识）与理性（实践理性即道德）整合起来。它虽然不同于二者，但又既略带知性的性质，又略带理性的性质，它一方面像认识一样地对外界的刺激有所感受，另一方面又像意志一样地对外物发生一定的作用。判断力像知性一样，所面对的是个别的局部的现象，同时又和理性一样，要求个别事物符合于一般的整体的目的。这样，面对局部现象的知性和面对理念整体的理性，就在判断力中统一起来，判断力要求把个别纳入整体中来思考，所以能作为桥梁来沟通知性和理性。与判断力相应的愉快和不愉快的感情与理性的欲求机能结合着，因而判断力就可以使自然概念的领域和自由概念的领域联系起来。康德说："与欲求能力必然结合在一起的是愉快或者不快的情感（无论愉快或者不快是像在低级的欲求能力那里一样先行于这种能力的原则，还是像在高级的欲求能力那里一样只是从道德法则对这能力的规定中产生出来），判断力同样将造成从纯粹的认识能力，亦即从自然概念的领域向自由概念的领域的一种过渡，就像它在逻辑应用中使得从知性向理性的过渡成为可能一样。"②

我们知道，知性有自己的先验范畴和原理，理性也有自己的先验原理，即道德法则，那么，反思判断力有没有自己的原理呢？康德认为，按照类比，判断力同样包含着先验原理。"人们有理由按照类比来猜测，它即便不可以先天地在自身包含着一种自己的立法，但却同样可以先天地在自身包含着一条它所特有的寻求法则的原则，也许是一条纯然主观的原则。"③那么，反思判断力的先验原理又是什么呢？

---

① ［德］康德：《判断力批判》，李秋零主编：《康德著作全集》第5卷，中国人民大学出版社2007年版，第188～189页。

② ［德］康德：《判断力批判》，李秋零主编：《康德著作全集》第5卷，中国人民大学出版社2007年版，第188页。

③ ［德］康德：《判断力批判》，李秋零主编：《康德著作全集》第5卷，中国人民大学出版社2007年版，第186页。

这就是自然的合目的性。康德说，"自然的合目的性的原则"就是判断力的"一个先验的原则"①。康德认为，这种自然的合目的性的先验原理，不像知性的先验原理和理性的先验原理能在经验中和道德中找到证实，自然的合目的性不存在于自然本身中，不是自然对象中所客观具有的，而只是人们为了认识自然所必须采取的一种主观原理。然而，正是自然合目的的概念成为了自由过渡到自然的桥梁，正是以它为先验原理的判断力能够成为沟通知性和理性，使理论哲学和道德哲学能够整合为一体（详见第六章）。

康德认为自然的合目的性可以分为两种：形式的或主观的合目的性和客观的合目的性。前者只涉及对象的某种形式，这些形式因为与主体的某些心理功能（知性和想象力）相结合，使人们从主观情感上感到某种合目的的愉快；但并没有也不浮现出任何不确定的目的（概念），是一种"无目的的目的性"，所以称为"形式的合目的性"或"主观的合目的性"。后者主要是指自然界的有机体生命（动植物）的结构和存在具有统一的自然性，似乎符合某种"目的"，这是一种"实存的目的性"或"客观的目的性。"前者是自然合目的性的美学（情感）表象，后者是自然合目的性的逻辑（概念）表象。

由于自然的合目的性分为形式（主观）的和实质（客观）的两种，以它们为先验原理的反省判断力也相应地有两种，即审美判断力和目的论判断力。"审美的判断力是按照一个规则，而不是按照概念来评判事物的一种特殊的能力。目的论的判断力则不是什么特殊的能力，而只是一般反思性的判断力，如果它就像处处在理论知识中那样按照概念，但就某些自然对象而言则按照特殊的原则，亦即按照一种纯然反思的、并不规定客体的判断力来行事的话，……它必定也构成批判的一个特殊部分"②。这样，判断力批判就是分别对审美判断力和目的论判断力进行批判。康德说："把判断力批判划分为审美的判断力批判和目的论的判断力批判，其根据就在于此：因为审美的判断力被理解为通过愉快或者不快的情感来评判形式的合目的性（通常也被称为主观的合目的性）的能力，目的论的判断力则被理解为通过知性和理性来评判自然的实在的合目的性（客观的合目的性）的能力。"③于是康德分别对审美判断力和目的论判断力进行了专门的分析和研究，《判断力批判》因此就划分为《审美判断力的批判》和《目的论判断力的批判》两部分。

康德的《审美判断力的批判》包括"审美判断力的分析论"与"审美判断力的

---

① ［德］康德：《判断力批判》，李秋零主编：《康德著作全集》第 5 卷，中国人民大学出版社 2007 年版，第 191 页。

② ［德］康德：《判断力批判》，李秋零主编：《康德著作全集》第 5 卷，中国人民大学出版社 2007 年版，第 204 页。

③ ［德］康德：《判断力批判》，李秋零主编：《康德著作全集》第 5 卷，中国人民大学出版社 2007 年版，第 203 页。

辩证论"。前者又分为"美者的分析论"与"崇高者的分析论"。

美者的分析论是讲什么是美。康德认为，美的问题根本不是美的客观存在问题，而是我们怎样认识一个事物的"美"，或者说，人在什么情况下做出美的判断的问题，即审美判断（鉴赏判断）。在康德看来，人们判断一个对象美或不美不是根据知性对客体本身做出判断以求得知识，而是借助想象力和知性的结合对主体做出的愉快或不快的判断，这种愉快与不快并不表示对象的什么内容，而是表示主体自己在受到对象刺激时是如何感觉的。因此康德认为，审美判断不是知识判断，所以不是逻辑的，而是判断美的一种能力。他说："为了区分某种东西是不是美的，我们不是通过知性把表象与客体相联系以达成知识，而是通过想象力（也许与知性相结合）把表象与主体及其愉快或者不快的情感相联系。因此，鉴赏判断不是知识判断，因而不是逻辑的，而是审美的，人们把它理解为这样的东西，它的规定根据只能是主观的。"[1]

康德认为，审美判断是与知性有关的，"在鉴赏判断中，总是还包含着与知性的一种关系"[2]，所以可运用认识论中的知性四项范畴（即量、质、关系、模态）对审美判断力进行四个方面的考察和分析（其具体的考察美和分析见本书第六章第2节）。康德认为，审美判断有四个方面的特征。从质的方面来看，审美判断超脱了任何（包括道德的或生物的）利害关系，它只是对象的形式是不是给主体带来某种自由的愉快感的判断。"鉴赏是通过不带任何兴趣的愉悦或者不悦而对一个对象或者一个表象方式作评判的能力。"[3]从量的方面看，审美判断力具有普遍性。"无须概念而普遍地让人喜欢的东西，就是美的。"[4]从关系方面说，审美判断是没有目的的合目的性的判断。"美是一个对象的合目的性的形式，如果这形式无须一个目的的表象而在对象身上被感知到的话。"[5]从模态（或样式）方面看，"无须概念而被认识为一种必然的愉悦之对象的东西，就是美的。"[6]

从康德对审美判断分析批判得出的结论可以看出，从质的、量的和模态的方面的分析，主要是说明美是一种愉快的感情，审美判断是通过愉快或不愉快来判定美

---

① ［德］康德：《判断力批判》，李秋零主编：《康德著作全集》第5卷，中国人民大学出版社2007年版，第210页。

② ［德］康德：《判断力批判》，李秋零主编：《康德著作全集》第5卷，中国人民大学出版社2007年版，第210页注①。

③ ［德］康德：《判断力批判》，李秋零主编：《康德著作全集》第5卷，中国人民大学出版社2007年版，第218页。

④ ［德］康德：《判断力批判》，李秋零主编：《康德著作全集》第5卷，中国人民大学出版社2007年版，第227页。

⑤ ［德］康德：《判断力批判》，李秋零主编：《康德著作全集》第5卷，中国人民大学出版社2007年版，第245页。

⑥ ［德］康德：《判断力批判》，李秋零主编：《康德著作全集》第5卷，中国人民大学出版社2007年版，第249页。

的，而从关系方面的分析则是要指出美是一种主观的（即无目的）合目的性或合目的性的表象，审美判断是一种没有目的的合目的性的判断。总起来说，康德的美是先验的产物，他竭力排除美的客观基础，认为美是脱离内容、不计较利害、不带任何欲望与要求的，它是纯形式的、普遍必然地令人愉快的、有无目的的合目的性的并使任何人都感到愉快的东西。这种美表现出主观的合目的性，而这种主观的合目的性则是想象力和理智的协调。康德对美的分析就是要说明美是一种直接和愉快与不愉快结合着的合目的性的表象，审美判断就是通过愉快与不快的感情判定主观合目的性的判断（能力）。

　　崇高者的分析论是要讲什么是崇高。在《崇高者的分析论》中，康德首先分析了崇高与美的同异（详见第六章）。概括地说，崇高是一种不可比较、不可测量的"绝对的大"，是心灵借助于理性的力量，让想象力活跃于理性观念的无限世界中所产生的。康德认为，崇高也是主观的感觉，它与美的相同之处在于，它们都不涉及概念与欲望，都是有无目的的合目的性，也就是普遍地、必然地令人愉快的。崇高和美两者的不同之处在于，首先，美的对象是有形式和限制，而崇高的对象则既"无形式"又无限制。崇高是"无限制的""无限大的"。其次，从快感的性质来说，美是单纯的快感，而崇高是从痛感、从可怕的感觉而转为快感。第三，崇高和美两者之间有一种最大的内在差别，这就是美可以在对象的形式中找到，而崇高则只能在主体的心灵中找到。换言之，自然美必须在自然中找根据，崇高则只需在我们的内部寻找根据。康德特别强调崇高和美的这种内在差别，认为"真正的崇高必须只在判断者的心灵中，而不是在对其评判引起判断者的这种情调的自然客体中去寻找"[1]。正是因为这一点，康德认为，应该把崇高的观念和自然的合目的性完全分开，关于崇高的理论只应作为对自然界的合目的性的审美评价的附录。

　　由于崇高超越于感官的世界，它所面对的是无限的观念，因而崇高的基本特点就是"绝对地大"。这里所说的"大"包含着伟大的意思，它和大小的大全然是两回事，而且绝对的大和大又是两个完全不同的概念。所谓"绝对地大"，是说超出一切比较的大。康德说："如果我们不仅仅把某种东西称为大的，而且完全地、绝对地、在一切意图中（超越一切比较）把它称为大的，亦即把它称为崇高的。"[2]康德认为"大"有两种，一种是数量上的，一种是力量上的。因此，康德把崇高分为两种，数学上的崇高和力学上的崇高。康德所说的数学上的崇高，主要是就一种体积的"无限"广大而言的，但这种体积上的大，不是感官所能把握的。感官上的大，都是有限的，大上还有大，不能达到绝对大的程度。同时，这种体积上的大，

---

　　①　［德］康德：《判断力批判》，李秋零主编：《康德著作全集》第5卷，中国人民大学出版社2007年版，第266页。

　　②　［德］康德：《判断力批判》，李秋零主编：《康德著作全集》第5卷，中国人民大学出版社2007年版，第259页。

也不能用数学的方式加以计算或推论。数学上的计算方式，永远达不到绝对的大。因此，崇高不能从数学上来计算，而必须在单纯的直观中来把握对象的整体，在内心里唤起无限大的观念。对于绝对大的整体，想象力是无能为力的，因为想象力是以感性对象为限的。这样，它必须借助于超感官的认识能力，这就是理性。理性就是对绝对整体的一种认识能力。因此，在崇高感当中，我们见到了我们自己作为理性生物的伟大。康德认为在艺术作品中，在自然界中的有些事物如动物那里没有崇高，因为它们不是无限大的。只有粗野的自然，如像江河大海、崇山峻岭才是数学上的崇高。但是，单纯的自然本身还不是崇高，必须把这些自然现象和无限性的观念结合起来，引起了作为主体的人内心的激荡，方才是崇高。因此，崇高并不在自然现象里面，而在人的心灵里面。"谁会愿意把不成形的、乱七八糟地堆积起来的山峦以及它们的那些冰峰，或者阴沉沉的汹涌大海等称为崇高的呢？但是，心灵在它自己的评判中感到被提高了，如果它在观看它们的时候不考虑它们的形式而委身于想象力，并委身于一种尽管完全没有确定的目的而与之相结合、只是扩展着那个想象力的理性，却发现想象力的全部威力仍然不适合于理性的理念的话。"[①]在康德看来，只有这时，才能谈得上崇高。

至于力学上的崇高，则是指一种力量上的无比威力而言。康德说，"威力是一种胜过大的障碍的能力。正是这种威力，当它也胜过那本身就具有威力的东西的抵抗时，就叫做强制力。自然，在审美判断中作为对我们没有强制力的威力来看，就是力学上崇高的。"[②]这就是说，力学上的崇高，一方面是一种强大的威力，是产生恐惧的根源；但另一方面，它对我们又没有支配力，因此，我们又并不感到恐惧。在巨大的自然威力面前，虽然我们在生理上不能抗拒它，害怕它，但在精神上我们却能抗拒它，不害怕它。力学上的崇高，正是指的我们在精神上所表现出来的这种力量和气魄。从恐惧中解脱出来，精神上抗拒它，这时我们在威力面前所感到的愉快，就是崇高感。对于这种情况康德描述说："险峻高耸的、仿佛威胁着人的山崖，天边堆叠如山的携带着雷鸣电闪的雷雨云，火山以其全部毁灭性的暴力，飓风连同它留下的破坏，无边无际的被激怒的海洋，一条巨大河流的高悬的瀑布，诸如此类的东西，都使我们与之阻抗的能力与它们的威力相比成为无足轻重的小事。但是，只要我们处身于安全之中，则它们的景象越是可畏，就将越是吸引人；而我们乐意把这些对象称为崇高的，乃是因为它们把灵魂的力量提高到其日常的中庸之上，并让我们心中的一种完全不同性质的阻抗能力显露出来，这种能力使我们鼓起勇气，

---

① ［德］康德：《判断力批判》，李秋零主编：《康德著作全集》第 5 卷，中国人民大学出版社 2007 年版，第 266 页。

② ［德］康德：《判断力批判》，李秋零主编：《康德著作全集》第 5 卷，中国人民大学出版社 2007 年版，第 270 页。

能够与自然表面上的万能相较量。"①那么，究竟是什么力量使我们超过自然的威力呢？康德认为，这是一种来自于理性观念的力量，它和一个人的道德情操和文化修养有关。"事实上，没有道德理念的发展，我们通过文化的准备而称之为崇高的那种东西，对于未开化的人来说就将显得是吓人的。"②这样，理性道德感就成了崇高感的主观基础了。

从康德对数学的崇高和力学的崇高分析可见，无论是数学崇高还是力学崇高的产生虽然是自然对象引起的，但是它却不在自然之中，而在于人的心中，在于人的理性。崇高是想象力与理性的相互争斗产生的比较强烈的审美感受，是在感性中实现出理性理念，显示出道德、人的实践理性的力量。崇高感就是自然对象的极其巨大的体积、力量，通过想象力唤起人的理性、道德的精神力量与之抗争，后者在心理上压倒前者、战胜前者而引起的愉快。这种愉快是对人的理性和道德力量、使命和尊严的胜利感到的喜悦和愉快。所以，崇高感是我们把对自己的理性、道德、使命的崇敬，通过偷换的办法转移到了自然对象上，把对主体理性观念的崇敬转换成为对自然对象的崇敬。正因如此，虽然崇高不是一种自然的形式合目的性，但由于在审美感受中崇高判断把对理性的崇敬赋予自然对象上，好像自然具有一种使我们产生崇高感的目的，同时它又具有审美判断的特征（如是一种主观感觉，无利害关系，无目的合目的性，等等），因而崇高就起到了从形式的（主观的）合目的性到实质的（客观的）合目的性过渡的中介作用，这即是康德研究崇高的意图所在。

在《审美判断力的批判》的第二部分《审美判断力的辩证论》中，康德就审美判断是否以概念为基础，提出了审美判断力原理的二论背反问题。前面已经讲过，审美判断是不依据概念的，但同时又以形式（主观）的合目的性为其先验概念。这似乎是一个矛盾，康德说："就鉴赏的原则而言，表现出如下的二论背反：①正论。鉴赏判断不是建立在概念之上的；因为若不然，对此就可以争辩（通过证明来裁定）了。②反论。鉴赏判断是建立在概念之上的；因为若不然，尽管这种判断有差异，对此也根本不可以争执（要求别人必然赞同这个判断）。"③康德认为这个二论背反是一种假象，其中的两个命题在事实上并不矛盾，而是能够并存的。在他看来，审美判断的确是不以诸概念为根据，但这里的诸概念是指的知性的诸概念或自然的诸概念。因为审美判断不是一种认识判断，虽然它要面向感官的对象，但不像知性那样来为感官对象立法，它不需要根据自然概念来规定对象，它的必然性不是来自

---

① ［德］康德：《判断力批判》，李秋零主编：《康德著作全集》第 5 卷，中国人民大学出版社 2007 年版，第 271 页。

② ［德］康德：《判断力批判》，李秋零主编：《康德著作全集》第 5 卷，中国人民大学出版社 2007 年版，第 275 页。

③ ［德］康德：《判断力批判》，李秋零主编：《康德著作全集》第 5 卷，中国人民大学出版社 2007 年版，第 352 ～ 353 页。

知性概念，而是来自作为一种情感的"共通感"（见第六章）。但是，审美判断又是对于每个人都是必然的，所以"必须必然地以某个概念为基础"①。这个概念就是自然界的主观的合目的性概念。不过，这个概念本身是不能规定的，不是一个认识范畴，"因为这判断的规定根据也许就在关于那可以被视为人性的超感性基底的东西的概念之中"②。这样，审美判断一方面不以适用于自然界的知性诸概念为基础，另一方面同时又以可能存在于超感性本体的合目的性概念为基础，两种概念的性质和适用范围不同，因而两者可以并存而不矛盾。所以康德说："对一个二论背反的解决取决于这种可能性，即两个在幻相上相互冲突的命题实际上并不相互矛盾，而是能够相互并存，尽管对它们的概念之可能性的解释超出了我们的认识能力。"③从康德对审美判断力的二论背反的提出和解决来看，康德是要通过区别知性的先验概念和判断力的先验概念进一步说明审美判断力是以自然的形式的合目的性为基础的，而肯定这个概念的合理性并不与肯定自然诸概念（必然、因果等）相矛盾。需要提及的是，康德对审美判断力二论背反的解决事实上仍然是以物自身和现象划分的理论为基础的。

《目的论判断力的批判》主要包括两个部分："目的论判断力的分析论"和"目的论判断力的辨证论"。此外还包括一个"附录"即"目的论判断力的方法论"。审美判断力只是形式的主观的合目的性，目的论的判断力则是一种实质（或质料）的客观的合目的性。《目的论判断力的批判》就是研究这种自然的客观合目的性的。在这里，康德通过对目的论的研究，指出不同于自然因果关系的自然的目的性，作为反省判断力的原理是存在的；并且指出人是自然的最后目的，从而直接回答了自由概念领域可以作用自然概念领域这个康德所要解决的最后一个问题。

在《分析论》中，康德首先分析了纯粹形式的目的性与质料上（实质的）的客观目的性、自然的相对目的性与自然的内在目的性之间的区别。康德认为，一切几何图形都是纯粹形式的合目的性，说它是客观的，因为它是按照一定的原理作出的，而这种原理是通过理性（在康德看来，理性的原理是客观的）认识到的，因而它不可能是主观的、审美的。然而，这种目的性又不过是形式的，而不是实在的，就是说不是以目的论为基础的，不能设想它本身是有目的的。虽然它表现出目的来，但是我们无须"给这个合目的性配上一个目的或者某个别的根据"④。与形式的

①　［德］康德：《判断力批判》，李秋零主编：《康德著作全集》第 5 卷，中国人民大学出版社 2007 年版，第 354 页。

②　［德］康德：《判断力批判》，李秋零主编：《康德著作全集》第 5 卷，中国人民大学出版社 2007 年版，第 354 页。

③　［德］康德：《判断力批判》，李秋零主编：《康德著作全集》第 5 卷，中国人民大学出版社 2007 年版，第 354 页。

④　［德］康德：《判断力批判》，李秋零主编：《康德著作全集》第 5 卷，中国人民大学出版社 2007 年版，第 378 页。

客观合目的性不同，实在的客观目的性，虽然也是理性观念赋予客观对象的，因而是客观的，但是它是以目的论为基础的，也就是说，虽然对象的目的性本身是理性赋予它的，但这种目的性被设想为对象本身所具有的，好像对象本身包含着目的性（如自然的有机体），因而它是实在的。康德的目的论所关注的就是这种实质的客观目的性。这种实质的客观目的性，也就是所谓自然的内在目的性，由于它是内在的，因而又不同自然的外在的（或相对的）目的性。康德特别强调这两种目的性的不同。所谓"外在的目的性"是指"一个事物对其他事物的有益性"[①]，也就是说一物存在是为了他物，是他物的手段，如海水涨潮的目的是为了把沃土带到内地，或如旧目的论所说的老鼠存在的目的是为了给猫吃等。由于这种目的是相对于他物存在的，因而这也是一种相对目的性，康德反对这种目的论，而主张内在目的论。内在目的论完全不同于机械因果的目的论。它认为，如果一个事物同时自身是因又是果，是手段又是目的，就是一种自然目的，这种目的不是存在于他物，而是属于事物自身。由于目的属于自身，而不在他物，因而这种目的也是一种绝对目的。生命有机体就是这种自然目的的代表。

康德认为，内在目的具有三大特点：一是事物的各部分只有在与其整体相联系的情况下才有可能；二是事物的各部分互为因果，互为手段和目的；三是它具有自组织的功能，能够自己产生自己（详见第六章）。康德认为，要证明自由能够作用自然，自由领域过渡到自然领域，使两大领域沟通起来，关键是证明人本身既是目的（原因），又是手段（结果）：作为自己订立自由概念或法则的理性存在者，他是目的和原因，同时作为实现自由法则的目的或因果作用的感性存在者，他又是手段和结果。康德的目的论证明自身同时既是目的又是手段，既是原因又是结果事物的存在，正是为了沟通自由和自然、理性和知性提供论证。

在《辩证论》中，康德通过提出并解决目的论判断力的二论背反进一步阐述了自然的合目的性存在的根据，并且把目的论和机械统一起来，使它们并存而不相矛盾。在"目的论判断力的辩证论"里，康德把机械论和目的论的对立归结为"判断力的二论背反"。这个二论背反就是："命题：物质性事物的一切产生都是按照纯然机械的法则就可能的。反命题：物质性事物的一些产生按照纯然机械的法则是不可能的。"[②]机械论的观点，以机械的因果性或者说必然性来说明事物之间的联系，这是近代以来机械学和力学的发展所决定的，把这种自然科学的因果决定论搬到哲学中来，就是以霍布斯和霍尔巴赫为突出代表的因果必然性理论，他们反对目的论。目的论则古已有之，但其内容和形式却是多种多样的。康德分析批判了以前的

---

① ［德］康德：《判断力批判》，李秋零主编：《康德著作全集》第 5 卷，中国人民大学出版社 2007 年版，第 383 页。

② ［德］康德：《判断力批判》，李秋零主编：《康德著作全集》第 5 卷，中国人民大学出版社 2007 年版，第 402 页。

目的论（如所谓目的论的观念论、目的论的实在论等），认为不管是机械论还是目的论都把目的论当作客观存在的原理（机械论是把否定目的论作为客观真理，但这种否定是以目的论被看做为客观真理为前提的）。这样，机械论与目的论二者不能并存，必定一真一假，因而即使要设法解决，最终的结果也要么仍是机械论，要么便是目的论。康德认为，只要把这个"二论背反"当作判断力的问题，问题就好解决了，康德正是这样来解决问题的。

康德认为，机械论和目的论表面上的二论背反，是我们把反思判断力的原理和确定判断力的原理混淆起来造成的。他认为，反思判断力的原理只是对我们的理性关于特殊经验规律的使用在主观上有效，确定判断力的原理则是要符合知性所给予的普遍或特殊的规律的。也就是说，机械因果规律是知性所赋予自然界（现象界）的，是对象本身所具有的。具有客观性的确定判断力原理（即辨识某一特殊事物是否属于某一普遍规律的原理）必须遵循知性所给予的规律，它必须遵循机械因果规律。相反，自然的目的性则不是知性所赋予自然界的，不是对象本身具有的，而是理性作用于特殊的经验规律的，它是理性赋予对象的，因而不是客观的，而是主观的。"一个作为自然目的的事物的概念对于规定性的判断力来说是越界的，如果人们通过理性来考察这个客体（尽管这个概念对于反思性的判断力来说就经验的对象而言可能是内在的）。"① 在康德看来，"自然的客观合目的性的概念是对于反思性判断力来说的一条批判的理性原则"②，是"一条主观的原理，因而是反思性判断力的一条由理性托付给它的准则"③。因此，"我们绝对只能以一个有理智的存在者来作为那些自然目的的可能性的基础。"④ 在《判断力批判》"导论"中，康德就明确指出了这一点。他说："自然的合目的性是一个特殊的先天概念，它仅仅在反思性的判断力中有其起源。因为人们不能这样把某种东西当作自然在自然产品上与目的的关系来赋予自然产品，而只能运用这个概念，就显象在自然中按照经验性法则已给出的那种联结而言来反思自然。"⑤ 也就是说，自然界只有机械因果关系，探究和揭示自然界所有奥秘也依然只能用机械因果规律，并不能到自然事物或自然界中去真正找到什么目的。自然的目的对于知性来说是超验的，它只不过是理性的一条准则，它

---

① ［德］康德：《判断力批判》，李秋零主编：《康德著作全集》第 5 卷，中国人民大学出版社 2007 年版，第 412～413 页。

② ［德］康德：《判断力批判》，李秋零主编：《康德著作全集》第 5 卷，中国人民大学出版社 2007 年版，第 413 页。

③ ［德］康德：《判断力批判》，李秋零主编：《康德著作全集》第 5 卷，中国人民大学出版社 2007 年版，第 414 页。

④ ［德］康德：《判断力批判》，李秋零主编：《康德著作全集》第 5 卷，中国人民大学出版社 2007 年版，第 417 页。

⑤ ［德］康德：《判断力批判》，李秋零主编：《康德著作全集》第 5 卷，中国人民大学出版社 2007 年版，第 190 页。

之所以可能，其根源就在于理性存在者要把理性的主观的目的赋予自然，用目的论的观点去考虑、探讨自然。机械因果规律存在于自然对象本身，而自然的目的性实际上存在于人的理性之中。所以，在康德看来，机械论与目的论是可以同时运用，并无矛盾。

康德认为，我们在经验中首先看到的是具有必然性的东西，这是普遍规律，否认它们，自然就是不能被思维的。判断力是在就这些规律的前提下肯定合目的性的。他说："在一个经验的可能性的诸根据中，我们首先找到的是某种必然的东西，亦即普遍的法则，没有它们，一般的自然（作为感官的对象）就不能被思维；而这些法则是基于范畴，被运用于我们可能有的直观的形式条件之上的，只要这些直观同样是先天地被给予的。在这些法则之下，判断力就是规定性的；因为它要做的无非就是在被给予的法则之下进行归摄。"①事实上，康德在规定自然目的的概念和论述自然目的的三个特点时，就已经把两者看做是统一的。他是在肯定因果关系前进的从属的前提下，肯定因果关系的后溯的从属。他认为，一个有机体既是由知性的因果概念产生，同时又由于目的性原理而成为一个整体。在这里，我们就可以看到康德仍然是以现象与物自身、感性世界和理性世界的划分为基础来解决机械论和目的论的矛盾的。只不过在这里，他不是用现象和物自身的划分理论来证明自由和必然可以并存于两个不同领域而不矛盾，而是用它来证明自由和必然可以通过自然和目的性的概念联系起来，自由可以过渡到并作用自然，而这种过渡是不和自然必然的存在相矛盾的。

在《目的论判断力的方法论》这一部分，康德明确提出了人是自然界的最终目的问题。在这里，康德在自然合目的性理论的基础上，直接回答了自由为什么能作用自然的问题。在《辩证论》中，康德分析了自然合目的性是反省判断力先验的原理，这种目的论原理并不能从经验中得出，它根本不是自然本身所能提供和在其中发现的原理，自然的目的性实际上不过是一种合目的性，是人用判断力的合目的性探讨自然时把自己的目的赋予自然对象。这样，有思想有目的的人实际上是自然的最后的目的。康德说："有一个判断，即便最平常的知性在反思世界上的事物的存在以及世界本身的实在时也不能摆脱它，那就是：一切形形色色的造物，无论它们有多么伟大的艺术安排，有多么多种多样的合目地彼此相关的联系，甚至包括它们的许多我们不正确地称之为世界的体系的那个整体，如果在它们里面没有人（一般的理性存在者），它们的存在就会没有任何目的；也就是说，如果没有人，整个创造就会是一片纯然的荒野，就会是白费的，没有终极目的。"②

---

① ［德］康德：《判断力批判》，李秋零主编：《康德著作全集》第 5 卷，中国人民大学出版社 2007 年版，第 192 页。

② ［德］康德：《判断力批判》，李秋零主编：《康德著作全集》第 5 卷，中国人民大学出版社 2007 年版，第 461 页。

那么，什么东西使人能成为自然的最后目的呢？康德指出，使人成为最后目的的不是人的认识能力，不是理论理性，因为世界并非作为人的沉思对象而有意义；也不是人的愉快感、安宁、享受，总之，不是幸福。尽管个人总是要把幸福作为自己的主观目的，但是幸福并不能使人成为最后目的，因为"幸福就连自然目的也不是，说它应当是创造的终极目的就大错特错了"①。在康德看来，使人成为自然的最后目的的不是幸福，而是人的文化。他说："一个有理性的存在者一般而言对随便什么目的的适应性（因而是在他的自由中的适应性）的产生就是文化。因此，唯有文化才能够是人们有理由就人类而言归之于自然的最终目的（而不是他自己的尘世幸福，或者根本不只是在外在于他的无理性自然中建立秩序和一致性的最重要的工具）。"②

但是康德并不认为每一种文化都能够作为这个最终目的的条件。康德受卢梭的影响很深，卢梭曾经论证过人类文明的发展使社会的不平等日益加剧，愈来愈泯灭了人性。这些看法康德是同意的，如他说："随着文化的进步（这进步的顶点就叫做奢侈，如果对必需之物的癖好已经开始对必需之物造成损害的话），磨难也在这两个方面同样剧烈地增长着，一方面是由于外来的暴行，另一方面是由于内心的不满足。"③这种文明带来社会的不平等，内部的互相残害，还有国家之间的战争，是不能作为使人成为最后目的的条件的。康德认为，只有文明中的道德才能使人成为最终目的。他说，自然的最终目的就是这种人的道德或道德的人。只有这种服从道德法则的人，才是能超感性（即自由）的自然存在，它的存在，才是无条件的目的自身，才是整个自然的最终目的。"唯有他自己才能给予自己的价值，而且这种价值就在于他做什么，他如何以及按照什么原则不是作为自然的环节，而是以他的欲求能力的自由而行动；也就是说，一种善良意志是他的存在能够具有一种绝对的价值所唯一凭借的东西，而且唯有与这种东西相关，世界的存在才具有一个终极目的。"④就是说，道德之所以能使人成为最后目的，是因为善意志（或自由意志）能给自己建立道德法则。而这种法则的特点就是要求人达到无条件的目的。这种道德法则体现于行为中，行为就具有绝对价值，就达到了最后的目的，世界上于是就有了最后的目的，这种最后的目的就是人的道德行为。这样，自由概念（即道德法则）的结果作为最后目的就体现在人的感性行为中，自由由于使人成为最后目的而

① ［德］康德：《判断力批判》，李秋零主编：《康德著作全集》第5卷，中国人民大学出版社2007年版，第454页注①。

② ［德］康德：《判断力批判》，李秋零主编：《康德著作全集》第5卷，中国人民大学出版社2007年版，第449页。

③ ［德］康德：《判断力批判》，李秋零主编：《康德著作全集》第5卷，中国人民大学出版社2007年版，第450页。

④ ［德］康德：《判断力批判》，李秋零主编：《康德著作全集》第5卷，中国人民大学出版社2007年版，第462页。

对感性世界（自然）具有了影响力。到了这里，自由和自然不仅可以并存而不相矛盾，而且由于自由能够作用自然又使两者沟通起来，康德也就完成了全部的理性批判工作，建立起了统一的理性哲学体系。

通过以上对康德的三大批判的具体考察可以看出，康德的整个思想体系的中心问题是要解决自然与自由问题的矛盾，而解决这个矛盾的关键又是自由问题。所以我们有理由得出结论，自由问题是康德整个思想体系的出发点、核心和归宿。由于在他看来，必然和自由是和理性相联系的，因而他通过理性的批判研究来解决必然与自由的关系问题。通过批判，康德建立了他关于思辨理性的理论哲学和关于实践理性的道德哲学，最后又使两者统一起来，形成了以理性与知性、自由与必然、道德与幸福并存，同时（实践）理性、自由、道德高于知性、必然、幸福为特征的统一的理性哲学体系。据此，我们认为，那种把康德哲学体系当作是唯理论和经验论的调和，是把各种相互对立的哲学派别结合在一个体系中的折中调和的哲学体系的看法是不能成立的。康德的哲学体系是具有严密内在逻辑的，始终贯穿着他所要解决的重大哲学问题。不管它的理论价值如何，从理论体系、逻辑性、统一性看都是空前的。我们不能不说这是人类理性的杰作。我们也认为，那种把康德哲学看成是认识论、伦理学和美学及目的论三块构成的哲学体系，或者把它看成是真善美统一的哲学体系的看法也是不正确的，至少是外在的，其问题的根源在于没有把握住作为康德思想体系的核心自由问题，没有把握住它突出理性和自由的思想实质。康德之所以特别强调理性和自由，把它作为自己理论体系的出发点和核心，其根源除了他本人的特殊的生活经历以外，更重要的是他生活的时代，他对历史要求和时代精神所作的深刻的哲学反思。

第三章　康德对自由意志主义和必然主义的批评

普列汉诺夫曾指出："关于自由和必然的问题——这个旧的，然而永远是新的问题产生在十九世纪的唯心主义者面前，正如它产生在前一世纪的形而上学者面前一样，正如它产生在提出存在与思维之间的关系问题的所有一切哲学家面前一样。这个问题，像斯芬克斯一样向每个这样的思想家说：请你解开我这个谜，否则我便吃掉你的体系。"①自由和必然的关系问题，在西方哲学史上是始终困扰哲学家的最大难题之一。任何哲学家都会遇到这个问题，只不过有的自觉有的不那么自觉罢了。康德就是那些自觉意识到并致力于解决这个问题的思想家之一，其自觉程度是他的前人无法相比的。

从康德的整个哲学研究看，他正是从解决自由和必然的关系问题开始的。早在前批判时期，康德刚刚开始从事哲学研究的时候，就发现并同时承认自由和必然之间存在的矛盾，而且为此而苦恼。正是为了弄清并解决这个问题，促使他从事理性批判，从而建立了批判哲学体系（详见第五章）。康德也正是在研究和解决自由和必然的关系问题的过程中研究和解决自由问题的。当然，后面可以看到，康德对自由和必然关系问题的研究并不等于康德对自由问题本身的研究，但没有前者，就不可能在理论上彻底解决这个问题。事实上，康德对自由问题的研究始终是与直接或间接地对自由和必然的关系问题的研究相联系的。所谓"间接地"指的是，康德对自由的实践性和自由的实践含义的研究虽然同自由与必然的关系问题没有直接联系，但都是以它为基础的，并且是针对感觉必然论者的。从根本上说，康德是通过解决自由与必然的关系问题来解决自由问题的。

自由和必然的关系问题不仅是一个认识问题，也是一个价值问题，不仅涉及本体论和认识论，也涉及伦理学。哲学史上的思想家其实都会意识到这个问题，并从自己的立场直接或间接也回答这个问题。但由于这个问题的复杂性，由于长期以来人类认识水平的限制，由于哲学家的立场不同，因而哲学家对这个问题的回答是很不一样的。总的来看，在自由与必然问题上，西方哲学史上历来存在着两种不同的看法。一种看法认为，世界上的一切事物和现象包括人的行为都处于因果联系之中，事物和现象的出现和存在都有其客观的原因，都是必然的。这种看法就是所谓决定主义。另一种看法认为，人与自然事物和现象不同，人具有理性，具有能动性，在理性和精神的范围内人具有自由。由于持这种看法的思想家通常认为自由是

---

① ［俄］普列汉诺夫：《论一元论历史观之发展》，博古译，生活·读书·新知三联书店1961年版，第87页。

人的意志的一种属性，认为人的自由就表现在人的意志具有选择和决定这样或那样行动的能力，因而他们所主张的自由论实际上就是通常所谓的自由意志主义。上述两种看法争论的焦点在于：人的意志是否具有自由。

　　一般说来，康德对自由与必然关系问题的研究是上述争论的继续和发展。但是，应该看到，与历史上的思想家不同，康德试图将上述两种观点糅合起来、统一起来，以求达到自由与必然关系问题的解决。为达此目的，康德没有轻易地同意决定主义的观点或自由意志主义的观点，而是对两者都持批判的态度，试图找出它们各自的优点和缺点。从思想渊源关系来看，康德是从批评自由意志主义和必然论来解决自由和必然的关系问题的。

一、伊壁鸠鲁派与柏拉图派的对立

　　关于自由和必然关系问题的分歧，和其他哲学问题一样，在古希腊哲学中就已经明显地表现出来。在康德看来，决定主义和自由意志主义分别以经验主义和理性论为代表。西方哲学史上经验主义思想的最早代表是古希腊唯物主义哲学家伊壁鸠鲁，唯理论流派的思想渊源也可以追溯到古希腊唯心主义路线的主要代表柏拉图。[①]康德认为，自由意志主义和决定主义的对立在古代"就是伊壁鸠鲁主义与柏拉图主义的对立"[②]。

　　伊壁鸠鲁的哲学思想是古希腊唯物主义的典型代表德谟克利特的继承和发展。德谟克利特从原子论出发，坚持从自然本身来解释自然，"借一个唯一的原因、用一条和自然符合的原则来解释一切"[③]，认为"一切都由必然性而产生"[④]。德谟克利特排除了一切目的论的解释，"德谟克利特忽略了目的因，把自然界一切作用都归之于必然性"[⑤]。因此，他否认任何东西是最初的原因。一切事物都处于因果联系之中。他说："今日产生的事件的原因是没有最初的开始的，因为自元始以来，在无限的时间中，这些原因就先已存在，本身内部无一例外地包含着过去、现在和将来存在的一切。"[⑥]这种关于原因的无限系列的观点是典型的决定主义的观点。德谟克利特同样用原子论来解释理性精神，认为理性就是灵魂，灵魂也是由像太阳和月亮那样的原子构成。因此理性并不是自由因，而是受原子运动规律决定的。

---

　　①　中国社会科学院哲学研究所西方哲学史研究室编：《外国哲学史集刊》第5集，上海人民出版社1982年版，第3～4页。

　　②　［德］康德：《纯粹理性批判》（第2版），李秋零主编：《康德著作全集》第3卷，中国人民大学出版社2004年版，第317页。

　　③　北京大学哲学系外国哲学史教研室编译：《古希腊罗马哲学》商务印书馆1961年版，第97页。

　　④　北京大学哲学系外国哲学史教研室编译：《古希腊罗马哲学》商务印书馆1961年版，第97页。

　　⑤　北京大学哲学系外国哲学史教研室编译：《古希腊罗马哲学》商务印书馆1961年版，第99页。

　　⑥　［法］茹罗蒂：《论自由》，江天骥、陈修斋译，生活·读书·新知三联书店1962年版，第47页。

德谟克利特的后继者伊壁鸠鲁继承和发展了德谟克利特的思想。他承认严格的决定主义，认为任何东西都不会从不存在的东西中产生出来，也不会成为不存在的东西。物质世界不是由某种自然之外的力量创造的，而是客观存在的。但是，伊壁鸠鲁对德谟克利特的决定主义作了重要补充。在他看来，原子不仅按照严格的规律运动，而且也能偏离自己的轨迹。他说："原子永远不断在运动，有的直线下落，有的离开正路，还有的由于冲撞而后退。"[①]伊壁鸠鲁的原子运动偏离说的重大意义在于，在他的原子论体系中容许了偶然性的存在。这样，伊壁鸠鲁一方面不否认事物运动的必然性，同时又容许原子的自动倾斜或偏离，这就为现实中的偶然性提供了根据，尤其是为追求个人的自由和幸福找到了理论依据。正是以原子自动偏离说为理论基础，他主张人应该自由地去探求和享受人间的快乐和幸福生活，反对把必然性绝对化，以致把它变成了不可抗拒的"命运"。虽然伊壁鸠鲁承认偶然性，反对绝对的必然性，但是，他的总的思想倾向仍然是决定主义的。因为他并不承认脱离原子运动规律而存在的自由因，至多只承认原子必然运动可能发生某些偏差。他虽然强调应当追求个人的幸福和快乐，但他并不是以人的意志自由来建立他的快乐学说的，他的快乐主义的伦理学说从根本上说是感觉主义的，是以人的生理需要为基础的。所以，伊壁鸠鲁的学说并不是一种自由意志主义，而不过是一种比较温和的决定主义。正因为如此，康德把伊壁鸠鲁看做是古代的决定主义的代表。

与德谟克利特和伊壁鸠鲁相反，柏拉图则肯定自由因的存在。这种自由因就是理念。理念是运动的，是自身独立的自在自为的存在，它既不依赖于物体，也不依赖于人，而是自身存在的。它是事物的原型、本质或实体，对事物有决定作用，事物之成为事物，完全决定于理念的主导作用。只有在理念的作用下，事物才获得它作为某物的性质，事物不过是理念的分有和复制。这样，在柏拉图那里，除了现实的现象世界以外，还有一个理念世界。理念世界是原型，是正本，而现实世界是摹本，是副本，是以经验为型范而铸造出来的。所以理念是实在的，而一切现象都是表面的。由于理念世界本身具有不受制约的起因的作用，因而具有自由，而现实世界的一切都是被决定的，因而不存在任何自由。这样，在柏拉图那里，自由和必然是分属理念世界和具体现实世界的两种不同东西。也就是说，他通过划分真实的理念世界和虚幻的现象界来肯定自由的存在，肯定真实存在（理念）自发的起始作用。在柏拉图看来，人也是理念的产物。现实的人在没有成为现实的人之前，本来就是理念世界中的"人"。个体的人从理念世界中来，个体的人也就携带着理念，只是各人在成为个体的人的时候，理念受到肉体的干扰和障碍而在个体中变得模糊

---

① 北京大学哲学系外国哲学史教研室编译：《西方哲学原著选读》上卷，商务印书馆 1981 年版，第 161 页。

了。人是有理性的，人借助理性能够重新回忆起理念本身，达到理性认识和理念相符合，从而获得善的理念，获得"精神自由"。因此，柏拉图实际上把自由看做是一种超越，是灵魂脱离现实世界获得的"精神的"自由。

对于柏拉图的理念说，康德基本上是持肯定态度的。首先，康德认为，理念论在自由和必然问题上肯定理性具有不受自然必然制约而自发开始道德行为的能力，即理念具有决定现实事物的作用。不仅如此，康德还认为，理念论肯定了理念是各种具体事物的根本原因。他说："不仅在人类理性展示其真正的因果性的地方，在理念成为（行为及其对象的）作用因的地方，也就是说，在道德事务中，而且就自然本身而言，柏拉图都正确地看到了它们从理念起源的清晰证明。"①事实上，柏拉图的理念论给康德的启发远不止于此，从后面可以看出，正是柏拉图把世界划分为理念世界和现实世界，启示了康德通过划分物自体和现象界来解决自由问题。正因为如此，康德称柏拉图的理念论为"一种值得敬重和仿效的努力"②。除以上所述，康德还特别强调，柏拉图关于道德、立法、宗教等提出的原理具有异常特殊的功绩，这种功绩就在于，柏拉图认为在这些方面经验自身是由理念而可能的。他把理念看做是一切行为趋向道德完善所不可缺少的基础。

柏拉图的理念论提出后，历来受到各方面的批判，在当时马上就受到了他的学生亚里士多德的批判。那么，康德所推崇的这种学说为什么遭此命运呢？康德进行了分析。他认为，柏拉图的这种学说之所以得不到人们的普遍承认，是因为人们根据经验规律进行判断所致。在康德看来，理念论的原理只适应于本体领域、道德领域，它们是一种理性概念，而不是经验规律。如果把它们看作是一种可感的经验的规律，当然是不可思议的，但是，我们不能因为理念论的原理只适用于道德领域不适用于经验的范围就否认它的价值。康德争辩说，在与自然有关的范围内，经验固然提供规律作为真理的源泉，但在道德法则方面，经验则不能成为源泉。如果从经验引申到道德法则，那必然导致荒谬。所以，康德指出，相比较而言，那种从"所已为者"（即经验事实）引申规定"所应为者"（即道德要求）的法则更应该受到谴责。

在康德看来，伊壁鸠鲁派和柏拉图派的观点各有其优点，但又各有其片面性。伊壁鸠鲁派由于否认自由因的存在，不承认意志的自由，因而必然忽视人的道德方面。但是，伊壁鸠鲁派把认识的来源、内容、以至真理性的标准归于感觉经验，在肯定人的感觉印象要由外界物体的流出物同人的感官相接触而产生的同时，主张

---

① ［德］康德：《纯粹理性批判》（第 2 版），李秋零主编：《康德著作全集》第 3 卷，中国人民大学出版社 2004 年版，第 243 页。

② ［德］康德：《纯粹理性批判》（第 2 版），李秋零主编：《康德著作全集》第 3 卷，中国人民大学出版社 2004 年版，第 243 页。

"永远要以感觉以及感触作根据，因为这样你将会获得最可靠的确信的根据"①，并且认为："如果你排斥一切感觉，你就连你所能指称的标准也不会剩下，这样，你就会没有可以用来判定你所责斥的错误判断的东西了。"②在康德看来，伊壁鸠鲁派的经验主义主张有利于促进人类知识的进步。

柏拉图把理念当作事物存在的本质或实体，肯定了自由因的存在，这为人们的道德实践提供了理论根据，这是它的优越之处。但由于他把现实事物仅仅看做是"摹本"、"幻影"，因而他事实上否认了事物之间、现象之间的因果联系和规律，否认了必然的存在，容许理性对于自然现象随意进行理念的说明，而忽视了自然本身的研究。这样就造成了柏拉图理论上的严重缺陷。

伊壁鸠鲁和柏拉图的片面性在斯多亚派学者那里得到了一定程度的克服。斯多亚派大多数思想家反对柏拉图的理念说，这一学派始终坚持不变的主要学说，是有关宇宙决定主义与人类自由的。他们相信并没有偶然这样的东西，自然的过程是严格地由自然规律所决定的，整个自然过程是永无休止的。这个学派强调人要依照自然生活，认为凡属自然的必然性的过程都没有真假善恶的问题，人的感性感觉像树的落叶一样是自然的必然过程，感性的本性无所谓善恶。表现善恶的只有在自然必然过程之外，不受自然因果关系制约的领域，即人的精神领域。他们认为意志是自主的，可以为善，也可以为恶，德性在于意志，人生中一切真正好的东西和真正坏的东西都仅仅取决于自己，旁人只能有力量左右身外之物，而德性完全靠个人自己，所以每个人只要能把自己从世俗的欲望中解脱出来，就有完全的自由。斯多亚派第一次把意志和自由联系了起来，认为唯有有德的意志才是自由的，而有德的意志与外界无关。这样，斯多亚派就克服了德谟克利特和柏拉图的片面性，解决了自由与必然之间的矛盾。但是他们把必然和自由完全对立起来了。晚期斯多亚派还明显表现出神学目的论和宿命论的倾向。据说，晚期斯多亚派代表人物塞涅卡有句宣扬宿命论的格言："愿意的人，命运领着走；不愿意的人，命运牵着走。"这句所谓格言未见有文本根据，不过他确实表达这样的意思：服从人类的命运，不为我们无力避免的那些事情心神不宁，这是我们承担的神圣职责。③但是，应该肯定，斯多亚派在承认自然必然性的同时承认人具有意志自由，是具有一定理论意义的。从后面可以看出，斯多亚派学者对自由与必然之间矛盾的解决，对康德产生了直接影响。

在中世纪，基督教神学成了占统治地位的意识形态，神学、目的论、宿命论普遍流行，客观必然性失去了它在哲学中的地位。但是，为了神学理论的需要，神学

---

① 北京大学哲学系外国哲学史教研室编译：《古希腊罗马哲学》，商务印书馆 1961 年版，第 358 页。

② 北京大学哲学系外国哲学史教研室编译：《古希腊罗马哲学》，商务印书馆 1961 年版，第 345～346 页。

③ 参见［古罗马］塞涅卡：《论幸福生活》，塞涅卡：《强者的温柔——塞涅卡伦理文选》，包利民等译，王之光校，中国社会科学出版社 2005 年版，第 347 页。

家们研究过意志自由问题。中世纪神学家们对有没有意志自由问题的看法有一个变化过程。开始，正统神学家们一般认为人在犯原罪之后就丧失了意志自由，人能否得到拯救全靠上帝。

早期教父神学家奥古斯丁认为存在着三种恶，即"物理的恶"、"认识的恶"和"伦理的恶"，其中"伦理的恶"起源于人的自由意志。根据不完善事物服从较完善事物的原则，上帝、灵魂和肉体三者的顺序应该是肉体服从灵魂，灵魂服从上帝。在他看来，意志自由是灵魂的禀性，可以做出服从或违背这一秩序的自由选择。伦理的恶就在于秩序的颠倒，沉溺于享受和肉体快乐。问题是，既然人的自由意志包含着犯罪的可能性，全智全能全善的上帝为什么会赋予人自由的意志，而不赋予人只会行善而不会作恶的意志呢？他的回答是，"人缺少自由意志，不能过正直的生活，这就是神给人自由意志的充分理由。"[①]在他看来，自由意志不仅是人们行善的前提，同时也是对人们行善作恶进行赏罚的根据。如果人没有自由意志，我们就不能对人及其行为的善恶进行赏罚，即使进行了赏罚，也不是公正的。奥古斯丁认为，人们可以运用自由意志为善，也可以运用自由意志为恶，但只有好的意志自由才可以说是大善，才具有目的善的意义，其价值远比肉体居心叵测以及像财富、荣誉之类的身外之物要高，是所有这些东西不可比拟的。总之，在他看来，真正意义的自由意志，就是善的意志，就是为善的意志，只有这种为善的善意志才配得上自由意志。奥古斯丁对自由意志的这种理解为康德所充分肯定和强调，康德所理解的自由意志正是善的意志、为善的意志。

后来，在与佩拉纠派的斗争中，奥古斯丁意识到他的早期观念可能被佩拉纠派所利用，所以强调没有上帝的恩典，人的意志不可能选择正当的秩序和真正的幸福，即使戒律也不能强制意志选择善。佩拉纠派否定原罪说，认为人的命运取决于自己的选择，人只要充分发挥自己的本性，便可以择善而从，获得拯救，不需要上帝的恩典。而在奥古斯丁看来，上帝在造人时曾经赋予人自由意志，但自亚当"原罪"之后，人的意志已被罪恶所污染，已经丧失了自由选择的能力，人已经为罪恶所奴役。在这样的条件下，只有依靠上帝的恩典，人才能恢复意志自由。[②]

但是，后来的经院哲学家们越来越感到这种理论不能自圆其说，人如果没有意志自由，一切都是上帝安排的，为什么还有那么多人去作恶？难道全智全能全善的上帝还安排人们去作恶吗？如果人的一切行动都是上帝安排的，人又怎么能对自己的恶行负道德责任呢？到了公元10世纪前后，安瑟尔谟（1033～1109）开始试图调和意志自由说与恩典说，认为自由意志出自上帝的恩典，意志的选择倾向和行为决定了人自身的命运。因此，人既需要上帝的恩典，也要对自己的选择负责。在他

---

① ［古罗马］奥古斯丁：《论自由意志》，奥古斯丁：《恩典与自由》，奥古斯丁著作翻译小组译，江西人民出版社2008年版，第44页。

② 参见赵敦华：《基督教哲学1500年》，人民出版社1994年版，第168～179页。

看来，人在"原罪"之后并没有丧失自由意志，只是不能够运用自由意志，丧失了向善选择倾向，需要上帝的恩典才能够运用自由意志，恢复向善的选择倾向。

后来，托马斯·阿奎那更明确地承认人有意志自由。在他看来，人类有理智的灵魂和自由的意志，追求自由是人的特点。因此，人能自己选择自己的行为并对自己的行为负责。他认为，人的道德行为就是人们思考和选择的行为，是有自由意志的理性动物的行为，行为的善恶要根据他所趋向的目标、目的和意义及环境来决定，而最高的标准则是上帝的理性和神圣的法则。人的外部行为的不道德完全决定于人的意志和行为本身的不道德的目的，在于意志缺少上帝制定的理性规范和违背神圣的法规，因此，行为善恶完全应由行为者自己负责。托马斯特别强调理性的作用，按照他的理解，理性是各种自由的基础，人在自己的行为中遵循着理性的判断，理性高于意志。根据理性，人们能够形成有关善和恶的正确观念，能够自觉地进行选择并形成善良的品质，他因此强调任何时候都要倾听理性的声音。他把理性分为理论的和实践的两种，人们借助于理论的概括来认识善的存在，支配自己的意志。这样，他的理性就从理论的理性变成了实践的理性，纯粹理论的理性只能发挥认识的功能。托马斯还注意到意志对理性的作用，认为不仅理性给意志以积极的影响，而且意志也反过来影响理性，仿佛意志能促使理性去认识真理和善。

托马斯关于理性作用划分的思想，关于理性和意志关系的思想，在很大程度上影响了康德。从康德关于自由与理性、意志关系的论述可以清楚地看到这一点。但是，托马斯学说中的神学性质是康德所完全反对的。托马斯虽然宣称人有意志自由，但由于他把上帝看做是"第一原因"，既是"自由"的原因又是"善良意志"的原因，因而他实际上使他的自由完全服从上帝。他宣称，人能够自己进行选择，但意志的完全自由只有在得到上帝支持时才会存在，是上帝促使人进行活动。所以，在托马斯那里，自由的实际主体是上帝而不是人。这样，托马斯实际上没有给自由的存在提供哲学的论证，没有真正从理论上解决自由问题。

二、经验主义和理性主义的分歧

文艺复兴以后，随着政治和经济发展的需要，西方近代思想家对必然与自由问题进行了广泛而深入的探讨。这个时期的特点是，大多数思想家都承认自然的客观必然性，同时也承认人具有自由，但是在如何理解人的自由，如何使自由与必然统一起来，特别是人的意志是否自由等问题上仍然存在着分歧。在 17 世纪西欧国家早期革命时期，与近代资产阶级哲学和社会政治意识形态形成的同时，产生和形成了经验主义和理性主义两大基本哲学流派。这两个派别都反对经院哲学，要求认识自然，揭示自然事物的发展规律。但是，它们各自的侧重点有所不同，理性主义学派侧重几何学、数学，并从而强调理性认识；经验主义学派则侧重实验科学，并从而强调感性经验的作用。与此相联系，在对待自由和必然的关系问题上，他们的观点和主张也迥然不同。在康德看来，近代的唯理主义形而上学代表的是自由意志主义，相反，经验主义哲学（包括斯宾诺莎主义）代表的是决定主义。他认为，唯理主义形而上学的基本观点是："按照自然规律的因果性，并不是世界的显象全都能够由之派生出来的唯一因果性。为了解释这些显象，还有必要假定一种通过自由的因果性。"①或者说，"世界上有凭借自由的原因。"②而经验主义者则认为，"没有任何自由，相反，世界上的一切都仅仅按照自然规律发生。"③或者说，"没有自由，相反一切都是自然"。④

在哲学史上，斯宾诺莎第一次明确地不把自由和必然看成是对立的东西，但他否定意志自由。他在给包赛尔（Hugo Boxel）的信中写道："说必然和自由相互对立……这在我看来是和理性相违背的。"⑤斯宾诺莎从泛神论出发，首先肯定了自然的客观必然性。他指出："自然中没有任何偶然的东西，反之一切事物都受神的本性的必然性所决定而以一定方式存在和动作。"⑥他认为，在灵魂中没有绝对的或自由的意志。"在心灵中没有绝对的或自由的意志，而心灵之有这个意愿或那个意愿乃是被一个原因所决定，而这个原因又为另一原因所决定，而这个原因又同样为别的原因所决定，如此递进，以至无穷。"⑦"意志，和其他事物一样，也须有原因在一定方式下以决定其存在与动作。"⑧他得出结论说："意志不能说是自由因，只能说是必然的。"他认为，人们之所以自以为他们是自由的，是"由于他们意识到他们自己的行为，而不知道决定这些行为的原因"⑨。事实上，人并不比任何一块石头更自由。如果石头能够思维，那它就完全能够意识到自己是最自由的，并且会认为，在它的活动中，除了它本身的愿望外，没有任何其他的原因。人的自由也是这样，一切都是受因果关系制约的，并且是按照必然性实现的，因此在心灵中不会有无原因的愿望。人的意志也是受因果关系制约的，是必然的而且是不自由的。

那么，什么是斯宾诺莎所认为的自由呢？斯宾诺莎写道："至于我，我把一个

---

① ［德］康德：《纯粹理性批判》（第 2 版），李秋零主编：《康德著作全集》第 3 卷，中国人民大学出版社 2004 年版，第 300 页。

② ［德］康德：《未来形而上学导论》，李秋零主编：《康德著作全集》第 4 卷，中国人民大学出版社 2005 年版，第 343 页。

③ ［德］康德：《纯粹理性批判》（第 2 版），李秋零主编：《康德著作全集》第 3 卷，中国人民大学出版社 2004 年版，第 300 页。

④ ［德］康德：《未来形而上学导论》，李秋零主编：《康德著作全集》第 4 卷，中国人民大学出版社 2005 年版，第 343 页。

⑤ ［荷］斯宾诺莎：《信札》56，转引自［法］茹罗蒂：《论自由》，江天冀、陈修斋译，生活·读书·新知三联书店 1962 年版，第 125 页。

⑥ ［荷］斯宾诺莎：《伦理学》，贺麟译，商务印书馆 1981 年版，第 27 页。

⑦ ［荷］斯宾诺莎：《伦理学》，贺麟译，商务印书馆 1981 年版，第 80 页。

⑧ ［荷］斯宾诺莎：《伦理学》，贺麟译，商务印书馆 1981 年版，第 29 页。

⑨ ［荷］斯宾诺莎：《伦理学》，贺麟译，商务印书馆 1981 年版，第 69 页。

只凭自己本性的必然性而存在和行动的东西，叫做自由的；把那由另一个东西决定它的存在和以某种既定的方式行动的东西叫做受强制的。"①在斯宾诺莎看来，人的本性的必然性就是理性。所以，"依照理性的指导的人是自由的。"②斯宾诺莎的这种观点，在康德那里得到了承认和发挥，但是，斯宾诺莎否认理性和意志是自由因，而认为神才是自由因的观点，最终把自由归结为必然的观点，则是康德所反对的。

霍布斯和洛克像斯宾诺莎一样否认意志是自由的。霍布斯认为，意志不是自由的，而是被引起的；说一个人自由，意思只能是它已经作了最后的考虑。在霍布斯看来，整个世界都是原因和结果必然联系的锁链，原因有其结果，结果有其原因。任何一个事物都处于因果必然的链条之中。霍布斯据此批驳了自由意志主义。他指出，人们所作的任何抉择（"意志"）都是有原因的，都是人们权衡利弊得失的结果。因此，根本不存在任何超越因果必然性制约的所谓自由的意志。他说，从自由意志一词的用法中，我们也不能推论出意志、欲望和意向的自由，而只能推论出人的自由。"这种自由就是他在从事自己具有意志、欲望或意向想要做的事情上不受阻碍。"③霍布斯并不否认自由。在他看来，如果一个人欲行则行，欲止则止，他就是一个自由的人。自由就是没有外在的阻碍，不仅对人对物也适用。他说："自由一词就其本义说来，指的是没有阻碍的状况，我所谓的阻碍，指的是运动的外界障碍，对无理性与无生命的造物和对于有理性的造物同样可以适用。"④他甚至认为自由可以同必然并存。"自由与必然是相容的。比如水顺河道往下流，非但是有自由，而且也有必然性存在于其中。"⑤但是，按照他的观点，没有摆脱必然的自由，自由不过是按照必然性而无障碍的活动。一个人有行动的自由，却没有要想望就想望的自由，他不能有要想望的想望。说我要想望就想望就能想望，这是背理的。

洛克继承和发挥了霍布斯的观点，反对把自由归结为意志的属性，而把自由看成是与意志一样的一种能力。他认为，"人的意志是否自由"，"这个问题本身就是完全不恰当的"，"要问人的意志是否自由，就如要问他的睡眠是否迅速，他的德性是否方形似的，都是一样没意义的"⑥。"自由只是一种力量，只能属于主体，而不是意志的一种属性或变状，因为意志本身就是一种能力。"⑦什么是自由？在洛克看来："一个人如果有一种能力，可以按照自己心理的选择和指导，来思想或不思想，来

① ［荷］斯宾诺莎：《致舒勒》，《信札》58，转引自［法］茹罗蒂：《论自由》，江天冀、陈修斋译，生活·读书·新知三联书店1962年版，第128页。

② ［荷］斯宾诺莎：《伦理学》，贺麟译，商务印书馆1981年版，第206页。

③ ［英］霍布斯：《利维坦》，黎思复、黎廷弼译，杨昌裕校，商务印书馆1985年版，第163页。

④ ［英］霍布斯：《利维坦》，黎思复、黎廷弼译，杨昌裕校，商务印书馆1985年版，第162页。

⑤ ［英］霍布斯：《利维坦》，黎思复、黎廷弼译，杨昌裕校，商务印书馆1985年版，第163页。

⑥ ［英］洛克：《人类理解论》上册，关文运译，商务印书馆1959年版，第211页。

⑦ ［英］洛克：《人类理解论》上册，关文运译，商务印书馆1959年版，第211页。

运动或不运动，则他可以说是自由的。"①"而且只有具有动作能力或不具有动作能力的主体，可以说是自由的或不自由的，能力本身并无自由与否之可言。"②

爱尔维修也持这种观点，认为"人的自由就在于自由发挥他的能力"③。爱尔维修反对把自由应用于意志。他说："当人们把自由这个名词应用到意志上的时候，情形就不是这样的了。那时候自由是什么呢？我们只能把这个名词理解为能够自由地愿意或者不愿意做某件事……因此我们必定要同样地能够愿意做善事和恶事；这个假定是绝对不可能的。"④"因此我们对于应用在意志上的自由这个名词是不能形成任何观念的"⑤。这种自由表现在道德上，就是人可善可恶的自由。西季威克称这种自由为"中性的自由"。西季威克在他的《康德的自由意志概念》一文中认为，康德的自由概念包含有这种含义，并且由此指责康德在自由概念含义上表现出了思想混乱。我认为，这种看法是缺乏根据的。康德固然没有否认人的这样一种能力是自由，但他的自由概念并不包含这种含义。洛克和爱尔维修虽然承认作为主体的人有自由，但是他们并没有探讨自由存在的根源，没有探索自由和必然的关系，当然也没有把自由和必然统一起来。

斯宾诺莎的决定主义思想在休谟和霍尔巴赫那里发展到了极端，成为绝对的必然论。休谟认为，关于自由的学说，"不论在任何一个意义下都是荒谬和不可理解的。"⑥在他看来，自由学说根本的问题在于，它否认了行为的必然性，否定了行为的原则，而否认了行为的必然性，就破坏了道德的基础。他说："按照那个否认必然否认原因的学说讲来，一个人在犯了最可怕的罪恶之后，就同他刚出生的那一刹那一样纯洁无瑕，而且他的品格与他的行为完全没有关系，因为那些行为不是由他的品格来的，行为的恶劣并不能用以证明品格的好坏。"⑦因此，他得出结论说："只有根据必然原则，一个人才会由于他的行为而有功过，不论一般的意见怎样倾向于相反的说法。"⑧因此，必然学说才是有益于宗教和道德的。⑨

休谟认为，意志不是独立的，而是被决定的，决定意志的并不是理性，而是

①　[英] 洛克：《人类理解论》上册，关文运译，商务印书馆 1959 年版，第 208 页。

②　[英] 洛克：《人类理解论》上册，关文运译，商务印书馆 1959 年版，第 214 页。

③　[法] 爱尔维修：《论精神》，北京大学哲学系外国哲学史教研室编译：《十八世纪法国哲学》，商务印书馆 1963 年版，第 453 页。

④　[法] 爱尔维修：《论精神》，北京大学哲学系外国哲学史教研室编译：《十八世纪法国哲学》，商务印书馆 1963 年版，第 453 页。

⑤　[法] 爱尔维修：《论精神》，北京大学哲学系外国哲学史教研室编译：《十八世纪法国哲学》，商务印书馆 1963 年版，第 454 页。

⑥　[英] 休谟：《人性论》，关文运译，郑之骧校，商务印书馆 1980 年版，第 445 页。

⑦　[英] 休谟：《人类理解研究》，关文运译，商务印书馆 1982 年版，第 88 页，并参见休谟：《人性论》，关文运译，郑之骧校，商务印书馆 1980 年版，第 449 页。

⑧　[英] 休谟：《人性论》，关文运译，郑之骧校，商务印书馆 1980 年版，第 450 页。

⑨　参见 [英] 休谟：《人性论》，关文运译，郑之骧校，商务印书馆 1980 年版，第 447 页。

情感。理性单独决不能成为意志活动的动机。他说："理性，在严格的哲学意义下，只有在两个方式下能够影响我们的行为。一个方式是：它把成为某种情感的确当的对象的某种东西的存在告诉我们，因而刺激起那种情感来；另一个方式是：它发现出因果的联系，因而给我们提供了发挥某种情感的手段。"① 只有道德准则刺激情感，产生或制止行为，而"理性自身在这一点上是完全无力的"②。行为的功过、道德的善恶并不是理性的产物。"行为之所以有功，并非因为它们是符合于理性，行为之所以有过，也并非因为它们违反了理性。"理性不能"反对或赞美任何行为、直接阻止和引生那种行为"③。因此，理性也不能是道德上善恶的源泉。

自由意志主义者主张意志自由，是建立在意志是受理性控制的基础之上的，只有受理性控制的意志才有自由。休谟否认了理性对意志的决定作用，从而就从根本上否认了意志自由的可能性。所以，他认为，形而上学家们的一般错误就在于，他们只认为这些原则之一（即理性——引者注）可以指导意志，而假设另外一种原则（情感）没有任何影响。④ 不仅如此，休谟还否认了中性自由的存在。他说，人们试图把中性自由作为自由真正存在的论证，但是所有这些努力都是无效的。⑤ 不论我们所能完成的行为是怎样任意和不规则，但实际上我们永远都不能摆脱必然的束缚。我们可以想象感觉到自己心内有一种自由，但一个旁观者通常能够从我们的动机和性情推断我们的行为。即使在他推断不出来的时候，他也会一般地断言，假如他完全熟悉我们的处境和性情的各个环节，以及我们天性和心情的最秘密的动机，他就可以作出这样的推断。这样，休谟就彻底否认了自由的存在。在他那里，没有任何自由，只有必然，即行为——意志——情感——感性（苦乐）这样的因果链条。由此可见，否认自由的必然论在休谟那里得到了最详细和充分的发挥。这种彻底否认自由的理论是经验主义发展的必然结果。

霍尔巴赫则从强调绝对的必然从而达到彻底否认自由的可能性。他认为，自然中发生的一切运动都是绝对的，但不是任意的，而是有原因和规律的。一切事物都处于因果联系之中。一切原因必然有它的结果，一切结果必然有它的原因。由于一切事物及其运动都有其原因，因而它们都是必然的。他说："事物的一切运动，或者一切活动方式，既然都是出于某些原因的，而这些原因又只能依照它们的存在方式或根本特性而活动和运动，那么，我说，就应当由此推论出：一切现象都是必然的；自然界的每一件事物，都是处在某些境况之中，并且依照着一定的特性活动

① ［英］休谟：《人性论》，关文运译，郑之骧校，商务印书馆1980年版，第499页。
② ［英］休谟：《人性论》，关文运译，郑之骧校，商务印书馆1980年版，第497页。
③ ［英］休谟：《人性论》，关文运译，郑之骧校，商务印书馆1980年版，第498页。
④ 参见［英］休谟：《人性论》，关文运译，郑之骧校，商务印书馆1980年版，第456页。
⑤ 参见［英］休谟：《人性论》，关文运译，郑之骧校，商务印书馆1980年版，第446页。

的，决不能以任何别的方式来活动。①"自然的任何一部分都不能脱离一定的必然规律"②，即使就自由界的最高产物人类来说，无论其产生或进行活动，都不能超越于必然性之外。因为"人事实上是处在自然之中，作为自然的一部分的；他在自然中按照着他自己所固有的法则而活动，也以一种或明或暗的方式接受那些按照自己的本质所固有的法则对他起作用的事物的作用或冲击"③。他应用这种观点解释历史时，得出了历史宿命论："一个狂信者胆囊里过多的苦汁，一个征服者心脏里过热的血液，一个君主胃里的一种消化不良，一个女人心里出现的一种幻想，都是一些充分的原因，足以酿成战争，把千百万人送上屠场，夷城池为平地，化都邑为劫灰，使国家长期陷于悲惨境地，饥荒不断，瘟疫流行，地球上一连数百年荆棘遍野，民不聊生。"④正如恩格斯所指出的："按照这种观点，在自然界中占统治地位的，只是简单的直接的必然性。这一个豌豆荚中有五粒豌豆，而不是四粒或六粒；这条狗的尾巴是五英寸长，不长一丝一毫，也不短一丝一毫；这一朵苜蓿花今年已由蜜蜂授粉，而那一朵却没有，而且这一朵还是由这只特定的蜜蜂在这一特定的时间内授粉的；这一粒特定的被风吹来的蒲公英种子发了芽，而另一粒却没有；今早四点钟一只跳蚤咬了我一口，而不是三点钟或五点钟，而且是咬在右肩上，而不是咬在左腿上——这一切事实都是由一种不可更动的因果连锁、由一种坚定不移的必然性所引起的事实，而且产生太阳系的气团早就构造得使这些事情只能这样发生，而不能按另外的方式发生。"⑤这样，霍尔巴赫就由必然论走向了宿命论，通过完全否认自由的存在来解决自由和必然的关系问题。

从上面分析可见，从斯宾诺莎到休谟所坚持的是必然论的路线。这一派总的特点是过分强调必然，轻视或彻底否认自由，以致最后走向绝对的必然论。这就是康德所坚决反对的形而上学怀疑主义。

与上述观点对立的是笛卡儿和莱布尼茨关于自由和必然关系问题的理性主义的解决。他们继承了柏拉图和斯多亚的传统。笛卡儿也承认人有一种"无可无不可的自由"，认为自由就是"一种在两个相反的东西中进行抉择这一个或那一个的积极的能力，也就是追求或逃避，肯定或否定同一个东西的能力"⑥。但是，他把人的这

---

① ［法］霍尔巴赫：《自然体系》，北京大学哲学系外国哲学史教研室编译：《十八世纪法国哲学》，商务印书馆 1963 年版，第 594～595 页。

② ［法］霍尔巴赫：《自然体系》，北京大学哲学系外国哲学史教研室编译：《十八世纪法国哲学》，商务印书馆 1963 年版，第 601 页。

③ ［法］霍尔巴赫：《自然体系》，北京大学哲学系外国哲学史教研室编译：《十八世纪法国哲学》，商务印书馆 1963 年版，第 596 页。

④ ［法］霍尔巴赫：《自然体系》，北京大学哲学系外国哲学史教研室编译：《西方哲学原著选读》下卷，商务印书馆 1982 年版，第 225 页。

⑤ ［德］恩格斯：《自然辩证法》，《马克思恩格斯选集》第 3 卷，人民出版社 1972 年版，第 541～542 页。

⑥ ［法］笛卡儿：《给梅塞纳神甫的信》，［法］茹罗蒂：《论自由》，江天冀、陈修斋译，生活·读书·新知三联书店 1962 年版，第 121 页。

种自由看做是最低级的自由，他在给一位耶稣会神甫的信中说："无可无不可是最低级的自由。"他把这种无可无不可的自由从属于"善的决定主义"，认为自由无非是从善的必然性。在他看来，只有意志，即那唯一的自己的自由，经验到它是如此伟大，我们中再没有比它更伟大更广阔的东西的理念，因为主要是意志使我认识到我是带有上帝的形象和相似性的。笛卡儿是承认上帝存在的，那么，"在自由这个方面，他遇到了一个困难：人既是自由的，就可以去作并非神预先安排的事，——这就与神的全知全能发生冲突；但如果一切都是神安排的，那又取消了人的自由。"①这个矛盾如何解决？笛卡儿说："我们不能判明人类灵魂的自由与神的全知全能之间究竟是什么关系；但是我们在自我意识中却确定地见到自由是一件事实。而我们只能坚定确定的东西。"②笛卡儿从精神和肉体是两个不同的实体来论证必然性和自由的存在。他认为肉体是被动的，像机器一样，遵循恒常的规律；而精神则是一个独特的实体，有理解力和意志，意志是脱离身体状态而独立的，它是主动而自由的。

莱布尼茨继承了笛卡儿的自由思想。他承认存在一种事实上的自由，即做一个人想做的事。但是，他认为人们讨论意志自由时并不是指的这种自由。针对洛克把自由理解为做事的自由，他指出："当人们讨论意志自由或自由主宰问题时，他们所问的不是人是否能做他想做的，而是他的意志本身是否有足够的独立性。人们不是问他的四肢是否自由或是否有活动余地而无人掣肘，而是问他的心灵是否自由，以及这种心灵的自由是在于什么。"③他认为一个人的心智可以比另一个人的心智更自由，而最高的心智具有一种完全的自由，但这种自由是造物所不能具有的。在他看来，意志的自由可以从两种不同的意义来看：一种意义是当我们把它和心灵的不完善或心灵的受役使相对立时所说的，那是一种强制或束缚，但是内部的，如那种来自情感的强制或束缚那样；另一种意义是当我们把自由和必然相对立时所说的。④第一种意义的自由是只有上帝才完全具有的，而造物的心灵只有在他们超越情感的范围内才在一定程度上具有。如果一个人的心灵为巨大的感情所占据，那就毫无自由。他说，这种自由真正说来是相关于我们的理智的，是一种理智的自由；而与必然相对立的心灵的自由，才是相关于赤裸裸的意志的，作为与理智区别开的意志来说。这就是真正的意志自由。这种意志自由所指的是，"人们意欲理智呈现于意志之前的最强有力的理由或印象，也不阻止意志的活动成为偶然的，而不给它一种绝

---

① ［德］黑格尔：《哲学史讲演录》第四卷，贺麟、王太庆译，商务印书馆1978年版，第92页。

② ［法］笛卡儿：《哲学原理》，转引自［德］黑格尔：《哲学史讲演录》第四卷，贺麟、王太庆译，商务印书馆1978年版，第92页。

③ ［德］莱布尼茨：《人类理智新论》上册，陈修斋译，商务印书馆1982年版，第171页。

④ 参见［德］莱布尼茨：《人类理智新论》上册，陈修斋译，商务印书馆1982年版，第163页。

对的、和可以说是形而上学的必然性。"①他说，正是在这种意义下，虽然理智能够以占优势的知觉和理性来决定意志，但即使理智是确定无误的，它也只是使意志倾向于什么而不是必然地要使它怎样。②

在近代思想史上，以笛卡儿和莱布尼茨为代表的自由意志主义虽然肯定了自由意志的存在，并且赋予了了自由意志的含义，但是他们并没有论证自由意志存在的根据。他们以为"凭借一种从概念（哲学概念）出发的纯粹知识按照理性早已运用的原则、从不调查理性达到这种知识的方式和权利就能前进"③。在康德看来，这种理论不过是认为思辨理性"为了达到这些洞识就必须利用这样一些原理"，这偏偏是不可能成立的。④ 因此，这种理论实际上是形而上学的独断论，它在对纯粹理性进行批判之前就在形而上学的意义上得出意志自由结论。这种理论也是一切无信仰理性的根源。因此，在康德看来，近代思想家并没有解决古希腊就已经出现的自由和必然统一问题。

在康德看来，这个问题能不能解决，涉及"形而上学这种东西究竟是不是可能的"这一问题。康德认为，其他一切科学如数学、自然科学等等都在不断地发展，而偏偏自命为智慧的化身、人人都来求教的这门学问却老是原地踏步不前，一些不学无术的人在这个领域却大言不惭地做出决定性的评论，这是不近情理的。"因此，哲学最初也是最重要的事务就是通过堵塞错误的来源而一劳永逸地取消它的一切不利影响。"⑤要完成这个巨大任务，必须对纯粹理性进行批判。"唯有凭借批判，才能甚至连根铲除可能普遍有害的唯物论、宿命论、无神论、自由思想的无信念、狂信和迷信，最后还有更多地对学派有害而难以进入公众的唯心论和怀疑论。"⑥这种批判以反对独断论入手，但在反对独断论时，决不覆蹈形而上学的怀疑主义。

三、决定主义和自由意志主义的根本缺陷

在《纯粹理性批判》中，康德把意志自由论和必然主义归结为第三个二论背反，这就是："正论：按照自然规律的因果性，并不是世界的显象全都能够由之

---

① ［德］莱布尼茨：《人类理智新论》上册，陈修斋译，商务印书馆 1982 年版，第 163 页。

② 参见［德］莱布尼茨：《人类理智新论》上册，陈修斋译，商务印书馆 1982 年版，第 163 页；［德］莱布尼茨：《神义论》，朱雁冰译，生活·读书·新知三联书店 2007 年版，第 139～140 页。

③ ［德］康德：《纯粹理性批判》（第 2 版），李秋零主编：《康德著作全集》第 3 卷，中国人民大学出版社 2004 年版，第 21 页。

④ 参见［德］康德：《纯粹理性批判》（第 2 版），李秋零主编：《康德著作全集》第 3 卷，中国人民大学出版社 2004 年版，第 18 页。

⑤ ［德］康德：《纯粹理性批判》（第 2 版），李秋零主编：《康德著作全集》第 3 卷，中国人民大学出版社 2004 年版，第 18～19 页。

⑥ ［德］康德：《纯粹理性批判》（第 2 版），李秋零主编：《康德著作全集》第 3 卷，中国人民大学出版社 2004 年版，第 20 页。

派生出来的唯一因果性。为了解释这些显象，还有必要假定一种通过自由的因果性。""反论：没有任何自由，相反，世界上的一切都仅仅按照自然规律发生。"① 在《未来形而上学导论》中康德把第三个二论背反表述为："命题：世界上有凭借自由的原因。反命题：没有自由，相反一切都是自然。"② 在康德看来，决定主义的种种观点、思维方法是完全一致的，定理也是彻底统一的，即把一种经验主义原理不仅应用于说明世界中的现象，而且也应用于解决"关于世界自身（在其总体中）的先验理念"。相反，自由意志主义的主张，除了在现象系列运用经验的说明方法以外，还设想有一种直观的起始，在这种范围内，他们的心理是复杂的。但是，由于他们主要并且显著的特征是以"直观的起始"为前提，所以康德把这种主张称为纯粹理性的独断论。

康德对这两种主张都进行了批评。就自由和必然问题而言，康德对独断论即自由意志主义和决定主义各自的合理之处和局限进行了具体的分析。

第一，自由意志主义具有"某种实践的旨趣"③，从而有利于道德。自由意志主义肯定了"自我同时在一种任意的行动中是自由的和超越自然强制的，最后，构成世界的种种事物的整个秩序源自一个元始存在者，一切都从这个元始存在者获得其统一性和合目的的联结"④。也就是说，它肯定了自由的存在，也就肯定意志有选择行为的自由，因而人们就必须对自己的行为负责。在康德看来，只有承认人是自由的，人的意志具有做出选择的余地和可能性，才谈得上人的道德责任，才有所谓的道德可言。如果否认人的意志具有自由，那就不能要求人们对自己的行为负责，因为他的行为不是出于自由，而是被迫的。所以，康德强调，肯定具有自由的因果作用或意志自由是道德和宗教的基石。

而决定主义则剥夺了这种基石，它不利于道德实践，因为它否认意志自由，它使道德理念及其原理失去效力。"如果不存在一个与世界有别的元始存在者，如果世界没有开端，因而也没有创造者，我们的意志不是自由的，灵魂与物质具有同样的可分性和可朽性，那么，道德的理念和原理也就丧失了一切效力，与构成其理论支柱的先验理念一起作废了。"⑤

① ［德］康德：《纯粹理性批判》（第 2 版），李秋零主编：《康德著作全集》第 3 卷，中国人民大学出版社 2004 年版，第 300 页。
② ［德］康德：《未来形而上学导论》，李秋零主编：《康德著作全集》第 4 卷，中国人民大学出版社 2005 年版，第 343 页。
③ ［德］康德：《纯粹理性批判》（第 2 版），李秋零主编：《康德著作全集》第 3 卷，中国人民大学出版社 2004 年版，第 314 页。
④ ［德］康德：《纯粹理性批判》（第 2 版），李秋零主编：《康德著作全集》第 3 卷，中国人民大学出版社 2004 年版，第 314 页。
⑤ ［德］康德：《纯粹理性批判》（第 2 版），李秋零主编：《康德著作全集》第 3 卷，中国人民大学出版社 2004 年版，第 315 页。

第二，自由意志主义表现出理性的一种"思辨的旨趣"①，从而是有利于思辨的。自由意志主义者把自由作为一种先验理念，当他们在设定和使用这个理念时，就可以满足人的理性的那一种寻根究底的自然倾向。在康德看来，人的理性总是不满足于对有限的、有条件的感性经验对象的认识，而要不断追求认识无条件无限制的统一整体。而自由正是人们的理性追求绝对的宇宙总体时所产生的，因此承认自由理念的存在，也就是可以使人在自然事物的那种因果连锁关系中设定一种最初的起因，"人们就可以完全先天地把握种种条件的整个链环，并理解有条件的东西的由来。"②人们可以从不受条件限制的事物出发来设想整个宇宙，它可以用作规导原理以指引我们依据自然的规律在事物的联系中去寻找这种统一。

对于这一点，决定主义也是不利的，因为根据这种理论，一切事物都有一个作为其原因的其他事物在前，一般存在的条件又总是依据其他条件，绝不能有一个作为元始存在者的独立事物中获得无条件的支持和支柱，不能给出不使人无穷地继续追问的回答。但是，康德还是充分肯定经验主义对理性思辨的重大贡献，认为经验主义给理性的思辨提供了好处，这种好处很诱人，而且远远超过独断论在理性理念方面所能够许诺的好处。按照经验主义，理性能在自身所固有的根据之上，即在真正可能的经验领域内探讨经验法则。而且这种法则给知性提供的确定并且易于理解的知识，使知性无穷扩张。它绝对不容许把自然的某个时期看做是绝对的最初起始时期。在这里，一切事物都能在直观中表现，或至少在概念中表现，并没有必要脱离自然秩序的连锁去求助于理念。理念的对象是不可知的东西，它只不过是思维中的存在物。

康德对此十分赞赏，并列举了经验主义的三大重要意义：①经验主义者绝不允许把自然的某一个时期假定为绝对最初的时期，或者把他远眺自然范围的某一个界限视为最外面的界限，或者从它通过观察和数学能够分辨并有在直观中综合地予以规定的对象（有广延的东西）过渡到无论是感官还是想象力都绝对不能具体表现的对象（单纯的东西）。②经验主义者不允许人们甚至在自然中把一种不依赖于自然规律而起作用的力量（自由）作为基础，并由此减轻知性按照必然规则的导线探究种种显象的产生的任务。③经验主义者也不同意人们在自然之外寻找这方面的某个原因（元始存在者），因为我们所认识的唯有自然，唯有自然才能向我们展示对象并告诉我们它们的规律。③康德指出，经验主义哲学家在提出反论时并没有其他意

①　［德］康德：《纯粹理性批判》（第 2 版），李秋零主编：《康德著作全集》第 3 卷，中国人民大学出版社 2004 年版，第 315 页。

②　［德］康德：《纯粹理性批判》（第 2 版），李秋零主编：《康德著作全集》第 3 卷，中国人民大学出版社 2004 年版，第 315 页。

③　［德］康德：《纯粹理性批判》（第 2 版），李秋零主编：《康德著作全集》第 3 卷，中国人民大学出版社 2004 年版，第 316 页。

图，只是要打消理性的冒失和胆大妄为，如果他们满足于此，那么他们的原理"就会是在提出要求时有节制、在做出断言时谦逊、同时借助于真正配备给我们的导师亦即经验来尽可能地扩展知性的一条准则"①。不过，康德说，当经验主义者本身对于理念的态度成为独断的，即坚决否定在其直观的知识范围以外的一切事物时，它们本身就陷入了非分的错误，"这种错误在这里更应当受到责难，因为由此对理性的实践旨趣造成了一种无法弥补的损害"②。

对于上述两种对立观点各自的优点和缺点，康德作了一个总结：经验主义"虽然不利于实践的东西，却鼓励并促进了知识"；理性主义独断论"虽然为实践的东西提供了卓越的原则，但却正因如此而在一切只能给予我们一种思辨知识的事物里面，允许理性追忆对自然显象的观念性说明，而忽视对此的物理学探讨"。③

第三，意志自由主义还比较通俗，因而受到人们的欢迎。通常人们设想某种不受任何条件限制的绝对起始者是不会遇到任何困难的，如牛顿的"第一推动力"理论就为人们普遍接受。相反，如果设想受条件限制的东西可以不断上溯无已，人人往往不能满足。"通常的知性在一切综合的无条件开端的理念中没有发现丝毫的困难，因为它对下降到后果本来就比对上升到根据更为习惯，而且在绝对最初者（它并不苦思冥想绝对最初者的可能性）的概念中感到惬意，同时有一个固定的点，以便将自己的步伐的导线连接在它上面，与此相反，它在从有条件者向条件的永无止境的上升中，任何时候都有一只脚悬在空中，根本不能得到满意。"④

与独断论相反，经验主义完全不为大众所喜闻乐见。康德认为，通常人的理性对于独断论所主张的观点所知甚少或者绝无所知，但是人们能在理念的范围内滔滔不绝地谈论。由于没有任何人对理念自诩知道很多，所以就理念而言，可以听任人们畅所欲言。但是，当研究自然问题时，他们则寂然无语而自己承认无知。所以康德说："关于理念人们之所以最为健谈，正是因为人们对此一无所知；而关于自然的探究，它就不得不一言不发，承认自己的无知了。因此，惬意和虚荣已经是这些原理的强劲引荐了"⑤。除此之外，还有一点也是公众对两种观点有截然不同反应的原因。一般来说，哲学家很难接受某种东西为原理却不能因此而作出解释的概念。

① ［德］康德：《纯粹理性批判》（第 2 版），李秋零主编：《康德著作全集》第 3 卷，中国人民大学出版社 2004 年版，第 317 页。
② ［德］康德：《纯粹理性批判》（第 2 版），李秋零主编：《康德著作全集》第 3 卷，中国人民大学出版社 2004 年版，第 317 页。
③ ［德］康德：《纯粹理性批判》（第 2 版），李秋零主编：《康德著作全集》第 3 卷，中国人民大学出版社 2004 年版，第 318 页。
④ ［德］康德：《纯粹理性批判》（第 2 版），李秋零主编：《康德著作全集》第 3 卷，中国人民大学出版社 2004 年版，第 315 页。
⑤ ［德］康德：《纯粹理性批判》（第 2 版），李秋零主编：《康德著作全集》第 3 卷，中国人民大学出版社 2004 年版，第 318 页。

但对于"通常的知性"即常人来说，他会信心十足地从作为前提条件的某种东西开始，而把握这样一种前提条件本身的困难并不使他不安，因为他从未想过这个前提条件，甚至不知道什么叫做把握，他把对他来说司空见惯的东西视为已知的。如此，"一切思辨的旨趣在它那里都消失在实践的旨趣面前，它自负能够看出，并且知道忧虑和希望激励它去接受和相信的东西"①。相反，经验主义则完全没有这种受到人们欢迎的"先验的和观念化的理性"，它也不可能越过学派的界限而在日常事务中赢得威望，在大众那里赢得一些宠爱。康德认为，这就是独断论之所以受到人们欢迎的重要原因之一。

从康德对唯理论和经验主义的批判可以看出，康德接受了唯理论肯定自由的观点，但不同意它由肯定自由否认世界因果法则的统一性；同时康德又接受了经验主义坚持自然现象因果统一的观点，但更反对它否认自由的观点，因为这种观点没有给道德给自由留地盘。在康德看来，这两种哲学所讲的都超过了人们的知识范围，因为它们都或者肯定或者否定了关于宇宙的先验理念的对象。先验理念的对象是既不能肯定也不能否定，因而这两种观点必不可免地会陷入二论背反。在康德看来，导致这种二论背反的根本原因在于，人们用来认识宇宙的唯一工具知性概念不适合宇宙，先验理念对于任何一个知性概念来说都存在着要么过大要么过小的问题。康德指出："关于一个宇宙论理念，如果我事先就能够看出，无论它影响到显象的回溯性综合的无条件者的哪一边，它毕竟对于任何一个知性概念来说不是太大就是太小，我就会了解到，既然它毕竟仅仅与应当同一个可能的知性概念相符合的经验对象相关，所以它必定是完全空洞的和没有意义的，因为无论我怎样使对象迁就它，对象都不能符合它。而且对于所有的宇宙概念来说都确实如此，它们也正是因此而使理性只要赞同它们就陷入一种无法避免的二论背反。"②

关于自由与必然关系（第三个）二论背反的情形亦如此。如果假定世界上所发生的一切事情都只是自然规律的结果，那么因果性可以向更高远原因回溯，从而使向前的条件序列永无休止的延长，这样，自然对于在现界中起作用的任何知性概念来说就太大。然而，如果承认有由自身造成的事物，即出自自由的事物，那么从不可避免的自然规律来说，仍然有"为何如此"这样的问题被进一步追问，迫使我们依据经验的因果规律越出这种事物而追求其原因。这样，我们发现这种联系的总体（即由自由概念所联结的总体）对于我们所有必然的经验概念来说又太小。正是这种"过大"和"过小"导致了关于自由与必然关系问题的二论背反。

虽然康德对理性独断论和经验主义都持批评态度，但是，从根本上来说，康德

---

① ［德］康德：《纯粹理性批判》（第 2 版），李秋零主编：《康德著作全集》第 3 卷，中国人民大学出版社 2004 年版，第 318 页。

② ［德］康德：《纯粹理性批判》（第 2 版），李秋零主编：《康德著作全集》第 3 卷，中国人民大学出版社 2004 年版，第 325 ～ 326 页。

是一位理性主义思想家，他崇尚理性，注重道德。就理性本性而言，就道德实践的需要而言，康德是明显倾向唯理论的观点的，尽管他的矛头直接指向的是唯理论的独断论。他认为，人类的理性，就其本性而言，本来就像建筑一样。也就是说，理性把我们的一切知识都归结属于一种可能的体系中。他只承认这样一种原则，这就是：它绝对不会使我们所能获得的任何知识不能在这个体系中与其他知识相联系。但是经验主义主张的所有命题不过是"使知识的建筑物绝对不能完成"的一类命题。因为这种反面主张否认能作为理性建筑的第一或起始的任何事物，所以，在这种经验的假定之下，完成"知识的建筑物"是完全不可能的。所以康德说，"理性的建筑术旨趣（它不要求经验性的理性统一性，而是要求先天纯粹的理性统一性）就为正论的各种主张带来了一种自然的引荐。"①

但是，康德认为坚持这两种主张中的任何一种主张都不能解决自相矛盾。他说："如果一个人能够表示放弃一切旨趣，纯然按照理性的种种主张之根据的内容来考察它们，不问其结论如何，那么，这样一个人，假设他除了皈依冲突的两种学说的这一种或者另一种之外，不知道以别的方式走出困境，他就会处在一种不断摇摆的状态之中。他会在今天深信不疑地觉得人的意志是自由的；明天，当他考察不可分解的自然链条的时候，又会认为自由无非是自我欺骗，一切都仅仅是自然。但一旦付诸作为和行动，纯然思辨理性的这种游戏就会如一场梦的幻影一般消失，他就会纯然按照实践的旨趣来选择自己的原则。"②

虽然唯理论和经验主义都不能解决自然与自由的关系问题，但是"我们不能通过对我们理性的狭隘限制提出抱怨，并以一种谦卑的自知之明的外表承认澄清下述问题超出了我们的理性，来逃避对提出的理性问题做出一种至少是批判的解答的责任"③。相反，我们要找出问题的症结，从根本上解决自由与必然的关系问题，破解理性自身陷入"二论背反"的难题。在康德看来，要通过对人类的理性进行批判来解决这个问题。康德的整个哲学体系正是通过纯粹理性的批判来解决这个问题的。康德批判的结果是建立了先验唯心论，而正是这种"先验唯心论是解决宇宙论辩证法的钥匙"④。

① ［德］康德：《纯粹理性批判》（第2版），李秋零主编：《康德著作全集》第3卷，中国人民大学出版社2004年版，第319页。

② ［德］康德：《纯粹理性批判》（第2版），李秋零主编：《康德著作全集》第3卷，中国人民大学出版社2004年版，第319页。

③ ［德］康德：《纯粹理性批判》（第2版），李秋零主编：《康德著作全集》第3卷，中国人民大学出版社2004年版，第323页。

④ ［德］康德：《纯粹理性批判》（第2版），李秋零主编：《康德著作全集》第3卷，中国人民大学出版社2004年版，第328页。

第四章　康德对自由的可能性的论证

通过对自由意志论和必然论的批评考察，康德发现，解决自由与必然关系问题的关键点在于：自由究竟是否可能存在；如果它是可能的，那么它能否与普遍存在的自然必然（因果关系）法则并存而不矛盾。他说："我们在关于自然和自由的问题中已经遇到了困难，即自由是否在某个地方是可能的，而如果它是可能的，那它是否能够与因果性的自然规律的普遍性并存。"[①] 于是，康德就着手解决这个问题。应该指出，对于这个问题的系统的、最终完满的解决是康德整个批判哲学体系的任务。

为了解决这个问题，康德展开了对理性的全面批判研究，建立起了他的批判哲学。这里，我们首先分析康德的理论哲学对自由的可能性及自由存在与自然并存而不相矛盾的论证。康德的《纯粹理性批判》就是对这个问题的论证，而其直接的论述则在其中"先验辩证论"，以及"导论"的相应部分。这里以先验辩证论为主要依据来分析康德对自由的论证。

康德的论证过程我们可以大概地归结如下：康德在对三类先验理念（即灵魂、宇宙（包括自由）和上帝）进行批判性分析的同时，从提出关于宇宙理念中自由问题的二论背反，即第三个二论背反与第一、第二两个二论背反的不同性质入手，指出关于自由问题的二论背反是一种先验幻相，并进而以"先验观念论"（又译为"先验唯心论"）为根据说明自由是可能的，自由与自然可以并存而不矛盾，从而在既保住自由又保住自然的前提下，为解决自由和必然的关系问题奠定本体论基础。

一、对待三类理念的不同态度

要说明康德关于自由可能性论证的过程，必须从康德对待形而上学的三类理念的不同态度谈起。

康德写作《纯粹理性批判》的目的在于，通过对纯粹理性批判来限制知识，以便给信仰留地盘。康德自己在《纯粹理性批判》第二版序言中明确说："我不得不扬弃知识，以便为信念腾出地盘。"[②]（关于这一点，人们的看法并不是一致的，本书第五章将详细讨论这一点，这里姑且作此假定。）为了实现这个目的，康德把《纯

---

① ［德］康德：《纯粹理性批判》（第 2 版），《康德著作全集》第 3 卷，李秋零主编：中国人民大学出版社 2004 年版，第 355 页。

② ［德］康德：《纯粹理性批判》（第 2 版），李秋零主编：《康德著作全集》第 3 卷，中国人民大学出版社 2004 年版，第 18 页。

粹理性批判》划分为"先验原理论"和"先验方法论"两大部分。"先验原理论"又分为"先验感性论"（讲感性）、"先验分析论"（讲知性）、"先验辩证论"（讲理性）。在"先验感性论"中，康德研究了感性直观形式，其目的是证明空间和时间是认识的先天直观形式，它们调整物自身提供的多种多样的感觉，同时是数学原理的普遍性和必然性的条件，这部分所要解决的主要是认识对象问题，也就是说认识的对象是经过纯粹的感性直观形式整理物自身作用于人的感觉而形成的现象，而不是物自身。在这里，康德开始把人的认识的对象范围限制在现象。在"先验分析论"中，康德研究了知性先天形式，即知性范畴，证明科学知识是如何构成的，在这里康德进一步证明一切科学知识都是关于现象的知识，从而把科学知识限制在现象的范围。在"先验感性论"和"先验分析论"中，康德主要是从正面通过说明科学知识如何可能来限制知识的界限和范围，指出构成科学知识的条件。但在"先验辩证论"中，康德则主要是研究理性，说明旧形而上学独断论的灵魂不死、意志自由、上帝存在这些"先验幻相"是怎样产生的，其目的在于防止认识闯入本不是它所能达到的领域。康德批判哲学的根本目的，是要解决自由和必然可以并存而不矛盾。在前两部分康德解决了自然必然性如何可能的问题，而更主要的问题即自由何以可能的问题并没有得到解决。因此，康德在通过理性的考察揭露认识上的谬误如何产生的同时，说明了这些理念作为理性的自然意向是怎样可能的，特别是对三类观念的具体分析，阐明了他对待三类观念的不同态度。这样，他就为他论证自由是何以可能的这个问题在认识论上留下了一个缺口，为他解决自由和必然可以并存而不矛盾开辟了道路。

在"先验辩证论"中，康德首先分析了"先验幻相"及其产生的原因。康德认为，那种把主观思维中（通过把概念无限推移联结）追求的东西看作客观存在的东西，构成了虚假的对象，就是所谓"先验幻相"。这种先验幻相是不可避免的，正如天水相接的经验幻相是不可避免的一样。康德说："为了知性而对我们的概念进行某种联结的主观必然性被视为物自身的规定的客观必然性。这是一种根本不能避免的幻觉，如同我们不能避免海面在中央对我们显得比在岸边更高，因为我们是凭借比岸边更高的光线来看海中央的。"[①]在康德看来，人的理性有一种自然倾向，这就是它不满足于知性对有限的、有条件的感性经验对象的认识，而要不断地追求认识无条件的、无限制的统一整体，亦即所谓绝对总体。但这种无界限无限制的绝对总体，又是任何具体的感性经验所不能给予的。于是，理性便运用知性范畴和原理从有条件、有限制的感性经验出发，去推论和肯定一个无条件的、不受限制的绝对总体的存在对象。这便是知性超越感性对象（材料）的一种扩充，从而越出了人们

---

① ［德］康德：《纯粹理性批判》（第2版），李秋零主编：《康德著作全集》第3卷，中国人民大学出版社2004年版，第231页。

可能经验的范围，产生了先验幻相。先验幻相是知性本身超经验使用的结果。"我们上面所陈述的纯粹知性的原理只应当有经验的应用，而不应当有先验的应用，亦即超出经验界限的应用。但是，一个取消这些界限、甚至让人逾越这些界限的原理，就叫做超验的。"①

这里所谓的"理性"，是专指人心中具有的一种要求把握绝对的、无条件的知识，即超越现象界去把握物自身的先天认识能力。理性与感性无关，只与知性的活动和使用有关。理性的对象和内容不是感性经验，而是知性。康德说："知性可以是诸般显象凭借规则而有统一性的能力，而理性则是各知性规则在原则之下而有统一性的能力。因此，理性从不首先关涉经验或者关涉某个对象，而是关涉知性，为的是通过概念赋予杂多的知性知识以先天的统一性。"②理性的概念是理念，纯粹理性概念则是先验的理念。

康德以形式逻辑的推理（三种三段论式的推理，即直言推理、假言推理、选言推理）作了类比，提出先验理念有三种：灵魂、宇宙（其中主要是自由）、上帝。他说："一切先验理念就可以列入三类，其中第一类包含着思维主体的绝对统一，第二类包含着显象的条件序列的绝对统一，第三类包含着一切一般思维对象的条件的绝对统一。"③纯粹理性概念不直接与对象有关，只与知性关于对象所构成的概念有关。它是超越一切经验的，在经验中没有先验理念的对象。"因为纯粹理性径直地相关的，绝不是对象，而是对象的知性概念。"④理念"是超验的，并且超越了一切经验的界限，因而在该界限内永远不可能出现一个与先验理念相符合的对象"⑤。康德强调，理性概念虽然是超越经验的，在经验中没有它的对象，但是这种理念并不是多余的，它对于知性的扩大使用和一贯使用具有意义，尤其是理性概念可能会使自然概念转至实践概念。"即使我们对于先验的理性概念不得不说：它们只不过是些理念罢了，我们也毕竟绝不能把它们视为多余的和毫无意义的。因为尽管由此不能规定任何客体，但它们毕竟在根本上并且不为人觉察地能够对于知性来说充当其扩展的和一致的应用的法规，由此知性虽然没有比它按照概念可能认识的更多地认识一个对象，但毕竟在这种认识中得到了更好的和更进一步的指导。更不用说，

① ［德］康德：《纯粹理性批判》（第2版），李秋零主编：《康德著作全集》第3卷，中国人民大学出版社2004年版，第231页。

② ［德］康德：《纯粹理性批判》（第2版），李秋零主编：《康德著作全集》第3卷，中国人民大学出版社2004年版，第234页。

③ ［德］康德：《纯粹理性批判》（第2版），李秋零主编：《康德著作全集》第3卷，中国人民大学出版社2004年版，第253页。

④ ［德］康德：《纯粹理性批判》（第2版），李秋零主编：《康德著作全集》第3卷，中国人民大学出版社2004年版，第253页。

⑤ ［德］康德：《纯粹理性批判》（第2版），李秋零主编：《康德著作全集》第3卷，中国人民大学出版社2004年版，第249页。

它们也许能够使从自然概念到实践概念的一种过渡成为可能，并使道德理念本身以这样的方式获得支持和与理性的思辨知识的联系。"①

在《未来形而上学导论》中，康德说："先验的理念尽管无助于正面教导我们，却毕竟有助于取缔唯物主义、自然主义和宿命论的狂妄的、限制理性领域的主张，并且由此在思辨的领域之外给道德理念创造空间。"②这里康德特别强调"自由"理念对于道德的意义。他说："因为所有关于道德上有价值或者无价值的判断，仍然唯有凭借这一理念才是可能的；因此，它必然是向道德完善的任何接近的基础。"③理性理念的这种作用是经验所不可取代的，"因为就自然而言，经验为我们提供规则，是真理的源泉；但就道德法则而言，经验（令人遗憾地！）乃是幻相之母"④。所以，理性观念不仅对认识，尤其对道德具有重要意义。问题是不能把理性观念当成经验中的感性对象，根据知性范畴去认识和把握。莱布尼茨－沃尔夫"形而上学"的问题就发生在这里。他们认为，人们不用考虑经验，只要从一些抽象概念或范畴出发，遵循正确的推理规则进行推理，便能够对"灵魂"、"自由"和"上帝"做出绝对无误的规定。莱布尼茨－沃尔夫"形而上学"所研究的东西就是人的"理性"所追求的这三类"理念"。研究思维主体（灵魂）的是形而上学的理性心理学，研究一系列现象的总和（世界）的是形而上学的理性宇宙论，研究一切被思考东西的可能性的最高条件（一切存在的存在，即上帝）的是形而上学的理性神学。在康德看来，莱布尼茨－沃尔夫"形而上学"是人心中"理性"追求绝对的、无条件的知识的要求的理论表现。康德进而考察了形而上学的各门学科，力图指出每一门学科的迷误何在和如何发生迷误的。

关于灵魂问题，"形而上学"的理性心理学的基本观点是灵魂不灭，其主要论据是灵魂是一种独立的"实体"。康德认为，"实体"是一个"知性"范畴，只适用于规定时空中的感性对象。然而，"形而上学"所说的作为一切精神现象的主体的"灵魂"（或"纯我"）并不出现在时间中，因而不是现象的东西，而是"物自身"。既然如此，就不能用"实体"范畴去规定它，说灵魂是什么"实体"，更谈不上灵魂灭还是不灭。因此，形而上学的灵魂不灭观点在论证上是毫无根据的。康德虽然认为"灵魂"的存在是不可能证明的，对灵魂存在的一切证明都会出现逻辑错误，不过，既然灵魂的存在不可证明，那么就意味着证明它的不存在同样也是不可能

---

① ［德］康德：《纯粹理性批判》（第 2 版），李秋零主编：《康德著作全集》第 3 卷，中国人民大学出版社 2004 年版，第 249 ～ 250 页。

② ［德］康德：《未来形而上学导论》，李秋零主编：《康德著作全集》第 4 卷，中国人民大学出版社 2005 年版，第 369 页。

③ ［德］康德：《纯粹理性批判》（第 2 版），李秋零主编：《康德著作全集》第 3 卷，中国人民大学出版社 2004 年版，第 242 页。

④ ［德］康德：《纯粹理性批判》（第 2 版），李秋零主编：《康德著作全集》第 3 卷，中国人民大学出版社 2004 年版，第 244 页。

的。康德一再表白，灵魂不灭这个论点虽然在论证上是荒谬的，但在实践领域即在道德生活中还可以作为道德假设存在。

康德认为，人的纯粹理性要求我们给一个事物的每一个属性寻找它的主体，但这个主体本身必然仅仅是一种属性，然后再寻找它的主体，这样以至进行到无穷。但这样一来，其结果我们所能达到的任何东西都必然不应该被看做最终的主体，于是理性就设想我们自己的意识（能思的主体）似乎是这样一种最终主体，这样就产生了灵魂（自我）的理念。本来自我作为实体性的主体仅仅是理性的一种设想，如果"从我们的能思的存在体的实在性的东西这一假想的认识中，推论出这个实体性的东西的性质，这样一来，对于是个实体性的东西的认识就完全落在经验总和之外去了"①，形而上学的心理学问题就发生在这里。他们把理性所设想的灵魂（自我）作为最终主体的理念，当成了一个对象和绝对主体本身，这样，就导致了谬误的发生。康德指出："即使这个能思维的自我（灵魂），作为思维的本身不能再被表现为另一事物的谓词的最终主体，就叫做实体，如果不能证明它具有持久性，作为使得实体概念在经验中能产生结果的东西，那么，这个概念也依然是完全空洞的，没有任何结果的。"②

关于"上帝"问题，康德驳斥了"形而上学"理性神学关于上帝存在的本体论证明、宇宙论证明，以及自然神学的证明。本体论证明最初是安瑟尔谟提出的，它是说：上帝是那绝对完满的概念，绝对完满的东西必然包含存在性，否则就不是绝对完满的。所以，上帝是存在。康德批驳说，"存在"这个知性范畴也只适用于规定"现象世界"中的事物，不能用它去规定根本不出现于时空中的"上帝"。一个事物的存在和一个事物的概念是不同的两回事，不能从某个事物的概念中推出某个事物的存在，正像不能从一个人的头脑中有一百个塔勒（德国古银币）的概念就推断他的口袋中实际存在一百个塔勒。"因此，就从概念出发对一个最高存在者的如此著名的本体论证明（笛卡儿学派的证明）而言，一切气力和劳作都白费了，而一个人不能从纯然的理念出发使洞识变得更加丰富，恰如一个商人不能为了改善自己的状况就想给自己的库存现金账添上几个零来使财产增多一样。"③关于上帝的其他证明都是以本体论证明为依据的，本体论的证明一经驳倒，其他的证明也就不攻自破。同"灵魂"问题一样，康德要证明的不是上帝不存在，而只想证明上帝存在是不可能的，当然证明上帝不存在也是不可能的，因为证明关于上帝的存在问题越出了可能经验的范围。在康德看来，我们不可能有关于上帝存在的科学知识，但上

---

① ［德］康德：《未来形而上学导论》，庞景仁译，商务印书馆 1978 年版，第 114 页。

② ［德］康德：《未来形而上学导论》，李秋零主编：《康德著作全集》第 4 卷，中国人民大学出版社 2005 年版，第 338 ～ 339 页。

③ ［德］康德：《纯粹理性批判》（第 2 版），李秋零主编：《康德著作全集》第 3 卷，中国人民大学出版社 2004 年版，第 394 页。

帝也可以作为道德的假设而存在。他说："最高的存在者对于理性纯然思辨的应用来说依然是一个纯然的、但毕竟完美无缺的理想，是一个完成全部人类知识并使其达到顶峰的概念，它的客观实在性沿着这条道路虽然不能得到证明，但也不能被反驳；而且如果应当有一种能够弥补这种缺陷的道德神学的话，那么在这种情况下，此前尚成问题的先验神学就通过对它的概念的规定和对一种足够经常地被感性蒙骗、并且并不总是与其自己的理念一致的理性的不断的监察，而证明了它自己的不可或缺性。"①

关于世界问题，这是"先验辩证论"中最复杂的问题，这里不仅突出地反映了理性主义和经验主义的对立，而且直接涉及康德所要解决的自然与必然的关系问题。康德对这个问题论述的篇幅相当于论述前两个问题的篇幅。在这里，康德指出了 18 世纪的机械唯物主义（经验主义）同理性主义形而上学的理性宇宙论的对立。凡是理性宇宙论用"知性"范畴对"世界"所作的看起来十分有力的论证和规定，都遵循了来自机械唯物主义看起来也同样十分有力的反驳。这两种截然对立的观点都能自圆其说，谁都驳不倒谁。康德认为，理性宇宙论同机械唯物主义的对立，实际上反映了人的"理性"一旦运用"知性"范畴去规定"世界"，便会陷入不可解决的矛盾（二论背反）之中。康德找出了四组二论背反：

（1）正题：世界在时间和空间上是有限的。

反题：世界在时间和空间上是无限的。

（2）正题：世界上的一切都是由单纯的不可分的部分构成的。

反题：世界上的一切都是由组合的可分的部分构成的。

（3）正题：世界上存在着绝对的自由。

反题：世界上的一切都受因果必然性的制约，没有自由。

（4）正题：世界上存在着一个绝对必然存在者。

反题：世界上不存在一个绝对必然存在者。

这里列举的"正题"的观点代表了"形而上学"理性宇宙论的观点，"反题"的观点大体反映了机械唯物主义的观点。本来，按照康德的先验哲学，很容易指出产生这种二论背反的原因，证明统一和完整的世界这个概念不可能是经验的对象。但是，这里涉及自由和必然的关系问题，而康德不仅想保住自由，同时也想从理论上论证自由的可能性。因此，康德采取了与前两个问题不同的解决方法。解决了宇宙论理念的矛盾即理性的二论背反，实际上就解决了自由与必然的矛盾。康德的全部批判哲学正是以解决这个问题为目的，他对理性进行批判的目的也是为解决这个问题。因此，这个问题是康德纯粹理性批判的根本问题，也是康德所要解决的所有

---

① ［德］康德：《纯粹理性批判》（第 2 版），李秋零主编：《康德著作全集》第 3 卷，中国人民大学出版社 2004 年版，第 417～418 页。

思辨理性问题的焦点。

二、第三组二论背反的特殊性

对于四组二论背反，康德用反证法（即证明承认相反的命题就会产生荒谬的结论，因而正命题是正确的）来证明它们的正题和反题都能成立，从而使认识陷入矛盾。但是，康德认为，第三第四两组二论背反与第一、第二两组二论背反的性质是不同的。他把第一、第二两组二论背反看作一类，把第三、第四两组二论背反看作一类。他称前一类二论背反为"数学的相互冲突"，而称后一类二论背反为"力学的相互冲突"。他认为，第一类二论背反中的正题和反题都是错误的，都是把本来是自相矛盾的东西表现为可以相容的东西；相反，第二类二论背反的正题和反题都可以是正确的，它的错误则在于把本来可以相容的东西表现为矛盾的东西。

第一组二论背反的证明是这样的：就正题而言，说世界在时间上是有限的，可以说得通。因为可以用反证或归谬法去证明，即如果承认世界在时间上是无限的，那就等于达到了一定的时间，比如说，达到目前为止，一段无限的时间已经过去，但实际上又已经完成了或结束了。而一段实际上已经完成或结束了的时间只能是有限的，而不是无限的，即不是无始无终的，故时间绝不是无限的，而是有限的。同样，世界在空间上是有限的，也可以用归谬法来证明。因为假设在空间上是无限的，那么也就等于说，需要无限的时间方能遍历其境，但是上面已经证明了无限的时间是不可能的，故以无限的时间为前提的无限空间也是不可能的，故空间绝不是无限的，而是有限的。就反题而言，世界在时间上是无限的也能成立。因为假设世界在时间上是有限的，那就是说世界有一开端，在此以前世界还不存在，这也就是说在开端之前，时间是空的，但是说空的时间中世界开端了，这也就等于说世界是从无中产生出来的，这是不可能的，故世界在时间上不是有限的，而是无限的。同样，也可以证明世界在空间上是无限的。因为假设空间是有限的，那就等于说世界为空的空间所限制，也就是"有"为"无"所限制，但这是不可设想的，是说不通的，因此空间不是有限的而是无限的。

第二组二论背反的正题说世界上的一切复合体都是由单一的不可分的原子所构成的。其证明是，假设复合体不是由单一的东西所构成，那么复合体也就不成其为复合体了。这一组二论背反的反题是世界上没有单一的不可分割的东西，一切都是可分至无限的复合体。其证明是，假如复合体是由单一的不可分割的东西所构成，这也就是说空间是由不可分部分构成的，但是空间不是由单一的东西构成的，因为空间可以至为无限，故世界上占据空间的复合体也可分至无限。

对于上述两组二论背反，康德认为，它们是把同质的东西加到一起或区别开来，因而是一种数学的二论背反。由于这两个二论背反建立在一种自相矛盾的概念上，所以它们的正题和反题都是错误的。康德指出，这里涉及的是时间里或空间里的对象，并不是指物自身而言的。关于物自身，它根本不是认识的对象，时空根本不适于它，从而根本不存在什么有限或无限的问题，也不存在单一或非单一（即有限可分还是无限可分）的问题，说物自身有限可分或无限可分都是错误的。但是，就现象而言，首先，这两个二论背反都把现象的东西当作是自在的东西。对现象的认识离不开我们主观的直观形式，它们作为现象系列只能存在于经验的不断追溯上，它们既依存于人的经验认识，因而就不能说它们是在我们思维之外自在地存在于空间和时间里；也不能说它们本身在一切经验之先由无限多的部分组成或是由有限数目的单一部分组成。如果那样说就自相矛盾了。"因为空间和时间连同在它们里面的显象不是什么就自身而言并且在我的表象之外实存的东西，而仅仅是表象方式，而说一个纯然的表象方式也在我们的表象之外实存，这显然是自相矛盾的。"[①]在康德看来，感官的对象只能存在于经验之中，如果把脱离经验或先于经验而本身自存的存在性加给感官的对象，这就等于把经验想象成实际上脱离经验或先于经验而存在的。因而说自在的世界在时间或空间上有限或无限和说世界上的一切是单一的或复合的，本身就是自相矛盾的。其次，问世界在空间和时间上有多大，它们是不是无限可分的，也是自相矛盾的。因为说时间、空间是有限的，物质不是无限可分，这不符合经验认识，因为经验认识还可以继续扩展延伸；说时间、空间是无限的，物质无限可分，也不符合经验认识，因为经验并未也永远不能告诉我们这一点。所以，第一、二两类二论背反的正反题都是自相矛盾的，对经验都是没有意义的。

但是，与第一类二论背反（即数学的二论背反）不同，第二类二论背反是一种力学的二论背反。这类二论背反的错误在于把可以相容的东西表现成为矛盾的东西，仅仅是由于误解，才把两种论断看做是彼此矛盾的。事实上，它们的正反题都可以是正确的。康德说："在第一类二论背反（数学类的二论背反）中，前提条件的错误在于：自相矛盾的东西（亦即作为事物自身的显象）被表现为可以统一在一个概念中。但就第二类，亦即力学类的二论背反来说，前提条件的错误在于：可以统一的东西被表现为自相矛盾的。于是，在第一种场合两种彼此对立的主张都是错误的，而在这里，两种由于纯然的误解而彼此对立的主张又都可能是正确的。"[②]康德认为，数学的联结是一种量的联结，这种联结必须以被联结的东西同质为前提。然而，力学的联结却完全不要求这种前提。在对待有广延的东西的大小时，各个部

① ［德］康德：《未来形而上学导论》，李秋零主编：《康德著作全集》第4卷，中国人民大学出版社2005年版，第346页。

② ［德］康德：《未来形而上学导论》，李秋零主编：《康德著作全集》第4卷，中国人民大学出版社2005年版，第347页。

分彼此之间以及部分和整体之间都必须是同质的。相反,在原因和结果的联结上,同质的情况当然是存在的,但是,这并不是必要的条件,因为因果之间并不要求以同质为基础,不同质的东西之间也可以发生因果必然联系。这样,康德就在理论上肯定了自由和必然。自由和必然这两种不同质的东西可以同时存在,并且可以相互发生联系。

第三组二论背反的正题是假设世界上有自由,也就是说,有一个超乎因果以外的自由因。其证明过程是:①根据被否定的假定,"一切发生的事物先须有它所依据规则必然随之而出现的先在状态。"这只是因果原则的重申。②既然这个原则可以运用到一切状态,那么它必定也能运用于"每种状态的原因的因果作用"。换言之,每一种原因必定被解释为发生在时间中的事物,这种事物本身需要有它自己的原因。③那么,根据这个假定,绝不会有最初的或绝对的开始,这就意味着在条件系列中不会有完满性。④但如果这样,那就不会有任何原因或根据对于规定整体是充足的,也就是说,不会有任何关于表象的总体的充分的解释。然而,这是和充足理由原则相矛盾的。⑤其结果,除了根据自然法则的因果作用,或者机械因果作用外,至少就作为第一原因而言,假定"通过自由的因果作用"或先验自由也是必然的。

这一组二论背反的反题说,世界上根本无所谓自由,一切事情都按照自然的因果律发生作用。粗略地说来,它的证明过程如下:①让我们假定存在先验意义上的自由,就是说,存在"一种绝对地开始一种状态的能力,因而也就是绝对地开始那种状态的一系列结果的能力"。②由此推论,一系列发生的事物最初或绝对开始在这种自发原因中,但是这种自发的原因本身必定有一个绝对的开始,就是说,"在发生时,将没有根据一定的法则以规定这种活动的先前状态",当然,这正是从那种先验自由的定义推论出来的。③但问题是,我们从"分析论"中已经知道,"一切活动的开始都以一种还未活动的原因的状态为先决条件"。这里,第一个类推的"所有的变化都是变更"发生着作用。然而,这个观点却说,在一个绝对开始的情形中,我们有一种不能和行动的主体的先前条件相联系的行动。④然而,这就违反了经验统一的条件,使经验的一切统一成为不可能。⑤其结果,不会有任何先验的自由,也就是说,没有任何自发的行动,所有的因果作用都是根据自然法则的。

康德认为,从理性的建筑的实际利益看,就足以作为正面主张中"主张的推荐书"。① 但是,坚持这两种主张中的哪一种主张都不能解决自相矛盾。他说:"如果一个人能够表示放弃一切旨趣,纯然按照理性的种种主张之根据的内容来考察它

---

① 参见［德］康德:《纯粹理性批判》(第2版),李秋零主编:《康德著作全集》第3卷,中国人民大学出版社2004年版,第318~358页。

们，不问其结论如何，那么，这样一个人，假设他除了皈依冲突的两种学说的这一种或者另一种之外，不知道以别的方式走出困境，他就会处在一种不断摇摆的状态之中。他会在今天深信不疑地觉得人的意志是自由的；明天，当他考察不可分解的自然链条的时候，又会认为自由无非是自我欺骗，一切都仅仅是自然。但一旦付诸作为和行动，纯然思辨理性的这种游戏就会如一场梦的幻境一般消失，他就会纯然按照实践的旨趣来选择自己的原则。"[①]康德不仅是哲学家，而且首先是自然科学家，他熟悉当时的各种自然科学，对于自然科学及其所揭示的因果关系、必然性是坚信无疑的。对于自然科学，他认为不存在是否可能的问题（因为它们的存在是毋庸置疑的）。现在的问题是，自由是否可能，如果可能，它与必然的关系又是怎样的。康德明确提出："我们在关于自然和自由的问题中已经遇到了困难，即自由是否在某个地方是可能的，而如果它是可能的，那它是否能够与因果性的自然规律的普遍性共存。"[②]自由是否可能呢？假如自由是可能的，那么自由能否与必然并存不悖呢？理性主义和经验主义都不能解决自然与必然关系问题，但是理性对于自身所提出的问题至少应有一种批判的解决的责任，于是，他致力于研究解决这一问题。

康德认为，第三组二论背反的正反题和第四组二论背反的正反题一样，都可以是正确的。就正题而言，它假定世界上有出于自由的原因，可以看做是断定在物自身中存在着自由的原因，这种原因可以开始现象的因果系列。虽然物自身和现象是不同质的东西，但因果性概念并不必然要求同质性。因此，正题主张依据自然法则的因果作用并非世界的一切现象都来自唯一的因果作用，必须假定还有一种自由的因果作用，是可以成立的。就反面主张而言，它主张不存在自由，世界中的一切事物仅仅依据自然法则而发生，也可以是正确的。因为，就现象界而言，任何结果都是一个事件，都是发生在时间里的一种东西；按照普遍的自然法则，原因的因果规定性一定先于结果而存在，并使结果按照一种不变法则随之发生。因此，现象都处于严格因果链锁之中，不存在自发开始事件的最初起始原因，即不存在没有原因的原因。其核心是通过说明第三种二论背反纯粹是一种幻相而说明自由和必然可以相容，也即康德所说的："我们唯一能够提供的、而且我们也唯一关切的东西是：这种二论背反所依据的是一种纯然的假象，自然与出自自由的因果性至少并不冲突。"[③]正反题是可以相容的，因为如果假设自由因是存在于不受因果自然法则限制的物本身即物自身领域，那么，它的存在就不和存在于现象界的自然因果法则相

①　［德］康德：《纯粹理性批判》（第 2 版），李秋零主编：《康德著作全集》第 3 卷，中国人民大学出版社 2004 年版，第 319 页。

②　［德］康德：《纯粹理性批判》（第 2 版），李秋零主编：《康德著作全集》第 3 卷，中国人民大学出版社 2004 年版，第 355 页。

③　［德］康德：《纯粹理性批判》（第 2 版），李秋零主编：《康德著作全集》第 3 卷，中国人民大学出版社 2004 年版，第 368 页。

矛盾，现象界仍然处于因果必然的统一性之中。这样，肯定物自身中存在自由（正题）和肯定现象界的一切事物都遵循自然因果法则并不发生矛盾。

那么，为什么会发生把本来可以相容的东西看做是表现为矛盾的东西呢？康德说："如果感官世界的对象被当做物自身，上述自然规律被当做物自身的规律，那么，矛盾就会是不可避免的。同样，如果自由的主体与其他对象一样被表现为纯然的显象，也一样不能避免矛盾。因为这同一个自由的主体就会关于同一个对象，在同一种意义上，同时既被肯定又被否定。"① 在康德看来，如果把现象当作物自身，把因果关系法则当作物自身的法则，就会产生矛盾。因为现象界完全是受因果法则制约的，如果把现象看作就是物自身，那么因果法则也就是物自身的法则。这样，就不会再有一种适用于物自身的自由因果性。但是，如果这时你又承认在现象界因果系列中有一个绝对起始的自由原因，就会产生自我矛盾。所以康德说："既然只要人们还把感官世界的对象当做事物自身，而不是当做事实上所是的东西，亦即当做纯然的显象，就不可能摆脱理性与其自身的这种冲突。"② 由此，康德认为，如果把现象看做是物自身，不仅必然会产生二论背反，而且如果要坚持自然的因果必然，就必定会否认自由的存在。

康德十分强调这一点，如在《纯粹理性批判》中多次讲到。他说："因为如果显象是物自身，那么，自由就不可挽救。"又说："在此我只想说明，既然一切显象在自然的一个关联中无一例外的联系是一个绝对不变更的规律，如果人们要顽固地坚持显象的实在性，那么，这条规律就必然不可避免地毁灭一切自由。"③ 后来，在《实践理性批判》中，康德又详细地发挥了这个观点。他说："如今，如果人们把事物在时间中的实存的规定当作物自身的规定（这是最常见的表象方式），那么，因果关系中的必然性就不能以任何方式与自由一致；相反相互矛盾对立。因为从前者得出的是：任何一个事件，因而任何在一个时间点上发生的行动，都必然以在此前时间里发生过的事情为条件。既然过去了的时间不再受我控制，所以，我所采取的任何行动都由于不受我控制的规定根据而是必然的，也就是说，我在我行动的那个时间点上绝不是自由的。……因此，如果想赋予一个其存在在时间中被规定的存在者以自由，那么，人们在这方面至少不能把他当做他的实存中的一切事件，因而还有他的行动的自然必然性法则的例外。"④

① ［德］康德：《未来形而上学导论》，李秋零主编：《康德著作全集》第 4 卷，中国人民大学出版社 2005 年版，第 348 页。

② ［德］康德：《未来形而上学导论》，李秋零主编：《康德著作全集》第 4 卷，中国人民大学出版社 2005 年版，第 352 页。

③ ［德］康德：《纯粹理性批判》（第 2 版），李秋零主编：《康德著作全集》第 3 卷，中国人民大学出版社 2004 年版，第 355 ～ 356 页。

④ ［德］康德：《实践理性批判》，李秋零主编：《康德著作全集》第 5 卷，中国人民大学出版社 2007 年版，第 101 页。

另一方面，如果把自由的主体或物自身也看作像其他感性世界的对象一样仅仅是现象，那么同样也会产生矛盾。因为，自由的主体或物自身具有自由的因果作用，如果把它们看做是感性世界的对象或现象，那么就意味着它既是被决定，即作为一种有原因的原因，又是自由因，即是作为一种无原因的原因。这样显然也是自相矛盾的。

那么，如何解决这个二论背反呢？康德指出："如果自然必然性仅仅与显象相关，而自由仅仅与物自身相关，那么，当人们同时假定或者承认两种因果性时，就不产生任何矛盾，尽管让后一种因果性变得可以理解，是如此困难或者不可能。"①这就是说，把自由和必然分开，把必然看做是作为现象的自然界的必然，而把自由看做是物自身的自由。这样，同时承认必然和自由就不会产生矛盾。这实际上就是康德解决自由与必然矛盾的基本观点。在康德看来，只要把世界划分为作为现象的自然界和作为本身的物自身，而把必然看做是存在现象自然界的因果性，那么就既肯定了必然，又保住了自由，而且两者可以并存而不发生矛盾。很明显，康德是通过把世界划分为现象和物自身这两个方面来解决必然和自由的问题，以此来调和西方思想史上长期争论不休的意志自由主义和必然主义之间的矛盾。

三、解决自由与必然矛盾的关键

把世界划分为现象和物自身的学说，也就是康德所谓的先验观念论（先验唯心论）。康德说："我们在先验感性论中已经充分地证明：在空间或者时间中被直观到的一切，从而对我们来说可能的经验的一切对象，都无非是显象，也就是说，是纯然的表象，它们就被表象而言作为有广延的存在者或者变化的序列，在我们的思想之外没有任何自身有根据的实存。我把这种学说称为先验唯心论。"②康德认为，"先验唯心论是解决宇宙论辩证法的钥匙。"③作为宇宙论的辩证论之一的自由与必然问题，只有通过先验论的观念论来解决。

在康德看来，这种"先验观念论"是与"先验实在论"根本不同的。先验实在论不是把以时空作为先验直观形式的感性事物看作纯粹表象或现象，而是把它看作独立自存的事物，即把纯粹的表象看做是物自身。与此相反，先验观念论把时空视为先验的直观形式，把在这种形式中所直观的一切事物，以及由这种直观先天形式

---

① ［德］康德：《未来形而上学导论》，李秋零主编：《康德著作全集》第4卷，中国人民大学出版社2005年版，第348页。

② ［德］康德：《纯粹理性批判》（第2版），李秋零主编：《康德著作全集》第3卷，中国人民大学出版社2004年版，第328页。

③ ［德］康德：《纯粹理性批判》（第2版），《康德著作全集》第3卷，李秋零主编：中国人民大学出版社2004年版，第328页。

安排和整理的外界感性材料所成为的时间上同时或相继、空间上并列或间隔等等有条理的客观对象，都视为现象，它们都不会在我们的心外存在。这种现象纯粹是表象，它们是知觉所提供的，它们仅仅在知觉中才是实在的，这种知觉只是经验的表象（即现象）的实在物而已。所以，康德说："在空间和时间中的东西（显象）不是就其自身而言的某种东西，而是纯然的表象，表象如果不是在我们里面（在知觉中）被给予，在任何地方都是遇不到的。"①

在康德看来，时空的现象构成了我们的认识对象或感官对象。因此，感官对象决不像先验实在论所说的那样，是独立自存的事物，而是这些物自身给我们提供的表象。"就感官的对象而言，如下原理是肯定的：我们的感性表象绝不是自身的表象，而只是物向我们显示的方式的表象。"②康德承认："有事物作为存在于我们之外的我们感官的对象被给予我们，但关于它们就自身而言可能是什么，我们却一无所知，我们只认识它们的显象，也就是它们在刺激我们的感官时在我们里面所造成的表象。据此，我当然承认，在我们之外有物体存在，也就是说，有这样一些事物存在，虽然根据这些事物就自身而言所可能是的样子，它们完全不为我们所知，但我们通过它们对我们的感性的影响给我们所造成的表象来认识它们，而且我们把它们称为物体。因此，这个词所指的仅仅是那个对我们来说未知的、尽管如此仍现实的对象的显象。"③因此，康德宣称，他不同于唯心主义，因为他承认事物的客观存在，他反对别人把他的哲学称为唯心主义。另一方面，他又和经验主义划清了界限，因为他认为人们不能认识那种独立自存的事物，而只能认识这些物自身作用于我们的表象（或现象）。这样，康德就把不可知的物自身与经验可以认识的现象界划分开来了。康德正是以世界划分为物自身和现象界的先验观念为基础来论述他对自由与必然问题的观点的。

康德认为，在现象中，任何结果都是一个事件，或发生在时间里的一种东西。这种结果必有一种原因。这种原因自身并不能永存，而必定为所发生者，并且在现象中必有规定这种原因的活动的原因，这种原因必同自己的结果一样，是一个事件，而这个事件又必定有其原因，如此类推。由此可见，自然界一切发生的事物都有其原因，这是自然的法则。正是由于这种法则，现象才能构成自然而成为经验的对象。康德认为，法则是知性的法则，绝对不容许违反这种法则，并且任何现象都不能脱离这种法则。如果容许脱离这种法则的现象，那么就会使这一现象置于一切

---

① ［德］康德：《纯粹理性批判》（第 2 版），李秋零主编：《康德著作全集》第 3 卷，中国人民大学出版社 2004 年版，第 330 页。

② ［德］康德：《未来形而上学导论》，李秋零主编：《康德著作全集》第 4 卷，中国人民大学出版社 2005 年版，第 288 ～ 289 页。

③ ［德］康德：《未来形而上学导论》，李秋零主编：《康德著作全集》第 4 卷，中国人民大学出版社 2005 年版，第 291 页。

可能的经验之外，而与一切可能的经验对象不同，因而使这一现象成为纯粹的思维中的事物，即纯粹头脑中的幻影。而且，这种原因连锁在追溯其条件时，不容许有绝对的总体。因为容许有绝对总体的先验实在论会否认自然法则的存在。所以康德说，"在显象中的种种原因中间，肯定不可能有任何东西能够绝对地并且自行地开始一个序列。"① 所有发生的现象纯粹是系列的继续，而绝无从自身创始的事物。所以在时间继续中，自然原因的所有活动，其自身即为结果，此类结果皆以时间系列中先于自身原因为前提。本原的活动即能由其自身发生以前不存在的东西，则不应在因果的联系的现象中去寻求。

既然"关于感官世界的所有事件按照不可变更的自然法则无一例外地相互连续的原理，其正确性已经作为一个先验分析论的原理得以确定，不容许人任何损害"，那么问题就仅仅是："尽管如此，就同一个按照自然被规定的结果而言，是自由也能够成立，还是自由被那个不容侵犯的规则所排斥。"② 康德赞成后者反对前者。他认为，绝对不能调和自然与自由的看法是随从流俗之见，肯定自然的不可侵犯规律并不会完全否认自由。但是，自由这种"使此前并不存在的某种东西得以发生的源始的行动，是不能期待显象的因果联结来提供的"③。他认为，如果自由必须是现象的某些原因的一种性质，那么，对现象（即事件）来说，自由就一定是自发地（用不着任何别的理由来规定地）把现象开始起来的一种能力。不过，这样一来，原因，就其因果性来说，它的状态就一定不受时间规定性的支配，也就是说，一定绝不是现象，它一定被看做是物自身，而只有其结果才被看作现象。由于感性世界里原因和结果之间的一切联结都取决于自然界的必然性，那么只有对本身并不是现象（虽然是现象的根据）的那种原因才可以加以自由。这种本身并不是现象的原因就是物自身。在《实践理性批判》中，康德说得更为明白："既然这法则不可避免地涉及事物的一切因果性，只要它们的存在是在时间中可被规定的，所以，假如这法则是人们也能够表象这些事物自身的存在所根据的方式，自由就必然会作为一个无意义的和不可能的概念被抛弃。因此，如果人们还想拯救自由，那么，除了把一个事物的存在就其在时间中可被规定而言，因而也把按照自然必然性法则的因果性仅仅赋予显象，而把自由赋予作为物自身的同一个存在者之外，就无路可走了。这样，如果人们想同时保持两个彼此反感的概念的话，上述做法就当然是不可避免的

---

① ［德］康德：《纯粹理性批判》（第2版），李秋零主编：《康德著作全集》第3卷，中国人民大学出版社2004年版，第359页。

② ［德］康德：《纯粹理性批判》（第2版），李秋零主编：《康德著作全集》第3卷，中国人民大学出版社2004年版，第355页。

③ ［德］康德：《纯粹理性批判》（第2版），李秋零主编：《康德著作全集》第3卷，中国人民大学出版社2004年版，第359页。

了。"①所以，在康德看来，"如果自然必然性仅仅与显象相关，而自由仅仅与物自身相关，那么，当人们同时假定或者承认两种因果性时，就不产生任何矛盾，尽管让后一种因果性变得可以理解，是如此困难或者不可能。"②这样，"自然和自由就可以被赋予同一个事物而不致有矛盾，但是要在不同的关系中，一面是作为显象，另一面是作为物自身。"③

康德继续论证了把自然和自由加给同一个东西而不致有任何矛盾的可能性，或者说论证了与自然的必然性普遍法则相调和的自由因果作用的可能性。康德把感官对象中"自身不是现象"的事物称为理知的事物（即理智可以理会，但不可感知的事物）。康德说，如果有一种在感性世界中必须被看做现象的事物，这种事物自身又具有"不作为感性直观对象"的能力，并且这种能力又能作为现象的原因，那么这种存在主体的因果作用就能从两个方面来看，一方面可看作是物自身的因果作用，其行动为理知的，另一方面可以看做是感性世界中现象的因果作用，其结果为感性的。这种主体的能力包括经验的和智性的（intelligent）两种因果作用。康德认为，这种把"感官对象的能力"分为两个方面的观点，与他所主张的应该从现象和可能的经验构成任何概念并不相矛盾。因为现象不是物自身，所以必须依据一种先验的对象，这种先验的对象就是规定现象为纯粹表象的东西，而并没有什么事物可以阻碍我们在先验对象所表现的性质以外，以一种非现象的因果作用（它的所有结果虽然应该在现象中能被发现）归之于这种先验的对象。康德说，按照以上假定，在属于感性世界的主体中，第一，应当有一种经验的性质，根据这种性质，"被看做现象的主体"的行动，依据不变的自然法则与其他现象彻底联系，并且由于这些行动能由其他现象所产生，所以它们与这些现象相联系，构成自然秩序中的单一系列；第二，我们应该容许主体有一种理知的性质，根据这种性质，主体实际上是"这些（就其性质而言）被看做现象的同一行动"的原因，但这种性质其自身并不从属于任何感性的条件，并且自身也不是现象。康德把前者看做"现象领域中的事物"的性质，把后者是"永远看作物自身的事物"的性质。所以，康德说："这种因果性是一个原因的就显象而言源始的行动，因此，这个原因就此而言不是显象，相反，就这种能力而言它是理知的，虽然除此之外全然作为自然链条的一个环节，它必须被一起归属于感官世界。"④

---

① ［德］康德：《实践理性批判》，李秋零主编：《康德著作全集》第5卷，中国人民大学出版社2007年版，第101～102页。

② ［德］康德：《未来形而上学导论》，《康德著作全集》第4卷，李秋零主编：中国人民大学出版社2004年版，第348页。

③ ［德］康德：《未来形而上学导论》，《康德著作全集》第4卷，李秋零主编：中国人民大学出版社2004年版，第349页。

④ ［德］康德：《纯粹理性批判》（第2版），李秋零主编：《康德著作全集》第3卷，中国人民大学出版社2004年版，第360页。

　　康德进一步论证说，上述行动的主体在其理知的性质中，并不从属于任何时间条件，因为时间仅仅是现象的条件，而不是物自身的条件，在这种主体中没有任何一种行动有所谓始终。所以，这种主体并不从属于"规定时间中的一切可变事物的那种法则"，即"一切发生的事物必是在发生以前的现象中有其原因"的法则。简言之，在这种主体为理知的限度内，它的因果作用在这种经验条件的系列内并不存在，这种经验的条件是使事物成为感官世界中的机械的必然。这种理知的性质绝不能直接认知，除了以事物显现以外，它绝对不能为我们所知觉，不能依据经验的性质进行思维。但是，这种主体在被作为现象主体经验的性格中，则应从属于一切因果规定的法则。就这一点而言，这种主体不过是感官世界的一部分。其所有结果与一切其他现象一样，必定是自然的必然产物。外在现象影响主体及其经验性质（即它的因果作用法则）可以由经验为我们所认知。就这一点而言，一切主体的行动可以依据自然法则加以说明。简言之，完全地和必然地规定行动的一切事物，可能在经验中寻求。这样，在主体的理知性质中，这种同一的主体必须视为脱离了一切感性的影响以及一切作为现象的规定。它作为本体，其中绝对没有什么发生的事物和现象，所以它和现象没有任何因果从属关系。其结果，由于自然的必然性仅在感性世界中才能被发现，这种行动的存在体，在其行动中必然独立于一切必然性之外而是自由的。没有一种行动是在这种行动的存在体自身中开始的，但是这与我们说行动的存在体从自身创始它在感性世界中的结果并不矛盾。即使如此，我们不应该说感性世界中的结果能从自身开始。这种结果通常是被先于经验的条件预先规定的，因而仅仅作为自然的原因系列的继续才成为可能。由以上冗长的论证，康德得出了这样的结论："在这种情况下，自由和自然就可以每一个都在其充分的意义上，就同一些行动而言，根据人们把它们与其理知的原因相比较还是与其可感的原因相比较，同时被发现而毫无冲突。"①

四、自由和自然能在同一主体内并存

　　以上所说的属于感性世界的具有经验性质和理知性质的主体还是一种认识上的假设，那么在感性世界中有没有这样一种主体呢？康德认为有这种具有双重性质的主体，这就是人。他认为把上述理论应用于经验就会发现：人既具有经验的性质，又具有理知的性质。在人那里，自由与自然的必然性能够同时存在于同一行动中而不发生冲突。

　　人是感性世界中的现象之一，就这一点而言，人是自然的原因之一，他的因果

　　① ［德］康德：《纯粹理性批判》（第 2 版），李秋零主编：《康德著作全集》第 3 卷，中国人民大学出版社 2004 年版，第 358 页。

作用必须遵从经验的法则。与自然中的其他一切事物相同，他必定具有一种经验的性质。康德认为，对这种性质我们可以从人的活动所表现的力量和能力而有所了解。在无生命的自然或纯粹动物的自然中，我们绝对不能发现无生物或动物在完全受感性状态的条件所制限以外还有任何其他能力。但是人则不同，人能通过感官认知自然中的一切事物，又能通过统觉认识自身。这的确不能看作是在感官的印象的活动和内在规定中认识的。所以人对于自身，一方面可以看作现象，但另一方面就其不能把他的活动归之为"感性的感受性"的某种能力而言，则应该看做是纯粹理知的对象（物自身）。我们称这种能力为知性和理性。尤其是理性，人们以十分特殊而特有的方式以之与一切经验的受条件制限的能力相区别。在康德看来，理性是专门以理念为观察对象的，并且依据理念来规定知性，知性则进而以自身所有与理念类似的纯粹概念运用于经验。所以在康德看来，一方面，理性的这种能力同自己的主观的规定根据（即这种能力行动的自然界原因）相联结。就这一点而言，它是一个存在体的能力，属于现象。另一方面，这种能力同时也与客观的根据（仅仅是理念）相联结。就这些客观根据能够规定这种能力来说，这种联结就用"应当"这个词来表示。当我们仅仅根据客观规定的理性来观察一个存在体（人）时，他就不能被看作一个感性存在体。康德认为，这种理性就具有因果作用。这种理性是一个物自身的性质，对于这种性质的可能性，我们一点都不能理解。也就是说，它怎么规定还没有发生的东西的活动，并且能够成为行动的原因，而它的结果是感性世界里的一个现象，我们对此完全不能理解。但尽管如此，理性的因果性就这些结果而言是自由的。"因为在这种情况下，理性的行动并不依赖主观的条件，因而也不依赖任何时间条件，从而并不依赖用于规定这些条件的自然规律，因为理性的种种根据是普遍地、从原则出发地、不受时间或者地点情况影响地给行动以规则的。"[①]这样，"同一个意志就在显象（可见的行动）中被设想为必然遵循自然规律的、就此而言是不自由的，但在另一方面又被设想为属于一个物自身而不服从自然规律的，从而就被设想为自由的；这里并不会发生矛盾。"[②]

康德认为，上面所讲的只不过是用例子来帮助我们理解自由和自然的必然性能同时存在于同一活动中而不发生矛盾，并不是我们所要解决的问题中的内容。在他看来，解决上述问题不能根据我们在现实世界里所见到的性质，而必须完全从概念上去解决。但是实际上，康德对自由与自然的必然问题的解决正是依据现实世界中人的感性和理性以及人的行为事实的。所以，他在写了上述例子之后又称："现在我可以毫无矛盾地说：理性存在者的所有行动，就其是显象（在某个经验中被发

① ［德］康德：《未来形而上学导论》，李秋零主编：《康德著作全集》第4卷，中国人民大学出版社2005年版，第350页。

② ［德］康德：《纯粹理性批判》（第2版），李秋零主编：《康德著作全集》第3卷，中国人民大学出版社2004年版，第017页。

现）而言，遵从自然的必然性。但同样是这些行动，仅仅与理性主体相关并且就这个主体仅仅按照理性来行动的能力而言，则是自由的。"①康德解释说：一方面，无论出于理性（即出于自由）的理性存在体是感性世界中的各种结果的原因也罢，或者它不从理性根据来规定这些结果也罢，都能说自然法则是持久存在的。因为，如果是第一种情况，那么行动是按照公理做出来的，行动的结果在现象中就永远符合某些不变的法则；如果是第二种情况，行动并不是按照理性的原则做出来的，那么它就受感性的经验法则支配。在两种情况下，结果都是按照不变法则来连接的。但是另一方面，在第一种情况下，理性是这些法则的原因，因此它是自由的；在第二种情况下，结果仅仅是按感性的自然法则行事产生的，因为理性对它并不施加影响，但是理性本身并不因此而受感性的支配（那是不可能的），因此在这种情况下理性也仍然是自由的。所以，"自由并不妨碍显象的自然规律，就像自然规律并不损害理性在实践应用上的自由一样，这种应用是与作为规定根据的物自身相结合的。"②

康德认为，这样，先验的自由与自然界的必然性可以相容就得到了证明。因为，在这方面，一个存在体从客观的原因所做成的任何一个行为，它的起始，就其规定的根据来说，永远都是一个第一起始。虽然这同一行动在现象的系列中不过是一个从属的起始，但在它之前，必须先有一个原因的情态来规定它，而这个原因的情态本身同样也被一个直接在它之前的原因所规定。这样一来，我们就能够在理性的存在体里，或者在一般的存在体里，就它们的因果性在主体本身（作为物自身）里被规定而言，设想从存在体自身开始出一系列情态的能力而不与自然界法则相矛盾。因为行动对理性的客观根据关系并不是时间的关系。在这种情况下，因果性的东西并不在时间上先行于行动，因为像这样的一些规定，它们的根据并不表现对象对感官的关系，也就是说，并不表现对现象中的原因的关系，而表现对象对规定性原因（作为物自身）的关系，这种规定性的原因是不受时间条件支配的。"这样，行动就理性的因果性而言可以被视为一个第一开端，就显象的序列而言可以同时被视为一个从属的开端，而且可以毫无矛盾地在前一方面被视为自由的，在后一方面（在此它仅仅是显象）被视为服从自然必然性的。"③后来康德在《判断力批判》中回顾说："至少无矛盾地设想两种立法（即知性的立法和理性的立法——引者注）以及属于它们的能力在同一个主体中的共存，其可能性是《纯粹理性批判》中所证

① ［德］康德：《未来形而上学导论》，李秋零主编：《康德著作全集》第 4 卷，中国人民大学出版社 2005 年版，第 350 页。

② ［德］康德：《未来形而上学导论》，李秋零主编：《康德著作全集》第 4 卷，中国人民大学出版社 2005 年版，第 351 页。

③ ［德］康德：《未来形而上学导论》，李秋零主编：《康德著作全集》第 4 卷，中国人民大学出版社 2005 年版，第 351 页。

明的，《纯粹理性批判》通过揭示反对的理由中的辩证幻相而摧毁了这些反对的理由。"①

到此为止，看来康德已经在先验观念论即划分为不可知的物自身与经验认识的现象界的理论基础上，解决了自由和必然的相容关系问题。但是，康德认为这个问题还没有得到彻底解决，还有一个人的理性的原因性和最高神明的原因性的关系问题。康德指出，"如果要在一个属于感官世界的存在者里面把自由与自然机械作用结合起来，自由就还面临着一个困难；一个即便在迄今的一切都得到赞同之后仍以使其完全覆灭威胁着自由的困难。"②这个困难就是："如果人们向我们承认，理知的主体就一个既定的行动来说，即使他作为也属于感官世界的主体就该行动而言是在力学上有条件的，但也还能够是自由的，那么看起来，一旦人们假定上帝作为普遍的元始存在者也是实体实存的原因（这是一个永远也不可以放弃的命题，除非把作为一切存在者的存在者的上帝概念，连同在神学中一切东西都依赖的上帝之充足性一起放弃掉），人们就必须也承认，人的行动在完全不受它们控制的东西中，亦即在一个与人不同的、人的存在及其因果性的全部规定所完全依赖的最高存在者的因果性中，有它们的规定根据。"③很明显，如果承认神的原因性，那就会否认存在体的自由。但是康德相信，这个困难并不能彻底毁灭自由，相反，这种困难使主张可以在时间空间中被决定的存在就是物自身的存在的观点陷入窘境。他认为，只要我们运用先验观念性的原理，把时间的观念性的假设同这个自由的观念结合起来就可以解决这个问题。

康德说，我们可以用以下方式简单明了地解决上述困难。如果时间中的存在是世界中能思想的存在者所具有的一种单纯感性的表象方式，因而与作为物自身的这些存在者本身无关，那么所谓创造存在者就意味着创造物自身，因为"创造"这个概念并不属于感性的存在的表象方式，不属于有关原因性的那个感性表象方式，而只能属于本体。因此，当我说感性世界中的存在者是被神明所创造时，我在这个范围内，是把它们看作本体的。因此，如果说神是现象的创造者等是一种矛盾的说法，那么要说神（作为创世者）是世界中的（因而作为现象看的）行为的原因等等，也是一种矛盾说法。现在我们如果有可能（如果我们把时间中的存在假设为是只适用于现象，而不适用于物自身的一种东西）肯定自由，而并无损于行为（行为现象看）的自然机械作用，那么要说能发生行为的存在者是神所创造的东西等，

① ［德］康德：《判断力批判》，李秋零主编：《康德著作全集》第 5 卷，中国人民大学出版社 2007 年版，第 184 页。
② ［德］康德：《实践理性批判》，李秋零主编：《康德著作全集》第 5 卷，中国人民大学出版社 2007 年版，第 107 页。
③ ［德］康德：《实践理性批判》，李秋零主编：《康德著作全集》第 5 卷，中国人民大学出版社 2007 年版，第 107 页。

那并不丝毫影响我们的主张。因为所谓创造只是就他们的理性存在而言，并不是就它们的感性存在而言，因而并不能看做是现象的决定源泉。如果世界中的存在者原本是作为物自身在时间中存在着的，则情形便完全两样，因为要是那样，则创造这些实体的神明同时会成了这些实体的全部机械的发动者。

从这里我们可以进一步看出，康德划分物自身和现象的做法对于他解决自由与必然之间的矛盾，肯定自由的存在具有多么重大的意义。所以康德感叹地说："在纯粹思辨理性的批判中所完成的时间（以及空间）与物自身的实存的分离，就具有如此大的重要性。"①这种把在时间中可决定的事物的存在，因而还有依照物理的必然法则而进行的原因性都归属于现象界，而把自由归属于作为物自身看的同一存在者的做法，使他不仅解决了西方哲学史上长期争论不休的自由与必然问题，同时也挽救了自由。康德的自由理论正是为了解决思想史上长期争论不休的自由与必然的问题提出的，并且从这里进一步展开论证的。

关于必然与自由的关系的矛盾的解决，康德在《实践理性批判》中做过回顾性的总结。他说："在纯粹思辨理性的二论背反中，在世界上的各事件的因果性中自然必然性与自由之间发生了一种类似的冲突。由于已经证明，如果人们把各事件，甚至把各事件在其中发生的世界（如同人们也应当的那样）仅仅视为显象，那就不会有任何真正的冲突，所以，上述冲突已被消除；因为同一个行动着的存在者作为显象（甚至在他自己的内部感官面前），具有感官世界中的一种任何时候都符合自然机械作用的因果性，但就同一个事件而言，如果行动着的人格同时把自己视为本体（作为纯粹理智，在他不能按照时间来规定的存在中），那么，他就会能够包含着那种按照自然法则的因果性的一个甚至摆脱了一切自然法则的规定根据。"②

①　［德］康德：《实践理性批判》，《康德著作全集》第 5 卷，李秋零主编：中国人民大学出版社 2007 年版，第 109 页。

②　［德］康德：《实践理性批判》，《康德著作全集》第 5 卷，李秋零主编：中国人民大学出版社 2007 年版，第 121～122 页。

第五章　康德对自由的实在性的论证

按照《纯粹理性批判》一书的思路，虽然可以为自由的可能性存在提供论证，但似乎无法证明自由的实在性，因为于物自身的自由是人的认识不可能认识的。因此，自由的实在性证明对于康德来说是一个巨大的难题。为解决这一个难题，康德煞费苦心，终于找到了一种不同于平常认识的路径，即通过道德存在的事实推论自由的存在。在道德观上，康德把道德理解为一种个人能够摆脱感性法则（自利法则）而纯粹为了尽责任而尽责任的行为。既然有这样的行为存在，那就表明人具有不受感性法则制约的自由。虽然康德的这种道德观在今天看来也许已经过时，但按这种道德观的逻辑，康德的推论还是相当有说服力的。从道德的角度论证自由的客观实在性对于康德来说也许实在是一个十分棘手的问题，因此他为解决这个问题写了两本书，即《道德形而上学的奠基》和《实践理性批判》。我们只有将这两本书结合起来研读才能充分理解康德所要实现的真正意图。

一、思辨理性不能确保自由的实在性

通过上一章的分析我们知道，康德是通过现象与物自身的划分来解决自然与自由问题的。也就是说，他把必然仅仅看作是现象自然界的必然，把自由仅仅看做是物自身的自由，因而必然和自由这两种因果性可以并存而不相矛盾。那么现象自然界是否存在必然，物自身是否存在自由呢？换言之，现象自然界的必然和物自身的自由是否是实在的呢？

首先我们来看必然的实在性问题。关于自然界的必然实在性问题，康德是通过纯粹思辨理性批判来解决的。在《纯粹理性批判》的《先验感性论》和《先验分析论》中康德为自然界的必然实在性提供了论证。康德对这个问题的解决是从科学知识是怎样可能的（即他所谓的"先天综合判断是怎样可能的"）这个问题着手的。康德认为，一切科学知识都有两个来源：一个是感官提供的零散的感觉材料；一个是理性固有的具有普遍性和必然性的先天认识能力。科学知识必定是由这两方面构成的，缺一不可。人的认识活动就是用先天的认识能力（形式）去整理后天的感觉经验（质料），形成具有普遍性和必然性的科学知识。他认为，先天的认识形式是使科学知识成为可能的先决条件，同时又是使知识对象成为可能的先决条件。为了论证这个问题，康德具体地分析了人的认识能力。把人的认识能力分成感性、知性和理性三个环节。在论述感性这一环节时，康德承认在我们之外有"物自身"，"物自身"刺激我们的感官而引起感觉。但是，"物自身"作用于感官所产生的感觉只是一团混乱的心理状态，它本身并不能构成知识，要形成知识还必须有先天的认识形式整理这些感觉材料。康德断定，人心中存在着的时间、空间就是这种先天认识形式。康德认为，只有用时间空间这两种先天直观形式整理物自身所提供的感觉材料才能构成感性直观知识。但是，"显象无穷无尽的杂多性不能从感性直观的纯粹形式来得到充分的把握"①，还必须从感性进入到知性这一环节，这样，感性直观知识同时就成为了知性的感性对象。也就是说，时、空使感觉材料条理化，把它们整理成为形形色色的现象，从而构成了感性对象。因此，时空这种先天感性直观形式不仅是感性认识的先决条件，又是使知识对象成为可能的先决条件。

知性的作用就是把经过时空整理的感觉材料进一步综合整理，其综合的形式就是实体、因果、必然等十二个知性范畴；而进行这种综合整理的，则是"我思"，即"先验的统觉"。康德认为，知性范畴也是先天的，只有通过这种先天的知性范畴，才能决定感觉材料具有普遍性、必然性，从而提供严格意义的科学知识。知性范畴使经过时空整理多种多样的感觉材料，即现象具有普遍性、必然性，同时也就把它们改造成为合乎规律的整体，改造成为具有必然性、普遍性的"自然界"。在康德那里，所谓自然界，并非独立于人的意识而独立存在的客观外部世界，而是由人的先天认识能力整理感性材料所构成的。他说："我们无非是把自然认作显象的总和，亦即我们心中的表象的总和，因而只能从我们心中联结表象的原理，亦即从一个意识中构成经验之可能性的那种必然结合的条件得到表象联结的规律。"②"如果没有知性，在任何地方都不会有自然，亦即显象的杂多按照规则的综合统一；因为显象作为显象不可能在我们外面发生，而是只能存在于我们的感性之中。但这个自然作为一个经验中的知识对象，连同它可能包含的一切，都唯有在统觉的统一性中才是可能的。"③所以，知性范畴不仅是构成科学知识的先决条件，又是构成知识事物自然界的先决条件。

这样，康德就从科学知识怎样可能入手，通过分析人的先天认识能力与知识对象的关系，引出了人（理性）为自然立法的结论。他说："自然的最高立法必然存在于我们里面，亦即存在于我们的知性里面，而且我们必须不是借助经验从自然中寻找自然的普遍规律，而是反过来，根据自然的普遍合规律性仅仅从经验的可能性的那些存在于我们的感性和知性里面的条件中寻找自然。"④他强调："知性不是从自然获取其（先天的）规律，而是给自然规定其规律，这话最初听起来令人奇怪，但

---

① ［德］康德：《纯粹理性批判》（第1版），李秋零主编：《康德著作全集》第4卷，中国人民大学出版社2005年版，第87页。

② ［德］康德：《未来形而上学导论》，李秋零主编：《康德著作全集》第4卷，中国人民大学出版社2005年版，第322页。

③ ［德］康德：《纯粹理性批判》（第1版），李秋零主编：《康德著作全集》第4卷，中国人民大学出版社2005年版，第86～87页。

④ ［德］康德：《未来形而上学导论》，李秋零主编：《康德著作全集》第4卷，中国人民大学出版社2005年版，第322～323页。

却是千真万确的。"①在这里，不是人从自然界中认识自然的普遍规律，而是人给自然界立法，把普遍必然性颁布给自然界。这样，康德就为现象自然界存在着必然性提供了证明。因为，从以上分析可以明显看出，现象自然界的存在是以人的先天认识能力（时空、因果等先天形式）为先决条件的，时空、因果等先天认识能力具有普遍性和必然性，并把这种普遍性和必然性通过理性立法的形式输入、强加给感性对象，由此而构成的现象自然界也因而具有普遍性和必然性。康德认为，由现象构成的感官世界（自然界）中的一切事件都是依据思辨理性赋予自然的因果必然法则彻底相互联系的。因此，正是思辨理性确保了必然的实在性。康德在《未来形而上学导论》中描述说："在显象中，任何结果都是一个事件，或者是在时间中发生的某种东西。按照普遍的自然规律，其原因的因果性的规定（原因的一种状态）必然先行于结果，结果按照一种恒常的规律继之而起。但是，原因成为因果性的这种规定必须也是正在产生或者发生的某种东西；原因必须已经开始行动，因为若不然，在原因和结果之间就不能设想任何时间继起。结果就会和原因的因果性一样是已经存在的。因此，在显象中间，使原因起作用的规定也必须是已经产生的，从而与它的结果一样是一个事件，这个事件又必须有自己的原因，如此类推。因此，自然必然性必须是作用因被规定所遵循的条件。"②

康德一方面强调，"关于感官世界的所有事件按照不可变更的自然规律无一例外地相互连续的原理，其正确性已经作为一个先验分析论的原理得以确定，不容许有任何损害"③；另一方面又承认感官世界的一切现象都是以物自身为基础的。他认为只要承认了感官对象是现象，也就同时承认了作为现象基础的物自身。他说："事实上，当我们合理地把感官的对象视为纯然的显象的时候，我们由此也就同时承认了这些显象是以一个物自身为基础的，尽管我们不知道该事物就自身而言是什么性状，而是只知道它的显象，也就是说，只知道我们的感官被这个未知的某物所刺激的方式。因此，恰恰由于知性承认显象，它也就承认了物自身的存在，而且这样一来我们就可以说：这些作为显象的基础的存在物，从而纯然的知性存在物，其表象就不仅是允许的，而且还是不可避免的。"④康德把他承认物自身的存在看做是区别于贝克莱等唯心主义哲学的区别所在。他说："唯心论在于主张除了能思维的存在者之外不存在任何别的东西，我们以为在直观中知觉到的其他事物只不过是能

①　［德］康德：《未来形而上学导论》，李秋零主编：《康德著作全集》第4卷，中国人民大学出版社2005年版，第323页。

②　［德］康德：《未来形而上学导论》，李秋零主编：《康德著作全集》第4卷，中国人民大学出版社2005年版，第348页。

③　［德］康德：《纯粹理性批判》（第2版），李秋零主编：《康德著作全集》第3卷，中国人民大学出版社2004年版，第355页。

④　［德］康德：《未来形而上学导论》，李秋零主编：《康德著作全集》第4卷，中国人民大学出版社2005年版，第318页。

思维的存在者里面的表象罢了，事实上没有在这些能思维的存在者之外存在的对象与它们相应。与此相反，我说的是：有事物作为存在于我们之外的我们感官的对象被给予我们，但关于它们就自身而言可能是什么，我们却一无所知，我们只认识它们的显象，也就是它们在刺激我们的感官时在我们里面所造成的表象。据此，我当然承认，在我们之外有物体存在，也就是说，有这样一些事物存在，虽然根据这些事物就自身而言所可能是的样子，它们完全不为我们所知，但我们通过它们对我们的感性的影响给我们所造成的表象来认识它们，而且我们把它们称为物体。"① 正是因为康德肯定物自身是存在的，是不同于感官世界、不受感性的不变法则制约的，同时又是感官世界基础的理智世界（本体世界），所以他假设自由这种不同于自然因果必然法则的因果性可能存在于这种超感性的理智世界。在《实践理性批判》中，康德指出："这种批判（即《纯粹理性批判》——引者注）再三提醒要把经验的对象本身，其中包括我们自己的主体都仅仅视为显象，尽管如此却把物自身作为它们的基础，因而并不把一切超感性的东西都视为虚构，把它们的概念都视为空无内容的。"② 在上一章中，康德就是通过这种方式解决自然与自由的矛盾的。康德的整个纯粹思辨理性批判是要说明人的思辨理性只能认识感官世界的现象，而不能认识物自身，物自身是人的思辨理性的界限，从而限制人们的知识，给人们的道德信仰留地盘。康德之所以要通过这种方式肯定物自身，从而肯定自由是可能存在的，是因为在他看来，如果思辨理性不给自由留地盘，假想自由是不可能的，就会危及了自由的存在，这样就会使道德没有存在的根基，从而会陷入怀疑主义的深渊之中。③

康德假定自由的存在是以物自身的存在为前提的，但是，康德认为，纯粹思辨理性虽然可以肯定物自身的存在，但是对于物自身本身究竟是什么、它具有什么性质我们的思辨理性却是一无所知的。康德在肯定物自身（理智存在体）的同时，限制说："我们的批判的演绎也绝不排斥诸如此类的东西［noumena（本体）］，而毋宁说是限制感性论的原理，使它们不致扩展到一切事物上，那样的话就会把一切都转变成纯然的显象，而是它们应当仅仅对可能的经验的对象有效。因此，知性存在物由此被承认，只是要强调这个根本不容许有任何例外的规则，即关于这些纯粹的知性存在物，我们根本不知道，也不可能知道任何确定的东西，因为无论是我们的纯粹知性概念，还是我们的纯粹直观，都仅仅关涉可能经验的对象，从而仅仅关涉

---

① ［德］康德：《未来形而上学导论》，李秋零主编：《康德著作全集》第 4 卷，中国人民大学出版社 2005 年版，第 290～291 页。

② ［德］康德：《实践理性批判》，李秋零主编：《康德著作全集》第 5 卷，中国人民大学出版社 2007 年版，第 7 页。

③ ［德］康德：《实践理性批判》，李秋零主编：《康德著作全集》第 5 卷，中国人民大学出版社 2007 年版，第 4 页。

感性存在物，而且一旦脱离这些感性存在物，那些概念就不再剩有丝毫的意义。"①
因此，康德通过纯粹思辨理性批判虽然证明了自然必然性的实在性，但关于自由的
存在问题，却只是用以下方式解决的：自由是可能作为物自身的自由而存在的。在
康德看来，知性的范畴像感性直观形式一样，只对感性的经验对象有效，只适用
于"现象世界"，既不反映"物自身"的性质，也不适用于规定"物自身"。他强调
说："范畴的应用也绝不能超出经验的对象的界线。"②就是说，这样一些范畴只能用
来说明感官世界中所有事物之可能性，而不能以之说明宇宙自身之可能性。康德认
为，人具有一种要求把握绝对的、无条件知识的，即超越"现象世界"去把握"物
自身"的先天认识能力，即所谓理性（狭义的），但是理性绝对完成不了这个任务。
因为"理性"所追求的绝对的、无条件的物体在"现象世界"中是没有的。理性要
这样做，实际上意味着要离开经验，超越"现象世界"去把握"物自身"。而理性
要去把握"物自身"，它本身又没有别的工具，而只能借助"知性"范畴。而知性
范畴本只能应用于"现象世界"，不能应用于"物自身"。因此理性运用知性范畴去
追求绝对的、无条件的总体，去把握物自身，不但不能达到目的，反而会产生所谓
"先验幻相"。（莱布尼茨形而上学正是这种理性的误用的结果。）理性虽然提出了
"自由"这个先验理念，但并不能证明它的实在性。由此可见，康德通过纯粹思辨
理性批判虽然证明了自然必然的实在性，但关于自由的存在问题，只是承认自由可
能作为物自身的自由而存在，至于它是否确实存在，这是思辨理性所不能解决的，
说自由属于物自身，并且不与必然相矛盾，只不过是一种理论上的设定，并没有得
到最终的证明。换言之，思辨理性虽然确保了必然的实在性，但并不能确保自由的
实在性，只能肯定自由的可能性。因此，思辨理性"只能是或然地，并非视其为可
能思维的，并不保证这一概念的客观实在性。"③由于思辨理性不能确证自由的实在
性，因而康德企图保住自由，并证明自由与自然可以相容而不矛盾的目的并没有实
现。要彻底解决自由与必然关系问题，必须进一步研究自由的实在性。因此，进一
步研究自由的实在性，使自由存在的可能性变为自由存在的实在性，是彻底解决自
由与必然关系问题的需要，而这就是康德纯粹思辨理性批判之后给纯粹实践理性批
判提出的主要任务。

　　关于在纯粹思辨理性批判中，为什么在上帝、自由、灵魂三个理念中只肯定自
由存在的可能性，以及实践理性批判所面临的任务，康德在《实践理性批判》中有

---

　　①　［德］康德：《未来形而上学导论》，李秋零主编：《康德著作全集》第 4 卷，中国人民大学出版社
2005 年版，第 318 页。

　　②　［德］康德：《纯粹理性批判》（第 2 版），李秋零主编：《康德著作全集》第 3 卷，中国人民大学出
版社 2004 年版，第 204 页。

　　③　［德］康德：《实践理性批判》，李秋零主编：《康德著作全集》第 4 卷，中国人民大学出版社 2005 年
版，第 4 页。

一段很长的论述，他说："在纯粹思辨理性的一切理念中，唯一在超感性事物的领域里，即便仅仅就实践知识而言，取得了如此巨大的扩展，所以我问自己：这个概念究竟是从何处独一无二地分获了如此巨大的能产性，而其他概念虽然为纯粹的可能的知性存在者标明了空缺的位置，但却不能通过任何东西对这些存在者的概念作出规定。我很快就领会到，既然我们离开范畴就不能思维任何东西，所以即便是在关于我所探讨的自由的理性理念中，也必须首先寻找范畴，它在这里就是因果性范畴，而且，即使自由的理性概念作为越界的概念，不可能给它加上任何相应的直观，但尽管如此，对于自由的理性概念为了其综合而要求无条件者的那个知性概念（因果性概念）来说，却必须事先被给予一种感性直观，用来首先保证它的客观实在性。现在，一切范畴都被划分为两类，即仅仅关涉客体表象中的综合统一的数学性范畴，以及关涉客体实存的表象中的综合统一的力学性范畴。第一类范畴（量和质的范畴）在任何时候都包含着同类的东西的一种综合，在这种综合中根本不可能为在感性直观中被给予的有条件者在空间和时间中找到无条件者，因为这个无条件者本身会必定又属于空间和时间，因而又总是有条件的；因此，即便在纯粹理论理性的辨证论中，为其找到无条件者和各种条件的总体的两种相互对立的方式也都是错误的。第二类范畴（一个事物的因果性和必然性的范畴）则根本不要求（有条件者和条件在综合中的）这种同类性，因为这里直观被表现，不是如同它由其中的杂多复合而成那样，而是仅仅如同与它相应的有条件的对象的实存附加在条件的实存上面（在知性中作为与之联结的）那样，这时就允许为感官世界中的普遍有条件者（无论是就因果性而言还是就事物的偶然存在而言）设定理知世界中的、尽管在其他方面并不确定的无条件者，并使综合成为超验的；因此，即便在纯粹思辨理性的辨证论中也发生如下情况，即为有条件者找到无条件者的两个表面上相互对立的方式，例如在因果性的综合中为感官世界的原因和结果序列中的有条件者设想不再有感性条件的因果性，实际上并不相互矛盾，而同一个行动，作为属于感官世界的，在任何时候都是有感性条件的，亦即机械必然的，却同时也作为属于行动着的存在者的因果性的，就该存在者属于理知世界而言，能够以一个无感性条件的因果性为根据，从而被设想为自由的。现在，事情仅仅取决于这个能够会转变为是，也就是说，人们能够在一个现实的场合仿佛是通过一个事实来证明，某些行动无论是现实的还是仅仅被命令的，亦即客观实践上必然的，都以这样一种因果性（理智的、无感性条件的因果性）为前提条件。"①

那么，康德是怎样证明自由的实在性的呢？康德接着说："在现实地在经验中被给予的、作为感官世界的事件的行动上，我们不能指望发现这种联结，因为凭借

---

① ［德］康德：《实践理性批判》，李秋零主编：《康德著作全集》第 5 卷，中国人民大学出版社 2007 年版，第 110～111 页。

自由的因果性总是必须到感官世界之外在理知的东西中去寻找。但是，除了感官存在者之外，其他事物并不被给予我们供感知和观察。因此，剩下来的就无非是，也许将找到一条不矛盾的、确切地说是客观的因果性原理，它从因果性的规定中排除一切感性的条件，也就是说，在这样一条原理中，理性不再援引某种别的东西来做因果性方面的规定根据，而是通过那个原理已经本身包含着这个规定根据，因而它作为纯粹理性自身就是实践的。但是，这个原理不需要寻找和发明；它早就存在于所有人的理性中，被归并入他们的本质，而且就是道德的原理。因此，那个无条件的因果性及其能力，即自由，但连同自由还有一个属于感官世界的存在者（我本人），毕竟同时不仅仅是被不确定地和或然地设想为属于理知世界的（思辨理性就已经能够查明这是可行的），而且是甚至就自由的因果性的法则而言被确定地和实然地认识到，理知世界的现实性就这样，确切地说在实践的考虑中确定地被给予我们，而这种规定在理论的意图中会是超验的（越界的），在实践的意图中却是内在的。"①

从康德以上论述可见，在康德看来，要发现自由确实存在，不能在发生在感性经验世界的行为中去寻找，而必须在感官世界以外的理性世界中才能发现。但是康德认为，人只具有感性直观，只能知觉和观察感性事物，而不具有理智直观，不能知觉和观察理性（理智）世界中的事物。这里就出现了一个矛盾，要证明自由是确实存在的，但又不能具备知觉和观察自由是否确实存在的能力。所以康德提出，没有别的办法，只有设法发现一条排除一切感性条件决定的客观的原则。这个原则本身就包含有作为原因性的决定根据，也就是说，这个原则自身就可以作为一种原因性。在康德看来，这个原理就是道德原则，而道德原则的目的是指向道德行为的。道德行为发生在经验中，是作为感官世界中的事情，因而道德原则是寓于道德经验之内的。道德原则是存在于人的理性之中的，也就是纯粹理性在实践运用方面的原则，具有普遍必然的有效性质，因而是客观实在的道德法则。"纯粹理性在实践应用中，尤其在道德应用中的原则具有客观的实在性。"② 道德原则虽然是超经验的，但却大量表现和存在于日常道德经验之中。康德认为，只要能够从道德生活中发现这样的道德原则，就可以证明那种不受制约的原因性及其能力（自由）的确实存在。换言之，自由存在于道德原则之中，只有在实践领域才有可能发现自由的实在性。康德正是从实践（道德）领域，通过对道德原则的分析来证明自由存在的实在性的。

在康德看来，是否具有排除一切感性条件的决定而自身就成为原因性的道德原

---

① ［德］康德：《实践理性批判》，李秋零主编：《康德著作全集》第 5 卷，中国人民大学出版社 2007 年版，第 111～112 页。

② ［德］康德：《纯粹理性批判》（第 2 版），李秋零主编：《康德著作全集》第 3 卷，中国人民大学出版社 2004 年版，第 515 页。

则问题，实际上也就是所谓理性是否具有实践力量以及何以具有实践力量的问题。因此，康德对道德原则的证明从而对自由的实在性的证明是通过纯粹实践理性批判来完成的。康德对纯粹实践理性的批判集中表述在《实践理性批判》以及作为这个批判的准备性著作《道德形而上学的奠基》之中。严格说来，这两部著作都是解决理性是否具有实践力量以及何以具有实践力量的问题，它们用不同的方法最终给自由的实在性提供了完整的系统的证明。但是，从《道德形而上学的奠基》中，我们就可以更清楚地发现康德论证自由实在性的思想脉络，因此本章主要以这部著作为根据来阐述康德是怎样论证自由的实在性的。

二、道德法则是自由的认识理由

在康德看来，自由是我们在认识上只能先天地认识其可能而并不理解它的理念。"自由也是唯一我们先天地知道其可能性、但却看不透的一个理念，因为它是我们知道的道德法则的条件。"[①]因此，要认识自由，证明它的实在性，就不能通过思辨理性来实现，而首先必须在实践道德领域研究道德法则，即道德最高原理。自由是道德法则的存在理由。如果能够确立道德法则或道德最高原理，也就能够证明在道德领域自由是确实存在的。《道德形而上学的奠基》正是按这个逻辑顺序展开论述的。

康德在具体规定《道德形而上学的奠基》的目的时指出，"目前的《奠基》无非是找出并且确立道德性的最高原则"[②]。为达此目的，康德运用分析方法，从分析普通人的道德知识入手，然后分析通俗的道德哲学，进而转到道德形而上学，最后通过对纯粹实践理性进行批判，揭示出道德的最高原理。贯穿全书的中心是善意志问题。康德正是围绕着善意志问题，或者说，正是以善意志为线索展开全书的分析和论证的。

康德从对普通人的善意志开始进行分析。在《道德形而上学的奠基》的开始，康德给予了善意志以极高的评价，认为在我们生活的这个世界上，甚至在我们生活的世界以外，只有善意志才是绝对善的事物，除此以外的一切东西，即使有善的价值，也是相对的、有条件的。在康德看来，无论是智力、机警、判断力等天赋，还是勇气、果断、坚忍等气质，无论是命运赋予的权势、财富、荣誉、健康，还是人人追求的幸福，所有这一切人们喜爱的东西（或者古人曾经无条件赞美的品性）都不是绝对善的东西。如果没有一个善意志作为先决条件，它们都可能会变成恶的东

---

① ［德］康德：《实践理性批判》，李秋零主编：《康德著作全集》第5卷，中国人民大学出版社2007年版，第5页。

② ［德］康德：《道德形而上学的奠基》，李秋零主编：《康德著作全集》第4卷，中国人民大学出版社2005年版，第399页。

西。例如，一个流氓头脑冷静，比他不冷静更加危险、更加可恶。即使是那些有益于善意志的好品质，也"始终还以一个善的意志为前提条件"①。康德说："善的意志限制着人们通常有理由对它们怀有的尊重，不允许把它们视为绝对善的。"②所以在康德看来，善意志是一切善中的最大善，同时又是其他一切善的先决条件。善意志之所以善，并不是因为它所起的作用，也不是因为它容易达到预期的目的，而是因为善意志本身就是善的，是无需任何条件的绝对善。即使这种善意志缺乏达到它的愿望的能力，也就是说，即使善意志完全达不到它的目的，也无损它的光辉，它本身也仍然是善的。所以康德说，它的"有用还是无效果，既不能给这个价值（即善意志的价值——引者注）增添什么，也不能对它有所减损"③。

那么，怎么会有善意志呢？或者说，善意志是怎样产生的呢？康德认为是理性，善意志是由理性所确定的。他说："理性对这项使命来说就是绝对必要的。"④理性的真正目的，或者说在实践上的最高目的，就在于它要确立善意志。康德指出，人们（特别是18世纪法国唯物主义者）通常认为，人的理性是实现人的幸福的手段，大自然赋予人以理性，其目的就在于使人获得幸福，这完全是误解了自然赋予人以理性的真正目的。康德假定有这样一条基本原则，即对于一个有机生物的体形结构来说，它的每一个器官都是恰好最适合于某种特定目的的，而不是为了任何别的目的。如果这一原则成立，即大自然赋予人以理性来达到人的幸福，就太不合适了。因为"本能可以更为精确得多地规定受造物在这一意图中实施的一切活动，以及他的举止的整个规则，并且由此可以更为可靠得多地保住那个目的，胜于理性当时所能做的"⑤。本能是很容易得到满足的，因而很容易产生幸福感，得到幸福；相反，用理性去追求幸福，则很难得到满足，"一种开化了的理性越是意在生活与幸福的享受，人离真正的满意就越远"⑥，因而也不会产生幸福感。所以康德说，在满足需要上，理性远不及天赋本能靠得住。那么理性的真正目的何在呢？康德认为，理性的真正目的就是要产生自身就是善意志。"理性的真正使命必定是产生一个并

---

① ［德］康德：《道德形而上学的奠基》，李秋零主编：《康德著作全集》第4卷，中国人民大学出版社2005年版，第400页。

② ［德］康德：《道德形而上学的奠基》，李秋零主编：《康德著作全集》第4卷，中国人民大学出版社2005年版，第400页。

③ ［德］康德：《道德形而上学的奠基》，李秋零主编：《康德著作全集》第4卷，中国人民大学出版社2005年版，第401页。

④ ［德］康德：《道德形而上学的奠基》，李秋零主编：《康德著作全集》第4卷，中国人民大学出版社2005年版，第403页。

⑤ ［德］康德：《道德形而上学的奠基》，李秋零主编：《康德著作全集》第4卷，中国人民大学出版社2005年版，第402页。

⑥ ［德］康德：《道德形而上学的奠基》，李秋零主编：《康德著作全集》第4卷，中国人民大学出版社2005年版，第402页。

非在其他意图中作为手段、而是就自身而言就是善的意志。"①

由于理性是人各具有的，因此康德认为，善意志在普通人那里都是具有的，无法进行教育灌输。他说，善意志这一个概念，"如同它已经存在于自然的健康知性之中，不需要被教诲，只需要被启蒙"②。为了弄清和阐发善意志这个概念，或者说，要弄清善意志自身就是善的，要弄清善意志是行为具有道德价值的先决条件，康德认为，必须讨论日常道德生活中经常遇到的责任（亦译为义务）概念，因为责任观念"包含着一个善的意志的概念"。③在他看来，尽管责任对于善意志有某些主观的限制和障碍，但这些限制和障碍不但不会遮蔽善意志，相反因为反衬作用，还会使之更明显地表现出来，更增加了它的光辉。于是，康德从行为的道德价值与出于责任心的关系角度，研究善意志问题。

在讨论行为的道德价值与出于义务心的关系时，康德撇开了那些与责任相冲突的行为和那些虽然合乎责任，但对它没有直接爱好的行为。因为在这里，行为是出于责任心，还是因为利己的目的而履行，是很容易看得出来的。康德着重讨论了那种合乎责任，行为者又有直接爱好所履行的行为。例如保存生命。保存生命是一项责任，并且人人都对此有直接的爱好，因为大多数人都小心保养生命。康德认为，这种行为并没有根本的价值，他们的行为准则没有道德上的意义，因为虽然他们保存生命是合乎责任的，但不是出于责任的。相反，假如一个人因为灾祸或绝望，而对人生毫无兴趣，想要自杀，但是他不是出于爱好或恐惧，而是出于责任心而要保存生命，那么他的准则就有了道德价值。康德还举了其他类似的正反例子反复进行说明。由此，他得出几条结论：第一，一个人不是出自偏好、而是出自义务来促进他的幸福或做其他的事情，这时"他的所作所为才具有真正的道德价值"④；第二，"一个出自义务的行为具有自己的道德价值，不在于由此应当实现的意图，而是在于该行为被决定时所遵循的准则"⑤；第三，"义务就是出自对法则的敬重的一个行为的必然性"⑥，这种法则就是"要只按你同时能够愿意它成为一个普遍法则的那个

　　① ［德］康德：《道德形而上学的奠基》，李秋零主编：《康德著作全集》第4卷，中国人民大学出版社2005年版，第403页。

　　② ［德］康德：《道德形而上学的奠基》，李秋零主编：《康德著作全集》第4卷，中国人民大学出版社2005年版，第403页。

　　③ ［德］康德：《道德形而上学的奠基》，李秋零主编：《康德著作全集》第4卷，中国人民大学出版社2005年版，第403页。

　　④ ［德］康德：《道德形而上学的奠基》，李秋零主编：《康德著作全集》第4卷，中国人民大学出版社2005年版，第406页。

　　⑤ ［德］康德：《道德形而上学的奠基》，李秋零主编：《康德著作全集》第4卷，中国人民大学出版社2005年版，第406页。

　　⑥ ［德］康德：《道德形而上学的奠基》，李秋零主编：《康德著作全集》第4卷，中国人民大学出版社2005年版，第407页。

准则去行动"①。康德认为，第三条是第一、二两条的引申。从第一条到第三条，康德一步一步地从道德价值与责任心的关系，引出了道德价值和作为行为准则的道德法则，最终把责任和道德法则联系起来，责任被看成是出于尊重道德法则本身的行为。于是，康德就从责任概念引出了道德法则的概念，并且强调行为的道德价值不在于所期望的这个行为的结果，而在于道德法则本身。在康德看来，人们出于责任心去行动，出于对法则的尊重去行动，即使效果不好，也是具有道德价值的。正是这一点，证明了善意志本身就是善的，同时也证明了善意志是道德价值的先决条件。

康德说，他以上所讲的都没有离开普通人的理性所具有的道德知识，普通人的理性也可以得到这种知识的原理。他所讲的善意志还只是普通人的善意志。这种原理或善意志好像一根准绳，人们根据它不难看出什么是善、什么是恶、什么是出于责任、什么是合乎责任。但是，康德认为，停留在这种水平上是不够的，这种纯粹的道德是很难自保的，因而要进行道德哲学思考。只有这样，人们的道德准则才能得到社会的承认，具有普遍性。他说："清白无辜是一件美好的事情，只不过很糟糕的又是，它不能被很好地保持，容易受到诱惑。因此，甚至智慧——它通常在于行止，比在于知识更多——也毕竟需要科学，不是为了从它学习，而是要为自己的规范带来承认和持久性。"②"因此，普通的人类理性并不是由于任何一种思辨的需要（它只要满足于仅仅是健康的理性，就绝不会感觉到这种需要），而是甚至出自实践的根据，才被迫走出自己的范围，一步跨入一种实践哲学的领域。"③这样，康德就由普通的道德知识走向道德哲学知识，由对普通人的善意志探讨转到绝对善意志探讨，由对责任的探讨进至对道德法则的探讨。这一部分的讨论对于作为道德基础的自由的确立具有重要意义，也是理解康德实践理性批判的一个关键。

康德是从强调责任、道德法则的超经验性质出发开始研究道德哲学和道德形而上学的。

康德认为，虽然以上我们是在实践理性的通常应用范围内获得我们对于责任的概念的，但是我们绝对不是把责任概念看做是经验的概念。自古到今都有哲学家完全否认人类行为真的会纯粹出于责任，认为行为程度不同地出于自私。康德承认，"事实上，绝对不可能通过经验以完全的确定性澄清任何一个事例，说其中通常合

---

①　［德］康德：《道德形而上学的奠基》，李秋零主编：《康德著作全集》第4卷，中国人民大学出版社2005年版，第428页。

②　［德］康德：《道德形而上学的奠基》，李秋零主编：《康德著作全集》第4卷，中国人民大学出版社2005年版，第412页。

③　［德］康德：《道德形而上学的奠基》，李秋零主编：《康德著作全集》第4卷，中国人民大学出版社2005年版，第412页。

乎义务的行为仅仅依据道德根据、依据其义务的表象。"①他说，尽管他宁愿承认人们的行为大多数是合乎责任的，可是，假如我们更深刻地观察这些行为，"就会到处碰到那个始终引人注目的心爱的自我，这些行为的意图依据的就是这个自我，而不是义务的多半要求自制的严格诫命"②。但是，康德认为，尽管如此，即使深信世界上始终没有真正纯粹出于责任的行为也没有关系，但是理性总是完全不凭借经验而靠自身的力量指定人们应有的行为。如果不是这样，我们就无法使我们不至于完全丢掉责任的理念，无法在心理深刻地保持对于责任法则的尊重心。他举例说，虽然世界上也许从来没有过一个完全诚实的朋友，但是这样的事实并不使"人人交朋友要完全诚实"这个要求因此减少分毫。而且，除非我们否认道德的真实性，否则就一定要承认，道德法则是普遍适用的，不仅适用于人，也适用于一切真正的有理性者，不只是适用某些偶然情形，而是绝对必定适用。我们也应该承认，道德的必然法则之所以可能，其根据也不在经验。这样，在康德看来，无论现实生活中的人们实际道德现状如何，道德法则、责任要求，都具有不凭借经验指定应有行为的力量，具有普遍、必然性，因而它们都是超乎经验的。他断言："没有一条真正的道德最高原理不是必须独立于一切经验、仅仅依据纯粹理性的。"③既然如此，我们就应该从普遍性的角度抽象地说明这些超乎经验而成立的道德上的概念及其原理，因而就应该对它们作哲学的、形而上学的研究。他说："是否真的能在人类本性的知识（我们毕竟只能从经验获得这种知识）中去寻找道德的原则？如果不是这样，如果道德的原则只能完全先天地、不带任何经验成分地、绝对地在纯粹的理性概念中发现，一点也不能在其他地方发现，人们也不曾想到采取措施，宁可把这种研究作为纯粹的、实践的世俗智慧或者（如果可以使用一个受到诋毁的名称的话）道德形而上学完全分出来，使之独自达到全部的完备性。"④这样的道德形而上学，不仅是一切关于责任的明确理论知识所必不可少的基础，而且也是真正实行责任要求的极其重要的必需工具。由于一切道德概念的中心和起源都在于理性，完全无需经验，因而它们才配做我们的最高的实践原则。如果加上经验的东西，那么，我们加多少，就会使道德概念的真实力量和我们行为的绝对价值减少多少。因此，康德强调，虽然道德应用于人类的时候需要有人类学（在康德看来，人类学是研究道德法则的应用，属道德哲学的经验部分），但首先必须把道德当作纯粹哲学，当作自成

---

① ［德］康德：《道德形而上学的奠基》，李秋零主编：《康德著作全集》第4卷，中国人民大学出版社2005年版，第413页。

② ［德］康德：《道德形而上学的奠基》，李秋零主编：《康德著作全集》第4卷，中国人民大学出版社2004年版，第414页。

③ ［德］康德：《道德形而上学的奠基》，李秋零主编：《康德著作全集》第4卷，中国人民大学出版社2005年版，第416页。

④ ［德］康德：《道德形而上学的奠基》，李秋零主编：《康德著作全集》第4卷，中国人民大学出版社2005年版，第417页。

体系的形而上学研究。

由于在康德看来，道德法则是适用于一切有理性者的，因此他要求要从有理性者这个一般概念引申出道德法则和全部道德。于是他以有理性者的突出特点即具有意志为中心，展开关于道德形而上学的讨论。

康德认为，自然界的一切事物，都是按照必然规律活动的，但是有理性者却不同，有理性者能够照着他对规律的概念（即按照原则）行动。有理性者具有意志。"意志被设想为依据某些法则的表象来规定自己去行动的能力。而这样一种能力只能在理性存在者里面发现。"① 在康德那里，意志实际上是按照理性原则行动的能力，或者说是实践理性，"意志实践理性"②。对于意志来说，理性或理性原则，就是法则的概念，或者说是法则本身。理性的原则乃是适用于一切人的，因而对于人来说它是具有普遍性必然性的法则。在康德那里，理性、理性原则、理性法则，以及道德法则，经常是互相通用的。

康德把意志划分为两种：一种是完全善的意志，如上帝的意志；一种是不完全善的意志，例如人的意志。对于完全善的意志来说，理性原则能绝对地决定意志，有理性者的行为在客观方面是必然的，在主观方面也是必然的，行为本身就会和行为的要求（即理性原则）本身完全相符合，因而理性原则对于意志没有强制作用。就不完全善的意志而言，理性原则自身不能完全决定意志，或者说，意志自身不完全合乎理性原则。在客观上认为是必然的行为，在主观方面只是偶然的，因而客观的理性原则对意志就具有强制的作用。也就是说，不完全善的意志要受到理性原则的规定，尽管它的本性并非必定遵从这些原则。康德认为，意志必须遵从理性的客观原则，就是理性的命令，表现这种命令的公式叫做命令式，而命令式是用"应然"来表示的。康德规定，"凭借理性的表象，从而不是出自主观的原因，而是客观地、亦即从对每一个作为理性存在者的理性存在者都有效的根据出发来规定意志的东西，就是实践上善的。"③ 对于命令式，康德又划分为两种："假言命令"（即有条件的命令）；"定言命令"或"绝对命令"（即无条件的绝对命令）。康德说："如果行为仅仅为了别的目的作为手段是善的，那么，命令式就是假言的。如果行为被表现为就自身而言善的，从而被表现为在一个就自身而言合乎理性的意志之中是必然的，被表现为该意志的原则，那么，命令式就是定言的。"④ 康德认为，前者是一

① ［德］康德：《道德形而上学的奠基》，李秋零主编：《康德著作全集》第 4 卷，中国人民大学出版社 2005 年版，第 435 页。

② ［德］康德：《道德形而上学的奠基》，李秋零主编：《康德著作全集》第 4 卷，中国人民大学出版社 2005 年版，第 419 页。

③ ［德］康德：《道德形而上学的奠基》，李秋零主编：《康德著作全集》第 4 卷，中国人民大学出版社 2005 年版，第 420 页。

④ ［德］康德：《道德形而上学的奠基》，李秋零主编：《康德著作全集》第 4 卷，中国人民大学出版社 2005 年版，第 421 ～ 422 页。

种技术的命令式，只有后者才是道德的命令式，道德命令式的特点是它不受任何条件的限制，因此，"唯有定言命令式才是一种实践的法则，其余的命令式全都虽然能够叫做意志的原则，但却不能叫做法则。"①可见，在康德那里，绝对命令就是道德法则，两者是完全同等的。

那么，什么是绝对命令呢？确切地说，绝对命令的内容是什么呢？康德说，只要有绝对命令式的概念，就立刻知道这个命令式的内容。康德从绝对命令这个概念推出它的内容，认为"定言命令式只有一个，那就是：要只按照你同时能够愿意它成为一个普遍法则的那个准则去行动。"②康德又由这条绝对命令推论出"人是目的"和"意志自律"两条绝对命令。这三条绝对命令，并不是三条不同的道德法则，它是以绝对命令的总公式为根据的展开，这个总公式就是："要依照能使自己同时成为普遍法则的那种准则而行动。"③它们围绕的中心是意志的准则和普遍的法则的关系，共同的要求是使意志的准则成为有理性者的普遍法则。这样，道德法则就是意志的绝对服从又法由已出的原则。康德认为，如果意志的准则作为普遍法则而绝不会自相矛盾，那么这种意志就是绝对善意志，所以道德法则（绝对命令）就是绝对善意志的最高法则。只有在这种条件之下，意志才会永远不自相矛盾。这样，康德就把绝对命令看做是绝对善意志的公式。他说："定言命令式也可以这样来表述：要按照能够同时把自己视为普遍的自然法则的那些准则去行动。因此，一个绝对善的意志的公式就是这样的。"④

这样，康德又回到了《道德形而上学的奠基》一开头讨论的善意志概念。经过对普遍的纯粹道德知识到道德形而上学进行探讨后，康德再来规定的善意志已经不是最初的那是普通人的善意志，而是上升到形而上学的善意志。它的最高准则是绝对纯粹的、不掺杂任何经验的道德法则，而这种法则又是意志自身绝对服从又法由已出自律的原则，即意志自律原则。

至此，康德所谓的善意志、绝对命令、道德法则（原则）、意志自律完全达到了一致。它们的突出特征或最高点是意志的自律。因此，康德突出地强调意志的自律对于道德的意义，认为"意志的自律是道德的最高原则"⑤。但是，这种自律原则

---

① ［德］康德：《道德形而上学的奠基》，李秋零主编：《康德著作全集》第4卷，中国人民大学出版社2005年版，第427页。

② ［德］康德：《道德形而上学的奠基》，李秋零主编：《康德著作全集》第4卷，中国人民大学出版社2005年版，第428页。

③ ［德］康德：《道德形而上学的奠基》，李秋零主编：《康德著作全集》第4卷，中国人民大学出版社2005年版，第445页。

④ ［德］康德：《道德形而上学的奠基》，李秋零主编：《康德著作全集》第4卷，中国人民大学出版社2005年版，第445～446页。

⑤ ［德］康德：《道德形而上学的奠基》，李秋零主编：《康德著作全集》第4卷，中国人民大学出版社2005年版，第449页。

本身又不是不同于道德法则、绝对命令的东西，它就是道德法则、绝对命令。这种意志自律的原则是与一切意志他律的原则根本对立的。意志自律是一切有理性者自我约束的原则，而"意志的他律是一切假的道德原则的来源"①。这里康德突出了自己所理解的道德形而上学原则（自律）的特征，并以这种原则为依据对一切其他道德形而上学进行了批判。其主要矛头是针对经验主义，特别是十八世纪法国唯物主义的道德学说。

到这里，康德由于提出了道德的最高原则（意志自律原则）而达到了道德形而上学的最高点。那么，这个原则是如何可能的？换言之，"绝对命令"是如何可能的？用康德的话说就是，"这样一个实践的先天综合命题是如何可能的，以及这个命题为什么是必然的？"②康德认为，这不是道德形而上学所能解决的，这个问题的解决有待于对纯粹实践理性进行批判的研究。

在《道德形而上学的奠基》的最后一章，康德通过对纯粹理性的批判研究从意志自律引出自由并进而证明自由的实在性，从而奠定了道德的基础。（前面两章康德是用分析法进行论述的，在最后一章则是用综合法进行论述。）这一章是全书最难理解的。在第二章康德就指出："就这种定言命令式或者道德法则而言，（看出其可能性）困难的理由也是非常大的。它是一个先天的综合实践命题，而且既然要看出这一类命题的可能性，在理论知识中有诸多困难，所以很容易就可以得出，在实践中困难也不会更少。"③"即使我们也知道这样一种绝对诫命的内容是什么，但它如何可能，却仍然需要特别的和困难的努力，但我们把这种努力留待下一章。"④最后一章就是研究这个令康德头疼的然而又至关重要的问题。

这一章的逻辑线索大概是这样的：首先，康德提出自由这个概念是解释意志自律的关键。他从自由的消极意义即自由是不受外来原因决定的起因作用（意志）的特征，引出了自由的积极意义。这就是，自由不是无法则，而是服从不同于自然界的规律的法则，而这种法则是自由这种起因作用所特有的。正是由于自由是意志的一种不受自然规律控制而自己能作自己的法则的特性，才能解释意志的自律。也就是说，意志具有自由，即具有它自己能作自己法则的特性，意志才能自律。那么，何以见得自由是意志的特性呢？康德认为，意志是有理性者所特有的，自由是意志的特性，实际上是说，自由是一切有理性者的意志的特性。之所以说有理性者的意

---

① ［德］康德：《道德形而上学的奠基》，李秋零主编：《康德著作全集》第 4 卷，中国人民大学出版社2005 年版，第 449 页。

② ［德］康德：《道德形而上学的奠基》，李秋零主编：《康德著作全集》第 4 卷，中国人民大学出版社2005 年版，第 453 页。

③ ［德］康德：《道德形而上学的奠基》，李秋零主编：《康德著作全集》第 4 卷，中国人民大学出版社2005 年版，第 427 ～ 428 页。

④ ［德］康德：《道德形而上学的奠基》，李秋零主编：《康德著作全集》第 4 卷，中国人民大学出版社2005 年版，第 428 页。

志具有自由的特性，其根据在于一切有理性者的行动是自由的。而有理性者的行动之所以是自由的，则是因为人除非在自由这个理念之下否则他们就不能行动。康德由此推论出，"每一个只能按照自由的理念去行动的存在者，正因为此而在实践方面是自由的。"① "我们必须也把自由的理念赋予每一个具有意志的理性存在者，它仅仅按照这个理念去行动。"② 由于这里的自由是理性的理念，因而理性就是行为的原因。而理性就其实践方面而言，就是有理性者的意志。因此，自由也就是有理性者的意志的特性。"它作为实践理性，或者作为一个理性存在者的意志，必须被它自己视为自由的。"③ 这里，康德的论证是十分含混的，但它的基本意思是要从有理性者行为的自由推出他们具有自由观念，从而推出自由是有理性者意志的特性。

　　这里康德遇到了一个矛盾："意志的自由和意志的自己立法二者都是自律，因而是可以互换的概念，但正因为这一点，其中的一个不能用来说明另一个，为另一个提供根据，而是充其量可以用来在逻辑方面把同一对象的显得不同的表象归为唯一的概念（就像把同值的不同分数归为最简式一样）"④ 这就是说，意志自律原则虽然引出了自由的概念，但是意志自律原则和自由都是相对于一切有理性者而言的，而不是相对于人而言的，人并不是完全的有理性者。"对于和我们一样还受到作为另类动机的感性刺激的存在者，唯有理性才会去做的事情并不总是发生。"⑤ 这里实际上提出了对于人来说绝对命令如何可能这样一个问题。如何解决这个矛盾？在这里康德又指出了他关于物自身和现象划分的理论，他根据这种理论把人看作既属感官世界又属理智世界的存在者。

　　从人属于感官世界来看，他是受自然规律控制的；从人属于理智世界来看，他是受超乎自然界，不根据经验而只受理性的法则控制的。就人是属于理智世界的一份子，即有理性者而言，人除了依照自由这个观念之外不能够设想他自己的意志起因方式。所以，当我们自认为自己是自由的时候，我们就是在把自己作为理智世界的分子而承认意志的自律及其自律的后果——道德；而当我们自认为是受道德责任制约的时候，我们是在把自己看做是同时属于感官世界和理智世界这两个方面的。由此也就可以解释绝对命令是如何可能这个问题了。绝对命令之所以可能，是由于

---

　　① ［德］康德：《道德形而上学的奠基》，李秋零主编：《康德著作全集》第4卷，中国人民大学出版社2005年版，第455页。

　　② ［德］康德：《道德形而上学的奠基》，李秋零主编：《康德著作全集》第4卷，中国人民大学出版社2005年版，第456页。

　　③ ［德］康德：《道德形而上学的奠基》，李秋零主编：《康德著作全集》第4卷，中国人民大学出版社2005年版，第456页。

　　④ ［德］康德：《道德形而上学的奠基》，李秋零主编：《康德著作全集》第4卷，中国人民大学出版社2005年版，第458页。

　　⑤ ［德］康德：《道德形而上学的奠基》，李秋零主编：《康德著作全集》第4卷，中国人民大学出版社2005年版，第457页。

自由这个观念使我们这个感官世界的成员成为理智世界的一分子。假如我们只属于理智世界，那么，我们的一切行为一定会永远合乎意志的自律。但是，由于我是感官世界的一个分子，我们只能说我们的行为应当合乎意志的自律。而这个绝对命令中的"应当"是一个先天综合的命题。因为在我们被感性欲望左右意志之上，又综合地加上了这样一种观念，即我们属于理智世界，因而是纯粹并自决的意志，而后者正是自由的作用之所在。这样，康德就不仅把自由看做是道德的最高原则即意志自律，而且把它看做是作为道德绝对命令的意志自律之所以可能的基础或前提，从而证明自由是客观上有效的。在康德看来，这样，就解决了道德的基础问题，也就在道德领域证明了自由的实在性。

从这里可以看出，康德对自由实在性的论证仍然是以他的物自身和现象划分为基础的。根据这种理论，人作为理智世界的成员，实即是人属本体的方面；人作为感官世界的成员，实即人属于现象的方面。康德对自由实在性的解决反过来表明，康德之所以要划分物自身和现象正是为了解决自由问题。我们在第四章讲过，在康德看来，如果不作物自身和现象的划分，像经验主义者认为的那样，自然界和人类中所发生的一切都是经验的，都服从时间，因而服从必然，势必引起自然必然与自由的冲突。而这种冲突的结果，只能放弃自由，保全自然，因为自然的必然性是已被自然科学所证明了的。只有把物自身和现象划分开，并且证明它们能够并存，而且能在同一个人身上结合起来，也就是说，人一方面是现象界的现象，属于感官世界，同时又是"物自身"，属于理智世界，才能保住自由。因为人作为不受现象界的因果必然法则支配的"物自身"，作为道德主体，人是有自由的。由此我们可以看出康德的理论哲学对于他的目的的达到具有何等重要的意义。康德在谈到他的理论哲学和实践哲学的意义时说："二者（自由与自然——引者注）不但能够很好地并存，而且必须被设想为在同一主体中必然地结合在一起，因为若不然，就不能说明我们何以要用一个理念来烦扰理性的理由。"[1] 又说："这一义务仅仅属于思辨哲学，以便它为实践哲学扫清道路。"[2] 所以，"实践哲学仅仅要求思辨理性结束它在理论问题上自己卷入的纷争，以便实践理性享有宁静和安全，免受可能对它想在上面定居的土地向它提出争议的外来攻击。"[3] 康德的这些论述表明，他的理论哲学是为实践哲学服务的，实践哲学高于理论哲学，他的根本目的就是要解决实践问题，即自由问题。

① ［德］康德：《道德形而上学的奠基》，李秋零主编：《康德著作全集》第4卷，中国人民大学出版社2005年版，第464页。

② ［德］康德：《道德形而上学的奠基》，李秋零主编：《康德著作全集》第4卷，中国人民大学出版社2005年版，第465页。

③ ［德］康德：《道德形而上学的奠基》，李秋零主编：《康德著作全集》第4卷，中国人民大学出版社2005年版，第465页。

三、为什么会有自由不可知

到此为止，康德通过纯粹思辨理性批判和纯粹实践理性批判，证明了自由在认识上是可能存在的，在道德上是确实存在的。但是，自由为什么可能或者说如何可能，它为什么确实存在或人为什么会有自由，这个问题并没有解决。康德是一位深刻的思想家，他清楚地意识到了这个问题的存在。但是，他认为这个问题是人的理性所不可知的，"是我们不能够解决的难题"。它超出了哲学解释的领域，是"一切实践哲学的极限"，"一切道德研究的极限"。他认为，通过分析和研究已经证明，绝对命令之所以可能是因为有自由这个理念作为假设，自由是绝对命令（道德法则）之所以可能和存在的理由。但是，自由这个理念或假设为什么可能，它为什么会存在则是人的理性所不能认识的。他认为，这一点是理论的批判已经充分证明了的，是应当承认的。正是这种批判，使我们了解了它们不可知的性质。他说："人们能够指出它唯有在其下才有可能的唯一前提条件，亦即自由的理念，此外人们也能看出这个前提条件的必然性；……而这个前提条件本身如何可能，却是人类理性无法看出的。"① "对道德法则的这种意识，或者换句话说也一样，对自由的这种意识是如何可能的，就不能进一步解释了，唯有它们的可允许性才在理论批判中完全可以得到辩护。"② "我们虽然不理解道德命令式的实践的无条件必然性，但我们毕竟理解其不可理解性。"③

康德一再强调这一点。他说："如果理性胆敢去说明纯粹理性如何能够是实践的，它就逾越了自己的所有界限。"④ "纯粹理性如何能够是实践的？一切人类理性都没有能力对此作出说明，试图对此作出说明的一切辛苦和劳作都是白费力气。" "如果我试图探究自由本身作为一个意志的因果性如何可能，情况也恰恰如此。因为在这里，我舍弃了哲学的说明根据，并且没有别的说明根据。"⑤ "自由只是理性的一个理念；其客观实在性就自身而言是可疑的。"⑥ 后来在《实践理性批判》中也讲道："一条法则如何能够独自并且直接成为意志的规定根据（这毕竟是一切道德性的本

---

① ［德］康德：《道德形而上学的奠基》，李秋零主编：《康德著作全集》第 4 卷，中国人民大学出版社 2005 年版，第 469 页。

② ［德］康德：《实践理性批判》，李秋零主编：《康德著作全集》第 5 卷，中国人民大学出版社 2007 年版，第 50 页。

③ ［德］康德：《道德形而上学的奠基》，李秋零主编：《康德著作全集》第 4 卷，中国人民大学出版社 2005 年版，第 472 页。

④ ［德］康德：《道德形而上学的奠基》，李秋零主编：《康德著作全集》第 4 卷，中国人民大学出版社 2005 年版，第 467 页。

⑤ ［德］康德：《道德形而上学的奠基》，李秋零主编：《康德著作全集》第 4 卷，中国人民大学出版社 2005 年版，第 470 页。

⑥ ［德］康德：《道德形而上学的奠基》，李秋零主编：《康德著作全集》第 4 卷，中国人民大学出版社 2005 年版，第 464 页。

质），这是一个对于人的理性来说无法解决的问题，而且与一个自由意志如何可能的问题是一回事。"①如此等等。康德认为，了解了自由的不可认识性是好事，而不是坏事，它使我们发现了道德研究的极限。

那么，这里就发生了一个问题：康德为什么认为自由如何可能、如何会是实在的，是不可认识的呢？他为什么认为他的纯粹理性（包括纯粹思辨理性和纯粹实践理性）最终只能这样解决自由问题呢？如果对康德思想体系以及他对自由和必然问题的解决再进行一遍考察，我们就会发现，康德之所以这样是他的理论本身决定的。从前面我们的叙述可以发现，康德对自由和必然问题的解决，对自由在认识上的可能性和道德上的实在性的论证，都是建立在他的先验观念论证即把世界划分为物自身和现象界的理论基础上的。康德之所以要提出划分物自身和现象界的学说也正是为了解决自由和必然性的关系问题。必须肯定，自由是可能的，只有在认识上肯定它可能，才可能进一步假设它是实在的。自由之所以可能，是因为它存在于人的认识所不能达到的，自然的因果必然法则不能发生作用的物自身领域。必须肯定自由是实在的，只有肯定自由的实在性，才能说明人的道德何以可能，道德法则何以能存在。自由之所以实在，是因为它存在于不同于认识领域的道德领域，存在于不同于感官世界的理智世界。必须肯定必然是实在的，因为自然科学的存在和发展已经使它成为不言而喻的事实；必然之所以是实在的，是因为人的先天认识形式赋予了现象界以普遍必然性。必须肯定必然和自由是并存而不发生矛盾，因为"人类理性的立法（哲学）有两个对象，即自然和自由，因而既包含自然规律，也包含道德法则，一开始以两个专门的哲学体系，最终则以一个唯一的哲学体系。"②必然和自由之所以可以并存而不发生矛盾，是因为必然存在于现象界，存在于人的认识领域，而自由存在于物自身，存在于人的道德领域。康德正是这样以现象界和物自身划分的学说为基础来证明必然的实在性，自由的可能性和实在性，从而解决自由和必然之间的矛盾。从这里可以看出，康德肯定自由的可能性和实在性，是以自由存在于现象界以外的物自身、认识领域以外的道德领域为前提的。

在康德看来，所谓自由，就其先验意义而言，是指超出自然因果关系自发开始事件的能力或起因作用。如果肯定这种自由存在于现象界，存在于认识范围，势必破坏自然的因果统一性，破坏认识上因果必然关系法则的普遍适用性。康德不仅是一位哲学家，而且也是一位科学家，否认科学认识的因果必然性的普遍性和自然界的因果联系的统一性，是他所不能接受的。他要求，"人类理性既不能放弃自然的

---

① ［德］康德：《实践理性批判》，李秋零主编：《康德著作全集》第5卷，中国人民大学出版社2007年版，第77页。

② ［德］康德：《纯粹理性批判》（第2版），李秋零主编：《康德著作全集》第3卷，中国人民大学出版社2004年版，第536页。

概念，也同样不能放弃自由的概念。"① 他为了兼顾自由和必然两者，既保住自由，又保住必然，他用了把世界划分为物自身和现象界的方法。既然自由存在于物自身，存在于人的道德领域，而物自身和道德领域超出了现象界和人的认识范围，人的认识的先天形式不可能对他们发生作用；那么，自由这种东西当然就成为了必须假定而且道德事实可以证明它存在，而人的理性又不能解释它为什么会存在的一种本体的东西了。

下面我们根据康德的物自身学说进一步说明，康德怎么会既肯定自由是可能和实在的，然而又说为什么会有自由是不可知的。

正如李泽厚所指出的，"物自身"学说是康德哲学的中心，"是其他许多论点的基础"，"它贯穿康德整个哲学体系"。② "物自身"学说对于康德的哲学体系之所以如此重要，在我看来，主要是因为正是以这个学说为理论依据，康德保住了自由，从而解决了他的哲学体系所要解决的基础问题，即自由和必然可以并存而不矛盾。通常认为，在康德那里，物自身有三层基本含义：一是感性的源泉，二是认识的界限，三是理性的理念。③ 就第一层含义而言，康德认为，由于"物自身"的存在，对象才提供刺激，为感官所遭遇到，才产生我们的感觉。我们的感觉、感性就是由于物自身作用于我们的感官而引起的。没有"物自身"，感性无从发生，经验材料也无从提供，从而认识也无从开始。所以，就第一层含义看，康德之所以要肯定物自身，是因为不肯定物自身提供感性材料，普遍必然的科学知识就无法形成，构成科学知识的先天知性范畴（如必然、因果等）由于缺乏感性材料而成为空洞的，不具有实在性。简言之，康德之所以要肯定作为感性来源的物自身的存在，是在认识上保证必然的实在性的需要。"物自身"虽然存在并给感性提供感觉材料，但它却是属于超经验的彼岸，它本身是什么却为我们的认识所不能达到。因此，它的存在意味着认识的一种界限，是认识不可逾越的标记，这也就是物自身所谓的第二层含义。但是，在康德看来，物自身又不只是一种不可知的认识界限。如果它们只是作为认识的界限，那是否需要肯定"物自身"自身存在，也就成为问题。巴克莱等主观唯心主义者就是根本不承认存在物自身而建立起他的主观唯心主义学说的。康德固然是要把自己的认识论学说与最终导致否定科学知识存在的巴克莱的极端经验主义观点区别开来，但更重要的是要保住自由，给自由留地盘，因此康德虽然认为物自身不可认识，但肯定它们可以作为思考对象、作为理性的理念而存在。这也就是康德的物自身的所谓第三层含义。这样，我们就可以看出，由于康德坚持物自身的存在，因而一方面为科学知识之所以可能、自然必然性之所以存在提供了条件；另

① ［德］康德：《道德形而上学的奠基》，李秋零主编：《康德著作全集》第 4 卷，中国人民大学出版社 2005 年版，第 464 页。

② 李泽厚：《批判哲学的批判》（修订本），人民出版社 1984 年第 2 版，第 239 页。

③ 李泽厚：《批判哲学的批判》（修订本），人民出版社 1984 年第 2 版，第 239 页。

一方面又为自由存在提供了地盘。同时，由于物自身存在于认识范围即现象界之外，是理性所不可知的，因而一方面限制人的认识范围；另一方面在逻辑上必然导致存在于物自身的自由如何存在这个问题的不可知性。

在《纯粹理性批判》第二版序言中，康德强调："我们对于任何作为物自身的对象都不可能有知识，而只有在它作为感性直观的客体、即作为显象时才能有知识。"同时他指出，"必须注意的是，在这方面毕竟始终有所保留，即正是这些也作为物自身的对象，我们即使不能认识，至少也必须能够思维。"①康德否认能认识"物自身"的存在，但认为可以思维它存在，假定它存在。物自身可以是一种非感性直观即知性直观的对象，人虽然只有感性直观而无知性直观去认识它，但可以把它作为思维的对象，即把人的知性范畴超经验地使用其上的对象。这样，物自身不是那个纯粹作为感性—知性认识界限的消极的"物自身"，而是一个"不能知之，只可思之"却仍积极存在的"物自身"了。

康德认为，假定物自身存在具有重要的意义和作用。

首先，在认识上，"物自身"可以成为一种引导知性永远追求而无法达到的"积极的"假定对象。就是说，"物自身"作为一种理性理念（如灵魂、自由、上帝等），在认识上是一种统一知性和引导知性去追求，从而使认识在经验领域内达到最大限度的统一和系统化的动力或功能。康德说："它们（先验理念——引者注）具有一种杰出的、对于我们来说不可或缺的必然的范导性应用，也就是说，使知性指向某一个目标，知性的一切规则的方向线都参照这一目标而汇聚于一点，尽管这个点只是一个理念"②。假定一个理性的理念上帝"好像"存在着，以作为世界的最高原因，并展示出世界万事万物的目的性，以达到经验的最大系统的统一、完整和秩序，这对于研究自然是有益的事。这就是所谓与知性作用于感性以构成认识的"构造原理"不同的"范导原理"。康德认为，构造原理是作用于感性经验以构成科学知识的科学原理，范导原理是指引规范认识，本身并不能作用于感性经验以构成知识，它并不是科学原理，而是作为一种非常重要的方法论的哲学原理。康德说："理性理念不像范畴那样对于知性应用于经验方面来说，还对我们有点用，而是在这方面完全多余的……它仅仅要求与经验相联系的知性应用的完备性……但这个客体仅仅是一个理念，为的是使知性尽可能地接近那个理念所表示的完备性。"③所以，一方面，康德认为，上述这个现象世界的先验根据并不是实体，不能将这种假

① ［德］康德：《纯粹理性批判》（第 2 版），李秋零主编：《康德著作全集》第 3 卷，中国人民大学出版社 2004 年版，第 16 页。

② ［德］康德：《纯粹理性批判》（第 2 版），李秋零主编：《康德著作全集》第 3 卷，中国人民大学出版社 2004 年版，第 419 页。

③ ［德］康德：《未来形而上学导论》，李秋零主编：《康德著作全集》第 4 卷，中国人民大学出版社 2005 年版，第 335 ~ 336 页。

定"好像"存在的最高原因加以实体化，"因为我们没有权利在自然之上假定一个具有上述属性的存在者。"①但另一方面，康德又认为，需要一些不是感性所能到达，只能由纯粹知性去思维的某种经验的对象，来作为现象世界的根据。"因为世界是一个显象的大全，所以它必定是显象的一个先验的、仅仅对纯粹知性来说可思的根据。"②这样，物自身虽然"不可知之，只可思之"，但它可以用来展现统一知性的知识，并通过这种统一而达到无条件的绝对完整的知识，因而它就成了真理的最高目标和认识的永恒趋向。

物自身作为理性理念，不仅在认识上具有重要意义，更重要的是在道德上的重要意义。康德认为，虽然理性理念作为"范导原理"具有引导知性以寻求经验知识的最大限度的统一的"积极的"功能，但是它们在思辨理性范围内是超验的，并不是构成科学知识的必要条件，相反它们往往会导致理性的"先验幻想"。既然如此，它们的重要意义必定主要不是在认识领域，而在超出或高于认识领域的实践领域。康德说："在一种超出一切经验的界限之外四处漫游的理性的一切沽名钓誉的意图都破灭之后，还给我们留下了足够的东西，即我们有理由在实践方面对此感到满足。"③"这三个命题（即意志自由、灵魂不死及上帝存在——引者注）在任何时候对于思辨理性来说都依然是超验的，根本没有任何内在的、亦即对于经验的对象来说允许的、从而对我们来说以某种方式有用的应用，相反，它们是我们理性的就自身而言完全多余的、而且在这方面还极为沉重的劳动。如果这三个命题对我们来说根本不为知识所必需，尽管如此还被我们的理性迫切地推荐给我们，那么，它们的重要性真正说来必定仅仅关涉到实践的东西。"④

在康德看在，作为理性理念的物自身对于实践道德的意义和作用首先在于，它能使人们的理性的运用由思辨领域转向实践领域，它可以由认识上的理性理念变成实践上的道德理念，可由一个在认识上不可认识、没有实际用途也无客观有效性质的非经验的制限设定，变为一个在道德上有极大现实用途和客观有效性质的积极规定。在认识领域内不能作用于感性经验和现象世界，但在实践领域不但作用于感性经验世界，而且是这个世界的立法者和命令者。其次，作为理性理念的物自身对实践的作用还在于，在物自身由理性理念变为道德理念的过程中，它为道德理念的存在及客观实在性提供了基础。康德说："它能够并且应当现实地影响感官世界，使

①　［德］康德：《纯粹理性批判》（第2版），李秋零主编：《康德著作全集》第3卷，中国人民大学出版社2004年版，第452页。

②　［德］康德：《纯粹理性批判》（第2版），李秋零主编：《康德著作全集》第3卷，中国人民大学出版社2004年版，第450页。

③　［德］康德：《纯粹理性批判》（第2版），李秋零主编：《康德著作全集》第3卷，中国人民大学出版社2004年版，第528页。

④　［德］康德：《纯粹理性批判》（第2版），李秋零主编：《康德著作全集》第3卷，中国人民大学出版社2004年版，第510～511页。

其尽可能地符合这个理念。因此，一个道德世界的理念具有客观的实在性"①。不仅如此，康德还认为，作为理性理念的物自身的存在，使道德理念与理性的思辨知识、自由与必然联系了起来。因为正是理性理念，一方面由于其范导作用，引导知性寻求经验知识的最大限度的统一；另一方面由于其在道德世界中的立法者和命令者的作用，引导作为感性存在的人去追求道德理想。以上就是康德在《纯粹理性批判》中所推断的理性理念的作用，即"它们也许能够使从自然概念到实践概念的一种过渡成为可能，并使道德理念本身以这样的方式获得支持和与理性的思辨知识的联系。"②

康德这里所讲的理念虽然包括灵魂、自由和上帝，但它实际上强调的是自由。关于这一点，见第五章最后的注。康德自己在具体论述理念对道德的意义时，也一再突出自由的重要性，他甚至把实践的领域就看做是自由的领域。③同时又说："因为所有关于道德上有价值或者无价值的判断，仍然唯有凭借这一理念（自由理念——引者注）才是可能的；因此，它必然是向道德完善的任何接近的基础。"④在《纯粹理性批判》的"先验方法论"中，康德进一步强调指出："我把符合一切道德法则的世界（如同它按照有理性的存在者的自由所能够的那样，亦即按照道德性的必然法则所应当是的那样）称为一个道德的世界。"⑤这样，我们就可以看出，正是作为理性理念的物自身给自由的存在提供了基础。康德只有坚持物自身的存在，才能保住自由，给自由保留了地盘，并且可以与必然并存而不发生矛盾。

然而，物自身毕竟是存在于认识范围之外，是不可知的。虽然它对实践道德具有重大意义，"是一切行为趋向道德完成所不可缺乏的基础"，但它在实践上的重要性并不能改变它在认识上的不可认识的性质。虽然必须假设作为物自身的自由理念作为道德及其法则赖以成立和存在的理由，但由于它作为物自身超出了人的认识范围，因而对于理性来说，它为什么会存在仍然是不可理解的。康德是以与现象界相对立的物自身不可知为基础和条件来论证自由是可能的，并由此证明自由和必然可以并存而不矛盾的。如果在进一步论证自由的实在性，给自由和必然可以并存而不矛盾提供进一步论证的同时，又否认物自身的不可知性，那势必不仅使他的整个思

---

① ［德］康德：《纯粹理性批判》（第2版），李秋零主编：《康德著作全集》第3卷，中国人民大学出版社2004年版，第516页。

② ［德］康德：《纯粹理性批判》（第2版），另李秋零主编：《康德著作全集》第3卷，中国人民大学出版社2004年版，第250页。

③ ［德］康德：《纯粹理性批判》（第2版），李秋零主编：《康德著作全集》第3卷，中国人民大学出版社2004年版，第242页。

④ ［德］康德：《纯粹理性批判》（第2版），李秋零主编：《康德著作全集》第3卷，中国人民大学出版社2004年版，第242页。

⑤ ［德］康德：《纯粹理性批判》（第2版），李秋零主编：《康德著作全集》第3卷，中国人民大学出版社2004年版，第516页。

想体系自相矛盾，而且会使已经解决的自由和必然的矛盾重新对立起来。所以，当康德意识到为什么会有自由这个问题没有解决时，他也无可奈何，并且由于他的理论本身不能解决这个问题，而真诚地认为这个问题的确是理性所不能解决的问题。在证明了自由的实在性，并意识到自由如何可能的问题没有解决时，他说："这就是能够合理地对一门力求在原则中达到人类理性的界限的哲学所要求的一切。"①

　　由于康德意识到自由如何存在这个问题没有解决，其根源在他解决自由与必然问题的理论依据现象和物自身的划分和对立，因此他后来试图通过《判断力的批判》来把两者联系起来。诚然，康德在这方面做了不懈的努力，但是物自身的不可知性质，就他的理论体系的性质而言是无论如何都不能改变的。因而，在康德完成《判断力批判》以后，自由为什么会存在这个问题仍然与物自身不可知这个问题联系在一起不能得到说明。当然，这个问题的存在是康德理论体系本身的局限性，同时也应该看到这也是历史的局限性。康德自己也意识到这一点，他说："因为它们有理由引起期望，即也许有朝一日能够一直达到对整个纯粹的理性能力（无论是理论的还是实践的理性能力）的统一性的洞识，并从一个原则中引申出一切来；这是人类理性的不可避免的需要，人类理性唯有在其知识的一种完备的系统统一中才能得到完全的满意。"②

---

① ［德］康德：《道德形而上学的奠基》，李秋零主编：《康德著作全集》第 4 卷，中国人民大学出版社 2005 年版，第 472 页。

② ［德］康德：《实践理性批判》，李秋零主编：《康德著作全集》第 5 卷，中国人民大学出版社 2007 年版，第 97 页。

第六章　康德对自由作用自然的论证

当代西方自由主义思想家以赛亚·伯林提出有两种自由概念，即消极自由与积极自由，而且认为古典自由主义者只是主张消极自由而不主张积极自由。按照伯林的这种看法，康德不是古典自由主义者，因为他不仅主张消极自由，而且深受共和主义大师卢梭的影响，主张积极自由。他对自由的论证，不仅要论证自由是可能的，也不只是要证明自由是实实在在地存在的，而且最终要落脚到自由之人要按照道德法则行动。正是这三大论证的最后一个论证把他与共和主义联系了起来，同时也开了德国主义哲学高扬理性、推崇道德、重视社群的先河。当然，这一论证也充分体现了他的哲学和他的自由主张对近代自由主义和共和主义的兼容并蓄的个性特征。

一、自由领域向自然领域过渡的关键

从前两章我们对康德关于自由可能性和实在性论证的考察可以看出，康德以现象和物自身的划分为基础论证了自由的可能性和实在性，并证明了自由和必然并存而不发生矛盾。康德首先从认识论上证明，自然必然法则只存在于现象界，它不能作用于物自身，因而自由是可能的，自由可能与自然必然并存。这里康德是以自然必然性法则只存在于现象界和认识领域而不存在于物自身和道德领域为条件的。在以现象界和物自身划分为基础证明自由是可能的基础上，康德进一步从道德领域证明，人们的道德生活是实在的，而制约道德生活的是道德法则，道德法则的确立又必须以自由的真实存在作为它的根据，因而自由具有实在性。这里，康德是以自由作为一种存在于物自身因而不受自然因果必然法则支配的理性的因果作用[①] 能够规定人们的行为为条件的，也就是说："自由概念是通过理性就某些由于它而在感官世界中有可能的结果而言的因果性来充分地阐明自己的实在性的。"[②] 康德说："纯粹理性的三个理念，上帝、自由和灵魂不死，其中自由是唯一的一个关于超感性的东西的概念，由于在它里面所想到的因果作用，是通过它在自然中的可能的结果而证明它在自然中的客观实在性的"[③]。这就是说，在上帝、自由、灵魂不死三个理性

---

① 理性的因果作用也就是自由不受自然因果法则制约而自发开始行为的起因作用。

② ［德］康德：《判断力批判》，李秋零主编：《康德著作全集》第 5 卷，中国人民大学出版社 2007 年版，第 497 页。

③ ［德］康德：《判断力批判》下卷，韦卓民译，商务印书馆 1964 年版，第 150 页。请注意，这段话在李秋零的译本中没有。

理念中，只有自由才是关于超感性的东西即物自身的概念，这个概念的客观实在性是通过它可能在现象界（自然）中产生结果（行为）而得到证明的。

到此为止，自由问题看来已经完全解决。但是，既然自由是通过它在自然界中的可能结果来证明它的实在性的，也就是说自由是通过它能够在现象界产生道德行为而证明它确定存在，那么，为什么必然不能作用物自身，而自由能作用现象呢？或者像康德所说的，"在这里，如今就实践而言尚未规定的是：给意志的因果性提供规则的概念是一个自然概念，还是一个自由概念。"① 由于这个问题的存在，自由的实在性问题并没有得到最终的证明，自由和必然的关系问题也因而没有得到最后的解决。因此，康德在证明了自由的实在性以后，又进一步来着手解决自由如何能够作用于现象的问题，以求得到对自由问题的圆满答案。这个问题也就是人们通常所谓的康德要沟通在《纯粹理性批判》和《实践理性批判》中刻意割裂开来的现象与本体（物自身）的问题，也就是要沟通自然与自由、认识与道德的问题。不过，康德这里所作的沟通并不是指的现象与物自身、必然与自由的相互联系和相互作用，而是指物自身、自由对现象、必然的单向作用。也就是说，他是在坚持现象的因果必然法则不能作用物自身的前提下，通过证明作为物自身的自由如何作用现象、自由概念如何把它的法则所赋予的目的在感性世界中重现出来以沟通物自身和现象、自由概念和自然概念的。

我认为，康德在这里所做的工作不是人们通常所认为的那样，是想把被他分裂开来的现象和物自身、必然和自由、认识和道德调和起来。相反，康德之所以这么做，是解决自由问题的需要，是他思想体系逻辑发展的必然。因为如前所述，康德不解决自由如何能够作用现象这个问题，自由的实在性就不能得到最后的证实，自由和必然的问题也就不能得到最后的解决，所想要建立包含理性哲学和道德哲学的体系也就不能圆满完成。在解决这个问题的过程中，康德突破了传统的和当时占统治地位的机械因果观，提出了在有机界存在着因果相关性的思想，肯定了有机体（主要是人）的目的意义，这在哲学史上，在认识上是有重大意义的。

康德认为，我们全部的认识能力有两个领域，即自然概念的领域和自由概念的领域。自然诸概念包含着一切先验的理论认识的基础，同时它们建立在知性的立法基础之上；自由概念包含着一切感性地无制约的先验的完成的准则的基础，同时它又是建立在理性的立法的基础上。"通过自然概念来立法，这是通过知性发生的，并且是理论的。通过自由概念来立法，这是由理性而发生的，并且是纯然实践的。不过唯有在实践中，理性才能是立法的；就（自然的）理论知识而言，它只能（作为凭借知性而精通法则的）从所立的法中通过推理而得出结论，这些结论毕竟永远

---

① ［德］康德：《判断力批判》，李秋零主编：《康德著作全集》第 5 卷，中国人民大学出版社 2007 年版，第 181 页。

只停留在自然那里。"① 所以康德认为，知性和理性是在一个而且是同一个经验基础之上具有两种不同的立法，而不会相互侵犯，因而自然概念不影响通过自由概念的立法正如后者不干扰自然界的立法一样。康德说："知性对于作为感官客体的自然是先天地立法的，以达到在一种可能的经验中对自然的理论知识。理性对于作为主体中的超感性的东西的自由及其固有因果性是先天地立法的，以达到一种无条件实践的知识。前一种立法之下的自然概念的领域和后一种立法之下的自由要领的领域，背逆它们独自（每一方根据自己的基本法则）就能够有的相互影响，被把超感性的东西与显象分离的那个巨大的鸿沟完全隔离开来。自由概念就自然的理论知识而言不规定任何东西；自然概念就自由的实践法则而言同样不规定任何东西；就此来说，架起一座从一个领域通过向另一个领域的桥梁是不可能的。"② 应当注意，康德这里讲的是自由概念不规定任何自然的理论认识，而不是指的不规定任何自然现象，他是在这个意义上讲不能从自由概念领域过渡到自然概念领域，这一点在后面的引文中康德有明确的解释。

在康德看来，尽管在《纯粹理性批判》中已经证明了这两种立法及其诸能力能在同一个主体内并存着而没有矛盾的可能性，然而，这两个不同的领域并不构成一个领域。康德说，其原因是："自然概念虽然在直观中表现其对象，但却不是将之表现为物自身，而是表现为纯然的显象；与此相反，自由概念在它的客体中虽然表现物自身，但却不是在直观中表现的，因而双方没有一方能够获得关于自己的客体（甚至关于能思维的主体）作为物自身的一种理论知识，这物自身将会是超感性的东西，人们虽然必须把关于它的理念作为经验那一切对象的可能性的基础，但却永远不能把这理念本身提升和扩展为一种知识。"③ 因此，康德认为，对于我们的全部认识能力而言，存在着一个以限制但也无法接近的区域，即超感性的东西的区域，我们在那里面找不到这样一块地盘，在它上面既不能为知性诸概念也不能为理性诸概念拥有理论认识的领域。

由于超感性的东西的区域即物自身不是知性的诸概念（如因果性、必然性等）和理性的诸概念（自由、上帝、灵魂）的认识领域，是人的认识范畴不能发生作用的区域，因而在自然概念的领域即感觉界和自由的领域即超感觉界之间，存在着一个不可逾越的鸿沟，不可能从自然的领域过渡到自由的领域。这样，康德就从人的认识能力不能认识超感觉领域即物自身领域，说明不可能从自然概念的领域即感觉

---

① ［德］康德：《判断力批判》，李秋零主编：《康德著作全集》第 5 卷，中国人民大学出版社 2007 年版，第 184 页。

② ［德］康德：《判断力批判》，李秋零主编：《康德著作全集》第 5 卷，中国人民大学出版社 2007 年版，第 204 ~ 205 页。

③ ［德］康德：《判断力批判》，李秋零主编：《康德著作全集》第 5 卷，中国人民大学出版社 2007 年版，第 184 页。

界过渡到自由概念的领域即超感觉界。感觉（现象）界不可能产生或导致超感觉界（物自身），他们之间不存在因果关系。由此可见，在这里康德就排除了沟通自由概念领域和自然概念领域一方面的可能性即从自然概念领域产生自由概念领域或前者对后者施加影响的可能性。

在康德看来，自然现象界绝对不能对物自身施加影响，但物自身却应该对现象界具有影响，它会产生感性的结果。他说："现在，虽然在作为感性东西和自然概念领域和作为超感性东西的自由要领领域之间强化了一道明显的鸿沟，以至于从前者到后者（因而凭借理性的理论应用）不可能有任何过渡，就好像这是两个不同的世界，前一个世界不能对后一个世界有影响似的；但是，后一个世界毕竟应当对前一个世界有影响，也就是说，自由概念应当使通过它的法则所提出的目的在感官世界中成为现实；因此，自然必须也能够这样来设想，即它的形式的合法性至少与要在它里面造就的目的按照自由法则的可能性相协调。"① 又说："即使按照自由概念（以及它所包含的实践规则）的因果性的规定根据未在自然中得到证明，而感性的东西也不能够规定主体中的超感性的东西，但这一点毕竟反过来（虽然不是就自然的知识而方，但毕竟是就出自自由概念对自然产生的后果而言）是可能的，并且已经包含在一种凭借自由的因果性的概念之中，这种因果性的结果应当按照自由的这些形式法则来在世界上发生"②。这就是说，虽然不能在自然中找到自由概念的因果性的根据即原因，作为主体人的感性的东西不能规定他的超感性的东西，也就是自然概念的领域不能产生和影响自由概念的领域。但是，超感性的东西却能规定感性的东西，自由概念的因果性可以作为原因对自然现象发生作用，也就是自由概念的领域能产生和影响自然概念的领域。自由概念应该把它的法则所要求实现的目的在感性世界里实现出来，事实上也就是自由概念应使它的道德法则的要求在人们的感性行为中得到实现。在这里，康德就肯定了沟通自由概念领域和自然概念领域另一方面的可能性，即从自由概念领域产生自然概念领域现象，或前者对后者施加影响的可能性。

那么，如何证明自由概念的领域对自然概念的领域具有影响呢？康德认为，要证明这一点，"自然必须也能够这样来设想，即它的形式的合法则性至少与要在它里面造就的目的按照自由法则的可能性相协调。"③ 这就是说，要证明自由领域对自然领域具有影响，必须证明自然界在形式上具有合法则的性质，并且这种合法则性

---

① ［德］康德：《判断力批判》，李秋零主编：《康德著作全集》第 5 卷，中国人民大学出版社 2007 年版，第 185 页。

② ［德］康德：《判断力批判》，李秋零主编：《康德著作全集》第 5 卷，中国人民大学出版社 2007 年版，第 205 页。

③ ［德］康德：《判断力批判》，李秋零主编：《康德著作全集》第 5 卷，中国人民大学出版社 2007 年版，第 185 页。

和按照自由法则在自然中实现目的的可能性是相互一致的。在康德看来，对于自由概念来说，结果就是终极的目的，这种终极目的必须在自然界或感性世界中得以实现。换言之，自由因果作用在感性世界里的结果，也就是它在感性世界里表现的终极目的。要使这种作为结果的终极目的在感性世界里存在成为可能，必须在感性世界中即在作为主体的人的自然方面已经预先肯定了这种目的的存在，也就是说，自由概念的终极目的在自然界（感性世界）存在成为可能的条件是，自然界里已经预先肯定了这种目的的存在。康德说："按照自由概念的结果就是终极目的，它（或者它在感官世界中的显象）应当实存着，为此人们预设了它在自然中的可能性的条件（即作为感官存在者，也就是作为人的那个主体的可能性的条件）。"①

什么是这种终极目的在感性世界里可能存在的条件呢？康德认为这就是自然的合目的性。判断力以自然合目的性的概念预先肯定了这种终极目的在感性世界里存在。判断力使从自然诸概念的规律性过渡到按照自由概念的终极目的成为可能。只有通过这个概念，自由的终极目的的可能性才被认识，自由的终极目的才能在自然里成为现实，并使它和自然诸规律的和谐一致成为现实。康德说："先天地、不顾及实践而预设这些条件的东西，即判断力，在自然的一种合目的性的概念中，提供了自然概念和自由概念之间的中介概念，这个概念使得从纯粹的理论理性到纯粹的实践理性、从按照前者的合法则性到按照后者的终极目的的过渡成为可能；因为这样一来，唯有在自然中并且与自然的法则相一致才能成为现实的那个终极目的的可能性，就被认识到了。"②

在康德看来，判断力虽然不像感性和理性那样具有自己的立法，但它们仍具有自己独特的原理，尽管它只是主观的、先验的原理。康德认为，判断力的主观的先验原理就是自然的合目的性。"自然的合目的性这个先验概念既不是一个自然理念，也不是一个自由理念，因为它根本没有把任何东西赋予客体（自然），而是仅仅表现着我们关于一个普遍关联着的经验而对自然的对象做出反思时必须如何行事的唯一方式，因而表现为判断力的一个主观原则（准则）；因此，如果我们在纯然经验性的法则中找到这样一种系统的统一性，我们也感到高兴（真正说来是了结了一种需要），就好像这是一个幸运的、对我们的意图有利的巧合似的；尽管我们必须必然地假定，它是这样一种统一性，我们毕竟不能看出和证明它。"③就是说，用知性范畴去认识自然，自然只是一种量的无穷堆积而已，它们之间只有机械的因果联系，果

---

① ［德］康德：《判断力批判》，李秋零主编：《康德著作全集》第5卷，中国人民大学出版社2007年版，第205～206页。

② ［德］康德：《判断力批判》，李秋零主编：《康德著作全集》第5卷，中国人民大学出版社2007年版，第206页。

③ ［德］康德：《判断力批判》，李秋零主编：《康德著作全集》第5卷，中国人民大学出版社2007年版，第193～194页。

为因决定，果不能影响和决定因。要把自然了解为一种部分与整体之间、部分和部分之间有内在的交互联系，即因果之间能相互作用，因不仅决定果，而又为果所影响，就需要"合目的"这样的理念，即果是合目的，为了果而有因。要把某些自然之物（如动植物）和整个自然界了解为有机的系统，就需要这种自然合目的的理念。

但是，这种自然合目的性，并不能从自然界之中找到经验的证实，并不是自然对象中所客观具有的，因而它不是一种自然的概念。它也不能决定行为，因而也不是自由的概念。这种自然合目的性只是人为了认识自然所必须采取的一种主观的先验原则。康德认为，虽然判断力的这种先验原则既不是知性的（认识），也不是理性的（道德），而是反思判断力的主观原则，然而，根据这个原则可以找到它的法则。这种法则"即为知觉呈现给它的特殊的东西找到普遍的东西，并为不同的东西（虽然对于每个属来说是普遍的东西）又找到在原则的统一性中的联结，使自己的普遍法则特殊化"，"人们可以把这法则称为在自然的经验性法则方面自然的特殊化法则"。①这个法则的特殊性就在于判断力给予某些自然之物和整个自然一种合目的性，而在这方面知性是不能给自然提供法则的。因为知性只给自然提供因果必然的规律，不承认自然合目的性的存在。由于知性不能给自然以合目的的性质，根据知性不能给自由概念的目的存在于自然提供可能，因而必须通过判断力给自然赋予这种性质。"判断力必须把这个目的赋予自然，因为知性在这方面不能给自然指定任何法则。"②

不过，康德又认为，知性虽然不能承认自然合目的性的存在，但它可以把合目的性当做是自然的、偶然的情况，而不与自然诸规律相矛盾。"自然与我们的认识能力的这种协调一致，是判断力为了自己按照其经验性法则对自然作出反思而先天地预设的，因为知性同时在客观上承认它是偶然的，而唯有判断力才把它当作先验的合目的性（与主体的认识能力）赋予了自然"③。合目的性的先验原理，肯定了合目的性就是目的，肯定了某些自然之物和整个自然界是合目的的。这样，它就使自由的结果作为终极目的在感性世界里存在成为了可能。也就是说，根据自然合目的性的原则，自然界中有些事物（如人的感性方面）是合目的的，这就预先肯定了作为自由概念结果的终极目的在感性世界里是存在的。所以，正如齐良骥所指出的："从实践理性的领域向自然界过渡，两方面达到统一的关键点正是自然界合目的性概念。"④

　　① ［德］康德：《判断力批判》，李秋零主编：《康德著作全集》第 5 卷，中国人民大学出版社 2007 年版，第 195 页。

　　② ［德］康德：《判断力批判》，李秋零主编：《康德著作全集》第 5 卷，中国人民大学出版社 2007 年版，第 196 页。

　　③ ［德］康德：《判断力批判》，李秋零主编：《康德著作全集》第 5 卷，中国人民大学出版社 2007 年版，第 194 ～ 195 页。

　　④ 齐良骥：《康德》，王树人、李凤鸣编：《西方著名哲学家评传》第六卷，山东人民出版社 1984 年版，第 64 页。

　　康德认为，合目的性在经验对象中能以两种方法表述出来，一种方法是从纯粹主观方面来表述它，另一种方法是从客观方面表述它。康德说："在一个于经验中被给予的对象上，合目的性可以要么出自一种纯然主观的根据，被表现为对象的形式在先于一切概念而对该对象的把握（apprehensio）中与诸认识能力为将直观与概念结合成一种知识而有的协调一致；要么出自一种客观的根据，被表现为对象的形式按照事物的一个先行的、包含这形式的根据的概念而与事物本身的协调一致。我们看到过：前一种合目的性的表象基于在仅仅反思对象的形式时对该形式的直接愉快；因此，第二种合目的性的表象由于不是把客体的形式与主观在把握这形式时的认识能力联系起来，而是把它与对象一个被给予的概念之下的一种确定的知识联系起来，就与对事物的一种愉快情感毫无干系，而与对事物的评价中的知性相关。"① 康德认为，我们能够把自然美作为形式（仅是主观的）的合目的性的概念来表述，而自然的目的则能够作为概念的一个实在的（客观的）合目的性来表述。前者可以借助于愉快情绪审美地通过鉴赏来判定，后者则按照诸概念逻辑地通过知性和理性来判定。于是康德分别对形式（主观）的合目的性和实在（客观）的合目的性进行了论证。

二、形式（主观）的合目的性的论证

　　康德认为，形式的或主观的合目的性不是客体自身的一种性质。它与客体本身无关，只与主体有关，它不是对客体的认识，而是客体的一种主观表象，并且是一种直接和愉快和不快相联系的表象。在康德看来，说对象（客体）是合目的性的，就是因为这种对象的表象直接和愉快和不快相联系的。他说："一个事物的合目的性，如果它在知觉中被表现出来，也不是客体本身的任何性状（因为这样一种性状是不能被知觉的），尽管它能够被从一个事物的某种知识中推论出来。因此，先行于一个客体的知识的，甚至不想为了一种知识而使用该客体的表象也仍然与这表象直接地结合着的那种合目的性，就是这表象的主观的东西，它根本不能成为知识的成分。因此，对象在这种情况下之所以被称为合目的性，就只是因为它的表象直接地与愉快的情感相结合；而这表象本身就是合目的性的一个审美表象。"② 既然主观的合目的性是一种直接和愉快及不快结合着的表象，那么，"问题仅仅在于，一般

---

　　① ［德］康德：《判断力批判》，李秋零主编：《康德著作全集》第 5 卷，中国人民大学出版社 2007 年版，第 202 页。

　　② ［德］康德：《判断力批判》，李秋零主编：《康德著作全集》第 5 卷，中国人民大学出版社 2007 年版，第 199 页。

说来是否有合目的性的这样一种表象。"①

在康德看来，主观合目的性作为一种直接和愉快或不快结合着的表象，就是一种合目的性的审美表象。由于主观目的性是一种直接和愉快或不快结合着的，因而所形成的合目的性是通过愉快或不快的情感来判定的，而这就是康德所谓的审美判断。因此，是否有直接和愉快及不快结合着的合目的性的表象的问题，就成为了是否有直接和愉快及不快结合着的合目的性的审美表象的问题，或者说是否有通过愉快或不快的情感来判定合目的性的审美判断问题。这样，什么是形式合目的性、怎么会有形式的合目的性的问题就成了什么是审美判断、怎么会具有审美判断的问题。于是，康德就从对审美判断的分析、对审美判断力的批判来解决是否有一个合目的性的表象问题，通过证明审美判断和美学表象中的合目的性的存在来论证主观的合目的性或合目的性表象的存在。

首先，康德是从对美的分析来说明审美判断是一种通过愉快或不快的情感来判定形式（主观）的合目的性的能力。康德对审美判断（即鉴赏判断）分别从质、量、关系和模态四个方面进行了分析，通过这四个方面的分析总结出了对审美判断或美作了规定和说明（其结论见本书第二章第 5 节）。在本书第二章我们已经指出过，从质的、量的和模态方面的分析主要是说明美是一种愉快的情感，审美判断是通过愉快或不快来判定美的；而从关系方面的分析则是要指出美是一种主观的（即无目的）合目的性的表象，审美判断是一种没有目的的合目的性的判断。

从质的方面分析，康德主要的目的是把审美判断的愉快与那些利害关系引起的愉快即适意、善的愉快区分开来，从而证明审美判断的愉快是没有任何利害关系的。康德认为，审美判断的愉快，首先不同于其他的动物性欲望、官能满足时感觉上的快感、适意。这种动物性官能感觉的适意只与一定的自然生理需要有关，是外于对象刺激而生的感受性的满足。审美判断的愉快也不同于善的愉快。一个东西是善的有两种情形：或者它是达到另一东西的手段，这是有用的；或者它本身是令人满意的，那么，它本身便是善的。善的愉快是一种理性对于意欲的关系，这也包含了某种利害关系。生理的适意和道德的愉快都与对象的存在有关，审美的愉快或不快则只与对象的表象有关，也就是说，它不是某个对象的实际用途或存在价值，而只是这个对象在人心里的表象使人产生愉快或不快。康德说："人们很容易看到，要说这个对象是美的，并且证明我有鉴赏，这取决于我从我心中的这个表象本身得出什么，而不取决于我在其中依赖于该对象的实存的东西。每一个人都必须承认，关于美的判断只要掺杂了丝毫兴趣，就会是偏袒的，就不是鉴赏判断。"②所以，康

---

① ［德］康德：《判断力批判》，李秋零主编：《康德著作全集》第 5 卷，中国人民大学出版社 2007 年版，第 199 页。

② ［德］康德：《判断力批判》，李秋零主编：《康德著作全集》第 5 卷，中国人民大学出版社 2007 年版，第 212 页。

德说："在愉悦的所有这三种方式中，唯有对美者的鉴赏的愉悦才是一种没有兴趣的和自由的愉悦；因为没有任何兴趣，既没有感官的兴趣也没有理性的兴趣，来强迫作出赞许。"①康德认为，适意、美、善，这三者表示表象对于愉快与不快的三种不同关系。在这些关系里我们可以看到其对象或表象都彼此不同。适意也适用于无理性的动物，善一般地适用于一切有理性的动物，而美只适用于既具有动物性又具有理性的人类。康德之所以要把三种愉快加以区别，是因为只有那种无利害关系的和自由的愉快情感才能判定主观的形式的合目的性。

从量的方面分析，康德主要是要指出美不凭概念而能普遍地引起愉快。这里康德强调的是审美的愉快不是概念引起的，因而不具有客观的普遍有效性，但它又是普遍有效的，因而它只能是一种主观的普遍有效的愉快。康德认为，既然美是无一切利害关系的愉快的对象，也就是说它不是植根于主体的任何偏爱和利害感，人们就不会只根据自己的需要、与自己有关系的条件作为这种愉快的根据。因而，可以认为这种愉快的根据是他所设想人人共有的那些东西，他有理由设想每个人都同样会感到这种愉快。这样，这种愉快不是依据概念而具有客观的普遍性，但它却主观上具有普遍性。康德说："与意识到自身中脱离了一切兴趣的鉴赏判断必然相联系的，是一种不带有被置于客体之上的普遍性而对每个人都有效的要求，也就是说，与它相结合的必须是一种主观普遍性的要求。"②审美愉快的这种特征与适意和善也是不相同的。适意完全不要求普遍有效性，你爱吹乐，我爱弦乐，这可以并行不悖，并不要求统一。对于适意，"每一个人都有他自己的鉴赏（感官的鉴赏）"③。就善而言，虽然它的判断也要求对于每个人有效，但它必须经由概念作为普遍的愉快对象表现出来。审美则不然，把一个对象称作美，必须假定别人也同样感到这种愉快。康德之所以要强调审美判断的愉快具有普遍性，是因为只有肯定这一点，才能肯定主观合目的性对于所有人在主观上都是有效的，在所有人那里都是存在的。

从模态方面看，康德是要指出美的愉快的必然性。在这里康德强调，美对于愉快具有必然的关系。既然审美愉快是普遍有效的，那它是如何可能的呢？要回答这个问题就必须宣称这种审美愉快具有无条件的必然性。康德认为，审美愉快的必然性既不是理论性的客观必然性，也不是一种实践的客观规律的必然结果，因而它是一种不能从一定的概念引申出来的特殊的必然性。既然审美愉快的必然不能来自概念，那就只能来自情感，但又不能是"私人的感情"，不能是个人的癖好与幻想，

---

① ［德］康德：《判断力批判》，李秋零主编：《康德著作全集》第5卷，中国人民大学出版社2007年版，第217页。

② ［德］康德：《判断力批判》，李秋零主编：《康德著作全集》第5卷，中国人民大学出版社2007年版，第219页。

③ ［德］康德：《判断力批判》，李秋零主编：《康德著作全集》第5卷，中国人民大学出版社2007年版，第220页。

而必须是一种共同情感。因此，康德就"假设"了一种"共感"作为审美愉快必然性的条件。康德说："唯有在存在着一种共感（但我们并不把它理解为任何外部感觉，而是理解为我们的诸认识能力的自由游戏的结果）的前提条件下，我是说，唯有在这样一种共感的前提条件下，才能作出鉴赏判断。"①由于审美判断的必然性是以共感为条件的，因而是一种主观的必然性。康德之所以要强调审美判断的主观必然性，是因为只有肯定这一点，才能证明通过愉快与不快的情感来判定主观合目的性在主观上普遍必然的性质。

从关系方面看，康德是要指出对象的无目的的合目的性。这里康德强调的是审美判断的形式的或主观的合目的性。康德把合目的性分为客观的合目的性与主观的合目的性。客观的合目的性，或是外在的合目的性，即功用性；或是内在的合目的性，即对象的完善性，如伦理的善。从这种客观合目的性来看，审美判断并没有目的性，因为美不能涉及功用，同时美是主观的，也不能说它符合于概念的完善性。但是，审美判断是对象使人产生一种美的感觉，使人主观上感到愉快，即具有合目的性，这样审美判断的合目的性不是某个具体的客观的目的，而是主观上的一般合目的性，所以它是一种对象的无目的的主观的合目的性。也由于这种合目的性只联系对象的形式，因而也是一种形式的合目的性。

康德特别强调美作为形式的主观的合目的性与完善性的概念的区别。因为完善性作为一种客观的内在的合目的性比作为外在的客观合目的性的功用性更接近于美的称谓，甚至有的著名哲学家如鲍姆伽敦就把完善性看做是美。因此，"在一个鉴赏批判中断定美是否也可以实际上化解在完善性的概念中，这是非常重要的。"②康德说："通过美这样一个形式的主观合目的性，绝对没有把对象的完善性设想为所谓形式的，尽管如此却还仍然是客观的合目的性。"因为，"鉴赏判断就是一个审美判断，亦即一个基于主观根据的判断，而且其规定根据不能是概念，因而也不能是一个确定的目的的概念。"③关于美的形式的主观的合目的性，康德举例说，看到一个人长得健壮均匀，躯体各部分构造有机地相互依存，使人觉得具有适应于生存的特定主观目的。但如看见一朵花，除了植物学家知道它的组织结构各部分的特定目的和功能外，作为欣赏者是不需要也不会觉察这种特定的客观目的的。它所唤起的只是一种从情感上觉得愉快的主观的合目的性。这就是说，对象（花）的形式（外在形象）在我们的心里引起了愉快的感情，这就构成了审美的合目的性。这种合目

① ［德］康德：《判断力批判》，李秋零主编：《康德著作全集》第 5 卷，中国人民大学出版社 2007 年版，第 247 页。

② ［德］康德：《判断力批判》，李秋零主编：《康德著作全集》第 5 卷，中国人民大学出版社 2007 年版，第 235 页。

③ ［德］康德：《判断力批判》，李秋零主编：《康德著作全集》第 5 卷，中国人民大学出版社 2007 年版，第 236 页。

的性就是没有特定的具体的客观目的的主观合目的性，这才是审美判断。康德说："一个不受魅力和感动任何影响（即使它们可以与对美者的愉悦相结合），因而仅仅以形式的合目的性为规定根据的鉴赏判断，就是一个纯粹的鉴赏判断。"①"其评判以一种纯然形式的合目的性，亦即一种没有目的的合目的性为基础的美者，完全不依赖于善者的表象，因为善者是以一种客观的合目的性，亦即对象与一个确定的目的的关系为前提条件的。"②"审美判断使一个客体借以被给予的那种表象仅仅与主体发生关系，并且不是使人注意对象的性状，而是仅仅使人注意在规定致力于对象的表象力时的合目的的形式。判断之所以叫做审美的，也正是因为它的规定根据不是概念，而是诸般心灵能力的游戏中那种一致性的（内部感官的）情感，只要那种一致性被感觉到。"③

　　总体来说，对美的分析虽然说明美是一种直接和愉快与不快结合着的合目的性的表象，审美判断就是通过愉快与不快的情感判定是主观合目的性的判断（能力）。但是在审美判断这四个特征中，康德特别强调无目的的合目的性的意义，认为无目的的合目的性是审美判断的决定性的前提，是最突出的特征。他说："鉴赏判断仅仅以一个对象（或者其表象方式）的合目的性的形式为根据。"④在康德看来，正是无目的的合目的性或主观的（形式的）合目的性，与其他一切愉快的概念区分开来。除审美愉快以外，一切愉快都是有目的的，或者是主观目的（如适意），或者是客观目的（如善），这些都是以这种总是在本身就带有利害感的目的作为判定愉快对象的规定根据。但是审美判断的主观的合目的性，它首先是无目的（包括客观目的和主观目的）的，因而它本身不带有利害感。这样，它就把它和其他一切愉快区别了开来，而且它就能够在主观上对每个人都有效。也由于主观合目的性是合目的性的，对象的形式能在我们的主观上产生愉快，这样，它就是一种情感而不是一种认识，它以情感为根据，而不是以概念为根据。因此，在康德看来，主观合目的性是构成不同于其他一切判断愉快的审美判断和审美愉快的规定根据。他说："在把一个对象规定为美的对象时的这种关系，就是与一种愉快的情感相结合的，这种愉快通过鉴赏判断同时被解释为对每个人都有效的；所以，一种伴随着表象的适意，正如对象的完善性的表象和善概念一样，不可能包含着这种规定根据。因此，唯有一个对象的表象中不带有任何目的（无论是客观的目的还是主观的目的）的主

---

①　［德］康德：《判断力批判》，李秋零主编：《康德著作全集》第5卷，中国人民大学出版社2007年版，第231页。

②　［德］康德：《判断力批判》，李秋零主编：《康德著作全集》第5卷，中国人民大学出版社2007年版，第234页。

③　［德］康德：《判断力批判》，李秋零主编：《康德著作全集》第5卷，中国人民大学出版社2007年版，第236～237页。

④　［德］康德：《判断力批判》，李秋零主编：《康德著作全集》第5卷，中国人民大学出版社2007年版，第228页。

要合目的性，因而唯有一个对象借以被给予我们的表象中的合目的性的纯然形式，就我们意识到这种形式而言，才构成我们评判为无须概念而普遍可传达的那种愉悦，因而构成鉴赏判断的规定根据。"① 由于"无目的的合目的性"在康德看来是审美判断的规定根据，因而它在康德关于美的分析以至于整个审美判断力批判中占有核心的地位，正如李泽厚所指出的，"没有目的的合目的性是康德'美的分析'的中心"②。但李泽厚并没有指出康德为什么要特别突出审美判断的无目的的合目的性。在我们看来，康德之所以把"无目的的合目的性"看做是审美判断的规定根据，看做是美的分析的核心，是因为证明了"无目的的合目的性"是审美判断的根据，或者说就是审美判断，也就证明了他所要证明的自然主观合目的性的存在，证明直接和愉快与不快结合着的合目的性的表象的存在。这是康德的真正用心之所在。

"美的分析"是康德审美判断力批判的主要部分，在这里，康德从正面解决了他所提出的问题，即直接和愉快与不快结合着的审美表象是否存在的问题。接着，康德研究了"崇高"的问题。在康德看来，崇高判断像审美判断一样也是一种反省判断，因此它也应属于判断力批判研究的范围。康德研究崇高问题是要指出，虽然崇高和美一样都是令人愉快的，但崇高的判断并不是一种审美的判断，因为它并不指示出自然具有任何合目的性，从而一方面进一步说明主观合目的性的特征，另一方面为从感性上的主观合目的性向知性和理性的客观合目的性过渡提供桥梁。通常人们把美的分析和崇高的分析看做是康德美学思想的两个方面，如果从单纯的美学观点看，这种看法未尝不对，但如果从康德的整个判断力批判的主旨看，从康德的整个思想体系看，这种看法是不能成立的。康德研究崇高的目的并不是为了建立他的系统的美学理论，而是为了研究自然的合目的性问题，研究主观合目的性如何和客观的合目的性衔接的问题，从而为最终解决自由是否能作用自然这个判断力批判的总问题提供条件。我们如果忽视这一点，就不可能真正理解康德的思想体系及其实质。

康德把前面所研究的美看作是一种自然美，而把这里研究的崇高视为一种自然对象的崇高。康德认为美和崇高有一致的方面。它们都是主观的感觉，它们都不涉及概念和欲望，它们本身都普遍必然地给人以愉快。两者的判断都不是感官的，也不是理论地规定着的，而是以合乎反省判断为前提的，对于每个主体具有普遍的有效性。他说："作为审美的反思性判断力的判断，无论是对崇高者的愉悦，还是对美者的愉悦，都必须在量上表现为普遍有效的，在质上表现为无兴趣的，在关系上表现出主观的合目的性，在模态上把这种主观的合目的性表现为必然的。"③ 在

---

① ［德］康德：《判断力批判》，李秋零主编：《康德著作全集》第 5 卷，中国人民大学出版社 2007 年版，第 229 页。

② 李泽厚：《批判哲学的批判》（修订本），人民出版社 1984 年第 2 版，第 379 页。

③ ［德］康德：《判断力批判》，李秋零主编：《康德著作全集》第 5 卷，中国人民大学出版社 2007 年版，第 256 页。

这一点上，崇高和美并没有什么差别。但是，美和崇高也有重大的差异。最明显的差异是，美只涉及对象的有限的形式，而崇高则能在对象的"无形式"中发现。当对象是"无限制的""无限大的"事物，同时又能设想它是一个完整体时，我们也可能产生崇高感。美是一种单纯的快感，而崇高则是从痛感，从可怕的感觉而转为快感。康德说："二者之间显著的区别也是引人注目的。自然的美者涉及对象的形式，这形式就在于限制；与此相反，崇高者也可以在一个无形式的对象上发现，只要在这个对象上，或者通过这个对象的诱发而表现出无限制，但毕竟还给这种无限制联想到总体性；美者似乎被当做一个不确定的知性概念的展现，而崇高者则被当做一个同样的理性概念的展现。因此，愉悦在前者是与质的表象相结合，在后者则与量的表象相结合。甚至后一种愉悦在种类上也与前一种愉悦有很大的区别，因为前者（美者）直接带有一种促进生命的情感，因而可以与魅力和一种游戏着的想象力相结合；而后者（崇高的情感）则是一种仅仅间接地产生的愉快，也就是说，它使得它乃是通过一种对生命力的瞬间阻碍，以及接踵而至的生命力更为强烈的涌流的情感而产生的，因此它作为激动显得不是游戏，而是想象力的工作中的认真。所以，它也不能与魅力相结合，并由于心灵不仅被对象所吸引，而且也交替着一再被对象所拒斥，对崇高者的愉悦就与其说包含着积极的愉快，倒不如说包含着惊赞和敬重，也就是说，它应当被称为消极的愉快。"①

这是美和崇高的明显的外在差异。除此之外，康德认为这两者还有一种最重要的和内在的差异。这种差异是什么呢？康德认为这种差异就在于，自然美自身在它的形式里就带着一种合目的性，对于我们的判断力来说，对象的这种合目的性好像是预先就已被规定了的，这样它就构成了一个愉快的对象；与此相反，崇高却是在观赏中，对象在形式上可能显得对我们的判断力来说是违背目的的，与我们的展现能力不相适应的，对于想象力来说好像是粗暴的，崇高正是所有这一切不经过思维而在我们内心所激起的情绪。因此，崇高根本不指示出自然本身里的任何目的性，它只是在进行自然直观时在我们内心里激起的完全不属于自然界的合目的性的感觉。因此，与自然美必须在我们以外的自然中去寻找根据不同，"崇高者不应当到自然的事物中，而只应当到我们的理念中去寻找"②，它与更高的合目的性理念（理性的合目的性理念）相交涉，是这种理念把崇高性赋予自然的表象。康德说："崇高者与美者的最重要的和内在的区别也许是这种区别：当我们在这里合理地首先只考虑自然客体上的崇高者（因为艺术的崇高者总是被限制在与自然的协调一致的那些条件之上）的时候，自然美（独立的自然美）在其显得仿佛是预先为我们的判断

① ［德］康德：《判断力批判》，李秋零主编：《康德著作全集》第 5 卷，中国人民大学出版社 2007 年版，第 254 页。

② ［德］康德：《判断力批判》，李秋零主编：《康德著作全集》第 5 卷，中国人民大学出版社 2007 年版，第 259 页。

力规定对象所凭借的形式中就带有一种合目的性，于是就独立地构成愉悦的一个对象；与此相反，在我们心中无须玄想仅仅在把握中就激起崇高者的情感的东西，尽管在形式上可能显得对我们的判断力来说是违背目的的、与我们的展现能力不相适应的、对于想象力来说仿佛是粗暴的，但仍然只是被判断为更加崇高的。"① "自然的崇高者的概念远远不如自然中的美者的概念那样重要和富有结果；它所表明的根本不是自然中的合目的的东西，而只是其直观的可能应用中的合目的的东西，为的是使一种完全不依赖于自然的合目的性在我们自己心中能够被感觉到。"② 康德认为，由于崇高根本不指出自然本身具有任何目的性，因而必须把崇高的理念与自然合目的性的理念完全分开，"使崇高者的理论成为对自然的合目的性的审美评判的一个纯然附录"③。

　　然而，尽管在崇高中不包含任何自然界的合目的性，但它却包含着一种更高的合目的性的理念，即和理性理念或道德理念相应合，它不包含在任何感性形式里，但却涉及理性的理念。"真正的崇高者不能包含在任何感性的形式中，而是仅仅涉及理性的理念；虽然不可能有任何与这些理念相适合的展现，但这些理念却正是通过这种可以感性地予以展现的不适合性而被激活，并被召唤到心灵之中的。"④ 所以，并不是任何自然的对象可以称为崇高，辽阔的、被风暴激怒的海洋不能称作崇高，它的景象只能是恐怖的。"如果要通过这样一种直观，通过心灵受鼓励离开感性而专注于包含着更高的合目的性的理念，而使心灵具有一种本身崇高的情感，那么，人们就必须已经用各种各样的理念装满了心灵。"⑤ 康德特别强调真正的崇高不在自然对象里，而只能在我们的观念里寻找。他一再指出这一点，就是要突出崇高感是理性在内部的自然和外面的自然影响我们时去超越它而无畏地评判它。"崇高不是包含在任何自然事物中，而是包含在我们的心灵中，只要我们能够意识到对我们里面的自然，并由此对我们外面的自然（如果它影响到我们的话）有优势。在这种情况下，凡是在我们心中激起这种情感——为此就需要自然的威力，它激励着我们的种种力量——的东西，就都叫做（尽管是非本真地）崇高的；而唯有在我们心中的这个理念的前提条件下，并且与它相关，我们才能够达到这个存在的崇高的理想，

① ［德］康德：《判断力批判》，李秋零主编：《康德著作全集》第 5 卷，中国人民大学出版社 2007 年版，第 254～255 页。

② ［德］康德：《判断力批判》，李秋零主编：《康德著作全集》第 5 卷，中国人民大学出版社 2007 年版，第 256 页。

③ ［德］康德：《判断力批判》，李秋零主编：《康德著作全集》第 5 卷，中国人民大学出版社 2007 年版，第 256 页。

④ ［德］康德：《判断力批判》，李秋零主编：《康德著作全集》第 5 卷，中国人民大学出版社 2007 年版，第 255 页。

⑤ ［德］康德：《判断力批判》，李秋零主编：《康德著作全集》第 5 卷，中国人民大学出版社 2007 年版，第 255 页。

这个存在者不仅通过它那在自然中表现出来的威力，并且还更多地通过置入我们心中的、毫不畏惧地评判那种威力以及把我们的使命设想为被提高到那种威力之上的那种能力，而在我们心中造成内在的敬重。"①

既然崇高感对于感性来说是一种不愉快的感觉，那么它为什么能引起一种愉快感呢？这是因为崇高感虽然超出了最大的感性机能，是一种不愉快的感觉，但它却是和理性理念相应合的。在康德看来，对于理性理念的企望和努力，对于我们来说正是法则，这种法则同时属于我们的使命。一切在自然界里对于我们感觉来说作为大的对象，在和那理性的理念相比较时，将被估量为小的，当我们的内心感觉着一切感性尺度对于理性中的大的结果不一致时，内心里的不一致的感觉却正是和理性的法则相一致的，并且在感觉上是一种不愉快。因而这种不愉快是我们的超感性使命的情感在我们内心引起的。但是，按照这超感性的使命发现感性世界的每一个尺度都不适合理性的理念，这却正是合目的的，因此也就是愉快的。这种愉快感使我们看到理性对于感性的优越性，所以康德说："对自然中的崇高者的情感就是对我们自己的使命的敬重，我们通过某种偷换（用对于客体的敬重替换于我们主体里面人性理念的敬重）对一个自然客体表现出这种敬重，这就仿佛把我们的认识能力的理性使对感性的最大能力的优越性对我们直观化了。"②

康德在这里就说明了崇高如何能成为形式的合目的性过渡到客观的合目的性的中介。崇高感本来是人在自然的无形式的形式作用下对理性理念、对自身使命的崇敬，但却在审美感受中赋予给了自然对象，好像自然具有一种使我们产生崇高感的目的，使我们对自然产生很大的感叹。在下一节我们将看到，康德所谓的自然的客观合目的性正是一种并非自然本身所具有，而是人为了说明自然对象而赋予对象的概念。康德认为，正是崇高感表现出了理性（道德）对于感性的作用，显示了道德、伦理、人的实践理性的力量。因此，崇高虽然不是一种形式的合目的性，但它却是心灵借助于理性的力量，与巨大的自然对象相抗争，努力在心理上压倒它、战胜它，因而是一种更高的主观的合理性的目的性。这样，就在感性实现出理性理念，呈现出道德、伦理、人的实践力量。由于自然力量在这里还只是以其无形式的形式而不是以其存在来威胁人（例如，人是在观赏暴风雨，还不是真正处在暴风雨之中），所以它还是属于审美范围。它们是主观合目的性形式，还不是伦理行为。但很明显，这种审美感受是趋向和逐渐接近伦理道德的，表现了理性对感性、自由对自然的作用。康德由"美的分析"转到"崇高的分析"，虽然仍在审美判断力批判的范围内，却已由对自然美由形式的欣赏进到实质（存在）的赞叹，不只是把自

① ［德］康德：《判断力批判》，李秋零主编：《康德著作全集》第5卷，中国人民大学出版社2007年版，第274～275页。

② ［德］康德：《判断力批判》，李秋零主编：《康德著作全集》第5卷，中国人民大学出版社2007年版，第267页。

然的形式与我们主观愉快相联系，而且把自然的存在本身看做是具有客观目的的。"对自然的巨大惊赞的根据"，正在于"合目的性的东西，以及具有仿佛是有意为我们的应用而如此设立，但尽管如此却仍显得应当原初地归于事物的本质而不考虑我们的应用这样的性状的东西。"①这样，康德就由主观的审美判断进到客观的目的判断，从形式的合目的性过渡到内容的合目的性。

三、实在（客观）的合目的性的论证

康德在"审美判断力"批判里论证了形式（主观）的合目的性以后，接着在"目的论判断力"批判里研究了实在（客观）的合目的性问题。康德对形式（主观）的合目的性的论证是通过对形式而主观的目的即自然的形式的合目的性的研究作出的，而对实在（客观）的合目的性的论证则是通过对实质而客观的即自然的客观的合目的研究作出的。康德所谓的"自然的客观目的性"主要是指自然界的有机体生命（动植物）的结构和存在具有统一的系统性，似乎符合某种"目的"。这种所谓客观的合目的性的"客观"，并非如认识论中的客观经验判断那样，说对象本身确有目的，而仍是说，设想对象如有目的。在康德看来，自然中的有些事物，如有机体生命（动植物）单纯从机械的因果作用来看是不能解释的。他举例说，鸟的骨头中间是空的，鸟翼的位置便于飞翔，鸟的尾巴也便于转向，这不完全依赖于必然性，单纯借助自然的因果关系或有效关系是不能解释的。为说明这种情况，还要求助于一种特殊的因果关系，即目的关系。因为从单纯的机械因果作用来看，鸟的骨头、鸟翼、鸟的尾巴可以有多种多样别的特点，不会刚好符合于鸟飞翔的需要。所以，因果关系这样的自然原理不能说明它，但从目的论即事物的目的性来说，就可以解释了。康德认为这种目的性并不是自然界本身所具有的。它只是我们在探讨自然界时，用"根据目的的因果性的类比"，"而不是自以为能够据此解释它"②。所以康德说："关于自然按照目的的结合和形式的概念，在按照自然的纯然机械作用的因果性法则不够用的地方，毕竟至少是多了一条原则来把自然的显象置于规则之下。因为我们引证一个目的论的根据，是在这样的地方，即我们把就一个客体而言的因果性赋予关于客体的概念，就好像这种根据存在于自然里面（不是存在于我们心中）似的，或者毋宁说，我们是按照这样一种因果性（这类因果性是我们在自己心中发现的）的类比来想象对象的可能性的，因而是把自然设想成由于自己的能力而有技术的；与此相反，如果我们不把这样一种作用方式赋予自然，那么，自然的

---

① ［德］康德：《判断力批判》，李秋零主编：《康德著作全集》第 5 卷，中国人民大学出版社 2007 年版，第 377 页。

② ［德］康德：《判断力批判》，李秋零主编：《康德著作全集》第 5 卷，中国人民大学出版社 2007 年版，第 374 页。

因果性就必定被表现为盲目的机械作用。"①

康德把自然的目的区分为外在的目的与内在的目的，或相对的目的和绝对的目的，其区别在于把结果看成手段还是看成目的。按照康德的说法，"要么我们把结果直接视为艺术产品，要么只是视为别的可能的自然存在者之艺术的材料，因而要么视为目的，要么视为其他原因的合目的的应用的手段。"②康德认为，前一种目的性是内在的目的性，它是"自然存在者的一种内在的合目的性"；后一种目的性则是外在的目的性，它是指一个事物可以作为手段，即这个事物对他物有好处（或有用），这个事物对他物来说具有"有益性"。③

关于外在的目的性，康德举了这样一个例子：河流把各种有益于植物生长的沃土带到河口淤积起来，海水涨潮把这些沃土带到内地淤积在海边，海水退了，这些沃土适于植物的生长，其结果对人类极其有利。这里就有一系列目的性的联系，海水退掉的目的是涌上沃土，沃土积累是为了植物的生长，植物的生长是为了对人有利，前者对后者是手段。这种手段与目的关系可以无限制地类推，这个系列中的每一个中间项都是一种目的。在康德看来，这种目的就是一种外在的目的。由于这种目的是一事物对其他事物的适应性，也就是这事物以其自身适应另一事物。自身既是前一事物的目的，又是后一事物的手段，因而这种目的只是一种纯粹相对的目的，它作为目的，对于它自身来说并不是必然的，而是偶然的、外在的。康德认为："相对的合目的性尽管以假说的方式对自然目的给出指示，却仍然不给人以权利作出任何绝对的目的论判断。"④康德反对这种目的论，而重视自然的内在的合目的性。

康德认为，绝对的合目的性只能是内在的合目的性。康德所谓的自然的客观合目的性就是指的这种合目的性。康德提出，内在的合目的性不同于机械的单纯的有效因的因果关系（有效因就是原因结果的联系），可以称为有目的的因果性联系，康德有时也称为终极原因的联系。这种有目的的因果联系，除了包含有一个前进的从属之外，还包含有一个后溯的从属，也就是一个事物同时是原因又是它自己的结果。他说："那些作为结果的事物是以另一些作为原因的事物为前提条件的，它们不能反过来同时是后一些事物的原因。人们把这种因果结合称为作用因的结合（nexus effectivus——效果的联系）。但与此相反，毕竟也可以设想一种按照（关于

---

① ［德］康德：《判断力批判》，李秋零主编：《康德著作全集》第5卷，中国人民大学出版社2007年版，第374页。

② ［德］康德：《判断力批判》，李秋零主编：《康德著作全集》第5卷，中国人民大学出版社2007年版，第381页。

③ ［德］康德：《判断力批判》，李秋零主编：《康德著作全集》第5卷，中国人民大学出版社2007年版，第381页。

④ ［德］康德：《判断力批判》，李秋零主编：《康德著作全集》第5卷，中国人民大学出版社2007年版，第383页。

目的的）理性概念的因果结合，这种因果结合当人们把它视为序列时，会既带有一种下降的，也带有一种上溯的依赖性，在其中一度被标明为结果的事物，仍然上溯而理应得到它是其结果的那个事物的一个原因的称号。"①"如果一个事物自己是自己的原因和结果（尽管是在双重的意义上），那么，它就是作为自然目的而实存的。"②康德举例说，建造房屋是收取房租收入的原因，反过来说，收入房租又是建造房屋的原因。这种原因和结果的多因素的并存，交互作用和相互依赖的关系就是一种有目的因果联系。在这种情况下，原因可以称为结果，结果也可以称为原因。

康德认为有目的的因果联系只存在于有机存在者中，而"作为自然目的的事物就是有机存在者"③。什么是有机存在者？在康德看来，所谓有机存在者，就是指其中一切部分都是互为目的和手段的自然产物。他说："自然的一个有机产品就是在其中一切都是目的并且交互地也是手段的那种产品。在它里面，没有任何东西是白费的、无目的的，或者应归于一种盲目的自然机械作用的。"④康德把自然合目的性看做是不同于诸经验规律的特殊化法则，其中就包含了这种法则只适用于有机存在者的意思。正是根据这一点，我们不能以为康德把自然界的一切事物都看作是有目的的，认为自然界的一切事物都有目的，而这正是上面已讲到的康德所反对的外在目的论。

康德认为自然目的（即内在的目的）有三大特征。第一，事物的各部分与整体之间保持着有机的联系。"对于一个作为自然目的的事物来说，首先就要求：各个部分（按照其存在和形式）唯有通过其与整体的关系才是可能的。"⑤如上例，建房与收租构成一件事情的整体，这两种因素与整体有着有机的联系，离开整体而把各个因素分别开来就不能了解整体。在康德看来，这个事物本身就是一个目的，该事物的各因素是按照这个目的而联系起来的，因而是在一个目的概念或理念之下的。按照康德的看法，事物之所以成为有机存在者是因为由目的构成的该事物的全体概念所决定，离开了整体，部分就不能存在。例如，把手从躯体上切下来，就不成其为手了。第二，事物的各个部分交互产生，互为因果，因而原因就是结果，结果就是原因。这样，一个事物就由于它们自己的因果作用而构成一个全体。康德认为，

---

① ［德］康德：《判断力批判》，李秋零主编：《康德著作全集》第 5 卷，中国人民大学出版社 2007 年版，第 387 页。

② ［德］康德：《判断力批判》，李秋零主编：《康德著作全集》第 5 卷，中国人民大学出版社 2007 年版，第 385 页。

③ ［德］康德：《判断力批判》，李秋零主编：《康德著作全集》第 5 卷，中国人民大学出版社 2007 年版，第 386 页。

④ ［德］康德：《判断力批判》，李秋零主编：《康德著作全集》第 5 卷，中国人民大学出版社 2007 年版，第 391 页。

⑤ ［德］康德：《判断力批判》，李秋零主编：《康德著作全集》第 5 卷，中国人民大学出版社 2007 年版，第 387 页。

作为自然的目的性仅有上面两方面还不够，因为一种人工技艺的产物也可以具有这两点。比如说，人工制造的钟表，它的一个部分可以影响其他部分，离开了整体，部分就没有意义。但是，一个机件不能产生另一个机件，也没有自组织的功能。钟表的各个机件的相互作用只是人的作用才使它可能。因此，康德认为自然的目的性还必须具有第三个特征。这就是一事物是有组织的，并且具有自组织的功能，能够自己再生产。只有每一部分都是交互产生其他部分，"这样一个产品作为有机的和自己使自己有机化的存在者，才能被称为一个自然目的"①。它不只是像机电那样具有动力，它具有自身本来的形成力量，这种本来的形成力量使这个有机体自行运动、自己发展。在这个产品里，它既是由知性的因果概念产生，同时又由于目的性原理而成为一个全体。这样，本来的因果联系就可以做出目的性的理解。"因此，对于一个就自身而言并按照其内在可能性应当被评判为自然目的的物体来说，就要求它的各个部分在其形式以及结合上全都交替地产生，并这样从其因果性中产生出一个整体，这整体的概念反过来（在一个根据概念具有与这样一个产品相适合的因果性的存在者中）按照一个原则而是该物体的原因，因而作用因的联结就能够同时被评判为由终极因而来的结果了。"②根据康德自然目的的第三个特征，就前例中谈到的建房与收租关系而言，虽然它的各个因素不能和整体分开，各个因素是互为因果的，但却不具有自组织的功能，因而严格说来，它虽然是一个有目的的因果关系，但并不是一种自然的目的。

关于自然的目的，康德以树为例做了说明。树由树干、树枝、树叶等部分有机地联系而成为一个整体，没有树干、树枝、树叶不能成为树，但把它们从树的整体上分离开来，它们就失去了它们的作用，也就不成为树干、树枝、树叶了。这种不能分离的有机联系来源于各部分之间的交互作用的因果联系。树枝运送水分和养料，树叶吸取空气进行光合作用，它们互相依赖，互相维持，缺一不可，而且它们有自组织的功能，能够自己再生长，树叶落而又长，树枝枯而又绿。因此，一棵树是按照自然的规律而自行组织、自行发展的，一棵树的生长不是机械的，而是有机的，包含着自然的目的性。康德从对自然的形式合目的性的论证到对自然的实质的合目的性的论证，证明合目的性的表象是可能的，这样就为作为自由因果作用结果的终极目的存在的条件，即自然的合理性的存在提供了证明。但是康德并没有到此为止，他以此为基础进一步论述了自由因果作用的结果为什么是终极的目的，从而直接地、明确地回答了他所提出的问题。

在康德看来，根据一个事物的固有形式而鉴定它为一个自然目的（如前例所说

---

① ［德］康德：《判断力批判》，李秋零主编：《康德著作全集》第5卷，中国人民大学出版社2007年版，第388页。

② ［德］康德：《判断力批判》，李秋零主编：《康德著作全集》第5卷，中国人民大学出版社2007年版，第388页。

的海水退了，涌塞了沃土，沃土有利于植物生长），与认为这个事物的真实存在是自然的目的（如构成一棵树全体的各个部分之间的有机联系），这两者之间是有本质区别的。前面已说过，康德否认前者，肯定后者。但是在康德看来，要肯定后者必须研究自然的终极目的问题。"对于后一种断言来说，我们不仅需要关于一个可能的目的的概念，而且需要对于自然的终极目的（scopus——目的）的知识"①。康德认为，即使我们彻底检查整个自然，也不能发现任何东西具有作为创造的终极目的这种优越地位；即使我们主观上设想某种东西可以作为最终目的，但"那种也许对于自然来说还有可能是一个最终目的的事物，按照我们可能给它配备的一切想得出来的规定和属性，毕竟作为自然事物永远不能是一个终极目的"②。但是，如果一个东西的存在，具有计划，具有思想，能够形成目的，构成目的的体系，那它就不仅是一个目的，而且是一个终极目的。

康德说，当问一个东西的存在是为了什么目的时，答案可能有两种：其一，它的存在和产生与一个有意活动的原因（意图）毫无关系，那么就可以把它的起源理解为从自然的机械作用产生的结果；其二，它的存在是含有计划作为其根源，或者说它有理性，有思想。后者是把有目的的原因这种因果作用以及在这种因果作用的基础上的一个理念作为它的内在的可能的依据。"这样一个自然存在者的实存的目的就在它自身之中，也就是说，它不仅是目的，而且还是终极目的。"③康德认为，人就是这类自然存在者。他说："人就是创造在这尘世上的最终目的，因为人是尘世唯一能够给自己形成一个关于目的的概念，并能够通过自己的理性把合目的地形成诸般事物的集合体变成一个目的系统的存在者。"④"我们有充分的理由把人不仅像一切有机存在者那样作为自然目的，而且在这个尘世上也作为所有其余的自然事物与之相关而构成一个目的系统的那个自然最终目的，按照理性的原理来评判，虽然这不是为了规定性的判断力，却毕竟是为了反思性的判断力。"⑤

那么，使人成为自然的终极目的的是什么呢？康德认为，人也是一种自然物，外界的自然并不是把人看作它的一种特殊的宠儿，把它作为一种终极的目的。因为我们常常见到在自然的毁灭性的作用中，如瘟疫、饥荒、洪水、严寒、大小动物的

① ［德］康德：《判断力批判》，李秋零主编：《康德著作全集》第 5 卷，中国人民大学出版社 2007 年版，第 393 页。

② ［德］康德：《判断力批判》，李秋零主编：《康德著作全集》第 5 卷，中国人民大学出版社 2007 年版，第 444 页。

③ ［德］康德：《判断力批判》，李秋零主编：《康德著作全集》第 5 卷，中国人民大学出版社 2007 年版，第 443 页。

④ ［德］康德：《判断力批判》，李秋零主编：《康德著作全集》第 5 卷，中国人民大学出版社 2007 年版，第 444 页。

⑤ ［德］康德：《判断力批判》，李秋零主编：《康德著作全集》第 5 卷，中国人民大学出版社 2007 年版，第 447 页。

攻击等，自然并没有使人免于遭受灾害和伤害，如同没有使任何其他动物免于受害一样。不仅如此，人类内部也不是和谐的，人类往往使自己的同类遭受统治、压迫、残酷的战争等诸多的苦难。即使外界自然对人类有着最大的善意，人类也会由于内部的自行毁灭而不能领受。因此，"人永远只是自然目的的链条上的一个环节"①；在自然的因果作用中，人不过是一种手段。人作为世上唯一拥有知性因而具有把自己有意选择的目的摆在自己面前的能力的存在者，他确实有资格做自然的主人。假如我们把自然看作为一个目的论所说的体系，那么人生成就是自然的最终目的了。但是，人作为自然的主人、自然的终极目的必须具备一个条件："他理解这一点，并具有给自然和他自己提供出这样一个目的关系来的意志，这目的关系能够不依赖于自然而自给自足，因而是终极目的，但这终极目的是根本不必在自然中寻找的。"②相反，要按照他的自由目的的各种准则把自然作为一种手段。所以康德认为，作为自然终极目的的存在者，不仅它们的因果作用是目的论的，就是说是向着目的，而且它们必须具有这种品质，即它们自己确定其目的的法则的依据是它们想象为无条件的并且不依靠自然的任何东西，但就自身而言却是必然的。这类存在者就是人，可是不是作为现象看的人，而是作为本体看的人，即作为理智世界成员的人。"唯有这样的自然存在者，我们在它身上从它自己的性状方面，能够认识到一种超感性的能力（自由），甚至认识到那种因果性的法则，连同这种因果性的那个能够把自己预设为最高目的的客体（世界上的至善）。"③"唯有在人里面，但也是在这个仅仅作为道德性的主体的人里面，才能发现目的方面的无条件立法，因此，唯有这种立法才能使人有能力成为终极目的，整个自然都是在目的论上隶属于这个终极目的的。"④就是说，人之所以可以作为世界上唯一的终极目的的自然存在，是因为它身上具有一种超感性的能力，这种能力能够为自己立法（确定道德法则），并且按照道德法则行动。在康德看来，假如世界只是由无生命的事物所构成，或者其中包含有生命然而没有理性的部分物体，那么这种世界的存在就会毫无价值。另一方面，假如世界上有理性的存在者，然而他们都把事物存在的价值只寄托于他们的幸福，而不是在自由中得到这种价值，即不考虑道德价值，那么世界上也只有相对的目的，而没有绝对的价值，因为这种有理性的存在者的存在仍然是没有目的的。然而，道德法则的特点是，它不是要求有理性的存在者只追求这种有条件的相对目

---

① ［德］康德：《判断力批判》，李秋零主编：《康德著作全集》第 5 卷，中国人民大学出版社 2007 年版，第 448 页。

② ［德］康德：《判断力批判》，李秋零主编：《康德著作全集》第 5 卷，中国人民大学出版社 2007 年版，第 449 页。

③ ［德］康德：《判断力批判》，李秋零主编：《康德著作全集》第 5 卷，中国人民大学出版社 2007 年版，第 453 页。

④ ［德］康德：《判断力批判》，李秋零主编：《康德著作全集》第 5 卷，中国人民大学出版社 2007 年版，第 454 页。

的，而是要求有理性的存在者达到无条件的目的，即终极目的。这个终极目的就是世上通过自由而成为可能的至善。如果道德法则能体现于行为中，它就对他的感性性质发生了直接的影响（克服欲望），也对外部世界发生了间接的影响（改造自然界）。如果彻底实现道德原则，人与自然都在道德的目的的控制下，那就达到了终极目的，这时候人与自然的对立完全消失了，人就成为了终极目的。所以，康德说："如果某个地方有理性必须先天地说明的终极目的成立，那么，这个终极目的就不可能是别的，而只能是服从道德法则的人（即每一个理性的尘世存在者）。"①

由以上分析可见，康德从自然的目的性论证引出了自然的终极目的的论证，最终得出了人就是自然的终极目的的结论。人之所以能成为终极的目的，是因为他能不依据任何其他东西，而仅依据自身的理性必然性为自己规定终极的目的（道德法则，即自由的因果作用），并且把这种终极目的作为自己感性行为追求的目标，因而这种终极目的也就成了感性世界中感性行为的结果，因而自由概念的因果作用的结果也就成为了感性世界中的终极目的。如此，康德就最终证明了自由领域为什么能够过渡到自然领域，自由领域为什么对自然领域具有影响的问题。康德通过判断力的批判，从审美判断力的批判（研究自然的形式合目的性）到目的论判断力批判（研究自然的实质的合目的性），终极落脚到人是最终目的，从而解决他所提出的自由为什么能够过渡到自然的问题。这就是康德论证自由过渡到自然的全过程。这样，康德就完成他对自由问题的全部论证。其最终的结论是：自由不仅是可能的，而且是实在的，不仅是实在的，而且要作用自然，主宰自然。理性高于感性，道德高于认识，自由高于自然。理性、道德、自由是人之所以为人，人之所以为自然的主人，人之所以为自然的终极目的的终极根据。这就是康德全部思想的实质所在。

最后，还需要提及的是，康德在肯定自由能够过渡到并作用于自然的同时，并不否认自然必然的存在。康德要证明自然的目的性的存在，从而给自由作用自然提供论证，但他不想因此而否认自然必然的存在。因此，他在论证自然的目的性的过程中，力图通过证明目的论和机械唯物主义可以并存而不相矛盾来说明肯定自由作用自然并不否认自然必然的存在，并力图使两者在判断力的基础上统一起来。

---

① ［德］康德：《判断力批判》，李秋零主编：《康德著作全集》第 5 卷，中国人民大学出版社 2007 年版，第 468 页。

第七章　康德对自由概念的理解

康德在对自由进行哲学论证的过程中，根据其批判哲学体系构建的需要，对自由提出了自己的理解并做出了明确界定。他关于自由概念的先验意义和实践意义的划分，关于自由概念的消极意义和积极意义的厘定，不仅为他对自由的论证奠定了坚实的理论基础，而且在人类哲学史上建立了第一个完整严密的自由概念体系。虽然在康德之后有众多关于自由概念的研究，但总体上看，他关于自由概念的思想仍然具有不可替代、不容忽视的重要地位。更为重要的是，康德的自由概念超越了近代自由主义对自由理解的狭隘性，充分吸收了共和主义自由观的合理内容，因而对当代人类正确理解自由具有重要启发意义。

一、不能不回答的基础理论问题

康德在批判以前的理性主义和经验主义在自由与必然关系问题上的片面性的基础上，既坚持了自然的因果必然性的存在，也肯定了自由的存在，并且以自己独特的方式，即把世界划分为现象界和物自身这两个方面，解决了自由和必然关系问题，从而使自由和必然可以同时存在而又不相互矛盾。

从康德对问题的分析和解决也可以看出，康德固然是要坚持自然界中因果性、必然性的存在。他认为只有这样才能克服经验主义，特别是经验主义的极端代表休谟的怀疑主义，从而保卫各门自然科学存在的根据。但是，在康德看来，自然必然性、因果性的客观存在是人们有目共睹的事实，是不容怀疑的。各门自然科学的存在和发展事实就是最有力的证据。对于各门自然科学来说，哲学所要解决的问题不是要去证明它们是否可能，而是要去证明它们如何可能。用康德的话说就是，数学是如何可能的，自然科学是如何可能的。虽然康德是以自己的特殊方式来解决这个自然科学的认识基础问题，但他对自然科学的可能性和现实性是充满信心、不抱丝毫怀疑的。

但是，关于自由问题的情况则大不相同。自由作为一种理念，同上帝、不朽等理念一样，它们的存在是旧形而上学哲学家的独断，它们是经验、理性、自然科学无法证明的。从康德的整个思想体系来看，康德所要解决的焦点问题是论证自由的存在。这是理论上的需要，"思辨的理性在应用因果性概念时需要自由（指先自由——引者注），以便拯救自己，摆脱它要在因果联结的序列中设想无条件者时就不可避免地陷入二论背反"①；这更是保证人类生活重要方面之道德存在合理性的需要；当然，

---

① ［德］康德：《实践理性批判》，李秋零主编：《康德著作全集》第 5 卷，中国人民大学出版社 2007 年版，第 4 页。

这也是他所反映的阶级利益和时代发展的需要（这在后面还要专门论述到）。

为了拯救自由，不仅要解决自由如何可能以及自由与必然的关系问题，（这一方面是为了反对必然主义者否认自由的观点，另外也是为了克服形而上学哲学家的独断性质），而且也必须对自由本身的理解作出自己的回答，因为历史上不同时代不同流派的思想家对于自由概念的理解是很不一致的。因此，要对自由问题做出自己的回答，要将自己关于自由的哲学论证奠定在坚实的基础上，康德不能不对自由概念做出自己的界定。可以说，康德关于自由概念的理解和界定是他整个自由哲学体系的基础和前提。

康德在阐述自己关于自由存在的可能性和实在性的观点，以及在解决自由与必然关系问题的过程中，根据自己解决问题的需要和构造整个思想体系的需要，多次地给自由概念赋予了自己特定的含义。诚然，我们从以下的分析可以看出，康德赋予自由含义的不同方面，都可以在思想史上找到思想渊源，但是康德对自由概念所作的系统规定具有自己的鲜明特色。可以这么说，康德对自由概念所作的哲学规定在内容和形式上都是空前的。无论是对自由的可能性和实在性的论证，还是对自由必然关系问题的解决，以及对自由问题在他自己的整个思想体系的地位的确立，所有这些方面都是以他对自由概念的特定理解为前提的。因此，弄清康德对自由概念的理解，是把握康德整个自由学说乃至整个思想体系的重要环节。

虽然从总体上看康德对自由概念的规定是系统的，但是他的规定是与他论证不同的问题（如自由的可能性、实在性问题，自由与必然关系问题，自由与道德的关系问题等）联系在一起的。它们分布在他的不同著作的不同地方，而且在康德那里自由与理性、意志等问题纠缠在一起，所有这些使得理解和把握康德自由概念颇为困难，因而在研究这个问题的过程中，很容易走向片面和极端。国内外不少康德研究者，在研究康德的认识论问题、伦理学问题或者其他某些问题方面所获得的成果比较令人信服，但在对康德的自由概念的理解方面却往往使人感到片面性较大，其主要原因就在这里。从所掌握的资料来看，几乎所有比较系统的研究康德的著作都涉及康德的自由概念问题，著述者们虽然对康德的自由概念的某些方面的研究是详尽的，甚至是深刻的，某些批评也是切中要害的，但是他们都存在着这样那样的问题。比如侧重研究认识论的学者，往往主要从自由与必然的关系方面把握康德的自由概念，侧重研究伦理学的学者的主要兴趣则往往在意志自由问题上，侧重研究社会历史观的学者，则主要是注意康德所赋予的政治法律自由或者言论自由方面。也有些学者把康德的自由问题作为专门问题来研究，但他们过多的论述康德自由概念的不一致方面，批评指责康德的自由概念是混乱不清的。[①]自由问题、自由概念在

---

① 如英国蒂尔认为，康德关于自由的论述是完全不系统的。Cf. A. E. Teale, *Kantian Ethics*, Greenwood Press, 1957, Chapter 12.

整个康德思想体系中具有关键性的意义，能否正确理解康德所赋予自由的含义，直接涉及能否正确理解康德的整个思想体系的问题。这些问题的重要性使得我们不得不慎重地对待这个问题。

从哲学的角度来看，康德关于自由概念，有不少不同说法，有所谓"宇宙论意义"的自由，有所谓绝对意义的自由，有所谓最严格意义的自由，有所谓先验意义的自由，有所谓实践意义的自由，还有所谓"消极意义的自由""积极意义的自由""自由意志"等。但是从总体上来看，康德所赋予自由的基本含义包括两个方面，这就是先验意义的自由或自由的先验意义和实践意义的自由或自由的实践意义。其他关于自由含义的不同说法，不过是自由的这两种基本意义在不同地方或论述不同问题时的不同表达方式，是这两种基本含义在不同方面的体现。自由的先验意义和自由的实践意义各自又被分别划分为消极的意义和积极的意义两个方面。自由的先验意义和自由的实践意义之间，以及它们各自的消极意义和积极意义之间也是相互联系不可分割的。它们一起构成了康德所理解（或规定）的完整的自由概念。

二、自由的先验意义

先验意义的自由概念，康德主要是在《纯粹理性批判》和《未来形而上学导论》中阐明的。在康德看来，所谓先验意义的自由是指超出自然因果关系自发开始一个事件的能力或起因作用。自由像必然（自然）一样也是一种因果性。"就发生的事情而言，人们只能设想两种因果性，要么是按照自然，要么是出于自由。"[①]这种因果性意义的自由就是康德先验意义的自由，它是与自然因果性或必然性相对立的，是一个先验的理念。它包含着所谓的消极意义和积极意义两个方面。所谓消极意义是指它超出自然因果的先验性质；所谓积极意义是指它自发地开始一个事件的能力。这里所谓的消极意义和积极意义实际上反映或指出了先验意义的自由的两种基本特征，即它的先验性和它的原因性。

关于先验意义自由的消极意义或先验性质，康德指出："在这种意义上，自由就是一个纯粹的先验理念，首先它不包含任何借自经验的东西，其次它的对象也不能以在经验中被规定的方式被给予。"[②]这就是说，先验意义的自由概念是一种纯粹的理性概念，它不包含任何经验的成分，它的对象也不是经验所规定或授予的。自然界的一切事物都是完全受自然规律支配的，它们都是必然的。在康德看来，虽然

---

① ［德］康德：《纯粹理性批判》（第 2 版），李秋零主编：《康德著作全集》第 3 卷，中国人民大学出版社 2004 年版，第 353 页。

② ［德］康德：《纯粹理性批判》（第 2 版），李秋零主编：《康德著作全集》第 3 卷，中国人民大学出版社 2004 年版，第 353 页。

赋予现象以必然性的知性范畴也不是来自经验的，但这些范畴也不背于经验，它们对于经验有效而且它们需要经验才能构成对象和科学知识。自由则不同，它是完全不依据经验的概念，"即使经验显示出在自由的前提下被表现为必然的那些要求的对立面，这一概念仍然始终不变"①。"自由是这样一个理念，它的客观实在性不能以任何方式按照自然法则来阐明，从而也不能在任何可能的经验中被阐明。"②由于自由完全不依存于经验，因而它也不与经验所给予的对象相关，而只与理性的对象物自身相关。因此，在康德看来自由概念只是超越于经验自然规律的理性理念。

什么是理念？康德规定说："我把理念理解为一个必然的理性概念，在感官中不能给予它任何相应的对象。因此，我们现在所考虑的理性概念是先验的理念。它们都是纯粹理性的概念；因为它们把一切经验知识都看做由种种条件的绝对总体性所规定的。它们不是任意虚构出来的，而是通过理性本身的本性给出的，因而是以必然的方式与整个知性的应用相关的。最后，它们是超验的，并且超越了一切经验的界限，因而在该界限内永远不可能出现一个与先验理念相符合的对象。③在康德看来，自由正是这样一种经验对象所不具有（或不能提供）的理性必然性的概念，它是超经验的，不存在经验范围之中，在经验中不可能找到自由这个理念的对象。由于自由具有这样的性质，因而自由是先验的。这种先验的自由的本质就在于它既不是来自经验，同时又是摆脱一切经验因素和自然因果作用的一种独立性。所以康德特别强调："先验的自由必须被设想为对于一切经验性的东西，因而对于一般自然的独立性，无论这自然是被视为仅仅在时间中的内部感官对象，还是被视为同时在空间和时间中的外部感官对象，没有这种惟一是先天实践性的（在后面这种本真意义上的）自由，任何道德法则，任何按照道德法则的归责都是不可能的。"④

康德不厌其烦地一而再再而三地强调自由的先验性质是值得我们特别注意的。对于他来说，只有把自由看做是先验的，是与经验无关的理念，它才必定是与那种任何经验所不能规定或授予的对象相关。也就是说，自由作为理念它不是与经验对象相关，而是与理性对象物自身相关的，它是理性思维物自身的理念。这样，由于自由是超验的，不与经验的对象发生关系，因而肯定自由的存在就可以不与肯定自然必然相矛盾。这就是康德特别强调自由的先验性质的用意所在，而这一点往往为康德研究者所忽视。

---

① ［德］康德：《道德形而上学的奠基》，李秋零主编：《康德著作全集》第4卷，中国人民大学出版社2005年版，第463页。

② ［德］康德：《道德形而上学的奠基》，李秋零主编：《康德著作全集》第4卷，中国人民大学出版社2005年版，第467页。

③ ［德］康德：《纯粹理性批判》（第1版），李秋零主编：《康德著作全集》第4卷，中国人民大学出版社2005年版，第204～205页。

④ ［德］康德：《实践理性批判》，李秋零主编：《康德著作全集》第5卷，中国人民大学出版社2007年版，第103页。

先验意义的自由的消极意义，主要是说明自由作为一种原因性概念不同于自然的必然的先验性质。这种性质所强调的是，先验自由是不受现象界的原因支配的。正如康德自己说的："对感官世界的规定原因的独立性（理性必须在任何时候都把诸如此类的独立性归于自己）就是自由。"① 由于自由是超验的，不与经验的对象发生关系，不受现象界的原因支配，自由就成为了一种存在于受自然支配的现象界之外的东西，因而它可以与自然必然并存而不相悖。在康德看来 只要肯定这种性质，既拯救了自由，又不否认自然的必然性，也满足了理性能力所要追求的无限因果链锁的那种自发的起因果作用的要求。这就是康德特别强调自由的先验理性的用意所在。

康德正是通过肯定自由具有这样一种性质，来证明自由是可能存在，而又不与自然必然相矛盾的。但是，先验自由概念的消极意义还只是对自由的对象和范围的限制和规定，仅此还不够，还没有把必然和自由联系起来。康德解决自由问题的目的，一方面固然是为了解决自由与必然在理论上的矛盾，给人的认识划定范围，但另一方面更是为了对人的实际生活特别是对伦理道德有利，建立起伦理道德问题的理论基础，在认识与道德之间建立一种联系，从而为解决"人是什么"这个他所要解决的最终课题铺平道路。康德自己明确指出："即使我们对于先验的理性概念不得不说：它们只不过是些理念罢了，我们也毕竟绝不能把它们视为多余的和毫无意义的。因为尽管由此不能规定任何客体，但它们毕竟在根本上并且不为人觉察地能够对于知性来说充当其扩展的和一致的应用的法规……更不用说，它们也许能够使从自然概念到实践概念的一种过渡成为可能，并使道德理念本身以这样的方式获得支持和与理性的思辨知识的联系。"② 这里康德就说明了自由作为理念，虽然在经验中没有与之相适应的对象，但并不是多余的，关于它的研究对于人类认识，特别是对于自然与自由、知识与道德关系的研究具有重大意义。因此，康德要求，不仅要通过现象和物自身、经验与超验划分开来，从而把自由与必然划分开来，而且必须在这两者之间建立起联系。

为达此目的，对于自由概念的规定，不仅要限制、规定它的对象范围，而且必须把自由看做是一种具有积极意义的理性自由活动。这就是它必须具有创始事件系列的力量，也就是把它看做是没有原因的原因，不受自然因果关系制约的起因作用。所以康德说："因此，理性是自由地行动的，并不以力学的方式通过外在的或者内部、但却先行的根据而在自然原因的链条中被规定；人们不可以把它的这种自由仅仅消极地视为对经验性条件的独立性（因为这样一来，理性的能力就不再是显象的原因了），而是要也积极地通过一种自行开始的事件序列的能力来描述它，以

---

① ［德］康德：《道德形而上学的奠基》，李秋零主编：《康德著作全集》第 4 卷，中国人民大学出版社 2005 年版，第 461 页。

② ［德］康德：《纯粹理性批判》（第 1 版），李秋零主编：《康德著作全集》第 4 卷，中国人民大学出版社 2005 年版，第 205～206 页。

至于在它里面没有任何东西开始，而是它作为任何任性行为的无条件的条件，在自身之上不允许任何在时间上先行的条件，然而，它的结果毕竟是在显象的序列中开始的，但绝不能在其中构成一个绝对最初的开端。"①

先验自由的积极意义，是康德通常使用的自由概念的主要意义。康德在《未来形而上学导论》的第五十三节注中，对先验自由的积极意义作了详细明白的解释。他说："自由的理念唯有在作为原因的理智的东西与作为结果的显象的关系中才能成立。因此，我们不能就物质不断地行动，从而充实自己的空间而言把自由赋予物质，尽管物质的这种行动是从内在的原则出发发生的。同样，对于纯粹的知性存在者来说，例如上帝，就他的行动是内在的而言，我们也不能发现任何自由概念是适合于他的。……唯有当某种东西应当通过一个行动开始，从而结果应当在时间序列中，因而在感官世界中来发现的时候（例如世界的开端），才提出如下问题，即原因的因果性是否能产生一个结果。在第一种场合，这种因果性的概念是自然必然性的概念，而在第二种场合，它却是自由的概念。读者从这里可以看出，既然我把自由解释为从自己开始一个事件的能力，我就正好碰上了作为形而上学问题的概念。"②

按照这段话，自由这一理念仅仅发生在理智的东西（作为原因）对现象（作为结果）之间的关系上。理智的东西作为原因，本身不是现象，但它又是一种因果性，它可以引起作为现象的结果。这里的理智的东西是理性，而现象是指的人的行为。所以，康德的实际意思是指自由只能发生在人的身上，只能发生在人的理性与人的行为活动的关系上。正因为这样，康德指出，不能把自由加在物质身上，用来说明物质的持续不断地行动，也不能用来说明作为纯粹理智存在体的上帝。对于自然界的物质来说，它的运动是发生在时间和空间中的，以时间、空间为存在条件的。在现象中，任何结果都是一个事件，都是发生在时间里的，按照普遍的自然规律，原因的因果规定性一定先于结果而存在的，并使结果按照一种不变法则随之发生。同时，作为产生结果的原因本身，同样也是受因果规定性制约的已经发生了了的一种东西，因而必定同自己的结果一样也是一个事件，而这个事件也必定有其原因。如此类推。现象之中的事件是处于一种因果的无穷连锁关系之中的。尽管这种事件也能根据一种内在的原则（因果规定性）产生结果，但它们本身却不能自发地把身外的事件或现象开始起来。因此，在现象界，在物质身上是不存在自由的。同样，在上帝那里也无所谓自由的概念，因为上帝作为纯粹理智存在体，其行动不根据外部规定的原则，而是规定在他永恒的理性里边，即规定在他的神圣的本性中。在上帝那里不存在原因对开始现象（作为结果）的关系问题。与物质和上帝不同，

---

① ［德］康德：《纯粹理性批判》（第 2 版），李秋零主编：《康德著作全集》第 3 卷，中国人民大学出版社 2004 年版，第 365 页。

② ［德］康德：《未来形而上学导论》，李秋零主编：《康德著作全集》第 4 卷，中国人民大学出版社 2005 年版，第 349 页。

理性的存在体的一切行动，由于它们是（发生在任何一种经验里边的）现象的缘故，都受自然界的必然性支配；然而，同是这些行动，如果仅就有关理性的主体以及这个主体完全按照理性而行动的能力来说，它们是自由的。"理性是这些自然规律的原因，因而是自由的。"①所以，从理智的东西（作为没有原因的原因）对现象（作为结果）的关系来看，自由是自由主体（即理性主体）完全按照理性行动的一种能力。这里很明显，康德所谓的作为先验自由的积极意义的那种自发地开始一个事件的能力，实际上就是理性主体（人）的理性决定行为的能力，是人区别于自然事物和上帝的特性。

先验自由的积极意义，康德有时也称为自由的宇宙论意义。如在《纯粹理性批判》的"先验辩证论"中，康德说："我把自由在宇宙意义上理解为自行开始一个状态的一种能力，因此，自由的因果性并不按照自然规律又服从另一个在时间上规定它的原因。"②这里康德是从宇宙论的意义来看待自由这种特殊的因果性的，这种意义的自由是宇宙中那种因果联结系列中的无制约者。由于这种自由被看做是一种无制约者，也就是说不受自然界法则制约，因而康德有时亦称之为绝对意义下的自由。他在《实践理性批判》"前言"中讲到先验的自由时说过，凭借实践能力，也就确立了先验的自由，而且"是在绝对的意义上说的"③。

从以上所述康德对于先验自由概念的含义的规定来看，康德从先验自由的消极意义即自由的脱离一切经验条件的先验性质，到先验自由的积极意义即自由是自发地开始一个事件的能力，最后落脚到自由的主体即理智的东西的理性（作为无原因的原因）对行为（作为属于现象的结果）的关系上。这样，康德就为先验意义的自由转变为实践意义的自由奠定了理论基础。康德研究先验自由的目的也正在这里。在康德看来，自由的实践意义是以自由的先验意义为基础的，并且自由如何可能这一个难题的各种难点的解决也必须以自由的先验意义为基础。他特别强调地指出："极为值得注意的是，自由的实践概念把自己建立在这种自由的先验理念之上，自由的先验理念在自由中构成了自古以来就环绕着自由之可能性问题的那些困难的真正要素。"④康德认为，如果否认先验自由的存在，必定会因此而否认一切实践的自由。因为如果感性世界中的一切因果关系都是自然的，都为必然性所决定，那么一切事件自然应当依据必然的法则在时间中为其他事件所决定。一切事件都处于因果

　　① ［德］康德：《未来形而上学导论》，李秋零主编：《康德著作全集》第4卷，中国人民大学出版社2005年版，第350页。

　　② ［德］康德：《纯粹理性批判》（第2版），李秋零主编：《康德著作全集》第3卷，中国人民大学出版社2004年版，第353页。

　　③ ［德］康德：《实践理性批判》，李秋零主编：《康德著作全集》第5卷，中国人民大学出版社2007年版，第4页。

　　④ ［德］康德：《纯粹理性批判》（第2版），李秋零主编：《康德著作全集》第3卷，中国人民大学出版社2004年版，第353～354页。

联系之中，它们既是一些结果的原因，又都是另一些原因的结果。既然这样，行为或规定行为的意志、理性也是其他现象的自然结果，也是受因果必然性决定的。这样一来，由于行为是机械必然地被其他事物决定的，人的主体性就丧失了，人可以不对自己的行为善恶负责任，其结果必然导致道德的否定，这显然是有害的。

康德认为，道德是客观存在的，也是应该存在的，有道德正是人的本质所在。在道德领域，可以假定某件事情虽未发生，但应该发生，而且经常可以发现这种事情的原因并不是被决定的。也就是说，在道德上不能排斥人的意志具有因果作用，这种因果作用超然于自然的原因之外，甚至与自然的原因的势力和影响相对抗，它能产生根据经验的法则在时间顺序中所规定的某种事情，所以它能创始那种"完全从其自身发生的事件系列"。在康德看来，这里的意志是超然于自然原因之外的因果作用，由于超越了可能的经验界限，因而是先验的。如果不肯定先验自由的存在，实践的自由就会和自然必然的普遍性发生矛盾。因此，实践自由、意志自由必须以作为理念的先验自由为基础，首先必须从理论上解决先验自由存在的可能性问题。康德指出，虽然思辨理性"只能是或然地，并非视其为不可思维的，它并不保证这一概念的客观实在性"，但它之所以这样做，"仅仅为了不因为伪托它毕竟至少必须视其为可思维的东西的不可能性，在其本质上受到攻击，被抛入怀疑论的深渊。"① 所以，我们不能否定先验自由，否定了先验自由，实践自由就没有理论上的根基。"对先验自由的取消就会同时根除一切实践的自由。"②

三、自由的实践意义

关于实践意义的自由概念，康德在《纯粹理性批判》中论述先验的自由理念含义及其可能性时，曾经作为论据或例子作过一些阐述。比如他在论述自由理念的宇宙论意义时，附带对自由的实践意义作过明确规定。他说："实践意义上的自由是任性对感性冲动的强迫的独立性。"③ 在该书中，他还从自由与意志的关系角度对自由意志作过一些规定。但是在这里，康德对自由的实践意义的论述比较简单，而且主要是从消极意义上规定实践自由的，还没有明确提出实践自由的消极意义和积极意义的划分问题。关于实践意义的自由概念的规定和阐述主要集中在《道德形而上学的奠基》和《实践理性批判》中。在这两部著作中，康德不仅对实践自由的消极

---

① ［德］康德：《实践理性批判》，李秋零主编：《康德著作全集》第 5 卷，中国人民大学出版社 2007 年版，第 4 页。

② ［德］康德：《纯粹理性批判》（第 2 版），李秋零主编：《康德著作全集》第 3 卷，中国人民大学出版社 2004 年版，第 354 页。

③ ［德］康德：《纯粹理性批判》（第 2 版），李秋零主编：《康德著作全集》第 3 卷，中国人民大学出版社 2004 年版，第 354 页。

意义和积极意义作了明确规定，而且对它们进行了详细的阐述，从而形成了完整的实践自由概念。

实践自由概念的消极意义，概括地说，就是意志摆脱了一切感性经验的动机而以道德法则为唯一动机去行动的独立自主性。它实际上也就是康德所谓的善良意志或自由意志。在《道德形而上学的奠基》中，康德说："意志是有生命的存在者在其有理性而言的一种因果性，而自由则是这种因果性在能够不依赖外来的规定它的原因而起作用时的那种属性，就像自然必然性是一切无理性的存在者的因果性被外在原因的影响所规定而去活动的那种属性一样。"①在这里康德是把实践自由的消极意义看做是意志的那种不受外来原因决定的起因作用，也就是意志的"独立于感性冲动的强迫而自行决定自己的能力"②。

从康德以上规定可以看出，他对实践自由的消极意义的理解是和先验自由的积极意义的理解相一致的，前者不过是后者的具体化而已，所以康德有时也把这种意义的自由称为"最严格，亦即先验的意义上"的自由。③实践自由的消极意义所指的是意志的那种不受外来原因决定的起因作用，因而它实际上是指的意志自由。

在康德那里自由并不是没有法则的，只是它所服从的法则是不同于自然法则的道德法则。康德认为，意志自由，或自由意志并不是意志的为所欲为，变化无常。康德说："自由尽管不是意志依照自然法则的一种属性，但却并不因此而是根本无法则的，反而必须是一种依照不变法则的因果性，但这是些不同种类的法则；因为若不然，一种自由意志就是胡说八道。"④自由所特有的法则就是道德法则，意志符合道德法则就是自由。可见在康德那里，自由和道德法则是密不可分的。

"这两个概念原来是那样不可分地结合着，以致我们能够给实践的自由下定义说，所谓自由是指意志除了道德法则以外再不依靠任何理性而言的自由。"所以康德说，符合道德原则或者说以道德法则为其动机意志。"一个自由意志和一个服从道德法则的意志是一回事。"⑤在康德看来，人一方面是理性存在者，同时又是感性存在者。就感性存在者而言，自然原是人的感性，并且甚至在道德法则之前就已经发生在我们心中。道德法则可以决定意志，经验也可以决定意志。不仅如此，人

①　[德] 康德：《道德形而上学的奠基》，李秋零主编：《康德著作全集》第4卷，中国人民大学出版社2005年版，第454页。

②　[德] 康德：《纯粹理性批判》（第2版），李秋零主编：《康德著作全集》第3卷，中国人民大学出版社2004年版，第354页。

③　[德] 康德：《实践理性批判》，李秋零主编：《康德著作全集》第5卷，中国人民大学出版社2007年版，第31页。

④　[德] 康德：《道德形而上学的奠基》，李秋零主编：《康德著作全集》第4卷，中国人民大学出版社2005年版，第454页。

⑤　[德] 康德：《道德形而上学的奠基》，李秋零主编：《康德著作全集》第4卷，中国人民大学出版社2005年版，第454～455页。

们爱把这种依照主观动机从事选择的自我定为一般意志的客观动机。因此，人的意志并不必然接受客观法则，它是一个尚不彻底的善良意志。据此，康德反对以往思想家把意志自由看成是意志可以为善、可以为恶的所谓"中性自由"，强调自由意志就是善良意志，这种意志是被道德法则决定的，以道德法则为其动机的意志，而且必须完全为道德法则所决定，以它为唯一动机，而只要允许别的动机（如利益动机）与道德法则通力合作，那还是危险的。因此，康德强调，意志作为一个自由意志，必须只被道德法则所决定，因而不但不需要感性冲动的协助，甚至还要斥退这些冲动，挫抑一切能够与那条法则相抵触的好恶之心。应该注意，康德这里强调意志自由（实践）是只被必须遵循道德法则。同前面讲的先验自由是不受外来原因决定的自发起因作用并不矛盾，因为在康德那里，道德法则并不是外在的，而是意志的自律，是意志的自我立法，这将会在下面讲到。

由于意志自由与遵循道德法则具有同样的意义，进一步了解康德所理解的道德法则，将会有助于我们弄清康德的实践自由的消极意义。对于这个问题，我们可以联系康德在《实践理性批判》中关于实践自由概念的消极论述着手分析。在《实践理性批判》中，关于实践自由概念的消极意义，康德规定说："道德性的唯一原则就在于对法则的一切质料（亦即一个被欲求的客体）有独立性"，这种"独立性是消极意义上的自由"[①]。这里康德所讲的实践自由的概念（即自由意志），指的是意志脱离法则的实质（即欲望的对象，如自爱、个人幸福等等），而以法则的单纯立法形式作为自己的法则。用康德的另一段话说就是"唯有准则的纯然立法形式才能够充当其法则的意志，就是一个自由意志。"[②]在康德看来，实践的法则包含两个方面，即实质方面和形式方面，"除了法则的质料之外，在法则中所包含的就无非是立法的形式了"[③]。所谓法则的实质（原理），就是意志的对象或者欲望官能的对象，有时亦称为与客观法则相对的（主观的）准则，它通常是指追求快乐，幸福，避免痛苦、不幸，自爱等等。这些实质原理都是从感官欲望的对象（快乐或者痛苦）作为选择动机，并且都是以自爱和幸福为原则的。"一切质料的实践原则，本身全都具有同一种性质，都隶属于自爱或者自己的幸福的普遍原则之下。"[④]康德认为，18世纪法国唯物主义道德上的利益、幸福原则，就是属于这种实践原理，而在康德看来这种实践原理是不能作为道德法则的。因为作为法则实践的欲望官能的对象虽然对

① ［德］康德：《实践理性批判》，李秋零主编：《康德著作全集》第5卷，中国人民大学出版社2007年版，第36页。

② ［德］康德：《实践理性批判》，李秋零主编：《康德著作全集》第5卷，中国人民大学出版社2007年版，第31页。

③ ［德］康德：《实践理性批判》，李秋零主编：《康德著作全集》第5卷，中国人民大学出版社2007年版，第31页。

④ ［德］康德：《实践理性批判》，李秋零主编：《康德著作全集》第5卷，中国人民大学出版社2007年版，第22页。

于个人来说是有效的，具有主观的必然性，可以看做是一种实践的准则，但是它们永远依靠经验的，"它在任何时候都能够被经验性地认识，而不能对一切有理性的存在者都以同样的方式有效"①。甚至对于这个主体自己来说，它并不能成为具有客观必然性的法则。例如幸福。"每个人要把自己的幸福设定在何处，取决于每个人自己特殊的愉快和不快的情感，甚至在同一个主体里面也取决于根据这种情感的变化而各不相同的需要，因此一个主观上必然的法则（作为自然法则）在客观上就是一个极其偶然的实践原则，它在不同的主体中可以而且必然是很不同的，所以永远不能充当一个法则，因为就对幸福的欲望来说，事情并不取决于合法则性的形式，而是仅仅取决于质料，亦即我在遵循法则时是否可以期望得到快乐，以及可以期望得到多少快乐。"②在康德看来，如果抽出法则的全部实质，即抽出意志的全部对象（当做动机看的），那在其中就仅仅留下了普遍法则的纯粹形式了。康德认为，只有这种法则的纯粹形式才是真正意义上的实践的客观法则，或者说是纯粹实践理性的基本法则，或道德法则。它是客观的，普遍的，"亦即对每一个有理性的存在者的意志都是有效的"③。只有这种立法形式，才是能够成为自由意志动机的唯一东西。"如果没有意志的任何别的规定根据，而只有那个普遍的立法形式能够对于意志来说充当法则，那么，这样一个意志就必须被设想为完全独立显象的自然法则，亦即独立于因果性法则，进一步说独立于前后相继的法则。"④这样的意志也就是自由的意志。

那么，实践法则的立法形式是什么呢？实践法则的立法形式也就是康德的道德法则或绝对命令。关于它的内容在《道德形而上学的奠基》中作了明确的规定：绝对命令只有一个，这就是："要只按照你同时能够愿意它成为一个普遍法则的那个准则去行动。"⑤可见，所谓的实践的立法形式或道德法则就是要求使任何意志准则必须有普遍的有效性。人的意志要成为善良的或自由的，人的行为要成为道德的，就要看意志或行为所遵循的准则能否成为人人能遵循的普遍原则。在康德看来，使其准则具有普遍有效性的意志就是实践理性。因此，康德在《实践理性批判》中把实践法则的立法形式表述为"纯粹实践理性的基本法则"。在《实践理性批判》中

---

① ［德］康德：《实践理性批判》，李秋零主编：《康德著作全集》第 5 卷，中国人民大学出版社 2007 年版，第 22 页。

② ［德］康德：《实践理性批判》，李秋零主编：《康德著作全集》第 5 卷，中国人民大学出版社 2007 年版，第 27 页。

③ ［德］康德：《实践理性批判》，李秋零主编：《康德著作全集》第 5 卷，中国人民大学出版社 2007 年版，第 19 页。

④ ［德］康德：《实践理性批判》，李秋零主编：《康德著作全集》第 5 卷，中国人民大学出版社 2007 年版，第 31 页。

⑤ ［德］康德：《道德形而上学的奠基》，李秋零主编：《康德著作全集》第 4 卷，中国人民大学出版社 2005 年版，第 428 页。

康德是这样规定的："纯粹实践理性的基本法则：要这样行动，使得你的意志的准则在任何时候都能够同时被视为一种普遍的立法的原则。"①很明显，实践的立法形式或道德法则就是意志使自己所遵循的准则普遍化为对于所有有效的原则。这样，就可以看清康德的思想脉络：自由意志就是意志遵循道德法则，而道德法则不过是能够普遍化的行为准则；这样，自由意志就是能使自己所遵循的准则普遍化的意志；意志自由就是意志不受外来原因的影响，只是按照能成为普遍法则的准则去行动。否认意志自由的经验主义者，通常还是肯定自由的，但是他们往往把自由理解为人的随意性，而不是理解为意志的自由。爱尔维修就这样说过："人的自由就在于他能够自由地发挥他的能力。"②

既然道德法则是"要依照能使自己同时成为普遍法则的那种准则而行动"③，那么，就从实践自由的消极概念引出了实践自由的积极概念。康德说，实践自由的消极概念"无助于看出它的本质；然而，由它却产生出自由的一个积极的概念，这个概念更为丰富、更能产生结果。"④这即是实践自由的积极意义。实践自由的这种积极意义就是康德在《道德形而上学的奠基》中提出的著名的"意志自律"。意志的第三条实践原则即意志自律的原则就是"每一个理性存在者的意志都是一个普遍立法的意志"⑤。"意志的自律是意志的一种性状，由于这种性状，意志对于自身来说（与意欲的对象的一切性状无关）是一种法则。因此，自律的原则是：不要以其他方式选择，除非其选择的准则同时作为普遍的法则被一起包含在现同一个意欲中。"⑥意志自律就是意志自由（实践自由），它们只是两种不同的说法而已。"意志的自由和意志的自己立法二者都是自律，因而是可以互换的概念"⑦；"道德法则所表达的，无非是纯粹实践理性的自律，亦即自由的自律。"⑧同时，自由意志与服从道德法则的意志也是同一个意志。"一个自由意志和一个服从道德法则的意志是一

---

① ［德］康德：《实践理性批判》，李秋零主编：《康德著作全集》第 5 卷，中国人民大学出版社 2007 年版，第 33 页。

② ［法］爱尔维修：《论精神》，北京大学哲学系哲学史教研室编译，《十八世纪法国哲学》，商务印书馆 1963 年版，第 453 页。

③ ［德］康德：《道德形而上学的奠基》，李秋零主编：《康德著作全集》第 4 卷，中国人民大学出版社 2005 年版，第 445 页。

④ ［德］康德：《道德形而上学的奠基》，李秋零主编：《康德著作全集》第 4 卷，中国人民大学出版社 2005 年版，第 454 页。

⑤ ［德］康德：《道德形而上学的奠基》，李秋零主编：《康德著作全集》第 4 卷，中国人民大学出版社 2005 年版，第 439 页。

⑥ ［德］康德：《道德形而上学的奠基》，李秋零主编：《康德著作全集》第 4 卷，中国人民大学出版社 2005 年版，第 449 页。

⑦ ［德］康德：《道德形而上学的奠基》，李秋零主编：《康德著作全集》第 4 卷，中国人民大学出版社 2005 年版，第 458 页。

⑧ ［德］康德：《实践理性批判》，李秋零主编：《康德著作全集》第 5 卷，中国人民大学出版社 2007 年版，第 36 页。

回事。"①这种意志（作为实践的理性）的自我立法，在《实践理性批判》中称为积极意义下的自由："纯粹的理性、且作为纯粹的而是实践的理性的这种自己立法却是积极意义上的自由。"②由此可见，由于康德把自由意志所服从的道德法则看作自由意志，即理性指导下的意志的自我立法，这样，他就将自由概念的消极意义下的被动的"我必须（应当）如此行动"变成自觉的"我愿意如此行动"，变被动为主动。

为了准确地把握康德的实践自由的积极含义，即意志自律，必须联系康德的"人是目的"的命题加以理解。在《道德形而上学的奠基》中，康德提出了三条道德律令，它们是表示道德原则的三种方式，"只不过是同一法则的三个公式，它们中的每一个都在自身中自行把另外两个结合起来"③。第一个是形式原则，即是以上所讲的道德法则；第二个是内容（实质）原则，它强调人是目的；第三个既是形式又是内容的原则，即意志的自律。其中第一条是基本的一条，也即是通常所谓的康德的道德法则。那么，道德法则所要求的普遍的立法如何可能呢？康德说："假定有某种东西，其存在自身就具有一种绝对的价值，它能够作为目的自身而是一定的法则的根据，那么，在它里面，并且唯有在它里面，就会有一种可能的定言命令式亦即实践法则的根据。"④又说："如果应当有一种最高的实践原则，就人类意志而言应当有一种定言的命令式，那么，它必然是这样一种原则，它用因为是目的自身而必然对于每一个人来说都是目的的东西的表象，构成意志的一种客观的原则，从而能够充当普遍的实践法则。这种原则的根据是：有理性的本性作为目的自身而实存。"⑤在康德看来，人就是而且只有人才是这种具有绝对价值的东西，就是目的本身。"其存在自身就是目的的东西，而且是一种无法用其他目的来取代的目的，别的东西都应当仅仅作为手段来为它服务。"⑥因此，只有在人这里才有绝对命令或法则的根据。康德认为，有理性的人之所以服从绝对命令，是有客观根据的，这就是服从绝对命令的自由意志，并不与任何主观目的相关。这种主观目的与行为者的自然倾向欲望联系而具有价值，这种价值是相对的。自由意志只与客观目的相关，这

---

①　［德］康德：《道德形而上学的奠基》，李秋零主编：《康德著作全集》第4卷，中国人民大学出版社2005年版，第454～455页。

②　［德］康德：《实践理性批判》，李秋零主编：《康德著作全集》第5卷，中国人民大学出版社2007年版，第36页。

③　［德］康德：《道德形而上学的奠基》，李秋零主编：《康德著作全集》第4卷，中国人民大学出版社2005年版，第444页。

④　［德］康德：《道德形而上学的奠基》，李秋零主编：《康德著作全集》第4卷，中国人民大学出版社2005年版，第435页。

⑤　［德］康德：《道德形而上学的奠基》，李秋零主编：《康德著作全集》第4卷，中国人民大学出版社2005年版，第436页。

⑥　［德］康德：《道德形而上学的奠基》，李秋零主编：《康德著作全集》第4卷，中国人民大学出版社2005年版，第436页。

个目的就是人作为有理性的存在自身，这才是有绝对价值的。也就是说，人之所以必须服从超人性的绝对命令，是由于人作为目的与道德法则有一种必然的先天综合关系的缘故。换言之，绝对命令所要求的普遍立法之所以万能，正在于人作为目的是一律平等的，因而才有普遍有效性。所以康德的第二条绝对命令要求："你要如此行动，即无论是你的人格中的人性，还是其他任何一个人的人格中的人性，你在任何时候都同时当做目的，绝不仅仅当做手段来使用。"①

这样第一条道德法则和第二条道德法则之间好像发生了矛盾：即作为与人无关的纯粹理性的道德法则的本质特征，是要求人必须无条件地服从，人在这里可以说是道德法则的"工具"；但道德法则的原则又要求人是目的。于是康德就提出了第三条实践法则，即"每一个理性存在者的意志都是一个普遍立法的意志"②，而这条原则就是使意志与普遍的实践理性相调和的最高条件。这样，"意志不是仅仅服从法则，而是这样来服从法则，即它也必须被视为自己立法的，并且正是因此缘故才服从法则（它可以把自己看做其创作者）。"③意志自律是相对于意志他律而言，"他律"是指意志由其他因素，如上面所列举的欲望官能的对象，即追求快乐、幸福、自爱等。所有这些在康德看来都是意志服从外在因素的"他律"，而不是法由己出的"自律"。康德认为，人不是物（只知服从），也不是神（只知立法），而是服从自己立法的主人。道德法则是意志的绝对服从又法由己出，它以人为目的而普遍有效。这就是意志自律，也就是实践自由概念的积极含义，也就是康德所谓的"自由的实质"。

从康德关于实践自由的积极意义的规定看，可以明确见到卢梭的影响。在卢梭之前，西方启蒙思想家大多是从消极、被动的意义上给自由下定义的，即把自由看做没有障碍，不受强制，除法律以外不受任何制裁，卢梭则从积极主动的意义上给自由下定义。在卢梭看来，自由决不意味着为所欲为，也不仅仅是消极地受法律制约，真正的自由在于自觉地服从公意，也就是自觉地服从法律。由于公意者乃人自己意志的记录，而法律不过是公意的具体化。因此，服从法律并不意味着屈从任何由外部施加的束缚，而恰恰是服从自己的意志。正是在这种观点的基础上，卢梭明确而坚决地肯定社会状态中的自由远远高于自然状态中的自由。康德的实践自由显然是卢梭政治自由概念在道德上的表现。"自律的概念与自由的理念不可分割地结合在一起，而道德的普遍原则又与自律的概念不可分割地结合

---

① ［德］康德：《道德形而上学的奠基》，李秋零主编：《康德著作全集》第 4 卷，中国人民大学出版社 2005 年版，第 437 页。

② ［德］康德：《道德形而上学的奠基》，李秋零主编：《康德著作全集》第 4 卷，中国人民大学出版社 2005 年版，第 439 页。

③ ［德］康德：《道德形而上学的奠基》，李秋零主编：《康德著作全集》第 4 卷，中国人民大学出版社 2005 年版，第 439 页。

在一起；道德的普遍原则在理念中是理性存在者的一切行为的根据，正如自然法则是一切显象的根据一样。"①这段话再明白不过地用伦理学语言表达了卢梭的政治自由观念。

到此为止，我们比较详细的考查了康德赋予自由概念两方面的含义，即自由概念的先验意义和实践意义。在康德那里，前者是相对认识而言的，属认识论范畴，后者是相对道德而言的，属于伦理学范畴。正如前面所指出过的，自由的这两方面含义，不能彼此隔离，而是相互联系的，赋予自由以先验意义是为了从哲学认识论上为实践自由提供理论根据和哲学基础。实践自由是先验自由的具体化，同时也是提出先验自由的目的。康德之所以在认识论著作《纯粹理性批判》中把所有先验理念都看做是先验的幻相，是把主观思维中（通过概念的无限推移联结）追求的东西看作客观存在的东西，构成了虚假的对象，而唯独保住了自由，并论证其存在的可能性，肯定"在纯粹思辨理性的一切理念中"，只有"自由"概念"唯一在超感性事物的领域里，即便仅仅就实践知识而言，取得了如此大的扩展"②，正是为了在认识论给作为道德基础的实践自由留地盘。"在思辨理性的一切理念中，自由也是唯一我们先天地知道其可能性、但却看不透的一个理念"③。

四、自由与理性的关系及其特征

这里，关于康德的自由概念，还有一个问题需要我们进一步研究，这就是自由与理性的关系问题。自由、理性、意志这三个概念在康德那里有着密切的关系，有时甚至在同等意义上使用。

自由与意志的关系已如前述，自由实际是意志的一种特性或能力。现在需要进一步弄清的是自由作为意志的特性与理性的关系。理性在康德那里，有所谓"思辨理性"（"理论理性"）和"实践理性"的不同。这两种理性并非是两种不同的理性，而是同一理性的两个不同方面。康德说："毕竟归根到底只能有同一种理性，它唯有在应用中才必须被区别开来。"④前者是理性的思辨方面，指的是理性的认识能力；后者是理性的实践方面，指的是理性的道德能力，"在这种应用中，理性关注的是

---

① ［德］康德：《道德形而上学的奠基》，李秋零主编：《康德著作全集》第4卷，中国人民大学出版社2005年版，第461页。

② ［德］康德：《实践理性批判》，李秋零主编：《康德著作全集》第5卷，中国人民大学出版社2007年版，第110页。

③ ［德］康德：《实践理性批判》，李秋零主编：《康德著作全集》第5卷，中国人民大学出版社2007年版，第5页。

④ ［德］康德：《道德形而上学的奠基》，李秋零主编：《康德著作全集》第4卷，中国人民大学出版社2005年版，第398页。

意志的规定根据"①。自由与这两个方面理性的关系，大致可以这样说，思辨理性是自由的基础，实践理性则本身就是自由（或者说自由能力）。因此可以说，理性既是自由的根源又是自由本身。从理性是自由的基础来看，自由作为先验理念，本身是理性的产物，是理性的概念，它存在的可能性也是由思辨理性解决的。这就是康德所说的，"理性就给自己创造出一种能够自行开始行动的自发性的理念，而不用预置另一个原因，来又按照因果联结的规律规定它去行动。"②而且，"自由的可能性总是虽然由心理学来考察，但既然它依据的仅仅是纯粹理性的辩证论证，它就必须连同其解决一起都仅仅由先验哲学来处理。"

　　自由作为实践的意志，则是以理性为基础的，理性是实践自由的根源。这即是康德说的"自由当然是道德法则的ratio essendi（存在根据）"③。在康德看来，纯粹理性只对自身有实践力量，并且给予人以一条我们称为道德法则的普遍法则。这里所说的纯粹理性，实际上就是理性的实践方面，即实践理性，这种理性就是意志。所谓意志自律，实际上就是实践理性自律。在这个意义上，实践理性不仅是实践自由的基础，而且本身就是意志自律，就是实践自由。康德在《道德形而上学的奠基》中说："理性在理念的名义下表现出一种如此纯粹的自发性，以至于它由此远远地超越了感性能够提供给它的一切，并在下面这一点上证明了自己最重要的工作，即把感官世界与知性世界彼此区别开来，并由此为知性本身划定对它的限制。"④不仅如此，康德还经常把理性等同于先验自由，即把理性看作就是一种脱离自然因果性的自发开始事件（行为）的起因作用，把理性活动看作是一种自由活动。"如果理性在显象方面能够有因果性，那么，它是一个经验性的结果系列的感性条件由以开始的一种能力。"⑤"理性是自由地行动的，并不以力学的方式通过外在的或者内部的、但却先行的根据而在自然原因的链条中被规定；人们不可以把它的这种自由仅仅消极地视为对经验性条件的独立性（因为这样一来，理性的能力就不再是显象的原因了），而是要也积极地通过一种自行开始事件系列的能力来描述它"⑥。"理性存在者的所有行动，就其是显象（在某个经验中被发现）而言，遵从

　　① ［德］康德：《实践理性批判》，李秋零主编：《康德著作全集》第5卷，中国人民大学出版社2007年版，第16页。

　　② ［德］康德：《纯粹理性批判》（第2版），李秋零主编：《康德著作全集》第3卷，中国人民大学出版社2004年版，第353页。

　　③ ［德］康德：《实践理性批判》，李秋零主编：《康德著作全集》第5卷，中国人民大学出版社2007年版，第5页。

　　④ ［德］康德：《道德形而上学的奠基》，李秋零主编：《康德著作全集》第4卷，中国人民大学出版社2005年版，第460页。

　　⑤ ［德］康德：《纯粹理性批判》（第2版），李秋零主编：《康德著作全集》第3卷，中国人民大学出版社2004年版，第364页。

　　⑥ ［德］康德：《纯粹理性批判》（第2版），李秋零主编：《康德著作全集》第3卷，中国人民大学出版社2004年版，第365页。

自然的必然性。但同样是这些行动，仅仅与理性主体相关并且就这个主体仅仅按照理性来行动的能力而言，则是自由的。"①由以上引证和分析可见，在康德那里，理性与自由问题的关系多么密切。无论是把理性看做是自由的基础，还是看作自由本身，都是强调理性对于自由的意义，强调所有的理性存在者都是享有自由的，"自由也必须被证明为一切理性存在者的意志的属性"②。或者说，"我们必须也把自由的理念赋予每一个具有意志的理性存在者"③。强调自由对于人的重要性，表现了康德作为上升时期资产阶级思想家的进取精神，而强调理性对自由的意义，不仅表现出康德反对神学的进步性质，而且反映了康德作为理性主义思想家的思想特征。

从康德赋予自由这两方面的内容来看，它们的联系是极为明显的。先验意义的自由是指超出自然因地自发地开始一个事件的能力。实践自由则是指的意志根据自主的道德法则行动的起因作用。所以，康德赋予自由这两个方面的意义，本质上是一致的，只是论述的角度不同。这种从不同的角度进行论证本身又是理论上的需要，尤其是在认识论上赋予自由以先验的意义极为重要。它不仅从理论上给实践立法提供了理论基础，而且具有重大的社会历史意义，这就是要从哲学上、从宇宙论的意义上论证自由存在的可能性和必然性。关于这一点，在下一章将详细讲到。

从康德所赋予自由的含义可以明显地看出，他所突出强调的是自由的先验性质，把自由看做是脱离自然因果性的自发开始事件的起因作用。先验自由的先验性质是显而易见的，对于实践自由，康德同样也是把它看作先验的理念。康德之所以在《道德形而上学的奠基》和《实践理性批判》中称自由为理念或把自由看做是理念，看做是理性的概念，就是为了突出实践自由概念意义的先验性质。他认为，只有把自由看做是超出自然因果关系的先验概念，才能拯救自由，因为如果把自由看成了经验的概念，那么"自由就必然会作为一个无意义的和不可能的概念被抛弃"。④据此，康德对历史上以及同时代的种种自由观进行了批判，其中主要的矛头是针对经验主义把自由只看作是一种心理学特性的观点，他认为，作为道德法则和道德责任基础的自由问题，是数千年来人们惨淡经营而无法解决的烦难问题。这个问题之所以没有得到解决，是因为人们没有像他那样先验的看待自由，而总是把自由看做是"由于处在主体之中的规定根据"或者"由于处在主体之外的规定根据"

---

①　[德]康德：《未来形而上学导论》，李秋零主编：《康德著作全集》第4卷，中国人民大学出版社2005年版，第350页。

②　[德]康德：《道德形而上学的奠基》，李秋零主编：《康德著作全集》第4卷，中国人民大学出版社2005年版，第455页。

③　[德]康德：《道德形而上学的奠基》，李秋零主编：《康德著作全集》第4卷，中国人民大学出版社2005年版，第456页。

④　[德]康德：《实践理性批判》，李秋零主编：《康德著作全集》第5卷，中国人民大学出版社2007年版，第101页。

按照一个自然法则来规定的因果性。①

　　所谓把自由看做是"由于处在主体之中的规定根据"指的是关于自由的心理学的观点。这种观点像说明任何别的自然能力一样，根据经验的原理说明自由，把自由只看作是一种心理学特性。根据这种观点，人的行为是由人的能力所产生的内心活动如自我意识控制下所产生的，因而是自由的，这正像发射物在它飞行之际并不是被外物所推进的因而是自由的一样。康德认为，自由及其可能性问题是与心理学或生理学有关的，因为作为自由基础的理性及其理性的主体属心理学和生理学的范畴。但是依据心理学和生理学并不能解决自由问题，自由问题完全属于先验哲学。因为从生理学的角度看，行为的主体的行为，都是先前曾经发生过的事件的必然结果。他的行为总是其他行为或事件引起的，因而丝毫不会把那种物理的必然转变为自由；从心理学的角度看，人的行为好像是人的主观选择结果，但是这种内心控制下的行为仍然是"按照种种诱发状况而产生的欲望，因而是按照我们自己的心愿造成的行动"②。虽然"他的运动的最近规定原因以及这些规定原因上溯到自己的规定原因的一个长长的序列虽然都存在于内部，但最终的和最高的那个规定原因毕竟被发现完全在一个外来的手中"③。所以，在康德看来，无论是把行为的主体叫做物质自动机，还是像莱布尼茨那样叫做精神的自动机，但"它在根本上一点也好不过一把自动烤肉铲的自由，后者一旦上紧了发条，就也会自行完成自己的运动"④。这实际上是不自由的，而是被决定的，最终逃脱不了决定论的命运。

　　所谓"由于处在主体之外的规定根据"，指的是关于自由的神学观点。这种观点认为，现象的创造者和行为的原因是神，自由是神的特性。康德认为，对于神，既可以把它看做是感性的存在，也可以看做是物自身的存在。如果神是感性的存在，那么即使它是现象或行为的原因，但它本身也必然是受制约的，而且还被时间所制约，因而也就无所谓自由。如果把神看做是物自身，那么它创造的存在者就意味着创造物自身，因为"创造"这个概念不属于感性的存在的表象方式，而只能属于本体。所以，说神是现象的创造者是一个矛盾的说法，说神是世界中的行为的原因也是一个矛盾的说法。虽然可以把上帝看做是理性存在体的创造者，但这不是就它们的感性存在而言，因而并不能把神看做是现象的决定本原。在批评关于自由的神学观点的同时，康德批评了斯宾诺莎主义（即必然主义）。他认为斯宾诺莎主义

---

　　① ［德］康德：《实践理性批判》，李秋零主编：《康德著作全集》第 5 卷，中国人民大学出版社 2007 年版，第 103 页。

　　② ［德］康德：《实践理性批判》，李秋零主编：《康德著作全集》第 5 卷，中国人民大学出版社 2007 年版，第 102 页。

　　③ ［德］康德：《实践理性批判》，李秋零主编：《康德著作全集》第 5 卷，中国人民大学出版社 2007 年版，第 108 页。

　　④ ［德］康德：《实践理性批判》，李秋零主编：《康德著作全集》第 5 卷，中国人民大学出版社 2007 年版，第 104 页。

的观点虽然荒谬，但它的推论比神创论精密得多，因为那被假设为实体而自身却又在时间中存在的存在者虽然被看做是一个"最高原因"的效果，但他又认为它们本身是"神"和"神"的行为，是独立的实体，因而是自由的。由此可见，无论是从经验主义出发还是从神学出发都不能解决自由问题，最终都会导致自由的否定，只有运用他的先验哲学，才能使问题得到解决。

　　赋予自由以先验的性质，是康德自由哲学的显著特征。康德所赋予自由的含义，我们可以在历史上找到其思想渊源，就康德自由概念的先验意义而言，我们可以明显地看到历史上思想家，尤其是近代的理性主义哲学家的直接影响，引起他解决这个问题的兴趣是以前的思想家已经提出这个问题，但没有使问题得到令人满意的解决。本书第二章开始所讲的作为康德解决问题前提的第三个二律背反就是对以前形而上学家提出的问题的概括。就康德自由概念的实践意义而言，康德否认意志自由是意志可善可恶的变化无常的"自由"，肯定自由意志是意志的善的自由，明显表现出斯多亚派、奥古斯丁、托马斯·阿奎那的影响。[①]但是，康德的自由概念的特色主要不仅在于他在批判地吸收以往自由思想成果，第一次使其系统化、体系化，而在于康德赋予自由以先验的性质。这种性质不仅使得康德的自由概念里有浓厚的哲学色彩，而且也使得它具有鲜明的时代精神，即自文艺复兴以来资产阶级所倡导的以"自由、平等、博爱"为原则的人道主义精神。康德自由概念的这个特色是研究康德关于自由问题的思想时值得特别注意的。可以说，不把握康德自由概念的先验性质，就无法把握康德整个自由学说、甚至他的整个思想体系的实质。不少康德研究者在康德思想研究方面往往走向片面或极端，问题正在这里。

五、对康德自由概念理解偏差的评析

　　我们以上对康德的自由概念的理解与国外许多康德研究者或学者的理解有很大的不同，[②]因此在本章的最后，有必要对他关于这个概念的理解作些分析，以便读者鉴别。英国著名伦理学家西季威克（Henry Sidgwick，1838～1900）在《康德的自由意志概念》[③]中认为，康德在著作的不同地方用同一个词自由表达了两种根本不同的概念，然而康德本人并没有意识到。第一种自由概念是自由＝具有理性。从这种

---

　　①　如奥古斯丁所使用的"自由"术语，就不是指的意志可以为善可以为恶的能力，而是指的意志为善的能力。在他看来，最高的自由，排除意志为恶的可能性。参见西季威克：《伦理学史纲》英文第三版，第三章 §6。

　　②　李泽厚的《批判哲学的批判》一书较为详细地研究过此问题，他对康德的自由思想的理解是十分深刻的，尤其是对康德的自由思想在他的伦理思想，以至整个思想体系意义的分析。虽然他对康德自由概念的理解与我不尽一致，但他对此问题的分析比较简略，这里不专门考察，留待下一章一并研究。

　　③　该文最初发表在《心灵》杂志，1888 年 13 卷第 51 期上，后将其收入《伦理学方法》一书中，作为该书的附录。

意义上看，一个人是自由的，也就是他依据理性行动，一个人越是在理性指导下行动，他就越多地具有自由。西季威克称这种自由为"善的自由"或"理性的自由"。另一种自由概念是指人有在善和恶之间进行选择的能力，从这种意义上看，人有像选择善一样地选择恶的自由。西季威克称这种自由为"中性的自由"或"道德的自由"。他认为，在康德不得不把自由概念和道德责任或道德罪责联系起来的地方，他像历史上所有的强调自由意志的道德学家一样主要指的是中性的自由；而当他不得不证明不能来自感性经验的道德法则的可能性时，当他寻求理性在行为选择的独立性时，他常常明显的把自由与理性的这种独立性等同起来，这里就包含着这样的命题：一个人是自由的，也就是说他出于理性行动。因此，西季威克认为康德的自由概念是模棱两可的，在理论上产生了混乱。

这里我们且不谈西季威克对康德自由的片面性[①]，只是指出，他认为康德所使用的自由概念包含了他所指的"中性自由"的含义，从而使自由概念模棱两可是错误的。从我们以前的考察可以看出，康德自由概念并没有把人能在善恶中进行选择理解为自由。的确，引起康德研究自由问题的动因之一，是为了解决人的善恶责任问题，但是在实际研究自由问题时，康德所注意的中心问题是道德的基础问题。也就是说，康德是在更广泛的意义上来理解自由问题。在康德的几部主要著作中，几乎没有专门研究善恶责任问题，特别是恶的责任问题。这一点曾使蒂尔感到十分奇怪。[②]在康德的后期著作《纯然理性界限内的宗教》中，他才第一次提出恶的责任问题，并认为意志有在善恶中进行选择的能力（这一点在《实践理性批判》等著作中也讲到），但他并没有把意志可以为善可以为恶的能力理解为自由。康德历来认为，人的意志可以以道德法则为动机，也可以被感性经验因素所左右，因而是一个尚不彻底的善良意志，但他并不认为这种意志就是自由的，意志只有在它自己所确定的道德法则或理性的支配下才是自由的。这一点前面已详细引证过，这里不再赘述。因此，西季威克把康德承认意志既可以为道德法则也可以为感性经验因素控制的性质看做是康德所理解的自由，是不能成立的。如果按西季威克的理解，康德的自由概念不仅是混乱的，而且实际上是历史上思想家关于自由概念的观点的杂拌。因为就所谓"理性的自由"而言，并不是康德首先提出的这种观点，早在斯多亚派学者那里就有明确的表述。至于主张所谓"中性自由"的，历史上更不乏其人。由此看来，西季威克对康德自由概念的理解不仅是片面的、错误的，而且完全没有把握其实质，忽视了康德对自由问题研究的理论成就。

蒂尔在他的《康德伦理学》中有专门一章研究康德的自由问题。[③]应该承认他的研究是仔细的，有些批评也是切中要害的，但他并没有从总体上把握康德的自由

---

　　① 西季威克正确地看到了在康德那里自由＝理性的这个方面，但是他忽视了康德的自由概念的其他含义，因而是片面的。

　　② Cf. A. E. Teale, *Kantian Ethics*, Greenwood Press, 1957, p. 259.

　　③ Cf. A. E. Teale, *Kantian Ethics*, Greenwood Press, 1957, Chapter 12.

概念的含义。他认为自由在康德的几本书中，各有不同的含义：在《道德形而上学的奠基》中康德专注于义务怎么会履行的问题，在那里，自由被说成是使绝对命令成为可能的唯一前提；在《纯粹理性批判》中，康德的注意力集中于使自由概念和有条件的事物相一致的问题，在那里，自由被说成是使意志成为可以设想绝对无条件的原因的唯一理念；在《实践理性批判》中，康德主要关注的是解决任何在时间中发生的行为怎么会在行动的那一刻是在主体的能力范围内，在那里，自由被说成是包含在纯粹的义务的自觉性之中的。在主要研究原罪问题的《纯然理性界限内的宗教》中，康德第一次提出了人的恶的责任问题，在那里，恶和善是一样被看做是人的有自由选择倾向的意志的结果。这四部著作中的一个共同点则是自由被断定为不可理解的。据此，蒂尔得出结论说，康德关于自由的论述是完全不系统的，他既企图证明意志是自由的，又企图表明当肯定意志是自由的时候，我们不可能使互相冲突的道德经验的要求协调一致，因而不得不宣布这个概念是一个可能的、可思想但仍然是空洞的概念，因而陷入了自相矛盾。从以上所述可见，蒂尔注意到康德在不同著作中从不同的角度提出和解决自由问题，但他并没有注意到康德虽然从不同角度研究自由问题，但赋予自由的含义是一致的，并不矛盾。蒂尔并没有准确弄清康德自由概念的含义，没有把握康德自由概念的实质，因此他得出了康德关于自由的论述完全是不系统的，是自相矛盾的结论。

C. D. 布罗德在研究康德伦理学著作中的自由概念时，注意到在《道德形而上学的奠基》和《实践理性批判》这两部著作中所充分讨论的自由概念，并没有任何实质性的不同。他从自由与道德法则的关系角度客观地分析了自由的消极意义和积极意义，并且还从意志自由与决定主义的关系角度分析了康德所论述的自由之所以可能的认识论基础，他的分析是可取的。但从概念含义的本身来看，布罗德的分析存在两个缺陷：第一，他没有从康德自由的实践意义进一步深入到作为他的认识论基础的自由的先验意义。第二，他没有揭示康德自由的先验性质。因此，布罗德对康德自由概念的理解还是停留于现象，并未深入到实质。虽然他所要考察的是康德伦理学著作中的自由概念，但他却忽视了把握康德伦理学著作中的自由概念，离不开康德认识论著作《纯粹理性批判》中的自由概念，否则就不可能把握作为康德自由概念实质的先验性质。而这一点已如前述，对于理解康德自由概念至关重要。

除以上所述者之外，关于康德自由概念的著述还有很多，就笔者所见到的材料而言，它们大多程度不同地存在着理解上的问题。[①] 这里不再一一评论了。

---

① 如苏联的 B. 戈卢在《必然和自由》（苍道来译，北京大学出版社 1984 年版）中阐述康德自由的实践自由的含义；日本的柳田谦十郎的《自由的哲学》（生活·读书·新知三联书店 1961 年版）认为康德的自由就是超越感性的"自我"；法国的加蒂在《论自由》（江天骥、陈修斋译，生活·读书·新知三联书店 1962 年版）断言："康德关于自由的哲学的基础是一种主观唯心主义，不是概念应当符合对象，而是对象应当符合于概念。"

第八章　康德自由思想的社会实质

马克思曾指出："任何真正的哲学都是自己时代精神的精华。"[1]康德的一生，虽然是讲究书斋的一生，从未参加过任何重大的现实斗争，但是他的哲学思想，尤其是自由思想却是近代西方时代精神的深刻反映，是这种时代精神的哲学思考的结晶。正如黑格尔所说的那样，"康德哲学是在理论方面对启蒙运动的系统陈述"[2]。

一、近代资产阶级革命时期的时代精神

什么是康德的自由思想所反映的时代精神呢？这种时代精神就是资产阶级适应新时代和本阶级的需要所提出的资产阶级人道主义，其核心和典型表达形式是"自由、平等、博爱"。资产阶级人道主义的锋芒所向是直指中世纪基督教神学的。基督教神学的蒙昧主义是封建制度加在人民身上的精神枷锁。为了转移人民对现世生活痛苦和不幸的注意，基督教神学否定人的价值，把人的价值、人的幸福推到天国、上帝。基督教神学家一方面赞美上帝是"至高、至美、至能、无所不能、至仁、至义、至隐、无往而不在，至美、至坚、至定、但又无从执持，不变而变化一切，无新无故而更新一切；'使骄傲者不自知地走向衰亡'；行而不息，晏然常寂，总持万机，而一无所需；负荷一切，充裕一切，维护一切，创造一切，养育一切，改进一切；虽万物皆备，而仍不弃置。"[3]另一方面，他们又宣扬"人应当蔑视自己"，提出"轻视自己的人，在上帝那里就受到尊重。不顺从自己的人，便顺从了上帝"。在他们看来，"你应把自己看得很微小，这样，在上帝眼中，你就是大的；因为你愈是为人间所蔑视，你就愈是得到上帝的珍视。"[4]基督教神学是要人否定自己，把人沦为上帝的附庸和工具、上帝存在的证明物。他们不仅否定人的价值、人的权利、人的尊严，推崇神的价值、神的权利、神的尊严，而且还竭力贬低现世生活的意义，用所谓"原罪"的说教使人们接受禁欲主义的清规戒律。针对中世纪神学以神为中心，贬低人的价值，否定现世生活的意义，提倡禁欲主义等观点，新兴资产阶级提出了以人为中心的人道主义思想。

基督教神学是欧洲封建主义的精神支柱，是人们最大的精神枷锁。封建主义是

---

①　［德］马克思：《第179号"科伦日报"社论》，《马克思恩格斯全集》第1卷，人民出版社1956年版，第121页。

②　［德］黑格尔：《哲学史讲演录》第四卷，贺麟、王太庆译，商务印书馆1978年版，第258页。

③　［古罗马］奥古斯丁：《忏悔录》，周士良译，商务印书馆1963年版，第5页。

④　《费尔巴哈著作选集》下卷，荣震华、王太庆、刘磊译，商务印书馆1984年版，第53页。

资本主义发展的巨大障碍，反对基督教神学旨在反对封建专制制度。要发展资本主义，必须有成为商品的劳动力的人身自由、商品生产和交换的自由，必须在商品面前人人平等。但是，在封建庄园制度下，农奴对地主有人身依附关系，社会森严的等级制度保证了贵族、僧侣、地主的各种特权。所以这些都严重束缚了资本主义的发展，在这种情况下，要想使资本主义得到迅速发展是根本不可能的。因此，新兴资产阶级为了维护自身的利益，就不得不起来反对阻碍资本主义顺利发展的封建制度。资产阶级人道主义反对神性、神权，主张人性、人权，就是要把人们从封建制度及其主要精神支柱神学的桎梏下解放出来，冲破神学的蒙昧主义樊篱，发展科学和生产力，从而最终战胜封建制度，使资本主义得以顺利发展。这就是资本主义人道主义的真正目的和实质之所在。资产阶级的人道主义运动为资本主义的发展作了理论准备，扫清了思想障碍，而资本主义的发展、资产阶级在经济力量上的增强，以致最后在政治上占据统治地位，又为资产阶级人道主义成为一种社会占主导地位的思潮，爆发重大的社会变革运动提供了可能。而且，随着社会的发展，文明的进步，广大人民群众也日益迫切要求摆脱封建羁绊的束缚，获得个性发展的自由，要求人的创造精神得到发挥，要求消灭愚昧无知和不文明现象。而资产阶级的抽象人道主义适应了人民群众的这些要求，反映了历史发展的潮流，因而资产阶级人道主义在一定的时期内，得到了人民群众的拥护，成为了一种时代精神。

资产阶级人道主义最初产生于14、15世纪的文艺复兴运动，到17、18世纪的启蒙运动达到高峰。在文艺复兴时期，人道主义主要是作为一种文化思潮出现的，而到了启蒙运动时期，它则发展成为一种政治要求、社会运动。梯利曾经指出："近代精神是反抗中世纪社会及其制度和思想的精神，也是在思想和行动的领域里人类理性的自我伸张。这种活动由文艺复兴开始，延续到16和17世纪；宗教改革、三十年战争，以及英国和法国（福隆德运动）的政治、社会革命是这种变化的征兆。伟大的大陆思想体系和英国的经验主义以及它们的流派，助长其所由产生的火焰；独立探索的精神缓慢而确实地改变了生活的面貌。但是，新的观点必须在人类比较广泛的领域里加以通俗和传播；18世纪执行了这一任务，被称为启蒙运动的世纪：这个世纪是我们所描述的整个文化运动的顶峰。那是一个拥有原理和世界观的时代，对人类精神解决自己的问题，诸如国家、宗教、道德、语言和整个宇宙的问题充满信心。那是一个拥有哲学信条的时代，那是一个有勇气写作像沃尔夫的《关于上帝、世界和人的灵魂以及万物的合理的思想》那样的书的时代。那是一个自由和独立思考的时代，特别是在法国，人们勇敢地发表自己的意见，无所畏惧地根据所思考的原则推导出结论。"又说："尊重人类理性和人权几乎是一切哲学思想的特征，这在18世纪普遍流行；人性、善意、天赋人权、自由、平等和博爱脍炙人口。甚至温情主义的政府认为增进人类的幸福和福利，是它们的职责。对中世纪思想制度的反抗最后导致伟大的社会和政治革命，这标志十八世纪的终结：新社会取旧制度而代之。近代精神的要求，诸如信教自由、机会平等、经济自由以及在法律面前人人平等，部分地达到了目的。"① 梯利的这些话比较客观地描述了自由、平等、博爱这些人道主义思想的历史发展过程及其对社会生活各个方面的深刻影响。

文艺复兴时期的人文主义是资产阶级人道主义的最初表现形态。文艺复兴运动表面上似乎是一种复兴古希腊、罗马文化的文化运动，而实际上是资产阶级企图托古改制，借着复兴古希腊罗马学术文化的名义，来同封建统治阶级作斗争，为自己登上历史舞台开辟道路的思想文化运动。文艺复兴的人文主义并不是一个有组织的学派掀起的统一的思想文化运动，人文主义者们的思想观点和实践活动方面的分歧是多种多样的，有些方面甚至是对立的，但是他们的思想和运动具有基本相同的思想基础和主要特点。

重视人、重视自然、重视人与自然的统一，是所有人文主义者的共同思想。这种思想的基础是反对基督教神学的超自然的神性论，主张自然主义的人性论。他们认为，宗教的罪恶和它的不合理性在于它为了神而牺牲人，扼杀人的自然的本性，把人从现实的生活引向对来世的幻想。他们在对基督教进行批判的过程中，宣扬人应当按其本性而生活，地上就是天堂，人自己就是天使，竭力把人们的目光从信仰主义转为现实主义。那么，人的本性是什么呢？人文主义者认为，物有物的"自然"，人有人的"自然"，都是自然的存在。他们所谓的"自然"，是指非人造的，也非神造的，而是事物自身具有的本性。他们认为，在过去的黄金时代，人按"自然的法律"过着真正幸福、合理的生活，因而他们强调要按自然生活。蒙田（1533～1592）说："自然是一位好心的领路人"，人应当"按自然生活"。在他们看来，人的"自然"或人的天性，就是过世俗的生活，就是享受自然的愉快，就是对现实的物质和精神生活的要求。人不是石头，而是活生生的血肉之躯，是有感情和欲望的人。因此，人的自然的欲望和感情不但不是逆天背理的，而且是自然而然的，人实现自然的要求是听从自然的指引，服从自然的召唤，这种自然的要求是无法压制的。

人文主义者站在自然主义人性论的立场上，热情地歌颂人的伟大，赞扬人的价值，提倡尊重人的尊严。诗人但丁（1265～1321）就曾说过："人的高贵，就其许许多多的成果而言，超过了天使的高贵。"② 著名的人文主义者鹿特丹的爱拉斯谟（1466～1536）认为："最崇高的事物是要使人类受益。"③ 彼特拉克（1307～1374）主张："血液从来只有一种颜色，人的尊严不会因其出身卑贱而丢失，只要他不虚

---

① ［美］梯利：《西方哲学史》下卷，葛力译，商务印书馆 1979 年版，第 148～149 页。

② 北京大学西语系资料组编：《文艺复兴到十九世纪资产阶级文学家艺术家有关人道主义人性论言论选辑》，商务印书馆 1971 年版，第 3 页。

③ 北京大学西语系资料组编：《文艺复兴到十九世纪资产阶级文学家艺术家有关人道主义人性论言论选辑》，商务印书馆 1971 年版，第 203 页。

度一生就行……如果说美德能使人真正高贵起来，那么我看不出有什么东西能妨碍一个人成为高贵的人。"① 英国杰出的戏剧作家莎士比亚（1564～1616）借哈姆雷特之口表达了对人的高度赞美："人是多么了不起的一件作品！理想是多么高贵！力量是多么无穷！仪表和举止是多么端正，多么出色！论行动，多么像天使，论了解，多么像天神！宇宙的精华，万物的灵长。"② 这种提高人的地位的观点突出地表现在当时的文艺作品中。人文主义者还从自然主义的人性论出发，强调现世生活的意义，大胆地提出享乐的尘世要求。瓦拉（1407～1457）针对禁欲主义关于享乐是不道德的说教，提出了"不道德的享乐是不存在的"论断。他在《论作为真正幸福的享乐》一书中，宣扬伊壁鸠鲁主义，并用资产阶级个人主义精神对之加以解释，强调资产阶级的一切快乐权利。彼特拉克（1304～1374）大声疾呼道："凡人要关怀世界的事"，"我是凡人，我只要求凡人的幸福。"③ 英国早期空想主义者托马斯·莫尔（1478～1535）在其《乌托邦》中，也认为享受尘世生活的幸福是符合理性的，也是符合自然的意向的。他说："一个人在应该追求什么和应该避免什么这类问题上听从理性的吩咐，这就是追随自然的意向。"④ 文艺复兴时期人文主义的突出特点是强调意志自由、个性的自由发展。15世纪意大利的文学者瓦拉（1407～1457）专门写过《自由意志谈》，他试图把天命和人的意志调和起来，实际上更重视的是个人的意志自由。他认为，神的预定（天命）与人的意志自由不是对立的，而是相容的。人完全可以凭借自己的选择或自由意志，进行一种活动，产生一个事件，上帝可以坚定人的意志，但并不代替人的意志而成为人的活动或事件的直接原因。15世纪意大利著名人文主义者皮科（1463～1494）把自由自主的选择和创造自己的生活视为人的神圣的本质。他以上帝的口吻写道："亚当，我已经给予你的既不是预定的身份，也不是特殊的容貌和任何特殊的特权，以使你可以通过你自己的决定和选择获得并具有这些，关于其他创造物的本质的限制已包含在我指定的律法之中，你应该不受任何障碍地以我付托给你的自由能力决定你自己的本质。"⑤ 16世纪法国著名的文学家、《巨人传》的作者拉伯雷（1495？～1553）主张："顺从你的意欲而行"，并把"想做什么，便做什么"作为他的理想社会雏形即所谓"德廉美修道院"的唯一规则。16世纪的著名人文主义者鹿特丹的爱拉斯谟（1466～1536）认为，自由意志主要表现在顺从自然的推动，遵从本能的活动，他把自由、快乐、知识或理性看做是构成道德和良心的重要条件。文艺复兴时期的法国著名作家蒙田（1533～1592）也主张人的自由个性，他的名言"我思考我自己"

---

① ［苏］K.C.巴克拉捷：《近代哲学史》，愚生译，上海译文出版社1983年版，第7页。

② ［英］莎士比亚：《哈姆雷特》，卞之琳译，作家出版社1956年版，第61页。

③ 转引自朱德生等编：《简明欧洲哲学史》，人民出版社1979年版，第83页。

④ ［英］莫尔：《乌托邦》，生活·读书·新知三联书店1956年版，第83页。

⑤ 转引自车铭洲：《西欧中世纪哲学概论》，天津人民社1982版，第206～207页。

就是他的这种观点的体现。

自由、平等、博爱是在 18 世纪资产阶级革命高潮时期作为完整的、得到系统发挥的社会政治要求而被普遍地运用于社会生活的各个领域之中，但这种观点在文艺复兴时期已经被资产阶级思想家提出来了。自由、平等、博爱的思想是早期资产阶级思想解放运动具有主导意义的社会政治思想，人文主义者用这种思想反映新兴社会势力的基本要求，冲出封建宗法思想和封建等级制度，为资产阶级反封建的初期解放斗争制造舆论。诗人但丁在《神曲》中宣扬，世界应该是以"人"为本的世界，而人天生具有"自由意志"，这是上帝给予人的"最大的赠物"，是上帝"最伟大的杰作"。他认为，人的现实生活和相互之间关系的本质是"爱"，他说："我看见宇宙纷散的纸张，都被爱合订为一册。"薄伽丘更特别强调，人都是人，人的天性都是一样的，因此激烈反对封建等级观，主张资产阶级平等。他在《十日谈》中，借一位王爷的女儿之口说："……我们人类的骨肉都是用同样的物质造成的，我们的灵魂都是天赐给的，具备着同等的机能和一样的效用。我们人类是天生一律平等的，只有品德才是区分人类的标准，即发挥大才大德的人才能当得起一个'贵'；否则就只能算是'贱'。这条最基本的法则被世俗的谬见所掩盖了，可并不是就此给抹杀掉，它还是在人们的天性和举止中间显露出来；所以凡是有品德的人就证明了自己的高贵，如果这样的人被人说是卑贱，那么这不是他的错，而是这样看待他的人的错。"① 在这里，薄伽丘把"人类平等"视为"最基本的法律"，这是对天主教会的教阶制、贵族世袭制和封建等级制的勇敢否定。人文主义者们就是通过宣传自由平等博爱以人本主义否定神本主义，否定对虚幻的天国和神的崇拜；以自由主义否定封建主义，否定封建阶级的政治、经济和思想的统治；以平等思想否定封建等级制度和世袭制度，以博爱主义否定封建的主仆关系。

文艺复兴是中世纪欧洲转入近代的枢纽，当时的各个领域都"在普遍革命中发展着"，"这是一次人类从来没有经历过的最伟大的、进步的变革"。② 法国哲学家、反经院哲学的无畏战士比埃尔·拉梅（1515～1572）写道："在一个世纪的时间里，我们看到的成就，比我们的祖先在过去一千四百年的时间里所看到的还要多！"③ 文艺复兴运动是新兴资产阶级在意识形态领域对封建主义和神学体系发动的一场伟大的变革，文艺复兴的反封建斗争，砸开了中世纪文化专制主义的枷锁，迎来了思想解放、巨人辈出和科学的繁荣，促进了欧洲许多民族国家的巩固，给资产阶级以新的思想武器。黑格尔曾经这样描述这个时期社会思想的变化："时代的精神曾经采取了这个转变：它放弃了那灵明的世界，现在直接观看它的当前的世界、它的此岸，随着这样一个变革，经院哲学便消沉了、消失了，因为它和它的思想是

① ［意］薄伽丘：《十日谈》，新文艺出版社 1958 版，第 357 页。
② ［德］恩格斯：《自然辩证法》，《马克思恩格斯选集》第 3 卷，人民出版社 1995 版，第 445 页。
③ 转引自汤侠生：《布鲁诺及其哲学》，上海人民出版社 1985 年版，第 20 页。

现实界的彼岸。这样一来商业和艺术就结合起来了。在艺术中包含着人从自身创造出神圣的东西；因为那时的艺术是如此地虔敬，他们曾经以无我作为他们个人的原则；从主观能力之内产生出艺术表象的也就是他们。与这点相联系，世间的事物也意识到他有其自身存在的理由，它也在主观自由的基础上确立了自己的原则。个人发挥其积极性于工商业方面；他本人就是自己的证实者和创造者。于是人们就来到了这样一个阶段，自己知道自己是自由地，并争取他们的自由得到承认，并且具有充分的力量为了自己的利益和目地而活动。"[①]

继文艺复兴之后，17、18世纪的欧洲爆发了启蒙运动。[②] 在启蒙运动中，作为资产阶级反封建的思想武器的人道主义比文艺复兴时期有了新的重大进展，这个时期人道主义突出地表现资产阶级启蒙思想家从抽象的人性论出发，把自由、平等、博爱看作人的自然权利，看作天赋人权，提出了系统的资产阶级价值观。为了争取天赋权利，资产阶级及其启蒙思想家直接从政治方面展开了对封建制度的斗争，其政治上的直接成果是荷兰资产阶级革命、英国资产阶级革命、美国的独立战争和法国的资产阶级大革命。自由、平等、博爱这些人道主义要求被资产阶级当作夺取自己政治统治的政治口号公开地写在自己的旗帜上，作为一条与"轻视人，蔑视人，把人不当人看"的专制制度相对抗的政治原则。启蒙运动时期突出地表现出了西方近代的时代精神。如果说文艺复兴时期是近代的时代精神的源起，那么启蒙运动时期则达到了近代的时代精神的高潮，其中法国最具有典型意义。

在最早的启蒙思想家那里，就已经开始从抽象的人性论出发，来探讨自由、平等这些所谓"天赋人权"问题。荷兰资产阶级思想家格劳秀斯（1583～1645）最早用自然法的观点来解释人的权利。按照这种观点，人的许多权利是与生俱来的，作为这种权利表现的自然法，不需要任何人的许诺。他主张一切实在法都应符合自然法的原则，人民和统治者都应受自然法的约束。他还提出了尊重人和私有财产的观点，并且用自然法理论来分析国际现象。在格劳秀斯之后，斯宾诺莎（1632～1677）从泛神论出发提出，自然要求人人自爱，爱对他有利的东西，并努力追求能导致进一步完善的东西。自然权力就是上帝本身的权利，因此人人都同样有至高无上的权利。他还从理论上论证了人们怎样才能达到自由。早期资产阶级启蒙思想家中，洛克（1632～1704）是典型代表。洛克与霍布斯一样高举"自然权利"和"社会契约"的旗帜，为近代自由主义奠定了理论基础。在他的名著《政府论》中，他反对这种观点，即一切政权都是绝对的君主专制，君主拥有绝对权力，人民没有天赋的自由和平等权利。他认为，人本来处于完全自由的状态，可以根据自己认为合适的想法，在自然规律的范围之内，采取行动和处理财产，而不必经过

---

① ［德］黑格尔：《哲学史讲演录》第三卷，贺麟、王太庆译，商务印书馆1959年版，第334页。

② 通常所谓的启蒙运动主要是18世纪法国的启蒙运动，但实际上，欧洲的启蒙运动应该从17世纪开始算起，而且范围包括欧洲的几个主要国家，当然18世纪法国启蒙运动最典型、社会影响最大。

别人批准。他说,根据自然和理性的规律,所有的人类都是平等独立的,自由、平等和私有财产是不可侵犯的神圣权利,谁都不能损害别人的生命、自由和财产。在他看来,国家和社会是人类自己订立契约的结果,人结合成为国家的最大而主要的目的是彼此保全自己的生命、自由和财产。他认为,封建君主制破坏了人们的自由、平等和私有财产的权利,违犯了"社会契约",因而是应该被推翻的。为了保障人的自由、平等和私有财产的权利,他首先提出了资产阶级的分权学说。

18 世纪法国资产阶级反封建的启蒙运动,大体上可以划分为两个阶段:第一阶段是 18 世纪前期,自然神论者反宗教的斗争;第二阶段是 18 世纪后期,以"百科全书派"为代表的唯物主义与无神论的宣传运动。第一阶段的主要代表人物有伏尔泰、孟德斯鸠、卢梭等人,他们为资产阶级革命做了两方面的思想准备:一是批判宗教,二是提出了一套完整的资产阶级政治理论。尽管他们大都是自然神论者,但是他们的斗争却为 18 世纪法国唯物主义的产生开辟了道路,其主要代表有狄德罗、拉美特利、爱尔维修,霍尔巴赫等人。

在法国启蒙运动中,从伏尔泰(1694 ~ 1778)起,自由平等问题始终是注意的中心。伏尔泰痛斥基督教及其教义、教会、教皇、主教等,认为宗教所宣传的蒙昧主义是人类理性的大敌,是历史发展的障碍,它剥夺了人的"自然权利",即享有财产和自由的权利。他大声疾呼人人完全享有"自然权利",主张每一个人在"享有各种天然能力"方面即在发挥他们的生理机能(如呼吸和消化)和运用理智方面是平等的。他在《哲学辞典》中说:"一切享有各种天然能力的人显然都是平等的;……一切种类的一切动物彼此之间都是平等的。"[①]关于自由,他指出,自由在于宣布不可转让的权利,即个人安全自由地享有财产,并在法律面前平等以及一切公民参政的权利。孟德斯鸠和 17 世纪以来许多西方资产阶级思想家一样,公然抛开神的作用,而求之于"人性"、人的"自然权利"等,并以这些东西为根据,建立了自己的政治理论。他给自由下了这样的定义,"在一个有法律的社会里,自由仅仅是:一个人能够做他应该做的事情,而不被强迫做他不应该做的事情。"[②]他还主张通过三权分立建立政治自由,以及政治制度和公民自由的关系等,表达了政治制度、法律制度可以给人以自由的资产阶级要求。

启蒙时期"天赋人权"思想的最杰出代表是卢梭,他提出了一套完整的"天赋人权""主权在民"的资产阶级共和主义理论,为法国资产阶级革命提供了激进的理论纲领。卢梭的思想同伏尔泰和孟德斯鸠相比,进一步表明了资产阶级的意志。在卢梭的主要著作《论人类的不平等的起源和基础》中,他着重探索并系统阐述了人类不平等的起源及其克服的途径。他从所谓"自然状态""自然权利""人类理性"

---

① [法]伏尔泰:《哲学辞典》,北京大学外国哲学史教研室编译:《十八世纪法国哲学》,商务印书馆 1963 年版,第 88 页。

② [法]孟德斯鸠:《论法的精神》上册,张雁深译,商务印书馆 1961 年版,第 154 页。

等资产阶级的人性论原理出发，认为在社会、国家产生以前，人类生活在"自然状态"中。那时人们在一种彼此隔绝的状态中过着自由、平等的生活，人们没有私有财产，没有社会的不平等。在他看来，这就是人的"天然本性"。他认为，由于人类有一种趋于完善化的能力，即往前发展的能力，随着人们的知识增长和生产技术的提高，人与人之间的联系增强，于是产生了私有观念和私有制。私有制的产生使人类由"自然状态"进入了"文明社会"，斗争、倾轧、奸诈、伪善等等各种罪恶随之产生，人人都抱着损人利己之心，人对人处于战争状态。于是，自然状态的平等破坏了，出现了"富人和穷人的不平等"；后来富人为了保障自己的安全和奴役穷人，就以保证公共安全为名诱骗穷人和他们共同订立"契约"，社会、法律和国家便由此产生，出现了"强者和弱者的不平等"；最后当"合法权利转变为专制暴力"时，就出现了"主人和奴隶"的对立，这里达到了不平等的顶点。在卢梭看来，到这里，由于统治者滥用授予他们的权力，违反了契约规定的条件，因而契约不能发生合法效力，上层的赤裸裸的暴力激起了下层用暴力来抵抗，于是不平等的顶点同时也将成为转向新的平等的原因和起点，这种新的平等是更高级的、基于社会公约的平等。

在卢梭的最主要著作《社会契约论》中，卢梭进一步阐述了天赋人权的思想，并得出了"主权在民"的结论。"人是生而自由与平等的，国家只能是自由的人民自由协议的产物。如果自由被强力所剥夺，则被剥夺了自由的人民有革命的权利，可以用强力夺回自己的自由；国家的主权在人民，而最好的政体应该是民主共和国。"[①]卢梭大声疾呼："人是生而自由的，但却无往不在枷锁之中。"[②]这是对封建专制的痛心疾首的控诉。他主张，人人生来平等，享有充分的自由，自由和平等是合乎人的天性的，是天赋予人的权利。他说："这种人所共有的自由，乃是人性的产物。"[③]他认为，维护自由的权利也就是维护做人的资格，这是衡量道德与否的标准。"放弃自己的自由，就是放弃自己做人的资格，就是放弃人类的权利，甚至就是放弃自己的义务。对于一个放弃了一切的人，是无法加以任何补偿的。这样一种弃权是不合人性的；而且取消了自己意志的一切自由，也就是取消了自己行为的一切道德性。"[④]卢梭针对亚里士多德认为人并不是天然平等的，有些人为当奴隶而生，另一些人为治人而生的观点，指出："假如真有什么天然的奴隶的话，那只是因为已经先有违反了天然的奴隶。强力造出了最初的奴隶，他们的怯懦则使他们永远当奴隶。"[⑤]尽管卢梭关于奴隶制的形成时期存在的原因的理解是错误的，但与主张人并

---

① 何兆武："译者前言"，[法]卢梭：《社会契约论》，何兆武译，商务印书馆1982修订第2版。
② [法]卢梭：《社会契约论》，何兆武译，商务印书馆1982修订第2版，第8页。
③ [法]卢梭：《社会契约论》，何兆武译，商务印书馆1982修订第2版，第9页。
④ [法]卢梭：《社会契约论》，何兆武译，商务印书馆1982修订第2版，第16页。
⑤ [法]卢梭：《社会契约论》，何兆武译，商务印书馆1982修订第2版，第11页。

非天然平等的亚里士多德相比，无疑是重大的进步。卢梭认为，订立社会契约的根本任务就是要保证人的自由。他说："要寻找出一种结合的形式，使它能以全部共同的力量来卫护和保障每个结合者的人身和财富，并且由于这一结合而使每一个与全体相联合的个人又只不过是在服从自己本人，并且仍然像以往一样地自由。这就是社会契约所要解决的根本问题。"①在卢梭看来，这种结合形式就是民主共和国的国家。他认为，国家是"自由"的人民通过"自由协议"订立契约而产生的，因而国家是代表人民的普遍意志的（他称这种普遍意志为"公意"）。在国家中人民并没有失去自由，只是限制了"自然的"自由，而得到了"社会的自由"。他说："人类由于社会契约而丧失的，乃是他的天然的自由以及对于他所企图的和所能得到的一切东西的那种无限权利；而他所获得的，乃是社会的自由以及对于他所享有的一切的东西的所有权。"②在卢梭看来，这种"社会的自由"，就是"服从人们自己为自己所规定的法律"。③既然人民同意把自己的权利转让给国家，国家就必须保护一切缔约者的自由、平等、生命和财产，体现全体人民的"公意"，如果这种契约遭到破坏，人民有权取消它，可以用强力夺回自己的自由。他说："如果我仅仅考虑强力以及由强力所得出的效果，我就要说：当人民被迫服从而服从时，他们做得对；但是，一旦人民可以打破自己身上的桎梏而打破它时，他们就做得更对。因为人民正是根据别人剥夺他们的自由时所根据的那种同样的权利，来恢复自己的自由的，所以人民就有理由重新获得自由；否则别人当初夺去他们的自由就是毫无理由的了。"④"这个社会公约一旦遭到破坏，每个人就立刻恢复了他原来的权利，并在丧失约定的自由时，就又重新获得了他为了约定的自由而放弃的自己的天然的自由。"⑤由此看来，在卢梭那里人的自由权利是绝对的，无论什么时候都必须享有的。卢梭的上述思想成为了法国大革命的直接理论依据，卢梭也因此而被看作是法国大革命的精神领袖。

　　和法国早期的启蒙学者一样，以狄德罗为代表的法国唯物主义者的思想体系，尤其体现了新兴资产阶级的要求。如果说早期启蒙思想家的启蒙思想直接从政治观点上抨击封建制度的不合理性，公开主张"自由、平等"的资产阶级政治要求，那么唯物主义者的学说则主要是从哲学上论证资本主义制度代替封建制度的必然性，进一步从理论上阐述了天赋人权的学说。法国唯物主义者不仅在自然观上坚持唯物主义的观点，是彻底反对宗教神学的无神论者，而且在社会政治方面富有革命精神，坚决反对压迫，维护自由。尤其是狄德罗（1713～1784），无论在理论方面还

---

① ［法］卢梭：《社会契约论》，何兆武译，商务印书馆 1982 修订第 2 版，第 23 页。
② ［法］卢梭：《社会契约论》，何兆武译，商务印书馆 1982 修订第 2 版，第 30 页。
③ ［法］卢梭：《社会契约论》，何兆武译，商务印书馆 1982 修订第 2 版，第 30 页。
④ ［法］卢梭：《社会契约论》，何兆武译，商务印书馆 1982 修订第 2 版，第 8 页。
⑤ ［法］卢梭：《社会契约论》，何兆武译，商务印书馆 1982 修订第 2 版，第 23 页。

是在实践方面，都不愧为高举自由、平等旗帜的卓越战士。

18 世纪法国唯物主义者主要是对早期启蒙思想家提出的"自然法"和"自然权利"进行哲学的论证，他们从早期的启蒙思想家那里继承了"自然法"的概念，进一步作出了自己的解释。什么是"自然法"（或自然法则）？拉美特利（1709 ～ 1751）规定说，"这是一种感觉，它告诉我们'己所不欲勿施于人'……这种感觉不是别的，只是一种害怕或恐惧，但却是一种对于整个的种属和个体都很有益的害怕或恐怖。"[①]在拉美特利那里，自然法不过是人的本性的代名词，这种人的本性在不同的人那里是毫无差别的。在他看来，自然法或人的本性应该受到尊重，人们可以根据它来衡量社会制度的好坏，这就在政治腐败的情况下，为改造社会而采取措施准备了思想条件。狄德罗认为，自然法之所以得以成立，是以人们能够区别善恶为前提的，是人类行为必须遵循的楷模。霍尔巴赫（1723 ～ 1789）更突出而生动地描述了自然法则的作用，他把自然法则奉为无上权威，认为它能够教导人们既要享受幸福，又必须克制性欲，它是人们用以衡量现实的政治和法律的尺度。他说："人间的法律只有当它符合我的法律（即自然法——引者注）时才是公正的；他们的判断，只有当我指示给他们时才是合理的，唯有我的法律是不变的、普遍的、不可更改的，建立这些法律，就是为了规范人类的命运，不管在什么地方或是什么时代。"[②]这里显然可见，18世纪法国唯物主义者是从人性论出发，把资产阶级的意志和要求说成是永恒的、普遍的、不可更改的自然法则，用来作为衡量现存一切社会制度是否合理的尺度，同时又作为建立新制度的依据。

狄德罗等人强调自然法的直接目的在于，他们要通过自然法来申张自然权利，论证自然权利的合理性。这种自然权利，也就是早期启蒙思想家所谓的"天赋人权"，它是指一切人都应该享受的权利。狄德罗肯定自然权利是人类真正不可割让的基本权利，是不能放弃的，这种自然权利应该是和公共意志统一的，公共意志就是要肯定人的自然权利，同时也要与自然权利划定界限。他肯定自由就是人的一种自然权利，这种权利是自然给予一切人的。爱尔维修把自然权利建立在自爱的基础上，认为从保全自己的意义上来说，自爱是一切人都应该享有的基本权利，如果抛弃这种权利，人将不能存在。自爱是一种与生俱来的感情。"自然从我们幼年起就铭刻在我们心理的唯一情感，是对我们自己的爱，这种以肉体的感受性为基础的爱，是人人共有的，不管人们的教育多么不同，这种感情在他们身上永远一样。"[③]既然自爱植根于人的本性，实现自爱的权利就是自然的，不容剥夺的，一切合理的政权都应该维护人类的自然权利，凡是同这种权利相抵触的专制政权理所当然地要

---

①　［法］拉美特利：《人是机器》，商务印书馆 1979 年版，第 46 页。

②　［法］霍尔巴赫：《自然的体系》下卷，管士滨译，商务印书馆 1977 年版，第 347 页。

③　［法］爱尔维修：《论人的理智能力与教育》，北京大学外国哲学史教研室编译：《十八世纪法国哲学》，商务印书馆 1963 年版，第 501 页。

为人民所唾弃。

"自由""平等"这些概念一经出现，就逐渐形成了一股强大的时代潮流。充任了整个资产阶级革命的号角，激励人们奋勇前进，以摧毁一切阻挠资产阶级发展的封建樊篱。资产阶级终于把自由、平等等"人权"写在了自己的旗帜上。法国1789年大革命后，资产阶级"决定在一项庄严的宣言中，阐明自然的、不可让与的、神圣的人权"①，于是诞生了《人和公民的权利宣言》即著名的《人权宣言》。美国的《独立宣言》也宣称："人人生而平等，他们都从他们的'造物主'那边被赋予了某些不可转让的权利，其中包括生命权、自由权和追求幸福的权利。"②

从以上的考察可见，以自由、平等、博爱为核心的资产阶级人道主义最初是以一种社会思潮出现的，后来日益表现为一种政治诉求。它之所以能成为一种时代精神，其根本原因就在于，它反映了资产阶级的政治要求，反映了资本主义取代封建主义的历史必然性。从整个历史发展过程来看，以自由、平等、博爱为核心的资产阶级人道主义始终是以一种社会政治理论的形式出现的。虽然人们对这种社会政治理论提出过种种的论证，但是它的合理性并没有得到有力的哲学上的证论，这些理论甚至和提出它们的思想家的哲学理论存在着矛盾，这种矛盾没有在哲学上得到解决和说明。因此，这些理论虽然是社会政治理论的革命，但并没有在哲学上、世界观上得到证明。

文艺复兴时期的人文主义运动还不是哲学运动，人文主义者重视感性和意志，把感性同理性、感性冲动同冷静思考对立起来，把理性思维活动简单地同烦琐的经院哲学等同起来，从而对哲学抱厌恶的态度。加上大多数人文主义者都是文学家、艺术家，热衷于文艺复兴和文化运动，而忽视哲学研究，不能从理论上概括社会生活和科学实践的新发展，不能从世界观的意义上论证和宣传时代的革命精神。罗素在论及人文主义者的时候指出："他们当中不少的人仍旧像中世纪哲学家一样崇敬权威，不过他们用古代人的威信替代教会的威信。这自然是向解放前进了一步，因为古代人彼此见解分歧，要决定信奉哪一家需要有个人判断。但是15世纪的意大利人中间，恐怕没有几个敢持有从古代、从教会教义都找不出根据的意见。"③作为他们的人道主义观点基础的自然主义人性论，并不是严格的哲学理论，实际上不过是他们自身的生理的或心理的感受。

启蒙思想家在相当大的程度上克服了人文主义者的缺陷，他们当中大多数人本身就是哲学家。但是他们的人道主义思想是建立在抽象的人性论基础上，这种抽象

---

① 法学教材编辑部《外国法制史》编写组：《外国法制史资料选编》下册，北京大学出版社1982年版，第525页。

② 法学教材编辑部《外国法制史》编写组：《外国法制史资料选编》下册，北京大学出版社1982年版，第440页。

③ ［英］罗素：《西方哲学史》下卷，马元德译，商务印书馆1976年版，第7～8页。

人性论强调人的肉体的感受性。他们从人的感性欲望、生理要求出发，把自由、平等、博爱归结为人的自然本性，归结为人的自然权利。然而，从人的感性并不能发现人具有自由的特性，受感性欲望控制的人是不可能有自由的。启蒙思想家主张人的自由是同他们的机械唯物主义的世界观，同他们的经验主义相矛盾的。根据这种机械唯物主义世界观，世界上的一切事物都是受因果法则决定的，人作为一种自然的存在同样也要受这条法则所决定。既然如此，人的行动，以至人的精神都是被决定的。因此，承认自由是人的本性，因而是人的自然权利，是同机械唯物主义的世界观相矛盾的，这种矛盾发展至极端，最终必然要导致否认自由。霍尔巴赫的哲学就是证明，在霍尔巴赫那里，一切都是被决定的，根本没有自由存在的余地。

二、时代精神的精华和升华

康德的自由思想就是这种资产阶级人道主义时代精神的反映，这就是他的自由思想的社会实质。但是，康德的这种反映不是通常的直观的直接反映，而是资产阶级人道主义思想的历史的和逻辑的发展，是在他以前的资产阶级人道主义思想基础上的哲学的升华。如果说康德以前的人道主义思想是对封建主义和宗教神学的意识形态的革命，那么康德的自由思想则是对这种思想的哲学论证，因而是这场意识形态革命中的深刻哲学革命，是上升时期资产阶级人道主义的最终论证和完成。肯定自由的存在，主张自由是人的本性和权利，这一点到康德生活的时代已经成为确定无疑的，问题是如何在哲学上论证它的合理性，如何既肯定自由的存在，又不否认自然科学已经证明的自然的因果必然性的存在。正如黑格尔指出的："我们时代的伟大在于承认了自由、精神的财富、精神本身是自由的，并且承认精神本身便具有这种自由的意识。但是这个自由的原则只是抽象的。因而更重要的是：使自由的原则重新达到纯粹的客观性。并不是一切我所偶然想到的东西，临时冒出来的东西，都算是启示给我的，因而也就是真的。相反，这种自由的原则还须加以纯化，并获得其真实的客观性。"①这个问题是作为近代资产阶级意识形态的人道主义理论发展和资产阶级革命斗争的实践要求必然提出来的新课题。它的解决既是一种逻辑的必然，也是一种历史的必然。正是这个以前启蒙思想家没有解决（甚至没有意识到）的问题，成为了康德哲学的出发点，康德的自由学说就是适应这种时代的需要而产生的。康德的自由学说，一方面以它肯定自由的存在，肯定自由的可能性，反映了时代的精神，适应了时代精神发展的需要，归根到底反映和适应了资产阶级的政治要求和经济要求；另一方面以它对自由问题所作的特殊的哲学上的解决，构成了近代时代精神发展的一个逻辑阶段，最终完成了上升时期资产阶级对自由的论证和

① ［德］黑格尔：《哲学史讲演录》第四卷，贺麟、王太庆译，商务印书馆1978年版，第254页。

辩护。

首先，从康德的思想发展过程来看，康德是适应时代的需要来研究和解决自由问题的。我们在第三章已经讲过，康德早年是一个莱布尼茨－沃尔夫形而上学的信奉者，他的研究兴趣主要是自然科学。他是一位卓有成效的自然科学家，他熟悉当时各门自然科学的进展，站在自然科学的前列。在对自然科学研究的过程中，他逐渐发现自己的哲学信仰与自然科学发展及其成就存在着尖锐的矛盾，莱布尼茨—沃尔夫的形而上学体系不能够对自然科学及其成就作出科学的说明，因而开始怀疑以至最终抛弃了旧的形而上学信仰。英国的经验主义，尤其是休谟的怀疑主义最终使他从形而上学的"迷梦"中醒来，彻底抛弃了旧的形而上学信仰。但是，康德很快发现，经验主义必然导致怀疑主义，休谟的怀疑主义有力地证明了这一点。这种怀疑主义必然导致两个结果：一是否认了科学知识的普遍性和必然性。因为经验主义、怀疑主义强调一切科学知识都依赖于经验，只有经验才能获得最可靠的知识，但在康德看来，一切经验的知识都是偶然的、易变的，只是强调经验，必然怀疑和否认科学知识的普遍必然性，最终否认自然科学本身。二是否认了一切不可经验的形而上学的对象的存在，这就不仅否认了上帝和灵魂的存在，而且否认了自由的存在。对于怀疑主义所导致的这两种必然结果，康德是不能接受的。对于第一种结果，他作为一个自然科学家，他坚信自然科学的存在，坚信自然科学知识是普遍必然的；对于第二种结果，这正是使康德从旧的形而上学的迷梦中醒过来的原因所在，他否认上帝和灵魂在认识上证实的可能性，但对自由存在的可能性问题却持有保留态度，因为在他的早年他就注意到了自由对于道德的重要意义。他看到，经验主义、怀疑主义势必否认自由的存在，而否认自由的存在，道德就没有了存在的根基。由于上述原因，康德并没有成为一个经验主义者，对于休谟的怀疑主义持保留态度。

康德在进行自然科学研究，接受经验主义影响的同时，又受到了卢梭的影响。卢梭是启蒙运动的杰出代表，是时代精神的旗手。卢梭所提出的一系列政治主张，尤其是他的"人是生而自由的"，"自由是人的天性"等关于自由的观点，给康德以极大的影响。卢梭使康德坚信，人是生而自由的，正因为人是自由的，才使人能够区别于一切动物，从而具有道德性。他完全接受了卢梭的"唯有道德的自由才使人类真正成为自己的主人"[①]的观点，这使他确信"哲学不是别的，只是关于人的知识"[②]。卢梭使康德坚定了对自由的信念，从而彻底抛弃了休谟的怀疑主义，把它看做是使社会陷入无政府状态的"游牧部落"。但是，康德并没有全盘地接受卢梭的自由思想，因为他的关于人是生而自由的思想是建立在"人性"的基础上，而卢梭

---

①　[法]卢梭：《社会契约论》，何兆武译，商务印书馆1982修订第2版，第30页。

②　转引自李泽厚：《批判哲学的批判》（修订本），人民出版社1984年第2版，第40页。

所理解的人性是指人的感性和情感。在康德看来，把自由确立在人的感性和情感基础上是不稳固的，因为人的感性和情感是受人的感官生理条件制约的，从人的感性、感情并不能引申出自由，不能得出人是生而自由的结论。这样，卢梭使康德确信自由的存在，但又使他为自由是怎样可能的及其与自然的关系如何所苦恼，康德的整个思想体系正是从这个问题出发并以这个问题为中心建立起来的，而这个问题本身正是时代发展所提出的重大理论课题。所以黑格尔说："这个原则（指卢梭的自由原则——引者注）提供了向康德哲学的过渡，康德哲学在理论方面是以这个原则为基础的。"[①] "卢梭已经把自由提出来当作绝对的东西，康德提出了同样的原则，不过主要是从理论方面提出来的；法国则从意志方面来掌握这个原则。"[②]

其次，从康德自由思想的内容看来，康德对自由问题所作的特殊的哲学上的解决，最终完成了处于上升时期的资产阶级的时代精神的哲学论证。康德通过长期的哲学沉思发现，自由存在的根据不在人的自然本性，而在人的社会理性。他认为，经验主义哲学和理性主义哲学之所以会否认自由（几乎所有的近代资产阶级哲学家实际上都是维护人的自由，特别是政治自由，只是其理论的必然结果走向了反面）或不能给自由提供充分的论证，其根本原因在于对人的理性的作用缺乏正确的了解。在康德看来，莱布尼茨－沃尔夫的形而上学理性主义，把理性看做是全能的、绝对的，从理性推出上帝存在、意志自由和灵魂不死这些在认识上不可能证明其存在的对象，导致与经验自然科学相矛盾而成为伪科学，最终破坏了人们对自由的信仰。这种独断论是理性的盲目运用和误用。相反，在经验主义看来，人的感觉、经验才是最可靠的，感觉经验才是一切知识的源泉，而人的理性不过是人们谋求幸福的手段，最终必然导致否认自由存在可能性的结论，这同样是对理性作用的误解。因此，康德认为，要解决自由问题，必须对纯粹理性进行批判，弄清人类理性运用的范围和局限性。通过批判，康德发现，人类理性的作用不在于它是获得幸福的手段，因为在他看来，本能比理性更容易使人获得幸福。理性不是一种获得幸福的手段，而是一种实践的能力，是一种独立于感性经验性因素而"左右意志的能力"，因而它本身就是自由，或者就是自由的基础或依据。同时，康德还发现，理性的作用主要不在于扩大知识，虽然纯粹理性的理念是具有统一知性和扩大知识的功能，但这并不是它的主要作用，而且这种作用往往会产生先验幻相，导致二论背反。理性的主要作用在实践领域，实践领域才是它的"固有领域"，也就是说，理性的作用就在于它是道德存在的基础。它能使人们摆脱感觉经验的影响，按照理性原则行动，同时，这种原则本身又是人的理性本身确立的。

康德的结论是，理性从而自由才是人区别于任何其他事物的本质，这种本质体

---

① ［德］黑格尔：《哲学史讲演录》第四卷，贺麟、王太庆译，商务印书馆 1978 年版，第 234 页。
② ［德］黑格尔：《哲学史讲演录》第四卷，贺麟、王太庆译，商务印书馆 1978 年版，第 256 页。

现并包含在道德之中。这样，康德就从人的道德事实的存在证明了自由（理性）的存在（实在性）、自由（理性）的合理性，证明了自由（理性）是人的本质，从而最终完成了自由的哲学证明。

在康德看来，他对自由问题的解决，克服了理性主义和经验主义的缺陷，既拯救了自由，又使自由与自然并存而不相互矛盾。很明显，资产阶级的自由，发展到康德这里就由政治自由深化到了一种理性的自由、道德的自由、主体的自由，使政治自由奠定在坚实的哲学基础之上。正如黑格尔说的："认识向它的自由前进了，而且是向一种具体的内容，一种它在自己的意识中所具有的内容前进了。"①黑格尔高度地评价了康德的自由和这种进步。他说："康德哲学所包含的真理在于把思维理解为本身具体的，自己规定自己的东西；因而它承认了自由。"②由此可见，由政治自由向理性（思维）自由的发展，是近代资产阶级自由发展的必然要求。黑格尔正是沿着这条道德把自由意识发展到了极端。

值得注意的是，康德所理解的"理性"的含义是复杂的，但它主要不是指的个人的理性，而是指的一种抽象的人的社会本质。正如李泽厚所说的："由康德开始的德国古典哲学中的'理性'，主要和基本是抽象化了的人的社会本质。在他们那里，'自我''理性'都有着超个体超自然的某种社会性的意义，从而所谓高于现象的本体，所谓重于科学、认识的伦理、宗教，这个不可知的'物自体'，实际是以唯心主义抽象方式，指向不是作为自然存在而是作为社会存在的人，是唯心主义化的作为社会存在的人的能动性。"③因此，康德所理解的理性自由，实际上是笼罩在哲学语言下的抽象的社会自由，而不是个人的主观任性。在他这里，实现了个体（个性）自由向社会自由、政治自由和哲学理性自由的转变，从这里也可以看出康德自由思想的社会实质。

资产阶级政治上要求自由、平等的时代精神，到康德的生活时代要求得到哲学的论证，康德通过它的全部的批判哲学完成了这个任务，在资产阶级意识形态领域继社会政治思想的革命之后实现了哲学革命。康德之所以能担当起这个重任，之所以采取他所特有的方式来解决这个问题，则是与当时的主客观条件密切相关的。

首先，康德始终是政治、法权、道德等社会问题的关怀者，他对社会政治问题的关心，使他能敏锐地洞察到时代给哲学提出的重大课题。在前批判时期，康德在钻研自然科学的同时就对社会政治问题抱有浓厚的兴趣，他讲授过伦理学、法学、哲学等课程，写过不少有关社会、政治、道德、宗教等方面的文章。反映当时一系列政治、宗教、道德、教育等重大社会问题的卢梭著作，更是强烈地吸引着他。正是当时突出的自然科学和社会政治问题，引起他探讨这些问题的兴趣，促使他进行

---

① ［德］黑格尔：《哲学史讲演录》第四卷，贺麟、王太庆译，商务印书馆 1978 年版，第 234 页。
② ［德］黑格尔：《哲学史讲演录》第四卷，贺麟、王太庆译，商务印书馆 1978 年版，第 256 页。
③ 李泽厚：《批判哲学的批判》（修订本），人民出版社 1984 年第 2 版，第 343 ～ 344 页。

哲学上的沉思。他吸取了当时时代的最先进思想，接受了时代革命思想的洗礼，敏锐地洞察到当时现实所面临的重大哲学问题，提出了自己的独特观点。在批判时期，康德把主要精力都倾注在他自己所提出并力图解决的哲学问题的研究上，同时他又是资产阶级革命的热忱关怀者。当他从报纸上知道美国发生了独立战争时，他对华盛顿将军及其战友们表示同情。当德国许多人背离法国革命时，康德还信守启蒙观念不渝，被称为"最后一个雅各宾派"。他在这个时期写了许多政治问题的文章，更广泛、具体地研究了政治、宗教、法权、道德等问题，关于这些问题的观点可以说就是他的哲学的具体展开和运用。同时，对这些问题的研究，又有力促进了康德对时代所提出的重大哲学课题的研究解决。康德这位时代的思想巨匠，正是一位时代的热情关怀者和深邃观察者，他的哲学的强烈时代感，来自于他对时代的关怀、观察和沉思。

其次，德国早期启蒙思想家在康德生活时代的德国所掀起的狂飙运动对康德哲学思想的产生也具有重大的作用。德国的启蒙运动以及由此掀起的狂飙运动对于德国有着巨大的思想解放作用，这种解放作用在一定程度上给康德哲学思想的产生扫除了思想障碍。早在中世纪后期，发源于意大利的文艺复兴运动和人文主义运动逐渐地传遍到整个欧洲，其中包括德国。文艺复兴及其主要内容——人文主义在经济上比意大利落后的德国采取了特殊的形式，这就是德国的人文主义运动直接同宗教改革相联系。宗教改革的领袖马丁·路德并不是一个人文主义者，但他在人文主义思想的影响下对文艺复兴运动的发展起了一定的作用。他的宗教改革思想引起了激进的革命思想，恩格斯称德国的宗教改革是欧洲第一次资产阶级反对封建制度的大决战。宗教改革在欧洲各国，包括德国掀起了反基督教教会的斗争，教会势力此后日渐衰退，神权政治的统治和神学唯心主义的思想钳制逐渐被摧毁。宗教改革虽然不是一场彻底的反宗教运动，但对于在教会权威统治下的德国，它无疑具有重大的思想解放作用。它的最大成就在于，它使得德国在很大程度上摆脱了罗马教廷的统治，这种影响是深远的。但是，德国并没有在宗教改革的直接影响下出现启蒙运动。16世纪后，德国陷入连年不断的战争之中，特别是17世纪前期的"三十年战争"（1618～1648），使生产力遭到极大的破坏，国家处于分裂割据的局面，德国的科学和哲学的发展几乎处于停滞状态。德国的启蒙运动严格说来是从莱布尼茨开始的，莱布尼茨是德国启蒙运动的第一位代表。他的广泛社会活动，为传播知识而进行的斗争，在各国创立科学院的想法，统一德国的思想等等，所有这些在经济和政治上落后的德国对启蒙运动的发展起到了很大的推动作用。德国启蒙运动中最有影响的人物是莱布尼茨的后继者克利斯提安·沃尔夫（1679～1754），他在莱布尼茨观念的基础上建立了自己独特的哲学体系，被称为"莱布尼茨-沃尔夫哲学"。沃尔夫的哲学体系具有折中的性质，除了主要接受继承了莱布尼茨的观点外，还同时因袭了笛卡儿、斯宾诺莎、洛克等人的某些观点。这种哲学的任务在于清理奥秘和扫除过往，用理性之光来辨明万物，它以理性的科学与启示的宗教相对立，具有反封建神学的进步意义。同时，沃尔夫学派把这种理性主义方法运用于历史研究，证明语言、法律、国家、道德和宗教都是起源于人类理性。这种理性主义思想，还促进了近代进步的政治理论在德国的传播，它使平等和天赋人权的学说甚至在统治者的宫廷里流行起来。莱布尼茨－沃尔夫的哲学在当时德国获得了广泛的传播，产生了极大的影响。正是由于这种影响，康德成为了莱布尼茨－沃尔夫形而上学的信奉者。虽然康德原来的批判哲学是直接针对莱布尼茨－沃尔夫形而上学的，但不能否认它作为康德批判哲学研究的出发点的意义。他们在强调理性、用理性之光代替神灵之光这个根本点上是一致的，所不同的是，他比莱布尼茨、沃尔夫走得更远。他不仅强调对一切事物都要用理性进行批判，而且对于理性本身也必须予以批判的研究。因此，正如奥伊则尔曼所说的："康德虽然与 17 世纪的形而上学哲学家们争论，在某种意义上却是他们的继承者"。①

在声势浩大的法国启蒙运动的影响下，18 世纪 70 年代在德国发生了所谓的"狂飙运动"或"狂飙突进运动"。这本来是德国全国性的资产阶级文学运动，但在同时也是批判封建主义旧思想，提倡资产阶级的自由、平等、博爱、个性解放等新思想，批判宗教的蒙昧主义，提倡理性和科学的思想革命运动，它是法国资产阶级启蒙运动的继续和发展。正是在这个运动的过程中和基础上发生了德国的哲学革命，产生了康德的批判哲学体系。

最后，康德之所以能够采取他所特有的方式来解决自由问题，与当时德国社会的政治经济条件息息相关。早在 16、17 世纪，英国和法国就先后结束了封建割据，形成了强有力的中央政权，可是直到 19 世纪初，德国仍然处于封建割据状态，未能实现民族统一。长期的封建割据局面，严重地阻碍了德国资本主义的发展，到 18 世纪下半叶，德国仍然是一个十分落后的封建国家。封建土地制度盛行于农村，封建行会制度束缚着城市工商业的发展，工业还处于以手工劳动为基础的个体手工业和工场手工业阶段。由于长期的封建割据，资本主义发展缓慢，德国市民经济力量薄弱，人数少，加之又不集中，市民－资产阶级在经济上十分软弱，政治上十分怯懦，屈服于封建大地主。恩格斯在描述德国的这种状况时指出："这就是前一世纪的德国状况，这是一堆正在腐朽和解体的讨厌的东西。没有一个人感到舒服。国内的手工业、商业、工业和农业极端凋敝。农民、手工业者和企业主遭到双重的苦难——政府的搜刮，商业的不景气。……一切都烂透了，动摇了。"②"在英国从 17 世纪起，在法国从 18 世纪起，富有的、强大的资产阶级就在形成，而在德国则只是从 19 世纪初才有所谓资产阶级"③。这种社会状况，使得德国市民－资产阶级虽

---

① ［苏］奥伊则尔曼：《辩证唯物主义与哲学史》，上海译文出版社 1985 年版，第 111 页。
② 《马克思恩格斯全集》第 2 卷，人民出版社 1957 年版，第 632～633 页。
③ 《马克思恩格斯全集》第 4 卷，人民出版社 1958 年版，第 52 页。

然有反封建的情绪和要求，但没有力量也没有勇气起来推翻腐朽的封建制度，扫除自身发展道路上的严重障碍。资产阶级革命还不可能提上议事日程，这就使得那些接受了法国启蒙运动的革命思想影响的先进知识分子有时间和精力从思想上、哲学上来"考虑"法国革命的思想，总结其成果，探寻时代精神的哲学根据，从而有可能在其他国家发生政治思想革命和政治革命之后，在意识形态的深处进行一场哲学革命。正如黑格尔所说的，"在德国，同一个自由原则占据了意识的兴趣；但只是在理论方面得到发挥。我们在头脑里和头脑上面发生了各式各样的骚动；但是德国人的头脑，却仍然可以很安静地戴着睡帽，坐在那里，让思维自由地在内部进行活动。"① 康德的自由哲学正是"思维自由地在内部进行活动"的结果。

　　另外，德国当时的现实社会状况，也使得市民－资产阶级思想家过多地注重伦理道德的研究，相比较而言，不像法国启蒙思想家那样注重政治理论的研究。德国市民资产阶级经济上的软弱地位，导致他们在政治上十分怯懦，他们不敢公开提出自己的政治要求，阐述自己的政治主张，而企图通过实现道德的完善来表达自己的意志，企图通过道德的手段来达到发展资本主义的目的，因而对于他们来说，道德重于政治，道德高于认识，道德问题被推到了崇高的地位。正如马克思和恩格斯所说："德国哲学是从意识开始，因此就不得不以道德哲学告终，于是各色英雄好汉都在道德哲学中为了真正的道德而各显神通。"② 康德之所以主要从道德的角度给自由作哲学论证，其奥妙就在这里。

　　通过以上的分析，我们可以得出这样的结论：康德的自由思想是时代的产物，是时代精神的反映，从根本上代表了资产阶级的愿望和要求。它的出发点是法国资产阶级的政治自由原则，但是它所反映的问题远远超出了法国。它是近代时代精神的逻辑发展和完成，是资产阶级人道主义精神的升华和最高体现。虽然它直接受到德国现实社会条件的制约，但绝非只是德国市民－资产阶级的愿望的反映，而是整个欧洲近代资产阶级政治要求的哲学论证，是整个资产阶级革命思想的理论总结。因此，那种把康德的思想仅仅看做是德国革命的德国理论的观点是片面的，那种把康德的思想仅仅看做是可怜的德国资产阶级愿望的反映也是不能成立的。康德是整个时代的产儿，康德的自由思想则是整个时代的产物。

三、追求自由正当性的哲学证明

　　康德不仅是资产阶级思想家，并且是进步的人类思想家。从康德作为一个资产阶级思想家来看，他的自由思想所反映的是资产阶级的愿望和要求，体现的是那种

① ［德］黑格尔：《哲学史讲演录》第四卷，贺麟、王太庆译，商务印书馆 1978 年版，第 257 页。
② 《马克思恩格斯全集》第 4 卷，人民出版社 1958 年版，第 424 页。

主要反映着资产阶级意志的近代时代精神。但是，从康德作为一位进步的人类思想家来看，康德的自由思想深刻反映了人类追求自由、追求自身人格完善的要求。对于康德自由思想的社会实质的这个方面，一方面应该肯定它是通过它所直接表现出的时代精神体现出来的，因为它首先是时代的产物，时代给他提出了这样需要解决的课题，时代也给他提供了解决这样的问题的手段，离开了时代不会有康德及其思想；另一方面，也不能否认康德在探索解决时代给他提出的难题的过程中，他洞悉到以往的哲学思想所反映的人类对于自由的追求和人自身完善的追求。他意识到自由的问题不仅是时代所提出的重大问题，而且也是历史提出的需要深入探讨的重大课题。时代所提出的需要研究解决的自由问题，同时也是历史发展到这个时代所给时代提出的需要研究和解决的问题，这两者实质上并不矛盾。但是也应当看到，自由问题非同其他的社会问题，它并非是近代资本主义发展所提供的特殊问题，而是在人类自身发展过程中所始终面临的问题，只是在近代以资产阶级自由这种特殊形式提出来的。由于这个问题与资本主义的发展息息相关，因而解决这个问题在近代具有了突出的意义。因此，我们在探讨康德自由思想的社会实质时，不仅要从时代的现实社会条件进行研究，而且必须从人类自身发展这个更广阔的范围来进行考察，从而进一步揭示它所反映的社会实质和它所具有的社会意义。

早在文艺复兴运动以前，人类就已经开始了为争取自身自由的斗争，人类争取自身自由的斗争包括两个方面：一方面是相对于自然界的人的自由，这是指人类力求减少或摆脱自然界对人类的控制，使自己成为自然界的主人，从而取得自由。这种斗争可以说从人类一进入社会就已经开始了，当然在开始时的原始人那里，这种斗争是不自觉的，甚至是盲目的；另一方面是相对于社会的自由，这是指人类力求摆脱社会的政治统治，主要是奴隶制和封建制的专制制度的控制，使自己成为社会的主人，从而取得自由。自由问题的这两个方面，归结起来，就是自由与必然的关系问题，或者说如何从必然王国进入自由王国的问题。围绕着这个问题，在文艺复兴以前的文明时代，人们进行了理论的和实践的探索和斗争。在本书第一章所讲的历史上的自由与必然之争，就是这种斗争在哲学上的反映。这种争取自由的斗争的实质在于如何使人的本质得到体现，如何自觉地使自身实现完善的问题。从文艺复兴运动开始到康德生活的时代，以新兴资产阶级为代表，人们为争取自由进行了几百年的斗争。这种持续不懈的努力，使争取自由的斗争达到了前所未有的高度，第一次成为时代精神，成为一种不可阻挡的历史潮流。资产阶级争取自由的斗争主要是指向政治自由，就是说，资产阶级力图按照自己的意志来改造社会，建立资产阶级的政治统治。而资产阶级争取政治自由的斗争的实质又在于追求资产阶级的个性解放，追求资产阶级的自身完善。

那么，如何才能实现人类自身的完善呢？康德强调理性给自然立法，人应该成为自然的主人。但是康德通过卢梭又看到，人即使成为自然的主人，并不意味人就具有了自由。科学的发展，生产力的发展，可以增加社会财富，可以使人们获得幸福，但并不必然使得人自身完善，使得人的道德高尚。卢梭在《论科学与艺术》一书中，专门论述到这个问题。他认为，科学技术的发展，不仅没有使道德高尚，反而使得道德越来越败坏。他说："科学和文艺日益进步，可是人类变得愈来愈坏了"，"海水每日的潮汐经常受那些夜晚照临我们的星球的运行所支配，也比不上风尚和节操的命运之受科学与艺术的支配呢。我们可以看到，随着科学与艺术的光芒在我们天边升起，德行也就消失了。这种现象在各个时代的各个地方都可以看到。"① 他进而认为，追求科学技术进步有一种危险的倾向："我们不再问一个人是不是正直，而只问他有没有才华；我们不再问一本书是否有用，而只问它是否写得好。我们对于聪明才智滥加报酬，而对德行丝毫不加尊敬。好文章就有千万种奖赏，好行为则一种奖赏都没有。"②

康德深受卢梭这些思想的影响，从现实的社会生活中他也发现，有德者未必有福，有福者实多恶德。他接受了卢梭的这样一种观点："唯有道德的自由才使人类真正成为自己的主人。"③ 康德认为，人类的自由在于道德方面，人类自身完善的首要条件也在于道德方面，只有道德才体现了人的自由，才使人类拥有自由，只有道德才使人类真正成为自己的主人。在康德看来，只有在道德领域，人才能够成为目的，人才能够摆脱自然的因果法则的制约，根据人类自己理性立法的原则行动，从而人才有自由，人才有人格的尊严和价值。当然，康德并不认为人有道德就实现了人格完善。在他看来，人格完善不仅应该有道德（德性），而且必须有幸福，有两者的统一，才能实现作为人格完善的至善。但是康德认为，幸福不应该是与德性对立的，而应该是德性的报酬或配合，因而归根到底还是道德问题。康德看到了德性和幸福在私有制条件下，也就是在人是自私的条件下，是很难实现的，因而他就借助灵魂不死和上帝存在的道德假设来破解这个难题。

在康德那里，政治自由和法律自由是以道德自由为根据的。在他看来，政治的根据在于法，政治要适应法，而法是道德的外壳。康德的政治和法权的基本观点是建立这样一种政治制度，在这种制度下，"一个人的任性能够在其下按照一个普遍的自由法则与另一方的任性保持一致"④。也就是说，在这种制度下，个人自由与他人自由和平共存、相互联系而达到统一。因此，他认为法权原则是"任何一个行动，如果它，或者按照其准则每一个人的任性的自由，都能够与任何人根据一个

———————————

　① ［法］卢梭：《论科学与艺术》，何兆武译，商务印书馆 1959 年版，第 7 页。
　② ［法］卢梭：《论科学与艺术》，何兆武译，商务印书馆 1959 年版，第 25 页。
　③ ［法］卢梭：《社会契约论》，何兆武译，商务印书馆 1982 年修订第 2 版，第 30 页。
　④ ［德］康德：《道德形而上学》，李秋零主编：《康德著作全集》第 6 卷，中国人民大学出版社 2010 年版，第 238 页。

普遍法则的自由共存，就是正当的。"①这样，康德就从道德自由回到了卢梭的天赋人权。他说："公民状态仅仅作为有法权的状态来看，建立在如下的先天原则之上：① 社会中作为人的每个成员的自由；② 社会中作为臣民的每个成员与他人的平等；③一个共同体中作为公民的每个成员的独立。"②

由以上可见，康德的自由思想反映了人类追求自由、追求自身人格完善的要求，从理论上回答了历史给康德提出的重大问题，而康德对这个问题的解决，又是与他解决时代所提出的问题交织在一起的。

---

① ［德］康德：《道德形而上学》，李秋零主编：《康德著作全集》第 6 卷，中国人民大学出版社 2010 年版，第 238 页。

② ［德］康德：《论俗语》，李秋零主编：《康德著作全集》第 8 卷，中国人民大学出版社 2010 年版，第 293 页。

第九章　康德自由哲学的理论价值及其历史影响（上）

康德是人类思想史上最伟大的哲学家，他的哲学对后来西方哲学乃至整个人类哲学产生了广泛而深刻的影响。关于康德批判哲学的理论价值和历史影响有种种不同的评价，其中有三种评价是笔者十分认同的。一是苏联文艺理论家戈洛索夫克尔在《陀思妥耶夫斯基和康德》中的断言："在哲学这条道路上，一个思想家不管他是来自何方和走向何处，他都必须通过一座桥，这座桥的名字就叫康德。"①二是日本著名康德研究专家安培能成所作的形象描述：康德"在近代哲学中恰似一个处于贮水池地位的人。可以这样说，康德以前的哲学皆流向康德，而康德以后的哲学又是从康德这里流出的"②。三是我国老一辈康德哲学专家郑昕对哲学研究者提出的有些绝对但意味深长的警示："超过康德，可能有新哲学，掠过康德，只能有坏哲学。"③这里，笔者遵循以上先贤的肯定性评价对康德在人类思想史上的地位及其后世影响作一些简要的梳理，试图展示康德自由哲学的巨大理论意义和深远历史意义。

一、思想史上的第一个自由哲学体系

人类的历史就是自由发展的历史，这几乎是大多数思想家都承认的。力图摆脱自然、社会对人的奴役，争取人类自身的自由，可以说是人类发展的基本动力，人类的发展始终是朝着扩大主体对环境的自由的方向前进的。早在原始社会，人类就已经开始不满足于像动物那样仅仅靠适应环境而生活。为了能从自然界获得更多的生活资料，原始人开始使用和制造工具，并且利用工具按照自己的目的来对自然界进行加工和改造。所以在原始社会，原始人就已经把自己同动物区别开来，使自己成为一种从自然界独立出来的主体。与动物相比较而言，人类已经从自然界获得了一定的自由，尽管这种自由还是极为有限的。原始人在劳动的过程中把自己从动物界分化出来，使自己成为自然界的一种相对独立的主体，并以这种主体的身份，按照自己的构想改造自然界，以获得人类生存的物质资料。这就是人类最早的为争取自身的自由所进行的斗争。原始人的意识是非常低下的，更谈不上自我意识，因而在原始人那里没有什么自由的意识，因而对于原始人来说，也不会发生什么自由的

① ［苏］阿尔森·古留加：《康德传》，贾泽林、侯鸿勋译，商务印书馆1981年版，第121～122页。
② 李遥：《哲学，她表达希望》，《新华文摘》1985年第11期，第233页。
③ 郑昕：《康德学述》，商务印书馆1984年版，第1页。

问题。为争取自由而斗争对于原始人来说不过是为争取满足起码的生存需要而斗争。而且在原始社会，氏族部落内部人人是平等的，人与人之间没有主仆、尊卑、贵贱之分，甚至个体还没有从社会整体中分化出来，因而原始社会是一个人人平等的统一的社会整体，对于社会而言，不存在什么自由问题。由于上述原因，原始人的为争取自由的斗争是一种不自觉甚至是本能的征服改造自然的斗争，对于他们，自由并不作为一个问题存在。自由问题作为一个问题发生或提出是在人类进入了文明社会或阶级社会才发生的。在人类进入奴隶社会以后，社会内部出现了统治阶级和被统治阶级，出现了自由民和奴隶。也就是说，社会上一部分人是自由的，而另一部分人则不仅不自由，而且像动物一样对主人存在着人身的依附关系，没有人的尊严、价值，不过是一种会说话的工具或物件。同时，人类进入文明社会以后，人类的意识特别是自我意识开始发展，人们逐步开始能够观察社会，能够反思自身。在这样的条件下，人们开始感到了自由的问题，开始出现了为摆脱奴役和人身依附关系、争取人身自由的比较自觉的争取自由的斗争。人类进入阶级社会以后，社会上的不平等、压迫和被压迫的现象始终存在，因而摆脱社会的奴役成为文明社会人类追求自由的中心问题。

人类比较自觉地追求自由的斗争至少可以追溯到奴隶社会的中晚期。古希腊罗马奴隶时代的晚期的斯巴达克奴隶起义（公元前 73～前 71 年）就提出了"宁可为自由而战死，决不给主人卖命"的口号。但是把自由问题作为一个理论问题进行专门研究则是很晚以后的事情。正如黑格尔所说的，"多少世纪，多少千年以来，这种自由之感曾经是一种推动的力量，产生了最伟大的革命运动。但是关于人本性上是自由的这个概念或知识，乃是人对于他自身的知识，这却并不古老。"[①]奴隶社会的中晚期，思想家开始涉及自由问题，但这时所涉及的自由是直接与道德问题相联系的，也就是说，为了给人的道德责任寻求根据才涉及自由的问题，并没有把自由问题作为专门问题研究。中世纪神学家的理论兴趣是如何通过赎罪获得上帝的拯救，以获得天国的永恒幸福问题，从根本上说谈不上什么对人的自由问题进行研究。真正把自由问题作为一个专门问题研究是文艺复兴以后的事情。文艺复兴以后，特别是 17～18 世纪的启蒙运动时期，思想家们为了反对宗教神学，反对封建的奴役和人身依赖关系，使资本主义得以顺利地发展，对人的自由进行了广泛深入的理论探讨。这个时期，几乎所有的思想家都对自由问题有过论述，不少思想家对自由问题有过专门的探讨。但是，在康德以前，虽然思想家们对自由问题做过哲学上的研究，但主要的兴趣是在政治自由问题方面。思想家们为了反对宗教神权和封建专制轻视人、蔑视人，把人不当人看，强调人是生而自由的，自由是人的本性，但是比较缺乏理论上特别是哲学上的论证，带有某种独断的性质。而这个时期哲学

---

① ［德］黑格尔：《哲学史讲演录》第一卷，贺麟、王太庆译，商务印书馆 1959 年版，第 52 页。

家们的关注焦点是在人的认识或如何获得知识方面。无论是经验主义哲学家还是理性主义哲学家，都力图说明知识的起源、知识的真理性，这一方面是为了反对中世纪的神学和经院哲学，更重要的是为了给资本主义生产和科学技术发展提供理论指导。虽然他们或多或少地涉及自由问题，但在整个思想体系上所占的地位是相对次要的。对自由问题作全面的系统的哲学探讨，并以自由问题为中心来建立自己的哲学体系，是从康德开始的。康德的哲学是人类思想史上的第一个关于自由问题的哲学体系。人类从不自觉地追求自由到自觉地为争取自由而斗争，从单纯的自由要求发展到对自由问题的理论研究，从对自由问题的零散的非体系式的探讨发展到系统的、体系式的研究，这是人类为争取自由而斗争从不自觉到自觉、人的自由意识由低级到高级的历史发展过程。第一个自由哲学体系的建立，标志着人类自由意识的自觉达到了空前的高度，标志着人类对自由问题的探讨达到了空前的深度，也标志着哲学从对客体、主体、客体和主体关系的探讨向对主体本性探讨转变的开始。因此，我们认为，在人类思想史上建立第一个自由哲学体系是康德自由思想体系的最大理论价值。它为哲学的发展开辟了一条新的方向，为人类对自由的探讨向深度和广度发展、为人类在更高阶段上认识和实践自由铺平了道路，奠定了理论基础，其重要而深远的历史影响是不可估量的。

薛华在他的《自由意识的发展》一书中曾经指出："自由需要体系形式的论证，因为体系是一个模式，通过这一模式自由就被提升到原则的高度，自由的产生和发展以及自由的实现，就在逻辑的必然性中展示出来，引导人们在自由的认识和自由的实践上达到全面性，达到本质性。"①薛华的这段话是十分深刻的。例如，近代的启蒙思想家主张"人是生而自由的"，那么人为什么是生而自由的？如果这个问题不能在理论上，特别是不能从本体论的角度，从世界观和认识论的角度予以回答，就难以作为一条原则为人们所普遍接受，人们也很难以它为原则同封建制度和专制制度作斗争，因为封建主义者和专制主义者同样也可以说"人是生而不自由的"，王权论者费尔玛不正是这样主张的吗？近代自然科学的发展，特别是以牛顿为代表的机械力学的发展证明宇宙万物都处于普遍的因果联系之中，自然界的一切都是必然的。人是自然界的一部分，那么作为自然存在的人为什么能够超脱自然界的因果必然性而具有自由？在人类思想史上不是有不少人主张必然主义吗？如果肯定人是自由的，那么它会不会与自然界因果法则的普遍性相矛盾？如果不与因果必然性普遍性相矛盾，那么自由与必然的关系是怎样的呢？与此相联系，人是感性的自然的存在，他要受自然法则制约。如果承认人本身具有不受自然因果法则的制约而具有自由，就是说，人既是自然的存在物又是自由的存在物，那不是自相矛盾的吗？假如不矛盾，这两种对立的性质如何在统一的人身上达到和谐一致？它们的关系又是

---

① 薛华：《自由意识的发展》，中国社会科学出版社 1983 年版，第 103 页。

怎样的？还有，人们普遍承认人是具有主动性和创造性的，是自然界发展的最高产物，是自然界的主人。如果自由是人的本质，那么自由能不能影响自然，怎样影响自然？所有这些问题都是人类进入康德时代所提出的重大而迫切需要解决的理论问题。对于这些问题，过去那些零散地部分地做出的回答是远远不适应新时代要求的。这也就是说，人类社会发展到康德生活的时代，要求对人类对自由问题进行深刻的哲学反思，从本体论、认识论和价值论的角度做出系统的回答，在哲学体系中展示出自由原则的必然性和现实性，使人类对自由的认识达到全面性和本质性。康德的自由哲学正是适应人类社会发展提出的要求所建立起来的自由思想体系。在这个体系中，康德系统而全面地回答了已经提出的各种问题，第一次给自由问题以体系式的论证。

康德以现象和物自身划分为理论依据，首先证明了自由和必然可以并存而不相矛盾，因果必然性存在于现象界，是现象界的普遍有效的不变法则，而自由是可能的，因为它可能存在于超感性世界的本体界，因果必然法则是自然界普遍有效的，但不能对作为自然界根据（根源）物自身发生作用。这样自由和必然就可以并存而不相矛盾，那种只承认自然必然而否认自由存在的决定主义是片面的，不能成立的。由于把自由看做是属于物自身的东西，因而是可能存在的，但是物自身是不可认识的（康德之所以要坚持物自身是不可认识的，是因为如果承认它是可以认识的，就会与人们认识中的因果性、必然性的概念发生矛盾），自由是否确实存在是人的认识领域所不能解决的。然而，要给自由提供理论上的论证，不能仅仅指出它在本体论意义上是可能的，还必须证明它是确实存在的，必须证明它是人的本质。于是康德就从另外一条途径来进一步解决这个问题，这就是从不同于认识领域的道德领域对自由的实在性进行论证。康德认为，在道德领域，人们依据道德原则行动是很难用自然因果必然关系进行解释的，因为在他看来，人生来就是追求幸福的，而德行或尽义务总是以自我牺牲为前提的。如果按自然因果必然关系就不可能有道德现象，因此在道德领域必然有不受自然因果关系制约的某种原因或因果性，这种原因不像自然的原因那样本身是另一原因的结果，它本身就是一种最初的原因，这种原因可以引起人的道德行为。这就证明了不受自然因果必然关系制约的原因即自由的确实存在。只有假定自由确实存在，道德法则才能够成立，才能发生作用。在康德看来，人是感性的存在物，同时也是理性（自由）的存在物。既然自由能够通过道德法则可以而且应当要对人的感性行为发生作用，那么在人的感性和理性两个方面，理性就高于感性，并且可以控制感性，因而理性、自由就构成了人不同于自然界的任何动物的本质，它使人可以成为主体，成为自己的主人和自然的主人。与此同时，在理性与感性中，由于理性必定会对人的感性并通过感性发生作用，作为感性存在者和作为理性（自由）的存在者这两个方面因而就统一了起来。这样，康德借助现象和物自身划分以及与之相应的认识领域与道德领域划分的理论，对时代给哲学提出的自由问题做出了系统而全面的回答，对自由问题作了体系式的论证。自由是人的本质第一次成为了哲学的第一原则或最高原则。从此以后，这条原则几乎成了所有研究自由问题的哲学家的公理和前提，他们在这个前提下根据时代的条件对自由问题作更深入的讨论。第一次论证自由是人的本质和哲学的最高原则的康德自由思想体系也就成了人类自由思想史的一个丰碑。尽管康德自由哲学有着根本的缺陷（这一点将在下面论及），但是它在人类思想史的功绩是不可磨灭的。

康德的自由哲学作为人类思想史上的第一个自由哲学体系具有重大的理论价值，这不仅因为它第一次把自由是人的本质作为哲学的第一原则而具有重大的历史意义，而且在思维方式和研究方法上也具有重大的突破和创新，给后来的哲学家以重要的启示。

首先，康德在研究自由问题时，力图突破近代哲学研究中的机械因果性，认为要从理论上解决自由问题仅仅依靠近代哲学中所通行的机械因果联系的方法是无济于事的，这种方法不仅不能证明自由的存在，相反必然导致自由的否定。在康德看来，因果联系的方法对于研究自然现象是有效的，是科学研究的基本方法，它在哲学认识论研究中也是有效的。但是，运用这种方法却不能推论出自由是必然存在的。这种方法是一种单向的线性联系，其基本模式是：……→原因→结果→原因→……按照这种方法不可能发现一种作为自发起因作用的自由。康德在研究自由问题时运用了这种方法，因为自由要对人的感性发生作用，必须借因果必然性法则。但是他限制了因果联系的范围，认为它只能适用于现象界而不适用本体界。他通过这种途径来解决因果联系的方法不能证明自由的局限。当然康德并没有提出更有效的方法来论证自由的可能性和实在性，只是把自由看做是物自身的属性不受因果关系法则的制约。这具有一种独断论的性质，但他看到了因果联系的方法对于在理论上解决自由问题的局限性，这应该说是有价值的。在康德的晚年，他提出过目的论的方法，虽然他没有运用这种方法直接论证自由的可能性和实在性，但这表现出他寻求一种不同于单纯的因果联系方法的努力。自由问题不同于一般的自然问题，它是与有意识、有目的、具有能动性和创造性的人相联系的，因而是一个十分复杂的问题。现在看来，单纯的机械因果联系的方法用来解释自然现象也有很大的局限性，要用它来解决自由这样极其复杂的问题就更难奏效了。因此康德力图突破这种方法寻求新的方法解决自由问题，应该说是一种很有价值的尝试。

其次，康德不像以往的思想家那样或者强调意志自由，或者强调自然必然，把两者视为完全绝对对立的，而是认为这两者并非完全不相容，并试图将两者统一起来，这里表现出康德在思维方式上具有某种辩证的性质。康德以前的哲学在对待自由问题上存在着两种观点，这就是所谓的自由意志主义和决定主义。自由意志主义者强调意志是自由的，是不受自然法则制约和决定的，意志的自由和自然的必然是根本对立。与自由意志主义者相反，决定主义者则主张世界上的一切事物包括人的意志意识都是被决定的，根本不存在自由，承认自由就会否定自然界的普遍统一性。无论是自由意志主义者还是决定主义者，他们在思维方式上是一致的，都是非此即彼的形而上学思维方式。与自由意志主义者和决定主义者不同，康德认为必然与自由是可以统一的，这种统一首先在于它们存在于不同的领域因而可以并存不悖，其次还在于自由高于必然，必然可以包含在自由的作用之中。虽然康德通过划分现象和物自身来证明自由和必然的统一性仍然具有形而上学性质，但是他在思维的出发点上，并不是以非此即彼的态度对待自由和必然的关系，而且更重要的是，他力图使两者沟通起来，把自然必然作为一种自然界的较低法则从属于作为较高法则的自由。这说明康德的思维中包含着辩证的因素。这样，康德对于自由意志主义和决定主义不是进行调和折中，而是批判了它们的片面性，并在此基础上来解决自由和必然的统一性。由此可以看出，康德注意到了形而上学思维方式的局限性，并在自己的理论研究中努力克服这种局限性。

最后，康德不是把自由看作是一种主观的任性，而是服从法则的，这表明康德注意到了自由的社会性质。在康德看来，自由并不是人们的意志的随心所欲，不是无法则的，而是理性对意志的支配，是意志遵循理性法则或道德法则而发生作用。只是这种法则不同于自然外在的法则，它是一种理性给自己的立法，正是因为人能为自己立法并按这种法则行动才表现出自由。在康德看来，这种理性（道德）法则是普遍有效的，个人对自己理性法则的服从事实上就是对人人所应当遵守的理性法则的服从。这样，康德就实际上把自由和社会联系了起来，赋予自由以社会性的意义（应当指出，康德自己在哲学上并没有这样明确的结论，但他的理论本身却包含着这样的结论）。把自由同社会法则联系起来，这在理论上具有重大意义，它不仅克服了以前一些思想家把自由仅仅理解为人想干什么就干什么的主观任性的错误观点，而且给黑格尔和马克思的自由思想以重大启迪。

康德在建立自己的自由哲学体系的过程中，涉及认识论、伦理学、美学等学科，并提出了许多有价值的观点。如在认识论上，康德提出了哲学认识论的主要任务是回答数学自然科学如何可能的问题，他研究和考察了人的认识能力及其限度，第一次把认识对象或认识客体与客观事物本身区别开来，强调主体在认识中的重大能动作用（理性为自己立法），等等。在伦理学上，他认为自由是道德的基础，强调道德动机的纯粹性及其在道德价值中的意义，主张至善是德性和幸福的统一，注重培养纯粹道德动机在道德教育中的作用，等等。在美学方面，他认为美学研究的中心是美感，而不是美的本质，他对美和崇高的分析、对纯粹美和依存美的研究等方面也无不具有诸多有价值的见解。在这些方面有价值的观点虽然是康德研究自由问题的副产品，但却是真知灼见，为人类思想宝库增添了许多财富。这里有一点值得指出的是，康德在研究自由的哲学问题时，涉及不少学科，这说明自由问题是十分复杂的。它几乎涉及人的社会生活的各个方面，当然也就涉及与社会生活各方面相联系的学科。这从一个方面告诉我们要解决现实的自由问题，仅仅靠哲学是不够的，因为哲学只是给解决自由问题提供基本原则，还需要进行多学科的综合研究，至于解决自由问题要诉诸人们争取自由的斗争，那更是毫无疑义的。

康德自由哲学在理论上具有重大价值，但是它在理论上也存在着重大的缺陷。这个缺陷就是：虽然他肯定了自由的可能性和实在性，但是他认为人为什么会有自由这个问题是不可知的。由于这个自由的根本性问题没有得到解决，使得康德自由哲学明显地具有独断的性质。那么，这个重大的缺陷是怎样造成的呢？造成这个重大缺陷的是康德作为解决自由问题理论依据的现象和物自身划分的学说。在前几章，我们已经分别谈到，康德对全部自由问题的解决都是以现象和物自身划分为根据的。自由之所以可能，并且与必然不相矛盾，是因为自由存在于必然法则不能发生作用的物自身领域；自由之所以实在，也是因为作为物自身的道德领域如果没有自由道德就不可能存在；自由之所以能作用自然，是因为作为本体存在的人可以成为自然的最终目的；自由和必然能在同一主体内并存而不矛盾，是因为人既是作为现象的感性存在物，又是作为本体的理智存在物，物自身是现象的本质，因而自由也是人类的本质。但是，如果说物自身和现象划分的学说为康德全面系统地解决自由问题提供了依据，从而使得他的哲学体系具有重大的理论价值；那么，康德哲学体系的矛盾也是由这个学说引起的。因为康德把自由看做是属于物自身的或者就是物自身，而物自身在他看来是不可知的，因而属于物自身的自由当然就成了不可知的东西了。

那么，康德为什么要把物自身看作不可知呢？这是他要保住自然必然性的需要。在康德看来，现象界的因果必然并不是感性对象本身所具有的，而是人的知性给自然立法赋予自然的，人的认识就是给认识对象立法，赋予它以普遍必然性。如果把物自身看做是可知的，那也就是说它是属于认识的领域，人的知性就要给它立法，赋予它以普遍必然性。但是，假如这样，物自身也就成为和现象界一样受因果必然法则的支配。这样固然可以使物自身成为可知的，但是作为不受因果必然法则制约的自由就没有存在的根基了。而康德的目的恰恰是要肯定自由的存在，证明自由是人的本质，为此他只得限制知识的范围，给自由的存在留一块地盘。因此，由于康德体系的内在矛盾，他的体系本身绝不可能解决人为什么会有自由的问题，尽管他自己清楚地意识到了这一点，但他也无能为力。

由于康德自由学说存在着根本的缺陷，而这种缺陷又是由于康德所规定的物自身造成的，因此，在康德以后的一些哲学家为了克服康德体系中的矛盾都在物自身上做文章。那些以解决自由问题为己任的哲学家们（如黑格尔、叔本华等）大多是对物自身进行改造，而那些以解决认识问题为己任的哲学家（如新老实证主义者）则完全抛弃了物自身，把哲学的范围局限于现象。在一定意义上可以说，为了解决康德体系的矛盾，产生了现代西方哲学中的两大潮流，即人文主义和科学主义，而这也正是康德哲学对现代西方哲学的历史影响的重要方面之一。

二、康德——黑格尔——马克思

众所周知，康德是德国古典哲学的创始人，德国古典哲学从康德开始，经由费希特、谢林，到黑格尔那里达到高峰，最终完成了德国的哲学革命。作为这场哲学革命的发起人康德的哲学思想对于整个德国的哲学革命，对于德国古典哲学的最终形成发生了直接的影响。我们在考察康德自由哲学的历史影响时，首先必须注意它对德国古典哲学，特别是对其集大成者黑格尔的影响。黑格尔以后，黑格尔的信奉者和学生马克思，在费尔巴哈的唯物主义哲学影响下，批判地继承了德国古典哲学，特别是黑格尔的哲学，在哲学史上造成了一次新的哲学革命，建立了以社会实践为主要特征的马克思主义哲学。德国古典哲学，特别是黑格尔哲学是马克思主义哲学的直接理论来源，没有黑格尔的哲学就不可能有马克思主义哲学。从哲学史上看，马克思主义哲学是黑格尔哲学的直接批判继承者，但康德的自由哲学通过黑格尔对于马克思哲学也有着深远而重要的影响。从康德到黑格尔再到马克思以及马克思以后的马克思主义哲学家，这是康德以后人类哲学史发展的三大主线之一（另外两条主线是康德——叔本华——萨特、康德——孔德——维特根斯坦，详见以下两节）。在哲学发展的这条道路上，康德哲学的影响是最直接的，也是最富有成果的，这不仅仅是因为从它开始的德国哲学是人类哲学史发展的一个重要阶段，更重要的是因为，从它开始的德国哲学为哲学发展的更高阶段马克思主义哲学提供了直接的理论来源。康德哲学中所反映时代精神和人类自由要求的以自由思想为核心的基本精神，在黑格尔哲学、在马克思的哲学中得到了进一步的体现、发挥和发展。尽管它们都程度不同地对康德哲学进行了批判，但在思想实质和基本精神（如强调主体的能动作用，强调实践的意义）上有着一致的方面，它们之间的直接继承关系是不能否认和忽视的。

从康德到黑格尔到马克思这条哲学发展路线，主要是批判地继承和发展了康德推崇理性、强调主体的能动性、强调理论认识和实践活动并行而且后者高于前者的基本精神。主体的能动性、主体的理论认识和实践活动又是以主体具有自由的本质为前提条件的，自由是主体的本质和最高点。因此，这条哲学路线的基本精神也就是尊重自由，强调自由，以自由为核心或哲学理论前提的自由精神。

在康德那里，人是理性的主体，自由的主体，以自由为本质特征的理性主体，人的理性能为自然立法，为道德（实践）立法，于是人就成为了自然界和社会的主人。这就是康德的理性（自由）哲学的思想实质和基本精神。在黑格尔那里，理性主体的能动性变成了一种绝对精神，这种绝对精神能够外化自然，也能够认识自己，能够自发地发展演化。黑格尔一方面肯定理论和实践并行，同时又强调理论和实践的统一，而真理就是理论和实践的统一。他进一步发挥了康德关于实践理性高于理论理性的思想，不仅把实践看作是一种具有普遍性的"应当"，而且是主体直接作用外部世界的行动。实践由于具有直接的现实性，因而比理论的理念更高，它是思维和存在相互转化的必要环节。理论和实践是统一的，这种统一的基础，则是主体的自由精神。正是自由精神能够自己决定自己，能够以自己为对象，同时又能把自己表现于外在的东西。但是在黑格尔那里像在康德那里一样，理论、实践、自由都不过是一种理念，都是一种"绝对精神"（实即理性精神）的体现或者说是绝对精神发展的一个阶段。他的实践不过是一种精神性的劳作，而不是真正的感性物质活动。因此，康德哲学的基本精神在黑格尔那里仍然像在康德那里一样，以一种唯心主义的形式表现出来，是在唯心主义的体系中加以发挥和发展的。

经过黑格尔发展的康德哲学的基本精神，到马克思那里得到了革命性的发展。马克思对从康德开始到黑格尔那里集大成的德国古典哲学的基本精神所实行的革命性变革在于，他批判并抛弃了这种精神的唯心主义形式，吸取了合理的思想内核，在唯物主义的基础上批判地继承和发展了这种基本精神。马克思认为，实践不是一种理念，更不是什么绝对精神的体现，而是人们改造客观世界的感性物质活动。正是在这种改造物质世界（包括自然界和社会）的实践活动中，人们能动地认识自然界，认识社会，认识人自身。在这种改造客观世界的物质活动中实现实践和认识的统一，实现思维和存在的转化。

在马克思这里，实践仍然是高于理论的，但实践之所以高于理论，并不像康德那样独断地认为，是因为实践不受感性世界制约和影响，而又要对感性世界发生作用，也不是像黑格尔认为的那样，是因为实践是高于理论的理念，是绝对精神发展的更高阶段，而是因为实践是认识的基础，正是在实践中，由于实践的需要，并借助实践所提供的条件和手段才产生和形成认识的。马克思也把自由看做是人的本质特征之一，把人类从自然界和社会中获得自身的自由看做是人类追求的最高目标和理想。但在他看来，人之所以不同于自然界中任何其他事物，包括高级动物而具有自由，正是因为人类通过以谋求生存的劳动为最基本形式的实践活动中所获得，同样人类要实现更高的自由目标，也必须在社会实践中不断地认识世界，取得对客观世界的真理性认识，并在这种认识的指导下不断进行改造客观世界的实践活动才能获得。这样，马克思就一方面批判地继承了经过黑格尔发挥和发展的康德哲学的基本精神，另一方面对它实现了革命性的改造，使实践跳出了理性思辨哲学的框框，并在感性实践活动的基础上实现了理论和实践的统一，从而解释了自由为什么会存在这个康德百思不得其解的难题，并且为人类实现自由理想指出了现实的基本途径。从这个意义上看，如果说康德的自由哲学是历史上人类对人类自身、人类自由的认识一个空前深入的探讨，是一次重大的飞跃，那么，马克思的实践哲学则是继康德之后人类对自身、对人类自由的又一次深入的探讨，又一次重大飞跃。这一次飞跃更具有革命性、现实性，它对指导人类对自身及其自由的认识，对指导人们通过实践活动去获得更大的自由更具有现实意义。

下面我们对康德哲学的基本精神对直接后继者们的影响作一些具体的分析。

在讨论康德哲学对黑格尔的影响之前，首先有必要简要地看看康德对黑格尔之前的费希特和谢林的影响，康德的哲学是通过费希特和谢林对黑格尔发生影响的。费希特的哲学是直接从康德出发的，他像康德一样，十分崇尚自由，他在《索回欧洲的统治者迄今还压制着的思想自由》一书中明确提出了"可以放弃一切，但只有思想自由不能放弃"的主张。他把权利分为现象的、暂时的、感性的权利与本体的、永恒的、理性的权利，认为前者可以通过社会契约而让渡与统治者，而后者是属于思想自由，因而是不能让渡的。他认为，社会历史的发展是由"思想自由"所决定的，人们为了保持思想自由，可以进行革命。他的理想是通过政治变革，改变当时德国在各个领域中的落后状态，争取所谓的思想自由，或者使理性占据统治地位。

在哲学上，费希特继承并发展了康德哲学的基本精神，但对作为康德哲学理论基础的现象和物自身的划分进行了批判。在他看来，康德哲学的明显缺陷在于理论和实践、必然和自由本质上是分裂的。造成这种分裂的关键又在于康德肯定物自身的存在。在他看来，康德肯定一个不可知的"物自身"存在，在理论上是根本说不通的。因为既然承认"物自身"是经验外的东西，并且肯定人的认识又只能局限于经验之内，那么，我们凭什么肯定"物自身"的存在呢？因此，他说"物自身是一种纯粹的虚构，完全没有实在性"①。对于人的认识来说，"物自身"只是一个不必要的赘物，应予彻底根除。费希特在批判康德的"物自身"学说的同时，又大大发挥了康德的知识不能超出感觉经验的观点。他说："注意你自己，把你的目光从你的周围收回来，回到你的内心，这是哲学对它的学徒所做的第一个要求。哲学所要谈的不是你外在的东西，而只是你自己的东西。"②他认为，经验的根据不是康德所谈的物自身，而是"自我"，也即"理智"。"理智必然知觉到它自己是什么，对于理智，就不用再设想什么。"③费希特认为，"自我"是独立自存的，它不依赖于"事物""客体"。由此，费希特提出了作为他的哲学基本理论的知识论的第一个命题："自我设定自身"。不仅自我独立自存，不依赖"事物""客体"，而且"客体""事物"

---

① 北京大学哲学系外国哲学史教研室编译：《十八世纪末——十九世纪初德国哲学》，商务印书馆1962年版，第142页。

② 北京大学哲学系外国哲学史教研室编译：《十八世纪末——十九世纪初德国哲学》，商务印书馆1962年版，第137～138页。

③ 北京大学哲学系外国哲学史教研室编译：《十八世纪末——十九世纪初德国哲学》，商务印书馆1962年版，第149页。

要依赖于知觉它们的"自我"。于是，他提出了他的知识论的第二个命题："自我设定非我"。按照费希特的观点，当"自我"创造了"非我"之后，就出现了"自我"和"非我"的对立和限制。"自我"是能动的、自由的，"非我"是被动的、受必然性制约的，两者彼此限制，相互排斥。由于"自我"和"非我"都是自我设定的，于是费希特又引出了第三个命题："自我设定自身和非我。"这样"自我"克服扬弃了自己的对立面"非我"而回复到自身，在"自我"内部达到了两者的同一，这样也就实现了自由和必然、思维和存在的同一。在他看来，这就克服了康德的二元论、不可知论。从费希特的知识论可以看出，一方面他批判了康德，抛弃了康德的物自身学说；另一方面又进一步发挥了康德的人为自然立法的思想。他的"自我"，实质上就是康德的自我意识，而"非我"则近乎康德所谓的"现象世界"或"自然"。因此，从认识论上看，费希特对康德的继承关系是十分明显的。

费希特像康德一样，不仅突出了主体认识的能动性，而且更强调主体实践的能动性。在费希特看来，"自我"不仅是一个认识的主体，而且也是一个实践主体。"自我"是一个能动的创造性的主体，它的本质就是行动。他指出："理智是一行动，绝对不再是什么。"① 在他看来，就"非我"作用于"自我"，"自我"受对象的限制和决定而言，这是理论或认识活动；就"自我"以自己的行动克服"非我"的限制、创造了世界而言，这是"实践活动"。而"自我"则是理论活动和实践活动的统一。费希特像康德一样，强调实践高于认识，认为实践理性与纯粹理性相比，实践理性是主要的，它是人的使命。在他看来，人的任务不在于求知，而在于在实际活动中实现自己，丰富自己。他说："'不仅要认识，而且要按照认识而行动，这就是你的使命。'我一全神贯注片刻，注意我自己，这声音便在我灵魂深处强烈回响起来。'你在这里生存，不是为了对你自己作无聊的冥想，或为了对虔诚感作深刻的思考——不，你在这里生存，是为了行动；你的行动，也只有你的行动，才决定你的价值。'"② 因此，费希特把实践放在认识之上，要求人通过行动而超越知识，达到实践。

这里应该指出，费希特所理解的实践已经超出了道德（像康德所理解的那样）的范围，只不过他仍然强调道德行为在行动中的主要地位。费希特也把自由看做是高于一切的东西。他说："我们的自由行为，改变了现象世界给予我们的实体的作用方式，使这种作用方式不能再根据它以前所服从的规律来解释，而只能根据那种被我们作为我们的自由行为的基础的，并与以前的规律相反的规律来解释。那么，我们对这种改变了的规定就只能用这样一个假设来解释，即：那种作用的原因同样也是合理的和自由的。"③ 他认为，自由是人所追求的最高理想，"人应该无限地、永

---

① 北京大学哲学系外国哲学史教研室编译：《十八世纪末——十九世纪初德国哲学》，商务印书馆1962年版，第153页。

② ［德］费希特：《人的使命》，梁志学、沈真译，商务印书馆1982年版，第78～79页。

③ ［德］费希特：《论学者的使命，人的使命》，梁志学、沈真译，商务印书馆1984年版，第17～18页。

远不断地接近那个本来达不到的自由。"①他认为，自我与非我，理论和实践达到了统一，自我就获得了自由，如果达到绝对的统一，就会获得"绝对自由"。但在他看来，"绝对自由"是达不到的，而只能是一个无限地向着"绝对自由"接近的过程，永远朝着理想的前进运动。他也像康德一样，认为自由是一切意识的最终根据，因而不是属于意识的范围。他说："一般说来，我根本不能直接意识到我之外的自由，我甚至不能意识到我之内的自由或我固有的自由，因为自在的自由是解释一切意识的最终根据，因此根本不能属于意识领域。"②

费希特在康德的自由思想、人是目的的思想影响下，提出了许多有价值的见解，使自由超出了康德理性哲学的范围，而走向具体。如他说："只有这样一种人才是自由的，这种人愿意使自己周围的一切都获得自由，而且通过某种影响，也真正使周围的一切都获得了自由，尽管这种影响的起因人们并不总是觉察到的。"③又说："人可以利用非理性的东西作为达到自己目的的手段，但是却不可利用理性生物达到作为达到自己目的的手段，他甚至不可利用理性生物作为达到理性生物自身的目的的手段；他不可像对待无机物质或动物那样，对他们施加影响，以致不顾他们的自由，而只是利用他们去实现自己的目的。"④

费希特一方面继承和发展了康德哲学的基本精神，另一方面又用自己的基本哲学概念"自我"取代了康德的哲学基本概念"物自身"，在"自我"的基础上实现了理论与实践、自由与必然的统一。费希特的哲学为谢林所信奉。在时代的熏陶下，在康德、费希特的影响下，谢林青年时代也是自由的热心信仰者。他认为，人的本质就是自由，人类的历史就是自由发展的历史。他把资产阶级的法治制度描绘为人类的理性王国，认为只有实行普遍的法治，自由才可能得到保证。他写道："普遍的法治状态是自由的条件，因为如果没有普遍的法治状态，自由便没有任何保证。"⑤他在给黑格尔的一封信中写道："如我一旦能自由地呼吸，我该多么高兴呐！"⑥谢林对自由的信奉在他的哲学中得到了反映。谢林继承了康德与费希特的哲学传统，仍然以解决自由与必然统一为主要研究对象。谢林的哲学是直接从费希特的哲学出发的，但又对它进行了批判的改造。在谢林看来，费希特的"自我"既然是一个和"非我"相互对立、相互限制的东西，那么它就不可能是绝对的、无条件的，因而"自我"和"非我"的同一仍然是无法保证的。谢林认为，要设想"自我"和"非我"，即主体和客体、自由和必然的同一，就必定要有一个凌驾于二者

---

① 北京大学哲学系外国哲学史教研室编译：《十八世纪末——十九世纪初德国哲学》，商务印书馆1962年版，第135页。

② ［德］费希特：《论学者的使命，人的使命》，梁志学、沈真译，商务印书馆1984年版，第17页。

③ ［德］费希特：《论学者的使命，人的使命》，梁志学、沈真译，商务印书馆1984年版，第21页。

④ ［德］费希特：《论学者的使命，人的使命》，梁志学、沈真译，商务印书馆1984年版，第21～22页。

⑤ ［德］谢林：《先验唯心论体系》，梁志学、石泉译，商务印书馆1983年，第244页。

⑥ 《谢林致黑格尔》（1776年1月），《黑格尔通信百封》，苗力田译，上海人民出版社1981年版，第54页。

之上，既非主体又非客体的东西。在他看来，这就是所谓"绝对"或"绝对同一性。"他说："既然自由是绝对的，根本不能为客观事物所决定，客观事物与自由之间的不断一致究竟是由什么东西来保证呢？如果客观事物总是被决定者，那么，究竟是什么东西恰好决定了客观事物会把自由本身所不能有的东西，即合乎规律的东西，客观地附加给完全表现为任性的自由呢？客观事物（合乎规律的东西）和起决定作用的东西（自由的东西）的这样一种预定和谐唯有通过某种更高的东西才可以思议，而这种更高的东西凌驾于客观事物和起决定作用的东西之上，因而即既不是理智，也不是自由，反之，同时是有理智的东西与自由的东西的共同源泉。""如果这种更高的东西无非是绝对的主观事物与绝对的客观事物、有意识的东西与无意识的东西之间的同一性的根据，而这两者正是为了表现出来，才在自由行动中分离开的，那么，这种更高的东西本身就既不能是主体，也不能是客体，更不能同时是这两者，而只能是绝对的同一性。"① 这样，在他那里，"绝对同一性"就取代了费希特的"自我"而成为主体与客体、自由和必然同一的根据。"这种绝对是个人和整个类族自由行动中的客观事物和主观事物和谐一致的真正根据。"②

绝对的同一性是谢林哲学的基本概念，他以"绝对同一性"为基础，把他的哲学体系分为自然哲学和先验哲学两个部分。自然哲学以自然界为对象，其宗旨是要从自然中引出精神。他认为，自然界是"绝对同一性"的客观化，是"绝对同一性"的不自觉或无意识的发展阶段。在他看来，自然的发展经历了质料、物质（磁电和化学过程）和有机体（植物、动物和理性生物）这三个由低级到高级的阶段。他认为，当自然界发展到有机生命阶段的时候，就明显地表现出自然界的机械性和合目的性，必然和自由的统一。他说："自然界在其机械过程中虽然本身无非是盲目机械过程，却是合乎目的的。"③ "唯独有机自然界向我们提出了自由和必然的统一在外部世界的完整表现。"④ 从谢林自然哲学中的这些基本观点可以看到康德哲学的明显影响。康德也肯定自然的合目的性的存在，并从而证明自由作用自然，证明人对于自然的主体能动性，以求达到解决自由和必然的矛盾。谢林也肯定自然的合目的性，认为自然"看起来好像是被有意识地创造出来的产物"⑤，并由此为自由和必然的统一寻求根据。不过谢林与康德不同，他把自然理解为一个发展的过程，用发展的观点看待自然和精神，这是谢林哲学的一个特点，这个特点直接影响了黑格尔。

谢林的先验哲学则是以人类精神生活为对象，其任务是要表明精神一定把自己

---

① ［德］谢林：《先验唯心论体系》，梁志学、石泉译，商务印书馆1983年，第249～250页。
② ［德］谢林：《先验唯心论体系》，梁志学、石泉译，商务印书馆1983年，第250页。
③ ［德］谢林：《先验唯心论体系》，梁志学、石泉译，商务印书馆1983年，第257页。
④ ［德］谢林：《先验唯心论体系》，梁志学、石泉译，商务印书馆1983年，第258页。
⑤ ［德］谢林：《先验唯心论体系》，梁志学、石泉译，商务印书馆1983年，第257页。

展示在自然中，或者说是要从精神引出自然。他认为，人的精神是"绝对同一性"的自觉或有意识的发展阶段。在他看来，和无意识的必然的自然界不同，人类社会历史是一个有意识的自由的创造过程。但是，正如无意识的必然自然界中存在着有意识的自由一样，在有意识的自由的社会历史的创造活动中也存在着无意识的、必然的东西，尽管这种必然性和自然界的必然性不同。"这种自然界（指人类社会——引者）也受一种自然规律的支配，但这种自然规律完全不同于可见的自然界的规律，就是说，是一种以自由为目的的自然规律。"① 他认为，这种必然的规律就是法律制度，这种法律制度一方面是以保证自由为目的，同时又是自由的限界。"自由不能超越感性自然界的秩序，同样也不能超越这种秩序。"② 在他看来，自由之所以不能超越法制，是因为普遍的法治是自由的条件，如果没有这种法治秩序，自由将没有任何保证。所以，他所理解的法治对自由的限制本身就是为了更好地获得自由。由于法制是以自由为目的的，同时又是自由的条件，因而"自由应该是必然，必然应该是自由"③。在这里，他事实上涉及了社会的自由和个人的自由之间的矛盾。他认为人类的历史就是这种自由和必然（作为法律制度）的统一。"历史的主要特点在于它表现自由与必然的统一，并且只有这种统一才使历史成为可能。"④ 但是它们如何能够统一？谢林又把统一作用的东西归结为既非自由也非必然的那种神秘的"绝对同一性"。

在谢林这里，虽然他在自由与必然问题上提出了一些有价值的见解，但仍然没有找到自由和必然统一的科学根据。因为这个绝对的同一性是不可言说的、无法捉摸的。黑格尔把谢林的"绝对同一性"比作黑夜，在黑夜里一切色彩的差别都消失了，一切都是黑的，没有差别和矛盾，这种东西只能是一个自身没有运动能力的"固定的点"。⑤ 于是作为自然与自由统一根据的"绝对同一性"，在黑格尔那里变成了既是客体又是主体，能够自我创造、自我运动、自我认识、自我实现的"绝对理念。"

黑格尔也是推崇理性和自由的。在哲学史上，就有所谓黑格尔为欢呼法国革命而种植自由之树，庄严写下"自由万岁"的美谈。他深受康德和费希特哲学中所渗透的人本主义精神的影响，认为这种精神把人类的尊严和自由抬高到了无尚的地位。他在一封信中写道："很多先生将对这样从自身必然产生的结论大吃一惊，人们仰望着把人抬得这样高的全部哲学的顶峰感到头晕目眩。为什么，到这样晚的时候，人的尊严才受到尊重？为什么，到这样晚的时候，人的自由禀赋才得到承认？

---

① ［德］谢林：《先验唯心论体系》，梁志学、石泉译，商务印书馆 1983 年，第 235 页。
② ［德］谢林：《先验唯心论体系》，梁志学、石泉译，商务印书馆 1983 年，第 235 页。
③ ［德］谢林：《先验唯心论体系》，梁志学、石泉译，商务印书馆 1983 年，第 244 页。
④ ［德］谢林：《先验唯心论体系》，梁志学、石泉译，商务印书馆 1983 年，第 243 页。
⑤ 参见［德］黑格尔：《精神现象学》上卷，贺麟、王玖兴译，商务印书馆 1979 年版，第 14 页。

这种禀赋把他和一切大人物置于同一行列之中。我认为，人类自身像这样地被尊重就是时代的最好标志，它证明压迫者和人间上帝们头上的灵光消失了。哲学家们论证了这种尊严，人们学会感到这种尊严，并且把他们被践踏的权利夺回来，不是去祈求，而是把它牢牢地夺到自己手里。"①黑格尔的这种思想倾向反映在哲学上，就是进一步发挥了德国古典哲学中的人本主义精神，像康德、费希特一样，坚信理性的力量，把自由看做为人的本质，并且竭力通过片面膨胀人的精神（理性）的能动性来提高人的地位。他说："所有的人都是有理性的，由于具有理性，所以就形式方面说，人是自由的，自由是人的本性。然而，在许多民族里，曾经有过奴隶制度，甚至现在还有部分存在，而且这些民族还自安于这种制度。非洲人、亚洲人与希腊人、罗马人及近代人之间，唯一的区别只在于后者意识到他们是自由的，而前者虽说潜在地也一样是自由的，但他们却没有意识到，因而他们就不是自由地生存着。"②他认为，包括哲学在内的一切知识学问、科学，甚至于行为，除了把人的这种内在的潜在的自由本性加以发挥，并使之客观化以外，就没有别的目的了。③在他看来，精神的事业就是认识自己，他甚至认为，只有当我认识我自己时，我才是精神。所以他说："'认识你自己'这个在德尔斐的智慧神庙上的箴言，表达了精神本性的绝对命令。"④黑格尔认为人的精神、理性具有认识自己的能力并且力求认识自身。

那么，怎样才能认识自己的自由本性呢？黑格尔认为，精神首先必须使自己二元化，自己分离自己，也就是使自己成为自己的对象，把自己作为对象来发现自己，然后再回到自身，这样就认识了自由，从而就达到了自由，所以在黑格尔看来只有在思想中精神才能达到自由。他说："精神自己二元化自己，自己乖离自己，但却是为了能够发现自己，为了能够回复自己。只有这才是自由；（因为即使从外在的看法，我们也说：）自由乃是不依赖他物，（不受外力压迫）不牵连在他物里面。当精神回复到它自己时，它就达到了更自由的地步。只有在这里才有真正的自性，只有在这里才有真正的自信。只有在思想里，而不在任何别的东西里，精神才能达到这种自由。"⑤在黑格尔看来，哲学是精神的最高体现，哲学就是要研究绝对精神或理念（"理念就是思想的全体"⑥）怎样外化自己，然后又怎样回复自己，认识自己的自由本性的过程。这实际上就是黑格尔给自己的哲学规定的任务。从这里可以看出，黑格尔用绝对理念来取代了康德的物自身、费希特的自我和谢林的绝对同

① 《黑格尔通信百封》，苗力田译，上海人民出版社 1981 年版，第 43 页。
② ［德］黑格尔：《哲学史讲演录》第一卷，贺麟、王太庆译，商务印书馆 1959 年版，第 26 页。
③ 参见［德］黑格尔：《哲学史讲演录》第一卷，贺麟、王太庆译，商务印书馆 1959 年版，第 27 页。
④ ［德］黑格尔：《哲学史讲演录》第一卷，贺麟、王太庆译，商务印书馆 1959 年版，第 36 页。
⑤ ［德］黑格尔：《哲学史讲演录》第一卷，贺麟、王太庆译，商务印书馆 1959 年版，第 28 页。
⑥ ［德］黑格尔：《哲学史讲演录》第一卷，贺麟、王太庆译，商务印书馆 1959 年版，第 25 页。

一性来作为认识自由的根据。他正是通过考察绝对精神的自我发展、自我外化、自我认识、自我实现来达到理论与实践、自由与必然、主体与客体的统一的。

　　要用"绝对精神"或"理念"来取代物自身或自我或绝对同一性作为自由存在的根据，作为主体与客体、自由与必然统一的基础，首先必须指出用物自身或自我或绝对同一性作为根据所带来的理论上的问题。正是基于这一点上，黑格尔对康德、费希特和谢林的哲学进行了批判。黑格尔认为，康德之所以把自由和事物的本质看做是不可知的，其根源在于他割裂了现象与物自身，把本质和现象僵硬地对立起来。他指出，康德所谓的"物自身"是一种缺乏规定性的、毫无内容的、抽掉一切对他物的关系的抽象物，它只能是一个完全空虚的概念。他说："物自体（这里所谓'物'也包含精神和上帝在内）表示一种抽象的对象——从一个对象抽出它对意识的一切联系、一切感觉印象，以及一切特定的思想，就得到物自体的概念。很容易看出，这里所剩余的只是一个极端抽象、完全空虚的东西，只可以认作否定了表象、感觉、特定思维等等的彼岸世界。"[①]黑格尔认为，这种本身就是虚设的不真实的东西，当然是无法知道的，因为它实际上是不存在的东西，亦即"无"。他说，如果就事物的抽象的直接性而言，当它尚未充分展开自身，完全实现自身时，都有其所谓"物自身"，一切事物最初都有其抽象自身，但这个抽象自身绝不是事物的终极，一切事物都要超出其抽象自身，在不断地发展过程中实现自身，这就不是不可知了。黑格尔自己的"绝对精神"就是一个从抽象自身而又在不断地发展过程中超出自身并实现自身的。所以黑格尔认为，本质和现象是不可分离的，本质并不是现象之外或现象之后独立自存，而是要呈现在现象之中的。因此，现象并非单纯的非本质的东西，而是本质的外在表现，认识了现象也就认识了本质。康德的问题就是只认识到了现象的主观意义，而忽视了现象本身所反映的本质。"康德只走到半路就停住了，因为他只理解到现象的主观意义，于现象之外去坚持着一个抽象的本质、认识所不能达到的物自身。殊不知直接的对象世界之所以只能是现象，是由于它自己的本性有以使然，当我们认识了现象时，我们因而同时即认识了本质，因为本质并不存留在现象之后或现象之外，而正由于把世界降低到仅仅的现象的地位，从而表现其为本质。"[②]在黑格尔看来，康德之所以割裂本质与现象，基本原因在于他把思想、概念看成仅仅是主观的东西，他并不真正了解思想的"客观性"意义。虽然康德也讲具有普遍性和必然性的思想是"客观的"，但他所谓思想的"客观性"，实质上仍然是主观的。黑格尔认为，思想的"客观性"真正含义是："思想不仅是我们的思想，同时又是事物的自身（an sich），或对象性的东西的本质。"[③]黑格尔把这种内在于事物之中、构成事物的本质的思想叫做"客观思想"，也就是"绝

　　① ［德］黑格尔：《小逻辑》，贺麟译，商务印书馆1980年版，第125页。

　　② ［德］黑格尔：《小逻辑》，贺麟译，商务印书馆1980年版，第276页。

　　③ ［德］黑格尔：《小逻辑》，贺麟译，商务印书馆1980年版，第120页。

对精神"。这种"客观思想"不仅仅为人类所具有，存在于人的头脑中，而且是不依赖于人的头脑独立自存着的一种超人的、超自然的客观实在。这样黑格尔就把思想概念客观化、实在化、本质化，用这种客观化、实在化、本质化的绝对精神取代了康德的那种作为事物本质的不可认识的"物自身"。

黑格尔对费希特的"自我"也进行了批评。费希特虽然从"自我"出发推演出外部世界，突出了主体的能动性，但这个外部世界是"自我"设定的一般的客体、对象，作为一种外界刺激独立于自我之外，与自我相对立，成为自我的否定物或"非我"，因而这个"自我自始至终是主观的，受到一个对立物牵制着的"①。这样的"自我"并不是真的"自由的、自发的活动"，而是一个抽象的、缺乏内容的固定概念，它只表明对自身的绝对确信，而没有现实性和真理性。但是，哲学却要求达到真理，这就必须使固定的自我概念变成活生生的、完全能动的概念，它应该能够外化自己，又能够回复到自身。黑格尔认为他的绝对精神就是这样的一种主体，这种主体抛弃了主观性、抽象性，脱离了有意识的人而成为独立存在的主体。

黑格尔还特别批评了谢林的哲学，认为谢林哲学抹杀了主体和客观的区别，把两者看成是清一色的、绝对的同一。他批评这种思想方法是知识空虚的一种幼稚的表现。黑格尔认为，绝对中应该包括有限，绝对不仅应该是实体，而且应该是主体。他指出："照我看来，——我的这种看法的正确性只能由体系的陈述本身来予以证明———切问题的关键在于：不仅把真实的东西或真理理解和表述为实体，而且同样理解和表述为主体。"②只有既是实体又是主体的绝对精神才能够自我运动、自我创造、自我认识、自我实现，才能实现主体与客体、自由与必然的统一。

黑格尔是怎样通过绝对精神的自我运动和自我认识的辩证发展过程来说明主体和客体、自由与必然统一的呢？他认为，绝对精神的自我发展和自我认识经历了三个阶段：逻辑阶段、自然阶段和精神阶段。在逻辑阶段里，绝对精神是以一种纯思维、纯粹抽象的概念形式表现出来。纯粹思想、纯粹概念是一种最抽象、最普遍的独立自存的"客观的思想"。它是自然界和精神世界成为可能的前提。在黑格尔看来，这种客观思想作为一种纯思维、纯抽象的概念近似于康德所说的物自身，但又与物自身不同。物自身是不可认识的，但逻辑阶段的绝对精神是发展的，它在发展中显示自己。绝对精神在逻辑阶段纯粹是概念的运动，这种运动表现为一系列纯概念沿着固定的"三段式"的发展公式不断地由一个纯概念过渡或转化为另一个纯概念，由此构成一个个彼此更替的概念系统，这个系统是一个由低级到高级、由抽象到具体、由简单到复杂，按照先后次序排列的概念系列。绝对精神在逻辑阶段的运动从存在论开始（其中又经历"质""量""度"三个阶段），经过本质论（其中又

---

① ［德］黑格尔：《哲学史讲演录》第四卷，贺麟、王太庆译，商务印书馆 1978 年版，第 310 页。
② ［德］黑格尔：《精神现象学》上卷，贺麟、王玖兴译，商务印书馆 1979 年版，第 10 页。

经历了"本质自身""现象""现实"三个阶段），最后达到概念论阶段。概念论是绝对精神在逻辑阶段中发展的最后、最高阶段。其中又经历了"主观性"、"客观性"和"理念"三个阶段，理念就是真理，绝对精神达到理念就达到了真理。黑格尔又把理念的发展过程分为"生命"、"认识"和"绝对理念"三个阶段。"生命"是理念的直接形式，生命既是主体又是客体，是两者的"直接同一"。"认识"是理念的间接形式。黑格尔认为，认识主体以客体为对象，把主体与客体区别开来，认识就是要克服客体与自己的对立，达到二者的统一。这种统一的过程需要通过两种途径，一种是主体认识客体的活动，即认识本身的活动，即"理论的理念"；另一种是消除客观性的片面性，即改造世界的活动，即"意志"，或"实践的理念"。黑格尔认为"实践的理念"高于"理论的理念"，因为通过实践活动，主体不但具有普遍性，而且具有现实性。"理念"经过"生命"与"认识"达到绝对理念，它是"理论理念"与"实践理念"的统一，"生命"与"认识"的统一。"这种统一乃是绝对和全部的真理。""绝对理念"是绝对精神在逻辑阶段发展的最后一个阶段，在这个阶段里，理论与实践就达到了统一。《逻辑学》是黑格尔最基本的理论著作，是黑格尔哲学体系的理论基础。在这里他所要证明的是实践高于认识而且两者统一。绝对精神的全部运动最终不过是要达到这一点。

绝对精神发展到绝对理念阶段，也就超出了纯粹思想、纯粹概念转化到自己的反面，即外化为自然，于是"绝对精神"就发展到了自然阶段。如果说逻辑阶段的绝对精神可以说是一种物自身，那么逻辑阶段的绝对精神可以说是物自身把自身外化为、表现为自然。黑格尔正是这样来克服康德物自身与现象割裂的缺陷，通过绝对精神的自我发展、自我离异来寻找现象和本质、自然和自由统一的根据。黑格尔认为，自然界的事物均是理念的表现，但理念在自然阶段还是自在的。"自然仅仅自在地是理念。"[①]这种自在性与理念的自在自为的本性不相符合。这种不符合特别表现在自然界里的事物都依赖于一个他物，因而受必然性和偶然性的支配；而理念的本性则是自己决定自己，本质是自由。黑格尔说："自然在其定在中没有表现出任何自由，而是表现出必然性和偶然性。"[②]所以，黑格尔认为，自然界还是一个和理念的本性相符合的异己势力，这样理念就不会停留在自然界的发展阶段上，它必定要摆脱、克服自己的异化物——自然的牵制、束缚而复归到自己，由自在进到自为，从而彻底认识自己的自由本性，这就进入了绝对概念发展的最后阶段即精神阶段。他说："神圣的理念恰恰在于自己决然将这种他物从自身置于自身之外，又使之回到自身之内，以便自己作为主观性和精神而存在。"[③]

精神阶段是"绝对精神"自我发展过程的最高、最后阶段。这也是黑格尔本人

① ［德］黑格尔：《自然哲学》，梁志学、薛华译，商务印书馆 1980 年版，第 21 页。
② ［德］黑格尔：《自然哲学》，梁志学、薛华译，商务印书馆 1980 年版，第 24 页。
③ ［德］黑格尔：《自然哲学》，梁志学、薛华译，商务印书馆 1980 年版，第 20 页。

最为关注的一部分。因为在这里他直接回答了自由和必然的统一、自由高于必然的问题。在黑格尔看来，人即精神，精神即人，人（精神）高于自然界、动物之处就在于，人本质上是一个能够"思考自己"即具有自我意识的精神实体，是一个能够摆脱物质、必然的束缚而独立自决的自由的精神实体。他说："'精神'——人之所以为人的本质——是自由的。"①这就是说，人的本质是精神，而精神是自由的，正是在这种意义上，才可以说人的本质是自由。精神是纯粹概念与自然的统一。黑格尔认为，在纯粹概念中，理念的自由本性是绝对抽象的、缺乏实在内容的；在自然中理念的本性是以没有自由的必然性和偶然性表现出来的。精神克服了纯粹概念和自然各自的片面性，扬弃了外在性的自然这个与自身不相适应的形式，而回复到自身，最后展现了自身的自由本性。黑格尔把精神阶段分为：主观精神、客观精神、绝对精神三个阶段。主观精神阶段是个人意识从"意识"到"自我意识"，再到"理性"的成长过程。其中"理性"又分为三个阶段，"灵魂"、"意识"和"精神"。其中"精神"是"灵魂"和"意识"的统一和真理。"精神"按其自身的发展分为三个阶段："理论的精神"、"实践的精神"和二者的结合——"自由的精神"。"精神"最初表现为一种"理论的精神"，它在自身内"发现"某种存在着的东西（即自由本性），进一步发展出"实践的精神"，它设定这种自由本性是属于它自己的，于是就达到了"自由的精神"，它是"理论的精神"与"实践的精神"的统一。在这里，黑格尔从个人的主观精神方面肯定了实践高于理论，而两者统一的基础是自由。自由是精神的本性，是个人意识发展的顶点，是人的本性之所在。但是在"主观精神"阶段，自由精神仍然是主观的、抽象的，这种抽象的自由是主观的任性，是假自由。要使自由成为真自由，它必须包括必然性，于是主观精神就发展到客观精神。"客观精神"就是精神把自己体现为外在的存在，表现为社会的法律、道德、社会政治制度。主观精神是有限的、个别的，只有超出"主观精神"的范围，上升到"客观精神"进入社会中，精神、主体才能达到真正的普遍性，获得真正的自由。在黑格尔看来，精神的本质是自由，"自由精神"为了实现自身便由"主观精神"外化为"客观精神"，"客观精神"是建立在"意志"自由活动的基础之上。

黑格尔认为，人类社会的各种意识形态、政治制度和历史都是"自由精神"自我发展和自我实现的各个不同阶段的体现。客观精神的发展经历了一个"抽象的法权"、"道德"和"社会伦理"三阶段。"抽象法权"是以自由为实体和规定性的权利，"道德"是自由意志对抽象法的扬弃的结果，"伦理"则是自由意志的具体实现，它是法权、道德的基础。绝对精神经过一系列辩证发展过程，终于达到了完全实现自己和认识自己的阶段，它是主观精神和客观精神的统一。绝对精神自我发展过程包括三个阶段："艺术""宗教""哲学"。这三个环节也是"绝对精神"自我认识的

①　［德］黑格尔：《历史哲学》，王造时译，商务印书馆1963年版，第56页。

三种形式。黑格尔认为，艺术、宗教和哲学均以绝对理念为对象，艺术以感性形象把握理念，宗教以真理把握理念，哲学则以概念把握理念。而在哲学中"绝对理念"最终认识了自己，发现了自己的自由本性。这样，黑格尔就像康德、费希特、谢林一样把自由看做是哲学所追求的最高目标，把对自由论证作为自己哲学的最高使命。

从以上分析考察可见，费希特、谢林特别是黑格尔的哲学都像康德哲学一样本质上是自由的哲学，他们都把解决主体与客体、理论与实践、自由与必然的矛盾作为自己哲学的基本课题，他们都强调实践高于认识，强调人的主体的能动性，都强调寻找人的自由的理论根据。同时，他们也力图克服康德把物自身与现象对立起来论证自由和必然的统一，以及解决自由问题所产生的理论上的矛盾。但是，他们用来解决这种矛盾的理论根据，无论是"自我"、"绝对同一性"还是"绝对精神"，都是一种精神性的东西。他们虽然都克服了康德作为理论根据的论证矛盾，但都是竭力通过片面膨胀人的精神（理性）的能动性，并使之成为一种绝对化、神秘化力量来实现的。这样，现实的人、人所要实现的自由与必然的统一都成了从属的东西，作为理论与实践、主体与客体、自由与必然统一基础的人的实践活动完全被忽视，而化为一种超越人及其活动的某种精神性、观念性的东西。正如马克思在批评黑格尔时所指出的："知道自己是绝对自我意识的主体，就是神，绝对精神，就是知道自己并且实现自己的观念。现实的人和现实的自然界不过成这种隐秘的、非现实的人和这个非现实的自然界的宾词、象征。因此，主词和宾词之间的关系被绝对地相互颠倒了。"①因此，无论是费希特、谢林还是黑格尔都像康德一样没有发现主体与客体、理论与实践、自然与自由统一的科学根据，因而也没有使它们达到科学的统一，更没有指出实现人的自由的现实途径。他们崇尚自由，但没有科学地论证它的根据，更没有指出实现自由的途径；他们强调实践，但把实践理解为一种理念，至多也只是一种道德实践；他们突出主体的能动作用，但把主体看成是一种完全脱离客体或者是创造客体的一种精神，所有这些是从康德哲学到黑格尔哲学所存在的根本缺陷。马克思在费尔巴哈的唯物主义哲学的影响下，站在无产阶级的立场上，在自己的革命实践和理论研究中，一方面继承了德国古典哲学强调人作为主体的能动性，强调实践高于理论，把解决自由问题作为自己理论体系的最高目标这种基本精神，同时，又批判和清算了德国古典哲学中思辨臆造和唯心主义杂质，创立了历史唯物主义的理论。他在社会实践的基础上解决了主体与客体、理论与实践、自由与必然的统一，指出了实现自由的基本途径，使德国哲学的基本精神在唯物主义的基础上发扬光大，把它改造成为无产阶级和劳动人民认识世界、改造世界、获

---

①　[德] 马克思：《1844 年哲学经济学手稿》，《马克思恩格斯全集》第 42 卷，人民出版社 1986 年，第 176 页。

得解放和自由的强大思想武器。

在马克思那里，实践是他的哲学思想的基本概念，他把自己称为"实践的唯物主义者"①。他认为，以往的哲学特别是德国古典哲学之所以会使自己的理论走向神秘主义，其根本原因就在于他们不能以实践为基础来解决理论问题。那些被以往哲学家神秘化了的问题，可以在对人的实践的理解中得到解决。他说："凡是把理论导致神秘主义方面去的神秘东西，都能在人的实践中以及对这个实践的理解中得到合理的解决。"②马克思所理解的实践，不同于德国古典哲学家所理解的实践，他不是把实践看做是一种精神性理念，也不只是一种道德实践，而是人类改造世界的感性的物质活动。这种物质性活动不同于动物的生存本能活动，它是自由的自觉活动，正是这种自由自觉的活动是人区别于动物的特性。马克思说："一个种的全部特性，种的类的特性就在于生命活动的性质，而人的类特性恰恰就是自由的自觉的活动。"③在马克思看来，人们首先必须吃、穿、住，必须取得生存的生活必需品，因此人们必须进行生产劳动，要改造环境。环境的改变和人的活动是一致的，改造环境的物质活动就是实践。"环境的改变和人的活动或自我改变的一致，只能被看做是并合理地理解为革命的实践。"④正是在实践的活动中，才使人作为改造环境的主体和被改造的环境作为客体发生分化。同时，也正是在改造环境的活动中，"通过实践创造对象世界，即改造无机界"⑤，使自然人化，从而使主体和客体达到统一。正是人们改造世界的客观活动才是主体和客体统一的基础。人为了改造环境，满足人的需要，就要认识自然，于是就产生了思想、意识。人的思想、意识就是实践主体对客体的反映。因此，马克思认为应该用实践的观点来解释观念的东西，而不是相反。他说："这种历史观（即唯物史观——引者）和唯心主义历史观不同，它不是在每个时代中寻找某种范畴，而是始终站在现实历史的基础上，不是从观念出发来解释实践，而是从物质实践出发来解释观念的东西。"⑥人的思想是否正确，是否具有真理性，能否成为指导改造世界的思想武器，也要实践来证明。同时，思想的东西、观念的东西要变为现实，也只能通过实践才能实现。马克思说："人的思维是否具有客观的真理性，这并不是一个理论的问题，而是一个实践的问题。人应该在实践中证明自己思维的真理性，即自己思维的现实性和力量，亦即自己思维的

---

① 《马克思恩格斯选集》第 1 卷，人民出版社 1972 年版，第 48 页。

② 《马克思恩格斯选集》第 1 卷，人民出版社 1972 年版，第 18 页。

③ ［德］马克思：《1844 年哲学经济学手稿》，《马克思恩格斯全集》第 42 卷，人民出版社 1986 年，第 96 页。

④ ［德］马克思：《关于费尔巴哈的提纲》，《马克思恩格斯文集》第 1 卷，人民出版社 2009 年，第 500 页。

⑤ ［德］马克思：《1844 年哲学经济学手稿》，《马克思恩格斯全集》第 42 卷，人民出版社 1986 年，第 96 页。

⑥ 《马克思恩格斯选集》第 1 卷，人民出版社 1972 年版，第 43 页。

此岸性。"①"思想根本不能实现什么东西，为了实现思想，就要有使用实践力量的人。"②因此，正是在实践的基础上才能达到实践与认识，主观与客观的统一。

马克思也十分强调主体的能动性，这种能动性就在于主体能够能动地认识世界，同时能够能动地改造世界，而这种能动性的根源又在于实践。只有在实践中，人才发展了自己的主体能动性，才能能动地认识世界和改造世界。在实践中能动地认识世界和改造世界，使世界人化，这样人也就获得了自身的自由，而这种自由又是在实践中对自然和社会的必然能动的认识和改造，因而在实践的基础上就达到了必然和自由的统一。在马克思看来，人的实践不是个人的活动，而是一种社会历史活动。这种活动总是在一定的历史条件下，以一定的生产方式进行的。这种生产方式（包括生产力和生产关系）是实践活动的社会条件。也就是说，实践总是人以自身一定的生产劳动能力，使用一定的劳动工具，在一定的社会关系中进行的。生产方式一方面为实践活动提供条件和保证，同时又使实践成为一种历史性的活动，在不同的生产方式下，人们实践的对象、内容和方式是不相同的。为了使人们能在一定的生产关系中从事正常的实践活动，于是就产生了维护一定生产关系的政治上层建筑和思想上层建筑。在马克思看来，在实践基础上所发生的生产方式内部的矛盾以及生产关系和上层建筑的矛盾是社会运动发展的动力。所以马克思说："物质生活的生产方式制约着整个社会生活、政治生活和精神生活的过程。"③而这种物质生活的生产方式，也就是社会的物质实践的方式。因此，马克思断定："社会生活在本质上是实践的。"④这样，马克思就以实践为基础说明了整个社会的结构，揭示出了社会发展的规律，从而克服了德国古典哲学用精神性的神秘观念说明社会运动发展的缺陷，建立了唯物史观。由于人总是在一定的社会关系中生活和实践，因而"人的本质并不是单个人所固有的抽象物。在其现实性上，它是一切社会关系的总和。"⑤"人的根本就是人本身。""人是人的最高本质。"⑥要使人成其为人，要使人获得自由，就必须推翻那些使人受奴役、受屈辱、把人不当人看的一切关系，包括人与自然的关系和人与社会的关系，使人成为自然和社会的主人。所以马克思说："对宗教的批判最后归结为人是人的最高本质这样一个学说，从而也归结为这样一条绝对命令：必须推翻那些使人成为受屈辱、被奴役、被遗弃和被蔑视的东西的一切关系。"⑦这样，马克思就从他的以实践为基础的唯物史观得出了要使人获得自由，获得解放，也就是要获得自己的本质，就必须改变现存的社会关系的结论。马克思

---

① 《马克思恩格斯选集》第 1 卷，人民出版社 1972 年版，第 16 页。
② 《马克思恩格斯全集》第 2 卷，人民出版社 1995 年版，第 152 页。
③ 《马克思恩格斯选集》第 2 卷，人民出版社 1972 年版，第 82 页。
④ 《马克思恩格斯选集》第 1 卷，人民出版社 1972 年版，第 18 页。
⑤ 《马克思恩格斯选集》第 1 卷，人民出版社 1972 年版，第 18 页。
⑥ 《马克思恩格斯选集》第 1 卷，人民出版社 1972 年版，第 9 页。
⑦ 《马克思恩格斯选集》第 1 卷，人民出版社 1972 年版，第 9 页。

一方面强调正确理解对于改变现存社会关系的重要作用："批判的武器当然不能代替武器的批判，物质力量只能用物质力量来摧毁；但是理论一经掌握群众，也会变成物质力量。"①又说："哲学把无产阶级当做自己的物质武器，同样，无产阶级也把哲学当做自己的精神武器。"②另一方面，马克思则直接诉诸改变现存社会关系的直接行动。他说："哲学家们只是用不同的方式解释世界，而问题在于改变世界。"③而这种改变世界的道路就是无产阶级革命和无产阶级专政的革命实践。这样，马克思的哲学就由实践性引出了革命性，这种革命性就在于，只有通过革命的实践活动才能解决人的自由问题，才能使人获得解放，实现自由而全面的发展。

由以上分析可见，马克思一方面继承了德国哲学的基本精神，同时又以科学的实践概念，科学地解决了德国古典哲学家苦苦探求而未能科学解决的主体与客观、认识与实践、自由与必然的统一问题，从而在哲学史上实现一次革命性的飞跃。它真正成为了人类认识世界、改造世界的强大精神武器，真正成为了人类求解放、争自由的现实的理论指南。

① 《马克思恩格斯选集》第 1 卷，人民出版社 1972 年版，第 9 页。
② 《马克思恩格斯选集》第 1 卷，人民出版社 1972 年版，第 15 页。
③ 《马克思恩格斯选集》第 1 卷，人民出版社 1972 年版，第 19 页。

第十章　康德自由哲学的理论价值及其历史影响（下）

一、康德——叔本华——萨特

康德的自由哲学不仅直接开始和影响了德国古典哲学，并为马克思主义哲学的产生提供了理论来源，而且开了现代西方哲学中人文主义思潮的先河。只要我们考察一下现代西方哲学中的人文主义思潮，就可以发现康德的自由哲学对这一思潮的重要而深远影响。通常认为，现代人文主义思潮是从叔本华的意志主义发端的，这种看法无疑是正确的。但是，我们不能忽视叔本华意志主义哲学的直接理论来源，这个直接的理论来源就是康德的自由哲学。叔本华自己说："我的思想路线尽管在内容上是如此不同于康德的，却显然是在康德思想路线的影响之下，是必然以之为前提，由此而出发的；并且我还坦白承认在我自己论述中最好的东西，仅次于这直观世界的印象，我就要感谢康德的作品所给的印象。"①在一定的意义上可以说，叔本华的哲学是对康德哲学的意志主义改造。从叔本华的意志主义开始经过生命哲学到当代以海德格尔、萨特为主要代表的存在主义，这一派现代西方哲学中的人文主义思潮，是康德以后人类哲学史发展的另一条主要路线。这条哲学路线的共同特征是，他们的哲学都直接以人为研究对象，以解决人的自由问题为哲学的最高使命和最终目的。康德哲学对这条哲学路线的最大影响在于，康德哲学第一次把自由问题作为哲学的出发点和核心，把哲学看做是自由的哲学，为现代西方人文主义哲学思潮提供了先例。诚然，现代西方人文主义哲学以解决自由问题为使命有其深刻的社会根源，但是康德哲学对这个思潮的理论启示作用是不容否定的。现代人文主义哲学家们正是遵循着康德以解决自由问题为哲学使命的理想，在新的具体的历史条件下，致力于解决人类社会提出的自由问题。虽然他们对自由的理解和自由问题的解决方式不同于康德，但是康德的自由思想对他们仍然具有重要的借鉴意义。在理论上，他们和康德之间有着重要的继承关系，应该说，他们的自由理论是康德的自由理论在新的历史条件下的继续和发展。

虽然现代西方人文主义哲学思潮与康德以后的德国古典哲学及马克思的哲学一样继承了康德的自由哲学，都以解决自由问题为自己哲学的最终目的，把自由看做是人的本质，但是与后者不同，德国古典哲学把自由问题与人的精神，特别是理性联系起来。理性是人类区别于动物的最重要特性，正是这种理性是自由的，因而人

---

① ［德］叔本华：《作为意志和表象的世界》，石冲白译，杨一之校，商务印书馆1982年版，第567页。

的本性是自由的，实际上是人的精神或理性是自由的，就人的感性活动而言，人并不一定就是自由的。在他们看来，理性中又包括意志，人的意志就是一种实践理性，由于理性是自由的，意志作为实践理性，当然也是自由的。因此，他们可以说是一种理性自由主义。在他们那里，精神或理性又主要不是指个人的精神或理性，而是人类的具有社会性的理性。如在黑格尔看来，个人的精神是一种主观精神，与这种精神相联系的自由，如果脱离作为客观精神的社会的法律、道德、伦理等规范，就是一种假的自由或主观的任性，只有个人自由和社会自由相统一才是真正的自由。因此，在德国古典哲学家们那里，真正的自由被理解为一种社会性的自由和人类的自由。在马克思那里，自由更被唯物主义地理解为社会自由和人类自由。人们只有在社会关系中、在社会实践中才能获得自由。自由作为人的本质特性也正是人的实践活动的结果。

与德国古典哲学以及马克思相反，现代人文主义哲学则是非理性主义的，他们把理性和非理性规定性（如意志）分离开来，并且对立起来，认为自由是人的非理性规定性的一种特性，而不是理性的特性。理性不仅不能使人类获得自由，相反，理性以及由理性所产生的科学技术是导致人不自由、不幸和痛苦的根源。在他们看来，使人服从理性、服从外部世界就会使人忘记自己的真正本质，失去真正的自由，不能发挥自由的创造和能动作用。在他们看来，人非理性规定性是与欲望、情感、意志乃至生命、存在相联系的，因而作为非理性规定性特性的自由并不是一种人类的自由、社会性的自由，而是一种个性的自由，这是不受任何自然规律或社会法则约束的。现代西方人文主义哲学思潮关于自由的这种非理性和非社会性的特征在存在主义者那里表现得特别突出。萨特就认为人的自由是无条件、无根据、无理性甚至荒唐的个人自由，这种自由不可能在社会中获得，社会和他人不是个人自由的条件，而是个人自由的障碍，"他人就是地狱"。

与现代西方哲学相比而言，康德以后的德国古典哲学家以及马克思关于自由的思想更符合康德自由哲学的基本精神。在康德看来，人的自由是与人的理性相联系的，特别是与实践理性直接相关的。理性和意志在康德那里是密不可分的，是统一理性的两个方面。虽然他往往把自由和意志直接联系起来，但他是把意志的自由活动就看做是实践理性。而且康德并不是把一切意志都看做是自由的，只有服从道德法则并能够自律的意志才看做是自由的。这样，康德事实上把自由和社会必然统一了起来。他的这种能够自律的意志实质上应该是一种人类的或社会的意志。因此，康德的自由不仅包括个人的自由（个人对道德、法律的服从和个人意志的自律），而且包括了社会自由（人类意志的自我立法和对这种立法的遵从）。德国古典哲学家基本上继承、发挥和发展了康德的上述基本思想，因此，应该说他们是康德自由思想的真正继承者。与此不同，现代人文主义思潮则发挥了康德自由思想的某些片面的东西，这种片面的发挥与康德哲学本身的思路也是有关的。例如，康德哲学中对意志与理性关系的模糊解释，就似乎使人觉得康德只强调自由是意志的特性，而非理性（主要是知性）的特性；康德没有明确指出人的理性（意志）的自由立法不只是个人的，而且是社会性的，相反给人一种感觉，好像理性的立法只是个人性的，由此所获得的自由也只是个人性的，等等。康德思想缺乏历史感和社会感，应该说是导致人文主义思潮片面发展了他的某一些观点的重要原因。然而，康德理论上的这些缺陷，并不反映康德哲学的基本精神，利用这些缺陷加以片面发挥，不能说是康德哲学基本精神的继承者。

叔本华的哲学是直接从康德出发的，他一方面继承了康德的现象和物自身划分的基本思想，把世界分为表象世界和物自身世界（世界本身），另一方面他又把康德的物自身改造成为一种非理性的、盲目的生存（生活）意志。他直言不讳地承认自己的思想是完全受康德思想路线的影响并必然以之为前提的。他对康德哲学特别是康德的理论基础，即物自身和现象划分的学说以极高的评价。他说："康德的最大功绩是划清现象和自在之物（两者之）间的区别，——（他的）根据是这样一个论证：在事物和我们之间总有（居间的）智力在，所以这些事物都不能按它们自身在在本体上原是什么而被认识。"① 在他看来，正是从康德那里，现象和物自身之间的区别才获得了一种绝对的意义和深远得多的旨趣。叔本华从康德哲学对于他的前辈的三重关系考察了康德哲学，特别是康德现象和物自身划分的学说。首先是与洛克哲学的关系。康德哲学"对于洛克的哲学是一种肯定和扩充的关系"②。他认为，是洛克把康德引到现象和物自身划分上来的。因为洛克曾经把事物的性质区分为第一性质和第二性质，指出事物的第二性质为声音、味道、颜色、软硬等，都是基于感官的感受，并不是属于物体本身的。属于物体自身的只有第一性质，即那些仅仅只以空间和不可透入性为前提的属性，如广延、形状、数量、运动等等。但是叔本华认为，洛克式的区分还是表面的，只有康德才是彻底的。在洛克那里，第一性质仍然被看做是物自身的属性，而只有康德才把它看做是与人的理解力相联系的，属于现象范围，因为这些性质作为现象赖以可能的条件、空间、时间和因果性，都是被我们先验地认识了的。"这就是说，洛克把感觉器官在自在之物的现象上所有的那一份从自在之物身上剥落了，可是康德现在却又把脑力功能（虽然不是用这样的字眼）所有的那一份也（从自在之物身上）剥落了。"③ 所以与康德式的区别相比，洛克式的区别只等于是一种幼稚的前奏。其次是与休谟的关系。叔本华认为，康德哲学"对于休谟的哲学是一种纠正和利用的关系"④。最后是与莱布尼茨-沃尔夫哲学的关系。康德哲学"对于莱布尼兹－沃尔夫哲学是一种坚定的驳斥和破坏的

---

① ［德］叔本华：《作为意志和表象的世界》，石冲白译，杨一之校，商务印书馆 1982 年版，第 569 页。
② ［德］叔本华：《作为意志和表象的世界》，石冲白译，杨一之校，商务印书馆 1982 年版，第 570 页。
③ ［德］叔本华：《作为意志和表象的世界》，石冲白译，杨一之校，商务印书馆 1982 年版，第 569 页。
④ ［德］叔本华：《作为意志和表象的世界》，石冲白译，杨一之校，商务印书馆 1982 年版，第 570 页。

关系"①。叔本华认为，康德是完全从自己出发，自然而然地在一个意志问题的方式之下，从一个新的方面，在一条新的途径发现了这条真理的。他由此得出结论说："就康德以上述方式对现象和自在之物所作出的区别，从论据的意义深刻和思虑周详来说既远远超过了以往曾经有过的一切，那么，在这区别所产生的那些后果上，也是无限丰富的。"②

叔本华认为，康德所发现的这条真理，在古希腊的柏拉图那里就不厌重复地表述过。柏拉图认为，人的感官所感觉到的这个世界并不只是真实的存在，而只是一个不断变幻莫测的现象。它存在，又不存在，对于它的了解与其说是一种认识，毋宁说是一种幻象。他在《国家篇》中以洞穴的例子表达了这种思想。人的认识好像是捆绑在黑洞的人们，既看不到本原的光，也看不到真实的事物，而只能看到洞里面黯淡的火光和真实事物的阴影。然而，他们却以为这些阴影就是实物，把对这些阴影作前后相继的规定看成就是真正的智慧了。叔本华认为，这同一真理，在《吠陀》和《布兰纳》的教义中也有不同的表达。他说，人们在这里所理解的阴影不是别的，就是康德称之为现象，是与物自身相反的东西。但是，叔本华认为，柏拉图和那些印度人只是以神话式的诗意表达了他们的主张，而康德却是以全新的独创的方式表达同一思想的，而且它是以最冷静最清晰的实事求是的论述证明了这种学说是无可争议的真理。他说："可是康德现在却不仅只是在一个完全新的独创的方式之下表出了这同一学说，而是借最冷静最清晰的实事求是的论述使这学说成为被证明了的，无可争辩的真理；而柏拉图和那些印度人却只是把他们的主张建立在一个一般的世界观上，只是把这种主张当作他的意识的直接宣泄而托出来的，并且与其说是在哲学上明确地，不如说更是神话式的，诗意地表出了他们的主张。"③所以，他们对于康德的关系等于早就主张地球绕太阳运动的毕达哥拉斯派学者希给塔斯等人与哥白尼的关系。由于康德发现了这一真理，因而所有以前的西方哲学都是不能相比的。在康德的贡献面前，以前一切哲学不过是一种梦语臆说，直到康德才突然把人们从梦中唤醒。"前此所有的西方哲学和康德哲学相比，都显得难以形容的粗笨，都没有认识到这一真理；也正是因此，所以总好像是在梦境中说话似的。直到康德才突然把他们从梦中唤醒，所以那些最后还在睡大觉的人（门德尔逊）也曾称康德是粉碎一切的人。"④

但是尽管如此，康德逝世以后，人们并没有把康德哲学推向前进，没有出现任

① ［德］叔本华：《作为意志和表象的世界》，石冲白译，杨一之校，商务印书馆1982年版，第570页。
② ［德］叔本华：《作为意志和表象的世界》，石冲白译，杨一之校，商务印书馆1982年版，第570～571页。
③ ［德］叔本华：《作为意志和表象的世界》，石冲白译，杨一之校，商务印书馆1982年版，第571～572页。
④ ［德］叔本华：《作为意志和表象的世界》，石冲白译，杨一之校，商务印书馆1982年版，第572页。

何新的哲学，相反，很多人已经把仍然很新颖的康德哲学当作是已经陈旧的东西放在一边，完全无视这些作品的意义，而以旧的实在论极其繁琐论证为前提继续谈论着上帝和灵魂的"哲理"。他引用歌德的话说："谬误和水一样，船分开水，水又在船后立即合拢；精神卓越的人物驱散谬误而为他们自己空出了地位，谬误在这些人物之后也很快地自然地合拢了。"① 他认为，康德逝世后他的哲学的命运就是如此。因此，"真正的、严肃的哲学还停留在康德把它放下的地方"②。他由此认为，他的哲学是直接承继康德哲学的。他说："不管怎样，我不承认在他和我之间，在哲学上已发生过什么新事情，所以我是直接上接着他的。"③ 他认为，他的哲学的使命就是要通过对康德系统的彻底反驳来清除黏附在康德学说上的谬误，从而使这一学说的真理得以更加彰显，更加巩固地发扬光大。

叔本华的哲学一方面继承和坚持了康德的现象和物自身划分这一在他看来是最重要的真理的思想，把世界划分为现象世界和物自身（世界本身），另一方面他又把康德的现象改造成表象，把物自身改造成一种非理性的盲目生活（生存）意志。他认为，康德虽然正确地把世界划分为现象和物自身两个方面，但他"没有达到现象即作为表象的世界，而自在之物即意志这样的认识"④。叔本华在《作为意志和表象的世界》一书的开头就把现象归结为人的表象。他说："'世界是我的表象'：这是一个真理，是对于任何一个生活着和认识着的生物都有效的真理。"⑤ 这就是说，人所认识到的一切事物并不是本身就存在的东西，而只是呈现于人的表象，即意识中的东西。他认为，如果一个人了解这一点，"他就会清楚而确切地明白，他不认识什么太阳，什么地球，而永远只是眼睛，是眼睛看见太阳；永远只是手，是手感触着地球；就会明白围绕着他的这世界只是作为表象而存在着的，也就是说这世界的存在完全只是就它对一个其他事物的，一个进行'表象者'的关系来说的。"⑥

在叔本华看来，这个表象者就是人自己。这样，叔本华就把整个现象世界看做是作为主体的人的产物，是主体意识的一种表象。表象世界是为主体而存在的，离开了主体，作为对象的表象世界就不能存在。他把这看做是一条不证自明的真理，"再没有一个比这更确切，更不依赖其他真理，更不需要一个证明的真理了；即是说：对于'认识'而存在着的一切，也就是全世界，都只是同主体相关联着的客体，直观者的直观；一句话，都只是表象。"⑦ 这里我们可以看到，叔本华以承认康德的现象世界为前提，并且完全否认康德所主张的作为现象根源的物自身对于现象

---

① ［德］叔本华：《作为意志和表象的世界》，石冲白译，杨一之校，商务印书馆1982年版，第567页。
② ［德］叔本华：《作为意志和表象的世界》，石冲白译，杨一之校，商务印书馆1982年版，第567页。
③ ［德］叔本华：《作为意志和表象的世界》，石冲白译，杨一之校，商务印书馆1982年版，第567页。
④ ［德］叔本华：《作为意志和表象的世界》，石冲白译，杨一之校，商务印书馆1982年版，第574页。
⑤ ［德］叔本华：《作为意志和表象的世界》，石冲白译，杨一之校，商务印书馆1982年版，第25页。
⑥ ［德］叔本华：《作为意志和表象的世界》，石冲白译，杨一之校，商务印书馆1982年版，第25页。
⑦ ［德］叔本华：《作为意志和表象的世界》，石冲白译，杨一之校，商务印书馆1982年版，第26页。

世界的作用，进一步把现象世界主观化。他在这里是用贝克莱的观点来修正康德的观点，他认为"贝克莱是断然把它说出来的第一人"，而"康德首先一个缺点就是对这一命题的忽略"①。

既然现象世界是主体的表现，那么主体又是什么呢？叔本华在回答什么是主体时，像康德一样把主体人二重化。他认为，主体本身也是一种现象，是表象世界中的一个主体。但他又认为，一个主体只是在作为其他主体的对象时才是一种表象，如果不把人当作对象，而直接地就人本身来了解人，就发现人最根本的东西是情感和欲望，即意志。叔本华承认人的理性的存在，但反对康德等理性主义哲学家把理性看作人的本质，认为他们把意志和理性的关系弄颠倒了。在他看来，不是理性高于意志，而是意志高于理性。人们首先有欲望，然后才认识所要认识的东西，而不是相反。他认为，人的本质不是理性，而是意志，人的理性、思想等等只不过是意志的表现，它们是为意志服务的，是作为满足欲望的工具。在他看来，只有意志"才给了这个主体理解自己这现象的那把钥匙，才分别对它揭露和指出了它的本质，它的作为和行动的意义和内在动力"②。

在叔本华看来，人是宇宙的一部分，既然人有意志并由意志来支配一切的，那么整个宇宙也必然是这样。由此，他引出世界上的一切都是意志的表现和产物。意志是无所不在的，它既是支配特殊事物的内在本质和核心，也是全部事物的内在本质和核心，它既表现于人的自觉的行为中，也表现在盲目的自然力中。他说："它是一切表象，一切客体和现象，可见性，客体性之所出。它是个别〔事物〕的，同样也是整体〔大全〕的最内在的东西，内核。它显现于每一盲目地起作用的自然力之中。它也显现于人类经过考虑的行动之中。"③在叔本华看来，这种作为事物内在本质和核心的意志，就是物自身。他说："自在之物是什么呢？就是——意志，这是我们〔对于这些问题〕的答复"④；"一切表象，不管是哪一类，一切客体，都是现象。唯有意志是自在之物"⑤。叔本华认为，他把物自身归结为意志，这是对康德物自身学说的发展。因为在康德那里，物自身作为感觉材料的本质，是存在于现象世界以外的超感觉世界，同时它又是作为道德发展的根据存在于道德世界以外的理智世界。这两者在康德那里并没有统一起来，也就是说，作为现象世界根源的物自身和作为道德法则根源的物自身之间究竟是什么关系，康德并没有回答。叔本华把物自身归结为意志，人的意志不过是整个世界的意志的一种，尽管它是表现于自觉行

　　① 〔德〕叔本华：《作为意志和表象的世界》，石冲白译，杨一之校，商务印书馆1982年版，第26页。
　　② 〔德〕叔本华：《作为意志和表象的世界》，石冲白译，杨一之校，商务印书馆1982年版，第151页。
　　③ 〔德〕叔本华：《作为意志和表象的世界》，石冲白译，杨一之校，商务印书馆1982年版，第165页。
　　④ 〔德〕叔本华：《作为意志和表象的世界》，石冲白译，杨一之校，商务印书馆1982年版，第177页。
　　⑤ 〔德〕叔本华：《作为意志和表象的世界》，石冲白译，杨一之校，商务印书馆1982年版，第164～165页。

为中的意志。"这两者的巨大差别都只是对显现的程度说的，不是对'显现者'的本质说的。"①这样，叔本华就在康德的基础上，把作为道德基础的意志（物自身）加以扩大，用它来统括了整个的物自身。他认为这样的解决比康德高明，康德理论的重要缺点就是他没有达到物自身就是意志的认识。事实上，除以上所述之外，叔本华并没有给康德的"物自身"学说增添什么内容。他也和康德一样，认为物自身不同于现象，是存在于时空之外的，"杂多性是直接由时间和空间决定的，而意志是决不进入时间空间的"②。由于意志是存在时空以外的，因而叔本华认为，它是理性所不可认识的。

叔本华像康德一样，把人的问题特别是人的自由问题当作他所关注的核心问题。他把世界划分为表象世界和意志世界正像康德把世界划分为现象世界和物自身一样，是为了解决自由问题。他把他的主要哲学著作《作为意志和表象的世界》分为"世界作为表象初论"、"世界作为意志初论"、"世界作为表象再论"和"世界作为意志再论"四部分，就是要从世界作为表象进而证明世界作为意志，最后说明自由问题，解决自由和必然的矛盾。"意志作为它自身是自由的。"③他认为，世界之中的一切现象都是必然的，其事物都必然有其原因可寻，但意志既不是现象，也不是表象，而是物自身。它不服从根据律，因而不是由一个原因决定的后果，不存在什么必然性，因而它是自由的。因此，自由这个概念其实是一个消极的否定概念，即是对必然（因果关系）的否定。既然如此，"在这里，一个巨大矛盾的统一点——自由和必然的统一——就非常清楚地摆在我们面前了"④。他对这个问题的解决同康德是类似的，因为自由属于意志（物自身），必然属于表象（现象），因而可以并存而不矛盾。不过，他进一步提出了在作为现象同时又作为意志的人那里，自由却出现在现象之中的问题。他说："然而在人，自由却能在某种可能的方式之下也在现象中出现；不过这时的'自由'就要必然自呈为现象的自相矛盾。在这一意义上，就不仅只有意志自在的本身，甚至人也诚然可以称为自由的，从而得以有别于其他一切生物。"⑤他认为，在人身上出现自由这是一种另外的情况，因为作为物自身的意志自由是决不直接转入现象的。

那么，为什么在人身上自由可以转入现象呢？叔本华认为，人的理性认识并不能使人获得自由。在他看来，自由的意志本身在现象之外固然是自由的，甚至可以说是万能的；但是这个意志在个别的、具有认识能力的那些现象中，在人和动物之

①　[德]叔本华：《作为意志和表象的世界》，石冲白译，杨一之校，商务印书馆1982年版，第165页。
②　[德]叔本华：《作为意志和表象的世界》，石冲白译，杨一之校，商务印书馆1982年版，第189页。
③　[德]叔本华：《作为意志和表象的世界》，石冲白译，杨一之校，商务印书馆1982年版，第393页。
④　[德]叔本华：《作为意志和表象的世界》，石冲白译，杨一之校，商务印书馆1982年版，第393～394页。
⑤　[德]叔本华：《作为意志和表象的世界》，石冲白译，杨一之校，商务印书馆1982年版，第395页。

中，却是由动机决定的。人可以借助后来才出现的抽象认识或理性认识而以抉择力超出动物之上，可是这种抉择力只是把人变成各个动机相互冲突的战场，却并不能使他摆脱动机的支配。因此，这种抉择固然是个性得以完全表现的条件，却并不是个别欲求的自由，而只是像其他一切现象一样受因果规律的必然性制约。但是，叔本华认为，如果人抛弃了理性以根据律对个别事物之所以为个别事物的一切认识，而借理念的被认识以看透这种个体化的原理，即作为现象必然受因果规律支配的本性，就可能出现一种动物界完全不可能有的人类意志现象。这时，作为物自身的意志才有的自由，就有在人身上真正出现的可能了。这样，意志本身的自由也在现象中有这种特有的、唯一直接的表现。[①]

叔本华认为，意志的自由要在人身上表现出来，只有两条途径：一是与人在思虑成熟自我意识达到最高峰时，如研究哲学；二是由于认识到了人的本性，而取消了一切欲求，如宗教的苦行或艺术的直觉。所以，"这种自由，这种全能……现在在它最完善的现象中，在它对自己的本质已获得完全恰如其分的认识时，它又可重现出来，即是说它所以现出来［不外两途］，或者是它在思虑成熟和自我意识的最高峰，仍然还欲求它曾经盲目地不自觉地欲求过的［东西］，那么，认识在这里无论是个别地或整个地依然总还是它的动机；或者是反过来，这一认识成为它的清静剂而平息，而取消一切欲求。"[②]归根到底，人要获得自由就要否定人的欲望和情感，而达到对人生真谛的认识。这样，叔本华就由康德那里的自由高于必然，道德高于幸福，走向了自由否认必然，道德否认幸福的极端。虽然他承认个人自由和必然可以并存，但它们之间的矛盾是不可克服的。之所以如此，是因为叔本华否认了理性在人获得自由中的作用，把理性与自由、理性与意志（作为自身意志表现的人类意志即自由意志）视为对立的。因此，叔本华的自由论是一种消极的、悲观的自由主义。它是要人们通过禁欲的途径达到自由，认为人的幸福与人的自由是不可调和的，把人追求感性幸福生活与追求自由对立起来，而否定前者。这种悲观主义的思想对现代人文主义思潮产生了重要影响。

叔本华的意志还是一种求生存的"生命意志"或"生活意志"，到尼采那里，这种意志被一种所谓追求"释放力量"的"强力意志"（权力意志）所代替。尼采的强力意志也仍然是一种生命意志，不过它的本质不只是单纯地求生存，而是渴望统治、渴望强力。他说，"权力意志恰恰就是生命意志"[③]，"一个生命体首先想要发泄其力量——生命本身就是权力意志——自我保存是它的间接的、最通常的结

---

① 参见［德］叔本华：《作为意志和表象的世界》，石冲白译，杨一之校，商务印书馆 1982 年版，第 412～413 页。

② ［德］叔本华：《作为意志和表象的世界》，石冲白译，杨一之校，商务印书馆 1982 年版，第 421～422 页。

③ 转引自杜任之：《现代西方著名哲学家述评》，生活·读书·新知三联书店 1982 年版，第 7 页。

果之一"①。他认为，不仅人、生物和生命的有机物的本质是强力意志，一切自然事物的本质也都是强力意志。例如，物理学中所讲的引力和斥力的对立其实就是不同的强力意志的争夺；化学中讲的分解和化合无非是一种强力意志的"侵占""征服"另一种强力意志；生物学中所讲的有机体吸取营养，就是生物作为强力意志去"占有""吞噬"环境，征服世界。"除了从意志到意志以外，根本没有别的因果联系。这是不能用机械论来证明的。"②所以他说："这个世界就是权力意志——岂有他哉！"③

尼采提出强力意志论，实际上是为了给人类追求自由和实现价值提供论证的。在他看来，真理不过是人类错误，只是没有真理人类就无法存在，但是真理并不是最终的东西，只有价值才是对人具有最终决定意义的。"价值对生命来说，才是最终决定的东西。"④生命是属于个人的，因而个人的生命就是具有最终意志的东西。"个人是一种全新的东西，创新的东西，绝对的东西，一切行动都完全是他自己的。"⑤既然意志是有创造力的，它就要不断地追求更高的价值。他认为，在人们还没有掌握强力的时候，人们要求自由。如果得到自由，人们就要求超等的强力；如果因为力量不足，没有达到这种强力，人们就要求"公平"，即权力平等。由于各种强力意志之间有质和量的区别，因而人就有强者、上等人和弱者、下等人的区别，他说："我的学说是：有上等人，也有下等人。"⑥"人是非动物和动物；而上等人是非人和超人。"⑦

在尼采看来，强力意志在人类中有三种表现：首先是被压迫者、各种奴隶中的作为争取"自由"的意志，这种意志的目的是为了求解放。其次是一类比较有力、正在向强力迈进的人当中的作为争取超等强力的意志。如果目的不能达到，就打个折扣或者争取"公平"即与统治者共享同等权力。第三是最有力、最雄厚、最独立、最有胆量的人当中作为对"人类"、对"人民"、对"真理"和"上帝"的爱，作为同情、自我牺牲，作为参与一种可以受自己指挥的巨大权力的本能活动的意志。这是英雄、先知、恺撒那样的意志。归纳起来，"这就是'自由'、'正义'和'爱'！"⑧这样，尼采就以强力意志论作为理论基础论证了人有权力实现自身的自由和价值问题。

无论是生命意志还是强力意志，都是以生命的存在为前提，都是生命的属性，

---

① 转引自杜任之：《现代西方著名哲学家述评》，生活·读书·新知三联书店1982年版，第7页。
② 洪谦：《现代西方资产阶级哲学论著选辑》，商务印书馆1964年版，第17页。
③ 洪谦：《现代西方资产阶级哲学论著选辑》，商务印书馆1964年版，第24页。
④ 洪谦：《现代西方资产阶级哲学论著选辑》，商务印书馆1964年版，第15页。
⑤ 洪谦：《现代西方资产阶级哲学论著选辑》，商务印书馆1964年版，第19页。
⑥ 洪谦：《现代西方资产阶级哲学论著选辑》，商务印书馆1964年版，第22页。
⑦ 洪谦：《现代西方资产阶级哲学论著选辑》，商务印书馆1964年版，第23页。
⑧ 洪谦：《现代西方资产阶级哲学论著选辑》，商务印书馆1964年版，第21页。

所以在叔本华、尼采以后，以柏格森为主要代表的生命哲学思潮，把生命概念作为他的哲学基本概念，认为生命是万物的根本动力和真实基础，把生命现象绝对化、神秘化。在柏格森看来，生命是一种盲目的、非理性的、永动不息而又不知疲惫的原始冲动，就像一条永流不息的长河。"这是一条无底、无岸的河流，它不借可以标示出的力量而流向一个不能确定的方向，即使如此，我们也只能称它为一条河流，而这条河流只是流动。"①这条河如此生机勃勃，是我们见到的任何河都无法比拟的。它是一种状态的连续，其中每一个状态都既预示着以后，又包含着以往。生命冲动是心理的、精神的，而不是物理的、物质的。"生命实际上是心理的，是包含相互渗透的各种各样条件的精神本质。"②

柏格森认为，生命冲动（或称生命之流）是最真实的存在。生命冲动派生万物的方式是多种多样的。在这千差万别的派生方式中，可以区分出两种不同类型或者两种不同倾向：一种是生命冲动的向上喷发的自然运动，它产生一切生命形式；一种是生命冲动向下坠落的自然运动的逆转，它产生一切生命的物质。这两种倾向互相对立、互相抑制。在他看来，那些沿着生命冲动的自己方向前进未受阻挠达到最高形态的生命就构成了精神的事物。这里就有了自由意志、灵魂等，这种生命冲动是绝对自由的，不服从任何规律。而那些作为"生命运动"的逆转而未获得任何生命形式的东西而构成了无机自然界，这里只有惰性的、物理的物质，以及自然必然规律，没有自由。柏格森认为，他的这种新哲学的建立，揭示了人的真正本质、人的自由，以及人在世界中的地位。由于以柏格森为代表的生命哲学思潮用"生命"取代了叔本华、尼采的意志作为哲学的基础概念来解决人的自由、人的价值等人的问题，因而它就为把自由看做是意志的属性，过渡到把自由看做是人的"存在"的属性提供了中介。因为意志固然是生命的属性，然而生命本身却又是一种存在。这样，在生命哲学之后又出现了影响更大的存在主义哲学思潮。

存在主义是在当代资本主义世界各种矛盾激化，社会异化严重存在，人的尊严、价值、自由受到严重威胁的社会条件下产生的、以解决人的问题为使命的哲学派别。它是当代人类要求自由、关心人的价值、尊严和命运的时代精神在哲学上的反映。随着时代的变化，存在主义者的思想也经历了不同的转变。但从理论上看，存在主义哲学有着一些共同的特征：第一，存在主义把人的存在当作全部哲学的基础和出发点。存在主义以论述怎样使人获得真正的自由，摆脱被异化的状态，恢复人的个性和尊严作为其哲学的中心问题，认为哲学研究的对象是人生，真正的哲学应当是研究人的存在的"人学"。第二，存在主义者研究的存在是指人的"存在"，而人的存在是非理性、非决定主义的本能的意识活动。只有这种个人的意识活动，

① ［法］柏格森：《形而上学导言》，刘放桐译，商务印书馆1963年版，第68页。
② ［法］柏格森：《创造进化论》，姜志辉译，商务印书馆2004年版，第213页。

才是人最本质的、未受异己的力量玷污的存在。第三，人的存在先于本质，强调人的存在具有超越性。存在主义认为，只有从存在出发，才能排除一切不真实的东西，发掘出人生的真谛，达到恢复人的自由和尊严的目的。第四，认为每个人都是独一无二的、具体的，没有共同的人性，人是自由的，人就是自由。总之，他们是从人的存在出发来论证怎样摆脱异化状态而获得自由的。在存在主义哲学派别中，萨特的存在主义理论是影响最大、最具代表性的。

萨特的哲学在西方被称为"自由的哲学"，他本人也被看做是一位不断以人的自由的名义向现代世界提出异议，以恢复人的价值的思想家。在存在主义思想家中，萨特的哲学是最直接地以解决自由问题为中心的存在主义学说。作为萨特自由哲学理论基础的是他的著名命题：存在先于本质。什么是存在？萨特认为有两种不同类型的"存在"，即"自在的存在"和"自为的存在"。所谓"自在的存在"是指个人面临的浑然世界即物质世界的存在。在他看来，这种存在是完满的、充实的、无知觉的。它是处于肯定与否定之外的"超现象的存在"，这种存在是自在的，它是其所是，既不被创造，也不创造任何东西。所谓"自为的存在"是指人的意识存在，这种存在永远不是某种东西，但它却总要成为某种东西。它是一种要求"存在"的愿望，它只是它现在不是的东西，而又有待于是其所是。因此，自为的存在不像自在的存在那样是完满的、充实的，而是一种虚无。萨特认为，自为的存在就是人的存在。在他看来，在宇宙万物中，唯有人的自我可以称为"自为的存在"。人的自为的存在是自为意识的活动，它本身有一种主动性、活动性，它是本原的东西，它不断超越自身而又否定自身。萨特存在先于本质的存在就是指这种自为的存在。萨特这里所说的"本质"则是指个体的人不同于其他人的那些规定性。因此，萨特所说的"存在先于本质"是指人的"存在先于本质"。他说："它宣称如果上帝并不存在，那么至少总有一个东西先于其本质就已经存在了；先要有这个东西的存在，然后才能用什么概念来说明它。这个东西就是人，或者按照海德格尔的说法，人的实在。"①

在萨特看来，关于人的存在及本质问题，在哲学史上虽然有不少哲学家作过论证，但始终没有作出正确的解释，其根本原因在于他们把人的存在和物质世界事物的存在相混淆，认为人与事物一样是"本质先于存在"的。萨特认为，人的存在不同于物质的存在，物质的存在本身就是一种超现象的本质，它是其所是，而人作为自为存在是一种虚无，同时它是一种本源，因而这种存在是先于现实人的各种规定性，即本质的。萨特在解释"存在先于本质"时说："我们说存在先于本质的意思指什么呢？意思就是说首先有人，人碰上自己，在世界上涌现出来——然后才给自

① [法]萨特：《存在主义是一种人道主义》，周煦良、汤永宽译，上海译文出版社1988年版，第7～8页。

己下定义。"① "因为在一开头人是什么都说不上的。他所以说得上是往后的事，那时候他就会是他认为的那种人了。所以，人性是没有的，因为没有上帝提供一个人的概念。人就是人。这不仅说他是自己认为的那样，而且也是他愿意成为的那样——是他（从无到有）从不存在到存在之后愿意成为的那样。人除了自己认为的那样以外，什么都不是。这就是存在主义的第一原则。"② 在萨特看来，人的存在之所以能够规定人的本质，能够按照自己的意志造成他自己，是因为人作为自为的存在是一种意识的存在，它具有主动性、创造性，能够超越自身而又否定自身。也就是说，人作为自为存在虽然最初是虚无，但由于它有一种要求存在的愿望，它总要变成什么东西，这样它就会获得自己的本质，使自己变成他所想要成为的人。

那么，人的存在为什么具有主动性、创造性，能够使自己变成自己想要成为的那种人呢？萨特认为，这是因为人的存在具有绝对的自由，人的存在同人的自由密不可分，自由是其存在的根本事实。如果没有自由，人的现实存在就变成了虚无。在他看来，"人存在的本质"就在于他的自由，自由并非人争取得来的东西，人生来自由，什么东西都剥夺不了人的自由。"说自为应是其所是，说它在不是其所是时是其所不是，说存在先于本质并是本质的条件，或反过来按黑格尔的公式说'本质是过去的存在'，其实说的都是同样的一件事，即人是自由的。"③ 他进一步强调指出，我命定是为着永远超出我的本质超出我的动作的动力和动机而存在。"我命定是自由的，这意味着，除了自由本身以外，人们不可能在我的自由中找到别的限制，或者可以说，我们没有停止我们自由的自由。"④ "人不能时而自由时而受奴役，人或者完全并且永远是自由的，或者他不存在。"⑤ 萨特所理解的自由是一个选择的自由，这种选择的自由是不受任何先天理由的支配，不受任何意义上的决定制约的，它是绝对的、无理由的。在萨特看来，自由是选择的自由，而不是不选择的自由，一个人可以不选择、不活动，那只不过是他选择了不选择、不活动，不选择就是他的选择。在他看来，人在任何情况下都可以完全自由地进行选择，人做了俘虏，它可以有逃跑的自由、自杀的自由，当了奴隶也有可以选择以适当方法对抗奴隶主的自由。人的选择是完全自由的，因而把自己塑造成什么样的人完全在于他自己，在于他的自我设计、自我选择、自我奋斗。个人自由的作用正在于在许多可能性中进行选择，创造自己的本质，决定未来的命运。正因如此，他就对自己的存

---

①　［法］萨特：《存在主义是一种人道主义》，周煦良、汤永宽译，上海译文出版社 1988 年版，第 8 页。

②　［法］萨特：《存在主义是一种人道主义》，周煦良、汤永宽译，上海译文出版社 1988 年版，第 8 页。

③　［法］萨特：《存在与虚无》，陈宣良等译，杜小真校，生活·读书·新知三联书店 1987 年版，第565 页。

④　［法］萨特：《存在与虚无》，陈宣良等译，杜小真校，生活·读书·新知三联书店 1987 年版，第565 页。

⑤　［法］萨特：《存在与虚无》，陈宣良等译，杜小真校，生活·读书·新知三联书店 1987 年版，第566 页。

在、行为负有严肃的责任。这样，萨特就把自由与"责任"联系了起来。由于自由是与人作为自为存在相联系的，而每个人最初都是自为存在，因而自由是人人具有的，是人类存在的普遍本性。所以，萨特认为，自由是人的存在的本体论结论。在萨特看来，人之所以能使自己变成自己想成为的那种人，正是因为他的存在是自由的，他能够通过自由选择去决定他的本质。他说："人的自由先于人的本质并使人的本质成为可能，人的存在的本质悬置在人的自由之中。因此我们称为自由的东西是不可能区别于'人的实在'之存在的。人并不是首先存在以便后来成为自由的，人的存在和他'是自由的'这两者之间没有区别。"①

与康德和德国古典哲学把自由理解为以理性为基础的对法则（主要是道德）遵守、个人和他人相和谐的自由不同，萨特存在主义把自由理解为完全凭借纯粹的意识或纯粹的主观性随心所欲地进行选择。这种选择完全是任意的，无理性的，无理由的，因而这种自由也完全是个人主义的，是与他人的自由不相容的。他在《存在与虚无》中提出这样的观点：我的存在就是对别人的自由的限制，尊重别人的自由是一句空话。他认为，从我存在的时候起，我就在事实上对"别人"的自由设定了界限，我就是这个界限。所以，对别人自由的尊重乃是一句空话，而且即使我们能够对别人的自由投以尊重，我们对别人所采取的每一个态度也是对于我们想加以尊重的这种自由的一种侵犯。在萨特看来，有我的自由，就没有他人的自由，他人的自由是对我的自由的障碍，即所谓"他人是地狱"。萨特的这种关于自由的极端个人主义理论是与萨特否认理性与自由的关系相联系的，否认理性、社会性对于自由的意义，必然会导致这种理论后果。

由以上分析可见，萨特是以"存在"为基本概念来论证人是绝对自由的，是以论证"存在先于本质"这个他的哲学基本原则来解决自由问题。他自己明确说："如果存在确是先于本质，人就永远不能参照一个已知的或特定的人性来解释自己的行动，换言之，决定论是没有的——人是自由的，人就是自由。"②

通过以上对意志主义、生命哲学和存在主义的简要考察，我们可以看到，现代西方人文主义哲学思潮的各派别都是以解决人的自由问题为其哲学的最根本任务的，这应该说是深受康德影响的，只是在具体的解决自由的方式上或理论根据与康德不相同。但是，无论是以"生存意志""生命冲动"为依据，还是以"自为存在"为依据解决自由问题，都是从人的那种非理性的情感、欲望、冲动，甚至无意识出发的。这些做法可以在康德把自由与意志相联系，而又认为自由和意志作为物自身是人不可知的这些思想中找到某种根源，只不过他们根据新的历史条件并利用

---

① ［法］萨特：《存在与虚无》，陈宣良等译，杜小真校，生活·读书·新知三联书店1987年版，第56页。

② ［法］萨特：《存在主义是一种人道主义》，周煦良、汤永宽译，上海译文出版社1988年版，第12页。

某些科学成果，把康德的某些没有明确结论的东西加以明确化，或者把康德的某些思想加以片面的发挥、发展。当然，他们自己也提出了许多新观点、新见解和新结论，我这里只是要指出康德对他们的重要而深远的影响。从以上考察和分析还可以看到，如果说德国古典哲学家发挥和发展了康德自由思想的理性方面，那么现代西方哲学中的人文主义思潮则主要发挥和发展了康德自由思想的意志方面。由于理性在德国古典哲学中往往被看做是人类的共性，具有普遍性和必然性，因而他们发挥或发展康德自由思想的理性方面，就会把自由看作是一种社会性的、人类性的。相反，意志在人文主义思潮的哲学家们看来，往往是同人的情感、欲望、冲动等相联系的，它往往是多变的、易逝的、盲目的、本能的，不具有普遍性和必然性，他们以此为基础建立的自由理论，就往往会是无理性的、无理由的、非社会性的。但是，无论是德国古典哲学的哲学家，还是人文主义思潮的各派哲学家，都把自由看作是一种不同于自然必然的，属于人所特有的本质或属性，都强调自由高于必然，以自由作为自己哲学的中心问题。在这一点上，应该说它们是与康德的自由思想基本一致的，从而构成了这两条哲学路线与下面准备讲的康德——孔德——维特根斯坦这条哲学发展路线的重大差别。

二、康德——孔德——维特根斯坦

国内现代西方哲学方面的一些教科书或专著，通常认为现代西方哲学中的科学主义思潮，特别是实证主义（包括现代西方实证主义）哲学流派在理论上是直接承继或源流于休谟的怀疑哲学。就实证主义基本上是以休谟为最后代表的英国近代经验主义重视感性经验和科学实证传统在现代条件下的继承和发展而言，这种看法当然是正确的。但是，我们也不应该忽视英国传统的经验主义发展到休谟那里导致了一种极端的经验主义即怀疑主义和不可知论。西方哲学史的事实已经证明，经验主义发展到怀疑主义和不可知论，暴露了传统经验主义的狭隘性和局限性。这就是说，它不仅不能给科学知识提供论证，相反导致了对科学知识的否定。休谟的怀疑主义和不可知论事实上证明了狭隘的经验主义传统的终结。在这种意义上，我们不能简单地说实证主义就是休谟的不可知论在新的历史条件下的继续，正像我们不能简单地说现代西方哲学中的人文主义思潮是近代理性主义在新的历史条件下的继续一样。我们认为，从传统的经验主义发展到现代的科学主义思潮，其间有一个重要的过渡环节或转变的契机。这个转变的契机就是康德哲学。我们虽然不能说现代科学主义思潮直接渊源于康德哲学，但是康德哲学对于传统的经验主义发展成为现代的科学主义思潮有着重要的影响作用。如果忽视这种重要的影响作用，现代科学主义思潮的产生在理论来源上就是不可理解的。

英国传统的经验主义是从培根开始，经过霍布斯，发展到洛克那里达到它的顶峰，形成了系统的经验主义哲学。应该承认，洛克是一位卓有建树的哲学家，但是他的经验主义已经开始暴露出狭隘经验主义不可克服的局限和矛盾。其中最突出的问题是，由于把人的认识局限于经验性的认识，因而它只能认识事物的外表形象即所谓"名义本质"，因为这种"名义本质"是可以感知的，而不能认识事物的内在本质即所谓"实在本质"，因为这种"实在本质"超出了人的感性认识的范围。同时，洛克又进一步地把引起感觉的事物的外表形象划分为"第一性质"如形相、运动、静止、数目等和"第二性质"如颜色、声音、滋味等。认为"第一性质"是和物体完全不能分离的，"物体不论经历了什么变化，外面加于它的力量不论多大，它仍然永远保有这些性质"①，而"第二性质"则不是物体本身固有的性质，它不过是物体作用于我们的感官时，使我们产生某种颜色或声音的观念。也就是说，第二性质实际上是一种主观感觉，它不是物体本身所固有的，尽管他承认物体本身具有某种引起我们感觉的能力。

洛克经验主义的这种局限到贝克莱那里得到了进一步的发展。在贝克莱看来，不仅洛克所谓的"第二性质"是主观的感觉，洛克所谓的"第二性质"也是一种主观的东西，因为"所谓广延、形象和运动，离开一切别的可感知的性质，都是不可想象的"②，而这种可感知性"只是在心中存在的，并不能在别的地方存在"，因而"第一性质"也不过是一种主观的经验。既然事物的各种可感性质都只是人的感觉，只存在于感知它们的"心灵"中，因而也就完全无需物质作"支撑"，假设物质的存在也就是多余的。这样，那种肯定物质客观存在的唯物主义学说包括洛克承认的"实在本质"和"第一性质"的唯物主义前提都是不能成立的。由于一切在人认识范围内的物体的存在都离不开能感知的心灵，因此物不过是感觉或观念的集合，存在不过就是被感知。"对象和感觉原是一种东西"，贝克莱的这些观点是狭隘经验主义必然会导致的结论。对于贝克莱思想加以进一步发展，就导致了休谟的怀疑主义和不可知论。

休谟一方面像贝克莱那样只承认感觉经验的存在，因为经验告诉我们，"除了影像或知觉而外，什么东西也不能呈现于心中"③，同时他又研究了经验同外界对象的关系。他通过研究认为，人们没有理由断定感觉是对外界物质对象的反映。他提出，"感官传来的这些知觉，究竟是否由相似的外物所产生的呢？这是一个事实问题"，既然如此，那就要借助于经验来加以解决，"但是经验在这里，事实上，理论上，都是完全默不作声的"，④因为"人心中从来没有别的东西，只有知觉，而且人

---

① ［英］洛克：《人类理解论》上册，关文运译，商务印书馆 1959 年版，第 100 页。
② ［英］贝克莱：《人类知识原理》，关文运译，商务印书馆 1973 年版，第 24 页。
③ ［英］休谟：《人类理解研究》，关文运译，商务印书馆 1957 年版，第 134 页。
④ ［英］休谟：《人类理解研究》，关文运译，商务印书馆 1957 年版，第 135 页。

心中也从不能经验到这些知觉和物象的联系"①。那么，是什么东西引起我们的感觉的呢？休谟指出，感觉"是由我们所不知的原因开始产生于心中"的。②这样，贝克莱认为外部世界就是我的感觉，休谟则把我的感觉之外是否有什么东西存在看做是不可知的。贝克莱不承认外界客观事物的存在，但他承认"自我"作为感知的主体存在。然而，休谟在怀疑和否认外界物质客体存在的同时，也同样怀疑和否认精神性的"自我"的存在。这样，在他的哲学体系中，唯一被承认具有真实存在性的只有各种变动不居的知觉（感觉）。

由于只有感觉是客观存在的，客观对象本身是不可知的，因而人们的因果观念并不是客观事物本身的反映，而完全是人为的，是一种主观的"联想"或信念，完全不具有客观基础。人们尽管对事物会产生因果联系的观念，但是绝无理由肯定事物之间存在真实的因果联系。"我们只能说，一种物象，或一件事情，跟着另一个、另一件，而不能说，这一个产生了另一个，这一件产生了另一件。"③"当我们说一个物象和另一个物象相联系时，我们的意思只是说，它们在我们的思想中得到一种联系，因而生起这种推断来，并且依据这种推断就可以互相证明对方的存在。"④这样，经验主义发展到休谟这里，由于否认了事物的客观可知性和事物之间的因果联系，因而不但不能给科学提供论证，相反否认了科学存在的前提和基础。休谟的这种怀疑主义和不可知论在洛克那里就已发端，而到休谟这里达到登峰造极的地步。应该说这种怀疑主义和不可知论是传统经验主义本身所具有的局限性造成的，是狭隘经验主义彻底发展的必然结果。

现代科学主义哲学思潮重视对科学知识的经验性研究，主张哲学应该研究世界"是什么"，而不应该研究"为什么"，认为世界的本质、基础是什么是人的认识能力所不能解决的。在这些方面，它继承了经验主义的传统，但是与传统经验主义不同，它明确排斥传统形而上学以至一切形而上学，认为形而上学在认识论上是不能成立的。现代科学主义哲学家承认现象的因果必然联系，以科学自身的客观存在为前提，主张以实证科学为根据进行哲学研究，给科学知识提供论证，在这些方面他们则是深受康德哲学影响的。康德第一次明确提出理论哲学的任务就是要论证数学和自然科学知识是如何可能的，从而论证必然的实在性。康德在开始建立自己批判哲学体系之前，受到过休谟怀疑主义的影响，正是休谟把他从独断论的迷梦中惊醒。但他几乎同时发现，休谟的怀疑主义不但不能给科学知识提供论证，相反否定了自然科学的存在，这是他极为不满的。康德当时是一位自然科学家，坚信自然科学的存在是合理的，并且认为它的存在是一个事实，是不容怀疑的。理论哲学不是

---

① ［英］休谟：《人类理解研究》，关文运译，商务印书馆1957年版，第135页。

② ［英］休谟：《人性论》，关文运译，郑之骧校，商务印书馆1980年版，第19页。

③ ［英］休谟：《人类理解研究》，关文运译，商务印书馆1957年版，第75页。

④ ［英］休谟：《人类理解研究》，关文运译，商务印书馆1957年版，第69～70页。

要去论证自然科学是否可能，而是要论证自然科学是如何可能的。康德通过研究发现科学知识之所以可能是因为它们具有两个条件，一是物自身作用感官所提供的感觉材料，二是综合整理这些感觉材料并使之成为具有普遍必然性的知识的感性直观形式和知性先天范畴。他认为，人的认识能力只能认识物自身作用感官所产生的感性材料，即现象，而不能认识作为这些感性材料来源的超感性的物自身。这里我们可以看到，经验主义对康德的影响，即人的认识只能停留在感觉经验的范畴内。但他不同于休谟，休谟把因果必然性看做是没有普遍必然性的习惯性联想，而康德认为普遍必然性在现象自然界中存在是不容否定的，只不过这种普遍必然性是人的理性（作为知性）赋予自然，或者说是知性给自然立法的结果。在这里，康德虽然对现象自然界作了主观唯心主义的理解，但是他和经验主义特别是休谟的怀疑主义不同，他把普遍必然性和自然界联系了起来，认为自然界作为感性先天直观形式和知性先天认识范畴整理后的结果是具有普遍必然性的，而因果联系是它的基本规律之一。而且康德还承认现象的物自身根源，正如黑格尔指出："康德确认，我们直接认知的对象只是现象，这就是说，这些对象存在的根据不在自己本身内，而在别的事物里。"①康德把理论哲学看做是论证科学知识如何可能，以及人的认识对象不是感觉经验，而是根源在主体以外的现象。当然，在康德那里，现象自然界是建立在感觉经验基础上的，但他毕竟认为认识的对象不是单纯的感觉经验，而是作为自然界的现象界，这给后来的实证主义以很大影响。

康德对现代科学主义思潮的重要影响还在于，他证明了以经验探讨世界本质、根源，即他所谓以物自身为中心问题的"形而上学"哲学在认识上是不可能的。虽然康德肯定道德形而上学（哲学）应该探讨作为道德基础的物自身问题，但是他反对把物自身作为人的认识的对象。他第一次从认识论上证明了企图在认识范围内探讨事物的本质或物自身的不可能性，第一次在理论上驳倒了以往种种"形而上学"理论并论述了产生这种形而上学的根源。正如黑格尔所指出的，"康德这种哲学使得那作为客观的独断主义的理智形而上学寿终正寝"②。康德哲学的这个方面在哲学史上的作用是十分重大的，正是因为康德在理论上证明了传统形而上学的不可能性，他就使理论哲学从重视本体论研究彻底转向了重视认识论和价值论研究方面来。正因为如此，康德就成为了理论哲学从近代哲学转向现代哲学的重要哲学家。现代的实证主义思潮，正是遵循着康德奠定的道路，沿着重视认识论研究的方向发展的。

我们知道，现代科学主义思潮经由以孔德为代表的早期实证主义、以马赫为代表的经验批判主义和以维特根斯坦为精神领袖的逻辑实证主义等几个主要发展阶

---

① ［德］黑格尔：《小逻辑》，贺麟译，商务印书馆 1980 年版，第 127 页。
② ［德］黑格尔：《哲学史讲演录》第四卷，贺麟、王太庆译，商务印书馆 1978 年版，第 258 页。

段。下面以孔德、马赫和维特根斯坦为主要代表简要分析康德对现代实证主义思潮的影响。

孔德是欧洲哲学史上最早正式把自己的哲学体系叫做实证主义（或实证哲学）的人。他主张哲学应该摈弃关于事物的本质、事物的本原等虚妄的形而上学问题，克服和超出唯物主义和唯心主义的片面性，而只研究实在、有用的实证知识。他认为，一切关于事物的本质和原因的学说都是"形而上学"。他在《实证哲学教程》一书中说："我们认为，探索那些所谓始因或目的因，对于我们来说，乃是绝对办不到的，也是毫无意义的。"[①]在他看来，这条原则是稍稍深入研究过现实科学的人现在已经无人不晓，是不必再去申述的。但是，他力图为实证主义哲学存在的合理性提供论证。他提出，人类智力的发展永远必须遵守"一条伟大的根本规律"，"这条规律就是：我们的每一种主要观点，每一个只是部门，都先后经过三个不同的理论阶段：神学阶段，又名虚构阶段；形而上学阶段，又名抽象阶段；科学阶段，又名实证阶段。"[②]他进而证明，"人类的精神受本性的支配，在它的每一项探讨中，都相继地使用了三种性质基本不同，甚至根本相反的哲学方法：首先是科学方法，其次是形而上学方法，最后是实证方法。"[③]他认为，实证哲学是人类精神发展的最后阶段，在人类的精神承认不可能得到绝对观念后，"于是不再探索宇宙的起源和目的，不再求知各种现象的内在原因"[④]，而只是把推理和观察密切结合起来，从而发现现象的实际规律。那种把根本的存在或不可知的东西当作研究对象的哲学，其实是无法证实的，应该统统抛弃，哲学应该像科学那样成为实证的，它的对象应当是实存的、有用的知识。孔德所说的实存、有用的实证知识是指关于现象范围之内的知识。至于这些现象的原因是什么，现象后面的本质是什么，他认为都不属于实证知识的范围。他认为，真正的实证的精神用对现象的不变的规律的研究来代替所谓原因（不管是近因还是第一因）：一句话，用研究怎样代替为何。"在我的那些实证的证明中，甚至那些最完备的证明中，我们都是完全无意于陈述那些造成各种现象的动因的，……我们的企图只是精确地分析产生现象的环境，用一些合乎常规的先后关系和相似关系把它们互相联系起来。"[⑤]在他看来，如果人们要超出现象范围

①　［法］孔德：《实证哲学教程》，洪谦主编：《现代西方资产阶级哲学论著选辑》，商务印书馆1964年版，第30页。

②　［法］孔德：《实证哲学教程》，洪谦主编：《现代西方资产阶级哲学论著选辑》，商务印书馆1964年版，第25页。

③　［法］孔德：《实证哲学教程》，洪谦主编：《现代西方资产阶级哲学论著选辑》，商务印书馆1964年版，第25-26页。

④　［法］孔德：《实证哲学教程》，洪谦主编：《现代西方资产阶级哲学论著选辑》，商务印书馆1964年版，第26页。

⑤　［法］孔德：《实证哲学教程》，洪谦主编：《现代西方资产阶级哲学论著选辑》，商务印书馆1964年版，第30～31页。

去穷根究底，那就会陷入神学和形而上学之中。在孔德看来，实证哲学就是关于各个现象领域内的实证知识的综合，实证哲学就是一种"实证综合"，也就是说，实证哲学是科学的综合，它同科学一样是"实证"的，只研究具体的事实和现象；而不追究它们的本质和规律性。"实证哲学的基本性质，就是把一切现象看成服从一些不变的自然规律；精确地发现这些规律，并把它们的数目压缩到最低限度，乃是我们一切努力的目标"①。

关于孔德的实证主义基本观点，孔德的追随者、英国的功利主义者约翰·密尔作了一个系统的概括。他说："在孔德看来，真正的哲学的基本理论以及他所确定的实证哲学的特点如下：我们没有关于现象以外的任何东西的知识，我们关于现象的知识是相对的，不是绝对的。我们既不知道任何事实的本质，也不知道其现实的产生方式，我们所知的仅仅是一个事实同另一个事实彼此前后相继或类似的关系。这些关系是不变的，就是说在相同的情况下总是相同的。这种将现象结合在一起的不变的类似以及将它们结合为前件和后件的连续，称之为它们的规律。现象的规律是我们关于现象所知的一切。它们的本质特性以及它们的终极原因（不管是动力因还是目的因）是我们所不知的、不可设想的。"②从孔德实证主义的特点可见，孔德强调人的认识只能研究现象的不变的规律，而不能研究现象背后的本质，这和康德的思想是基本一致的。

以孔德为代表的早期实证主义在马赫那里得到了进一步的发展。这种发展首先表现在，在孔德那里，哲学研究的对象是现象之间的不变规律，而马赫用"要素"代替现象，这种"要素"不仅包括物理要素，也包括生理要素和心理要素，而一切研究包括哲学研究就是要探知这些要素联系的方式。这种发展还表现在，孔德等早期实证主义者认为哲学的主要任务是将各门具体科学联系起来，建立一个无所不包的综合知识体系；而马赫则抛弃了建立包罗万象的哲学体系的企图，把这些归结为关于科学的认识论。马赫的哲学与孔德的哲学一样，也是从康德哲学出发的，正如列宁在《唯物主义与经验批判主义》一书中所指出的，"马赫和阿芬那留斯都是从康德开始"③。但是，在把理论哲学研究的对象看做是科学认识论，力图把物理因素和心理因素联系起来，从主体和客体的关系角度探讨科学认识可能的条件等方面，马赫更接近康德。在对康德的关系上，如果说孔德实证主义是在康德哲学的基础上，进一步探讨人类认识能力的限度和有限范围，从而规定科学的研究对象，那么，马赫主义则是在此前提下进一步利用新的科学技术材料论证人的认识是如何可

---

① ［法］孔德：《实证哲学教程》，洪谦主编：《现代西方资产阶级哲学论著选辑》，商务印书馆1964年版，第30页。

② ［英］约翰·密尔：《孔德和实证主义》，转引自刘放桐等编著：《现代西方哲学》，人民出版社1981年版，第41页。

③ ［俄］列宁：《唯物主义和经验批判主义》，人民出版社1956年版，第364页。

能的。

马赫认为，世界是由要素构成的，要素不像感觉那样，是纯主观、心理的东西，也不是唯物主义者所说的物质那样，是超出感觉和经验范围的东西，它既可以是物理的，也可以是心理的，因而既非"心"又非"物"，超于心物对立的中立的东西。马赫把要素分为三类：一类是物理要素，如颜色、声音等，它们组成物体；二类是生理要素，如神经系统、视网膜等，它们构成人的身体；三类是心理要素，如意志、记忆等，它们构成自我。马赫认为，这三类要素并非独立存在，而是相互影响的。其中生理要素是物理要素和心理要素相互影响的桥梁，整个世界存在于这三类要素的相互联系之中。这样，尽管要素有心理的和物理的区别，但由于它们是相互联系在一起的，可以相互作用，因而就不存在心物之间的对立了。"照这样看，我们就见不到物体和感觉之间、内部和外部之间，物质世界和精神世界之间有以前所指的那种鸿沟了。"①他认为由此就克服了把物质和精神对立起来的"心物二元论"，而构成了一个"统一的、一元论的宇宙结构"②。

既然宇宙是不同类型的要素构成的统一结构，那么科学研究的任务就是要探讨这些不同类型的要素之间的关系，即联系方式。所以他说，"一切研究都是要探知这些要素的联结方式。"③应该注意的是，马赫所指的物理要素并非指客观事物本身，它事实上是与自我、感觉相联系的。他举例说，一个正方立体，近看大，远看就小；左眼看是一个样子，右眼看又是一个样子；有时它会被看成是两个；假如闭上眼就完全看不见了。因此，他所说的物理要素也不过是一种现象，是康德意义上的现象的改头换面而已。但是，由于他主张世界是由要素构成的，而这种要素又是与人的身体和心理相联系的，因而就否认了康德主张的作为现象来源的"物自身"。这一点是马赫主义与孔德等人的早期实证主义的重大差别之一。因为在孔德那里，虽然认为世界的本质是什么是人的认识所无法解决的，但他们并未完全否定这种本质的东西存在。马赫则根本不承认在要素（现象）范围以外还有其他本质的东西。

不过也应该看到，马赫的理论本身仍然包含了一种物自身作为前提。例如，物理要素由于人的感受方式不同而有所不同，这就蕴含着，虽然人不能认识事物的本来面目，但它毕竟是存在的。事实上，他本人有时也承认感觉是外界对象作用于人的机体所引起的过程，承认由物理要素构成的物理对象不能人为转移而往往存在，甚至声称除了本身的自我以外，他人以及世界都同样是实在的。马赫之所以在理论

---

① ［奥］马赫：《感觉的分析》，转引自刘放桐等编著：《现代西方哲学》，人民出版社1981年版，第153页。

② ［奥］马赫：《感觉的分析》，转引自刘放桐等编著：《现代西方哲学》，人民出版社1981年版，第153页。

③ ［奥］马赫：《感觉的分析》，转引自刘放桐等编著：《现代西方哲学》，人民出版社1981年版，第152页。

上不明确承认这一点，是因为在他看来，对于认识来说，肯定这个前提是没有意义的，而且这是康德以及早期实证主义早已证明了的。对于认识来说，重要的是主体（生理要素和心理要素）和与主体相联系的客体或对象（物理要素）。

由此看来，马赫的要素一元论，主要是从认识的角度把物理要素、生理要素和心理要素等统一起来，也就是说不在认识论的意义上把主体和客体统一起来，即对于认识来说，客体离开不了主体，主体也离不开客体。这种思想实质上应该说是受康德影响的。马赫主义给后来的逻辑实证主义以及一些自然科学家以很大影响。在这个意义上，我们把马赫主义简单地斥之为主观唯心主义、斥之为从康德倒退到贝克莱的做法是值得研究的。

如果说，马赫主义还是在研究主体与客体的关系问题，那么在20世纪初出现的逻辑实证主义则完全摈弃了这个问题，把哲学变成了对科学命题的逻辑分析活动。从对康德哲学的关系看，如果说马赫主义还遵循着康德的认识论路线去探求科学认识如何可能，那么逻辑实证主义则是要回到知识本身，证明那些科学经验命题、语言哪些是有意义的，哪些是没有意义的，从而一方面进一步证明知识的限度，另一方面为各门科学的发展铺平道路。

逻辑实证主义自称是"科学的哲学"，逻辑实证主义哲学家认为哲学不应该成为科学之科学，而应成为科学的奴仆，哲学应该为科学服务。因此，哲学家的任务不应去创造一套凌驾于科学之上的体系，而应该对已经提出的科学经验、命题、语言进行逻辑分析，排除其中的矛盾，分析出它们的结构的纯粹形式。并且通过研究语言的特性来研制理想的语言，把这些纯粹形式用符号表达出来，以及完善科学的方法。属于逻辑实证主义等的哲学家很多，内部的流派也纷繁复杂，其中维特根斯坦是逻辑实证主义的奠基人和精神之父，他对逻辑实证主义的形成起了决定性作用，而且他后来又成为了语言哲学的代表。这里我们通过对维特根斯坦哲学的简要分析，来看看康德哲学通过以前实证主义哲学对逻辑实证主义的影响。

维特根斯坦认为，不仅哲学方法是逻辑分析，而且哲学本身也是逻辑分析。他还进一步把逻辑分析同语言分析或"语言批判"等同起来，主张"一切哲学都是'语言批判'"①。他认为，以往一切哲学问题和哲学异端都是由于普通语言的不完善和误用引起的，因此哲学的注意力应该放到语言方面来，分析我们的语言是否符合逻辑，确定哪些形式的词是有意义的和哪些形式的词是无意义的逻辑规则，以避免语言的误用。他说："哲学的目标是思想的逻辑澄清。哲学不是任何理论，而是一种活动。一部哲学著作本质上说来是由说明构成的。哲学的结果不是'哲学命题'，而是命题的澄清。哲学应该使思想变得清楚，应该清晰地划出思想的界限，否则，

---

① ［奥］维特根斯坦：《逻辑哲学论》，韩林合译，商务印书馆2013年版，第31页。

它们可以说是混浊的、模糊的。"①那么，如何判断语言或命题是有意义或无意义的呢？他提出了两条标准：第一，看它是否符合逻辑的法则；第二，看它是否对事实有所陈述而成为事实的图像，也就是说，是否可以用经验证实。他认为，前一个标准是判断命题是否有意义的先决条件，只有命题符合逻辑，才有可能具有意义。凡是有意义的命题必定是合乎逻辑地构成的，反之，许多词不合乎逻辑地连接在一起，既不能真正构成命题，也不具有意义。命题要有意义必须合乎逻辑，这是最起码的要求。后一个标准则是判断命题是否有意义的根据。在维特根斯坦看来，命题的逻辑要求虽然可以把有意义的命题和无意义的妄命题区别开来，但不能解决一个命题为什么有意义或没有意义的问题，也就是说命题是否有意义的根据不能用逻辑条件去解释。他提出，一个命题有意义或没有意义的根据在于命题所指出的某些事实或事态是存在还是不存在。维特根斯坦指出，证实的原则是最重要的，它是哲学的"科学性"的表现。

根据这种命题意义的特性，维特根斯坦认为一切形而上学的命题实际上都不是命题，而只是"无谓"的言语，或"胡说"。他说："人们关于哲学事项所写出的大部分命题和问题并不是假的，而是没有任何意义的。因而，我们根本就不能回答这类问题，而只能确定它们的毫无意义的性质。哲学家们的大部分问题和命题都是因为我们不理解我们的语言的逻辑而引起的。"②他主张，以逻辑分析为其方法的哲学，其主要任务就是要取消"形而上学"，或防止人们提出任何形而上学的命题或问题。他说："哲学的正当方法真正说来是这样的：除了可以言说的东西，即自然科学命题——因而也就是与哲学没有任何关系的东西——之外，什么也不说；然后，无论何时，如果另一个想就形而上的事项说些什么，你就向他指出他没有给予他的命题中的某些符号以任何所指。另一个也许不会满足于这样的方法——他不会有这样的感觉：我们在教他哲学——但是，它是唯一严格正当的方法。"③从这里可以看到，以经验作为根据证明"形而上学"的命题是既不真也不假的妄命题。防止人们提出形而上学的命题和问题，要求人们对于不可言说的东西必须保持沉默，在这一点上，维特根斯坦与康德的思想是一致的。不过，维特根斯坦更重视"形而上学"命题的不可证实性，而且给判定形而上学为妄命题提供了更明确的标准。

按照维特根斯坦早期的观点，问一个词的意义是什么，等于问它代表什么。后期的维特根斯坦认识到这种观点站不住脚。例如，数学代表什么？维特根斯坦能指出数学代表什么东西呢？他认为要理解数学的意义，只能根据它的用法来理解，推而广之，维特根斯坦认为，名词的意义也只能从其使用中来理解。于是他提出，词的意义只能体现在有关使用它的生活形式中，因为我们是在生活形式中使用词的，

---

① ［奥］维特根斯坦：《逻辑哲学论》4.112，韩林合译，商务印书馆 2013 年版，第 40 ～ 41 页。
② ［奥］维特根斯坦：《逻辑哲学论》4.003，韩林合译，商务印书馆 2013 年版，第 30 ～ 31 页。
③ ［奥］维特根斯坦：《逻辑哲学论》6.53，韩林合译，商务印书馆 2013 年版，第 119 ～ 120 页。

离开了生活形式谈不上使用词。生活形式是多种多样的，因而语言的形式、语言的运用也是多种多样的。在多种多样的语言中，不存在共同的东西或确切的成分，因而语言也是不可定义的。维特根斯坦由此又认为，形而上学产生的根源在于词的用法上，它们或者是由于脱离了上下文产生的，或者是由于混淆了词和句子的用法而产生的。所以，尽管维特根斯坦的后期理论与早期理论相比有很大改变，但在证明形而上学命题的谬误性，防止提出形而上学的命题和问题这些方面的思想是一致的。

由以上分析可见，康德对现代科学主义思潮的影响是明显而重要的。但是我们要注意到，康德对科学主义思潮的影响与对前两条哲学路线的影响是不同的。如果说康德对前两条哲学路线的影响主要在于他的自由思想、物自身学说，那么康德对现代科学主义思潮的影响主要是由他的理论哲学（关于现象的学说）所产生。我们知道，在康德那里，理论哲学和道德哲学最后是统一的，而统一的中心和"拱心石"是自由问题，康德研究理论哲学最终还是为了给解决自由问题提供理论基础或铺平道路。从康德的整个哲学体系来看，康德是属于本体论的哲学，只不过它所关注的本体不是自然本体，而是人的本体，即"人是什么"。他在认识论上研究的成果对于整个思想体系来说只不过是副产品。从这个意义上说，虽然康德哲学对科学主义发生了重要影响，但科学主义思潮发展的方向并不是康德哲学的发展方向。相比之下，前两条哲学路线反映或代表了康德自由哲学的发展方向。但是，无论是科学主义思潮，还是人文主义思潮，都只是发展了康德统一哲学的某个方面，前者主要发展了他的理论哲学即认识论方面，后者则主要是发展了他的道德哲学方面即伦理学方面。这两派哲学各方都忽视了康德哲学的另一方面，未重视两个方面的统一。这是康德以后，由康德哲学引出的哲学研究对象上的分化，这种分化有其社会历史的必然性，但与康德理论本身存在的矛盾也有密切的关系。不过，哲学发展史证明，哲学发展出现了大综合之后，必然会出现大分化，大分化又预示着更新、更大的哲学的综合。我们期待着康德哲学以后新的哲学上的大综合。

结语　自由：人类追求的永恒目标和探索的不朽课题

什么是自由？人是否能获得自由以及在多大程度上获得自由？如何才能达到自由？这些问题是文明社会以来人类在理论上和实践上不断探索和力图解决的关于人的最重大、最具有根本性意义的问题，而且也是当今许多社会问题中人们最感困惑、最迫切要求解决的突出问题。

自由是与奴役相对立的范畴。它涉及三方面的关系：①人与自然的关系，即人能否以及在多大程度上能摆脱自然的奴役而获得自由；②人与社会的关系，即人能否以及在多大程度上能摆脱社会的奴役而获得自由；③人与自身的关系，即人能否以及在多大程度上能摆脱自身的奴役而获得自由。从这个意义上讲，自由的问题，也就是人摆脱自然、社会、人自身的奴役而获得解放的问题或者说获得主人地位的问题。人与自然、社会、自身这三方面的关系，是自古以来人类所面临的三种最基本的关系。人类的历史，就是认识、处理和这三种关系的历史，也就是从三种关系中突出人的地位，从自然、社会、自身中求得自由的历史。因此，要认识和解决当今人类所面临的自由问题，预测人类的自由前景，我们不能不从历史的角度对人类从理论上探索和实践上追求自由的历史进行一番认真的反思。只有这样，我们才能比较清醒地认识到，我们所要追求的自由究竟是什么；我们人类已经在多大程度上获得了自由，还能在多大程度上获得自由；以及我们要获得我们所能获得的自由，应该做哪些努力。

应该指出，人的自由问题是与人的自我意识的觉醒和发展直接联系的，这无论是从整个人类的历史看，还是从每一个单个人来看都是如此。对于还没有自我意识的原始人，谈不上什么自由问题；对于自我意识还未发展起来的婴儿，也不会感到有什么自由问题。只有当人类或个人有了自我意识，能反思自己在自然、社会中的地位，能意识到自己的欲望、意向与自然、社会，以及自身的生理心理的限制，能感觉到与自然、社会、自身的矛盾冲突，才会有所谓自由问题。而且，自我意识越发展，这个问题会越突出。如果一个生活在当今社会中的正常人，没有感觉到上面这些冲突的存在，没有不自由感，我们大可怀疑，这种人的自我意识是否觉醒，他是否在心理上成熟。今天我们讨论自由问题，是以大家已经意识到这个问题为前提的，只有大家意识到这个问题并关心这个问题，我们才有进一步讨论的必要和基础。对于那些还没有意识到这些问题的人，只希望通过对自由问题的讨论，促进他们的自我意识的觉醒。

一、历史上人类对自由理想的实践追求

对于我们人类来说，自由是从人类存在的第一步起就开始追求的起点，同时，作为人类历史发展的最终理想，自由又具有最后目的的意义。最初的人类对于自由的追求是没有意识的，完全是出于生存的本能的需要，但是，在几十万年的漫长历史过程中，人类的发展始终是朝着扩大主体对环境的自由的方向前进的。我们的历史文化的发展，就是自觉不自觉地以自由的实现作为最后目标的。从这个意义上来说，黑格尔把世界史看做是自由意识的进步史，具有极其深刻的意义。恩格斯说："最初的、从动物界分离出来的人，在一切本质方面是和动物本身一样不自由的；但是文化上的每一进步，都是迈向自由的一步。"[①]从原始社会经过奴隶社会、封建社会、资本主义社会这样一些阶级社会，然后再从社会主义社会到共产主义社会这样必然发展的社会历史，整个说来是一部人类自由的发展史，或者说是追求自由目标的历史。在我看来，自由既是历史的起点，又是它的终点。自由使人成其为人，离开了自由，人的生活就没有任何意义，人就不成其为人。

人类追求自由的斗争是从摆脱自然界的奴役开始的，并且把摆脱自然界的奴役作为最基本内容。无论是人类或是动物，为了生存，为了饮食，就不能够坐着不动。因此，蜜蜂采蜜，蜘蛛吐丝结网，蚂蚁搬运食物。人类自然也同其他动物一样，曾经有过这样的一个时代：住在原始森林里，寻找莓果、坚果，以及其他植物的根来维持自己的生命。但是，如果仅仅是这样的话，那只是动物的生活，还不能说已经开始过上真正人的生活。人作为人的生活是这样开始的：我们的祖先虽然生活在他们那个时代的周围自然界，但是已经不像原来那样仅仅满足于适应自然而生活，开始按照自己的构想来对自然界进行加工和改造，以创造出一个能更好地满足自己的欲望的环境。人类按照自己的构想来对自然界进行加工和改造，就是所谓劳动。从这个时候起，人已经不是自然界的单纯的一部分，而开始通过劳动把自然界当作自己的对象来对它进行加工和改造。这就是说，人已经开始作为一种从自然界独立出来的主体存在。他已经不仅仅是听任自然界支配的生物，开始成为支配自然界的主人。人类的自由就是从这里产生和发展的。所谓自由首先就是人不受自然环境所支配，相反，是支配自然环境的主人。如果支配自然环境的力量增大，那么人的自由也就相应地扩大。但是，征服自然界不是一朝一夕、轻而易举所能完成的事情。

最初的人类力量还是软弱的，环境的力量比人类的力量要强大得多。为了御敌保身，为了捕获鸟兽虫鱼，或者为了满足其他多方面的欲望，人需要集体的力量，需要社会的分工协作。在严酷的大自然面前，一个人的孤独存在显得太无力，根本

---

① ［德］恩格斯：《反杜林论》，《马克思恩格斯选集》第三卷，人民出版社1972年版，第154页。

不能实现他的目的。为追求自由而进行的人的生产劳动，从一开始就不是单独个人的事情而是集体的、社会的事情。因此，原始社会的人，在个人方面与其说感到自由，毋宁说是感到不自由；但在社会的集体生活方面却感到有更多的自由。但是，在这种集体的劳动生活里，随着生产力的逐渐提高，一方面因此而加强了对自然环境的控制力，人从自然界的束缚下逐渐解放出来，把自然界作为满足自己生活需要的手段而加以利用（这意味着人类的自由的确立和扩大）；同时，另一方面又出现了一种利用这种劳动生产力的增长而自己不去劳动，靠剥削别人劳动过寄生生活的人。而且，这些变成社会上的统治阶级的人利用手中攫取的权力，使劳动人民服从他们，并剥夺劳动人民的自由和权利。

古代的奴隶社会、中世纪的农奴制社会也好，今天的资本主义社会也罢，它们的构造形态虽然各不相同，但都不是所有的人能过上自由、平等和幸福的生活。这些社会的上层总是存在着人数极少的特权阶级，他们过着"花好月圆"和"游山玩水"的豪华生活；相反地，占人口大多数的人民大众却终日忍气吞声地从事繁重的劳动，他们的劳动成果大多被统治者们所夺取，不管他们怎么劳动，生活也不会好起来。他们一辈子都是在贫困和不安之中度过的，因而根本谈不上自由。这就是说，人为了获得对自然界的自由创造了社会，而本来为了争取自由而创造的社会又变为束缚自由的力量，于是自由的否定就发生了。正是由于自由的否定发生，自由才成为一个严重的社会问题被提出来了。人类进入文明社会以来，人们始终感到自由问题的存在，并不是由于自然界的奴役，相反是由于社会的压迫。在几千年来的文明社会，摆脱社会的奴役成为人类追求自由的中心问题，这尤其在西方十分突出，下面以西方为例作些考察，关于中国的情况留待最后一个问题里分析。

在西方古代，争取自由的斗争的中心问题或基本特征是反对人身占有和人身依附，争取人身自由，或者是争取最基本的做人权利的生存自由。我们知道，在西方文明社会的早期，即古希腊罗马时代，社会成员划分为两大基本部分：自由民（包括贵族）和奴隶。其中自由民是追求自由的，德谟克利特就说过："在一种民主制度中，受贫穷也比在专制统治下享受所谓幸福好，正如自由比受奴役好一样。"①事实上，自由民也获得了自由，至少获得了人身自由或生存自由。但是，自由民的自由是以对奴隶的人身占有和奴隶对自由民的人身依附为前提条件的。黑格尔描述当时的情况说："在希腊，自由仅属于少数人，所以雅典人、斯巴达人是自由的，而麦森尼亚人和黑罗德人是没有自由的。"②按照当时人们的观念，奴隶不过是一种会说话的工具而已，他们并不被认为是人。当时的著名思想家亚里士多德就表达过这样的看法："世上有些人天赋有自由的本性，另一些人则自然地成为奴隶，对于后

① 北京大学哲学系外国哲学史教研室编译：《古希腊罗马哲学》，商务印书馆 1961 年版，第 120 页。
② ［德］黑格尔：《哲学史讲演录》第一卷，贺麟、王太庆译，商务印书馆 1959 年版，第 99 页。

者，奴役既属有益，而且也是正当的。"①当时的自由问题主要是针对这种奴隶制的人身占有提出的。反对人身占有，能像自由人一样生活是当时奴隶们视之为最珍贵的做人权利，因此也成为奴隶起义的主要原因。公元前133年小亚细亚培尔伽姆王国的阿里斯托库就曾以"自由"为口号，集合大批奴隶起义，建立了"太阳国"；著名的斯巴达克斯起义则提出了"宁可为自由而战死，决不给主人卖命"的口号。

奴隶争取自由的斗争随着生产力的发展导致了奴隶制度的瓦解，但是人们并没有普遍地获得人身自由，而导致了一种新的农奴对封建主的人身依附关系。同时也导致了下层人们对自由的悲观主义看法，即现实世界是苦难和罪孽的世界，在现世生活中不可能获得人的自由和幸福。于是自由和幸福的实现被推向了彼岸，即死后的天国。因此，在整个中世纪，人的自由被否定，被异化为"神"的职能。虽然在中世纪仍然人身不自由，人的精神同样也不自由，但与奴隶社会相比较，大多数人的人身取得了一些自由，获得了较大的生存权利。同时，基督教教义肯定在上帝面前，所有的人都是自由和平等的，从而肯定了人的自由不依赖于出身、地位和文化程度。所有这些证明人类在自由方面的确已经跨出了一大步。

从文艺复兴开始的近代，争取自由斗争的首要任务是彻底破除古代的人身依附关系，完全争得人身自由、生存自由。但是，近代争取自由斗争的任务并不仅仅如此，更重要的是要使自由从天国回到人间，回到人的现实生活，争取广泛的社会自由。近代争取自由斗争的基本特征是，在破除封建的人身依赖关系、取得人身自由的基础上，追求以政治自由、经济自由为中心的社会自由。这种自由的内容非常广泛，其中包括言论、结社、集会的自由，自由地生产经营、自由选择职业等等社会生活多方面的自由。这种争取自由斗争的基本目的，是为了自由地发展资本主义经济。为了达此目的，首先必须争取政治上的民主和自由权利，同时也必须争取有利于人的能动性和创造性充分发挥的各种社会自由。为了争取人身自由和广泛的社会自由，人们同封建主义和教会势力、同自然界、甚至同自身生理局限，展开了规模宏大的深刻的思想革命、政治革命、经济革命（包括科技革命）和哲学革命，出现了14～16世纪文艺复兴时期人文主义，17、18世纪启蒙运动的伟大思想解放运动，以及欧美各国广泛而深入的资产阶级革命和工业革命。"人们生来并且始终是自由的"，第一次公开写在了社会政治的旗帜上。自由的原则成为最基本的政治原则、经济原则、伦理道德原则和社会生活原则，成为人们普遍尊重、信奉和遵从的信条。以自由为基础和核心的人道主义成为了近代的时代精神。所以，近代争取自由的斗争是人类历史上的一次空前的解放运动。它极大地促进了生产力的提高和科学技术的发展，无论是在广度上还是在深度上大大地增强了人类利用和控制自然界的能力，也大大增强了管理和控制社会的能力，同时还使人的聪明才智得到了极大

---

① ［古希腊］亚里士多德：《政治学》，吴寿彭译，商务印书馆1965年版，第16页。

的发挥。总之，人类争得了对社会的自由，同时也获得了对自然界的自由。

然而，在近代西方，虽然人人取得了社会自由，而且这种自由在法律和制度上也得到了保障，但近代社会的生产力和政治权力是为社会上为数极少的人所控制，对于广大的工人阶级来说，没有条件来享受这些社会自由，他们不能不为最基本的自由即生存的自由而斗争。也就是说，广大的工人群众面临着失业、贫困、饥饿的威胁，生活没有保障，必须为自己的生存而斗争，他们不可能去享受其他的社会自由。在 19 世纪西方普遍出现的工人运动，就是为争取生存自由并获得实际上的社会自由所进行的斗争。因此，在近代西方社会，对于广大工人阶级来说，社会自由还是空洞的形式。这样的社会，我们还不能说是真正自由的社会。

另一方面，近代人类所获得的自由是整体性的，也就是说，人类整体对自然和社会的控制力大大增强，人类成为了自然和社会的主人，但是，个人对自然和社会的独立性却相对减少。在人类整体对自然和社会的控制力量增强的同时，也增强了个人对整体、社会的依赖。个人离开了社会，离开了整体，就会无所作为。从 20 世纪开始，这种趋向日益明显和严重。20 世纪以来科学技术的迅速发展，经济、社会的国际一体化，使得人们为争得生存自由和社会自由所高度发展的科学技术和所结成的社会整体日益成为一种个体的异己力量。同时，科学技术的生产力的高度发展，使西方社会的整个物质生产有了极大的发展。工人的斗争，以及高福利、高工资、高消费的"三高政策"在西方各国的普遍实施，人们的物质生活包括工人阶级的物质生活有了很大的改善，20 世纪以前所追求的生存自由得到了实现。在这样的社会条件下，以个人存在的意义和价值、个人的自主性和独立性为内容的个性自由问题日益突出。因此，当代争取自由斗争的中心或基本特征，就是怎样使个人从社会整体和科学技术的异化中摆脱出来，获得个性自由的问题。

从西方文明历史发展来看，人类对自由理想的追求，经历了为生存自由、社会自由和个性自由三个阶段。经过人类的不懈斗争，人类取得了生存自由和社会自由。现在人类正为个性自由继续斗争，这种斗争的意义在于，克服科学技术和社会的异化，使科学技术和社会整体作为手段，来为人的自由而全面发展服务。通过这次斗争，人类将会逐步达到社会的完美和个性的完美。

二、历史上人类对自由问题的理论探索

自由作为一个问题是随着人类自我意识的觉醒和发展出现的。在原始社会末期和文明社会的最初，人类产生了自我意识，但自我意识还未得到充分的发展，因而那时人类并没有感到自由的问题。只是到了自我意识觉醒到这样的程度，即人能够反思自身、认识自己的时候（通常是在奴隶社会中期，大致上是雅斯贝尔斯所说的

公元前 500 年前后的"轴心时代")才出现了自由感与不自由感的问题。正因为如此，在早期的奴隶社会并没有人类为自由进行自觉斗争的事例。在古希腊社会，只是到了苏格拉底时代，才提出了"认识你自己"这个有名的箴言，自我意识才真正觉醒。在苏格拉底生活的时代，古代思想家们开始重视人的问题，对什么是幸福、什么是美德、什么是善等关于人的问题进行了广泛的探讨，提出了"人是万物的尺度"这样著名的、歌颂人的存在价值的人道主义命题。这表明当时的人类已经有了自由与不自由的意识。

在古希腊后期和罗马时代，由于社会矛盾日益尖锐，人们很难得到社会的自由，自由民所获得的自由也受到威胁，因而转向追求心灵的安宁、心灵的自由，出现了伊壁鸠鲁主义、斯多亚主义和怀疑主义等哲学派别。但是，在不自由的社会，人们不可能真正得到心灵的自由。既然不可能在现实世界获得自由，那么人们就把这种希望寄托于天国，把自由的实现推向了得到上帝拯救的来世，认为现实世界不可能获得自由。在古希腊时代，虽然已经有了自由意识，但当时的思想家并没有把自由问题作为一个专门的理论问题进行研究。黑格尔说："雅典人知道他是自由的，正如一个罗马公民，一个出生贵胄的人也是自由的。至于说到一个人本身就是自由的，依照他的本质，作为一个人生来就是自由的，——这点柏拉图不知道，亚里士多德也不知道，西塞尔不知道，罗马的立法者也不知道。"① 又说："多少世纪，多少千年以来，这种自由之感曾经是一种推动的力量，产生了最伟大的革命运动。但是关于人本性上是自由的这个概念或知识，乃是人对于他自身的知识，这却并不古老。"② 黑格尔的这些看法是正确的，真正从哲学认识论的角度来深入研讨人的自由问题，应该说是欧洲文艺复兴以后的事。

从文艺复兴以后开始的西方近代，思想家们对自由问题进行了空前广泛和深入的理论探讨。这些问题包括什么是自由，人为什么有自由，自由与必然、自由与他人、自由与法律的关系怎样，以及如何实现人的自由等。几乎所有西方思想家都有过关于自由问题的论述，即使是在理论上否认自由存在的必然主义者，也肯定在政治上必须自由。这个时期对自由问题理论研究的共同特征是，思想家们都是从人性（包括人的自然性或者感性和社会性或者理性）来解释自由，把自由看做人的自然权利，强调一切政治制度和社会制度必须保证人的这种基本权利。大致说来，西方近代对自由问题的理论探讨，可以划分为三个时期，即文艺复兴时期③、启蒙运动时期、德国古典哲学（包括马恩）时期。

文艺复兴时期，人文主义者冲破宗教神学的桎梏，大胆提出人的世俗幸福、人

---

① ［德］黑格尔：《哲学史讲演录》第一卷，贺麟、王太庆译，商务印书馆 1959 年版，第 51 页。

② ［德］黑格尔：《哲学史讲演录》第一卷，贺麟、王太庆译，商务印书馆 1959 年版，第 52 页。

③ 按编年史的划分，文艺复兴时期并不属于近代的范畴，但从文艺复兴运动的性质来看，它揭开了近代的序幕，是从中世纪到近代转变的时期。正是在这个意义上，我们把它划入近代的范围。

的自由等问题，要求把"神"的自由还给人。人文主义运动使人类自我意识获得了一次空前的大解放。人文主义者的共同特征是，从人的生理需要的角度把自由解释为人的意志的随意性，即我想干什么就干什么。14世纪意大利诗人但丁在《神曲》中宣扬，世界应该是以"人"为本的世界，而人天生具有"自由意志"，这是上帝给予人的最大赐物，是上帝的"最伟大的杰作"。

意大利15世纪著名的人文主义者彼科把自由自主地选择和创造自己的生活视为人的神圣的本质，他以上帝的口吻写道："亚当，……你应该不受任何障碍地以我付托给你的自由的能力决定你自己的本质。"①15世纪意大利另一位人文学者瓦拉著有《自由意志谈》，他把人的自由归结为意志的随意性。法国人文主义者拉伯雷（《巨人传》的作者）认为："顺从自己的意志便是自由"，他提出了一个理想化的社会模型——"德廉修道院"，该院的唯一院规就是"想做什么便做什么"。荷兰人文学者爱谟拉斯则认为自由是顺从自然性推动，遵从本能，"最愉快的生活就是毫无节制的生活"。

继文艺复兴之后，出现了17、18世纪的欧洲启蒙运动。启蒙运动的思想家的自由思想主要是针对"轻视人，蔑视人，把人不当人看"的专制制度的原则的。这个时期自由思想的共同特征是用人性特别是理性的观点来解释自由，他们不同意人文主义者把自由理解为意志的随意性，强调自由是有规律的，即是遵从理性的。笛卡儿承认人有一种无可无不可的自由，但他把这种自由看做是最低级的自由，认为真正的自由应该是从善的必然性。笛卡儿的这种观点，为斯宾诺莎所发挥。斯宾诺莎反对把自由看做是意志的随意性，指出人们之所以认为意志是自由的，是因为人们不知道决定意志的原因。他也承认人有自由。他说："我把一个只凭自己本性的必然性而存在和行动的东西，叫做自由。"②所谓人的本性的必然性就是理性，所以在他看来，"依照理性的指导的人是自由的。"③莱布尼茨在继承笛卡儿的自由思想的基础上，从哲学的角度对自由问题进行了系统的论证。莱布尼茨的单子论认为世界是由单子构成的，单子是不可分的，而没有部分的"单纯"的能动实体。他根据单子论强调人的个体性，认为人作为单子具有系统性、能动性和独立性，世界上没有两片完全相同的叶子，同样也没有两个完全相同的人。他强调人的个体性，其目的就是要强调人的自由。在他看来，没有个体性也就没有自由。他认为，意志自由或自由主宰，主要不是指人是否能做他想做的事，而是指他的意志本身是否有足够的独立性。④他把自由规定为自发性加上理智。人要有自由，就要有自发性。如果不是自发的，而是被迫的，就没有自由。但仅有自发性还不够，只有自发性充其量不

---

① 转引自车铭洲：《西欧中世纪哲学概论》，天津人民出版社1982年版，第206～207页。
② 转引自［法］加罗蒂《论自由》，生活·读书·新知三联书店1962年版，第128页。
③ ［荷］斯宾诺莎：《伦理学》，贺麟译，商务印书馆1958年版，第206页。
④ 参见［德］莱布尼茨：《人类理智新论》，陈修斋译，商务印书馆1982年版，第171页。

过是无理性的实体，只有自发性加上理智才有自由。他认为，自由是有理智者的特权，所谓自由就是人的自由。

以上所讲的主要是 17 世纪欧洲大陆国家理性主义思想家关于自由的观点。他们的观点为当时英国的经验主义者所反对。英国的经验主义者在哲学上反对意志自由，但他们并不完全否认自由。如著名的经验主义者洛克认为："人的意志是否自由""这个问题本身就是完全不恰当的"，"要问人的意志是否自由，就如要问他的睡眠是否迅速，他的德性是否方形似的，都是一样没有意义的"。[①]但是他还是肯定自由的，他说："一个人如果有一种能力，可以按照自己心里的选择和指导，来思想或不思想，来运动或不运动，则他可以说是自由的。"[②]

启蒙时期最突出的自由思想家是卢梭，卢梭大声疾呼："人是生而自由的，但却无往不在枷锁之中。"[③]他认为，人人生来平等，享有充分的自由，"这种人所共有的自由，乃是人性的产物"[④]。他强调，维护做人的自由权利，也就是维护做人的资格，这是衡量道德与否的标准。"放弃自己的自由，就是放弃自己做人的资格，就是放弃人类的权利，甚至是放弃自己的义务。对于一个放弃了一切的人，是无法加以任何补偿的。这样一种弃权是不合人性的；而且取消了自己意志的一切自由，也就是取消了自己行为的一切道德性。"[⑤]卢梭针对亚里士多德认为人并不是天然平等的，有些人为当奴隶而生，另一些人为治人而生的观点，指出："假如真有什么天然的奴隶的话，那只是因为先有违反了天然的奴隶。强力造出了最初的奴隶，他们的怯懦则使他们永远当奴隶。"[⑥]他认为，国家是"自由"的人民通过"自由协议"订立契约而产生的。既然人民同意把自己的权利转让给国家，国家必须保护一切缔结者的自由、平等、生命和财产，体现全体人民的"公意"。如果这种契约遭到破坏，人们有权取消它，可以用强力夺回自己的自由。卢梭把自由区分为天然的自由和社会的自由。所谓天然的自由是仅仅以个人的力量为其界限的自由，而社会的自由则是被公意所约束的自由，或者说服从人们自己为自己所规定的法律的自由。他认为，只有社会的自由才是真正的自由。卢梭的上述思想成为了法国大革命直接的理论依据，卢梭也因此而被看做是法国大革命的精神领袖。

启蒙时期思想家关于自由的思想，在德国古典哲学的思想家那里得到了哲学本体论意义的阐发。康德把自由问题作为他的整个思想体系的出发点、归宿和中心问题，系统地研究了自由的含义、自由的可能性和实在性。他把自由区分为先验意义

---

① ［英］洛克：《人类理解论》上册，关文运译，商务印书馆 1959 年版，第 211 页。
② ［英］洛克：《人类理解论》上册，关文运译，商务印书馆 1959 年版，第 208 页。
③ ［法］卢俊：《社会契约论》，何兆武译，商务印书馆 1985 年修订第 2 版，第 8 页。
④ ［法］卢俊：《社会契约论》，何兆武译，商务印书馆 1985 年修订第 2 版，第 9 页。
⑤ ［法］卢俊：《社会契约论》，何兆武译，商务印书馆 1985 年修订第 2 版，第 16 页。
⑥ ［法］卢俊：《社会契约论》，何兆武译，商务印书馆 1985 年修订第 2 版，第 11 页。

的自由和实践意义的自由。关于先验意义的自由，康德规定说："所谓先验自由一定得被理解为是摆脱一切经验成分并因而摆脱一般自然作用的一种独立性。"①他所说的自由的实践意义指的是脱离任何感性冲动影响的意志独立性。他认为自由并不是无规律的，只不过不服从自然规律，它所服从的规律是理性自己为自己订立的法则，即道德法则。康德的后继者费希特着重论述了个人自由与他人自由的关系。他同意卢梭的观点，认为任何把自己看做是别人的主人的人，他自己就是奴隶。他说："只有这样一种人才是自由的，这种人愿意使自己周围的一切都获得了自由。"②自由问题到黑格尔时有了一个飞跃的进展。在他看来，自由并不是人的本性所固有的、永恒的本质，而是在世界的历史的必然联系中实现的，是在自己的发展形成过程中实现的。把自由规定为这种历史的概念，是黑格尔在这个问题上的第一个功绩。黑格尔在自由问题上的第二个功绩是认为自由是在同必然性的联系中被规定的，特别是在对必然性的认识上实现的。在黑格尔看来，脱离必然性的自由，是一种形式的自由，是一种任性或任意，真正的自由应该是把扬弃了的任性包括在自身内的自由。黑格尔还有一个功绩是他没有把自由仅看作是一种主观的内在的问题，而是把它作为同世界的客观现实相联系的问题提出来的，作为一个社会问题、历史问题来处理。马克思关于自由的直接论述很少，但是马克思在人类历史上第一次提出了人的自由而全面发展的理想，并且从理论上论证了实现这种理想的现实途径。在自由问题上，马克思也贯彻了他的一种基本思想，即问题不仅仅在于解释世界，而在于改造世界。

　　当代的自由问题，主要是针对社会异化、科学技术异化提出来的。西方当代哲学，特别是其中的人文主义思潮，都十分关注自由问题。实用主义著名代表人物杜威曾在他的著作《自由与文化》中列举了关于自由的十七个问题，并且认为，"世界现状把这样一些问题摆在一切民主国家的公民面前。它特别有力地向我们提出这些问题。"③在当代对自由问题做出最有影响的回答的，是存在主义的著名代表人物萨特。西方世界的许多人把萨特的存在主义概括为"自由的哲学"，"不断以人的名义和自由的名义向现代世界提出抗议，想恢复人的价值"。萨特在继承西方近代人道主义积极因素的基础上，进一步广泛而深刻地探索了自由的含义、意义、通向自由的途径。萨特的自由理论是以"存在先于本质"为前提的。他说："如果存在确是先于本质，人就永远不能参照一个已知的或特定的人性来解释自己的行动，换言之，决定论是没有的——人是自由的，人就是自由。"④那么，什么是自由呢？萨

---

①　［德］康德：《实践理性批判》，关文运译，商务印书馆1960年版，第99页。

②　［德］费希特：《论学者的使命，人的使命》，梁志学、沈真译，商务印书馆1984年版，第21页。

③　［美］杜威：《自由与文化》，傅统先译，商务印书馆1964年版，第3～4页。

④　［法］萨特：《存在主义是一种人道主义》，周煦良、汤永宽译，上海译文出版社1988年版，第12页。

特关于自由有很多论述，但其根本是把自由理解为存在，就是说，自由不是存在的属性，而是存在就是自由。他说："人的自由先于人的本质并且使人的本质成为可能，人的存在的本质悬置在人的自由之中。因此我们称为自由的东西是不可能区别于'人的实在'之存在的。人并不是首先存在以便后来成为自由的，人的存在和他'是自由的'这两者之间没有区别。"①

把萨特关于自由的表象、内容、范围、程度等的多方面的论述归纳起来，大体有如下几方面：①选择权利的自主。在面临选择时和进行选择中，谁是选择的支配者？谁来发出选择的指令？萨特认为只有自己才有权利，因为自主地选择被认为是人的"存在"的不可剥夺、不容改变的属性。正因为具有选择的自主权，所以形成了不同人的差异。②选择方向的自愿。在面临两种以上选择方案时，萨特认为，选择哪一种都完全取决于选择者的自由意愿。任何选择方案在被选择前对主体都只具有平等、温和的地位，而无特殊的位置。③选择过程的失控和非理性化。萨特认为，人的选择行为并不受动机目的的制约，选择过程并不是意识的程序、规律化的体现，而是偶然的、非理性的。④选择自由是人的存在状态的根本，既不可能被创造，也无法回避。萨特认为，人无法生存于选择之外的境地，总是处于要么这样选择，要么那样选择的矛盾之中。不选择也是一种选择，即选择了不选择。总之，自由是绝对的，无理由的，选择也是绝对的、无理由的。人在任何情况下都可以完全自由地进行选择，因此人永远是自由的。不仅如此，萨特还认为，选择自由构成人的价值基础，是衡量人的价值的尺度。由于选择是孤立的、自由地进行的，因此个人必须承担不可推卸的责任。

在全面异化的资本主义社会，萨特通过痛苦和深沉的思考，企图给人们指出一条摆脱困厄达到真正自由的境地，他的出发点是善良的，而且他的自由观也有不少值得借鉴之处。例如，他强调一种自立精神，要求人们自强不息、不甘堕落、不屈从外在的压力，不迷信上帝和他人的恩舍，自己掌握命运，自我创造未来等等。他反对庸碌怠惰、颓废堕落，反对屈从现实、同流合污，特别可贵的是他反对任何情况下的盲从，提出通过思考后的独立选择。当然，这种自由观也存在着理论上的深刻矛盾，如他所强调的独立于过去、未来的，不受客观条件影响和制约的选择自由，即使在瞬间也不会发生。人的选择并不是一种非理性的、荒谬的、偶然的盲动，而是受意识、理智控制支配的思想活动。

三、自由问题在当代为什么如此突出？

现代是人类支配自然界的自由以惊人的速度前进的时代。今天生产力和科学技

---

① ［法］萨特：《存在与虚无》，陈宣良等译，生活·读书·新知三联书店 1987 年版，第 56 页。

术的高度发展，使人对自然界几乎不感到有任何威胁。无论海洋、河川、陆地、天空，所有这一切似乎都处于主体人的支配之下，由人自由驱使。在这一点上，可以说自由现在正在加速地发展着，也可以说现代是人类正在获得有史以来未曾有过的最大限度的自由的时代。然而，现代的人却并不感到自己享有那么多的自由。恰恰相反，占全世界人口大部分的人甚至在日常生活中也都感到无限的不安、痛苦和不幸。可以毫不夸张地说，像现代人这样对于自己的现在和未来感到莫大的不安、不幸和不自由，是从未有过的。人们在现实生活中所感到的与其说是自由，不如说是自由的丧失。从第二次世界大战以来，以强调人的存在和自由为特征的存在主义在西方世界长期盛行不衰。20世纪中叶美国文学青年中出现的所谓"垮掉的一代"，英国出现的"愤怒的青年"，60年代初开始出现了国际性的寻根思潮，60年代后半期在西方世界爆发的一场波澜壮阔的新左派运动或青年造反运动，特别是1968年在法国爆发的一场持续时间很久、国际影响很大的"五月风暴"，以及当前西方世界出现的东方文化回归热等，都是人们普遍感到我们的时代缺乏自由的反映和证明。

首先应该肯定，这种情况的出现并不是说现代人的"自我异化"在客观上比古代或中世纪更加厉害，而是说人们对于自由的意识，即人应该自由，人对于任何人或物都不应该是奴隶，人应该成为自己的主人这种自觉，在所有人的意识中都有了前所未有的提高。对自由的尊重感是与对自由达到高度自觉密切联系的。可以断言，古代人绝不会比现代人享有更多的自由。在农奴制社会里，农奴是土地的附属物，没有选择职业的自由，也没有迁居的自由，不容许有任何信教的自由、言论的自由、集会结社的自由。当然，这并不是说他们始终是满足于那样的状况，一旦到了不能忍受那种现实生活的痛苦的时候，他们或者怠工，或者企图逃走，有时甚至爆发起义来进行反抗。但是，在一般的情况下，他们认为那种现状是自己的"命运"。在那样的时代，即使对自由的束缚比现在更加厉害，人们也都能忍受过来。但是，随着时代的推移，当人们的"自由意识"提高了以后，就不能在这种"认命"和"忍受"的情况下永远地生活下去。现代正是这种自觉达到顶峰的时代。当今人们对不自由的自觉，不过是对自由和自觉的另一个方面而已。人们越是感到现实不自由严重，要求自由的愿望越高，也就越感到难以忍受现实对自由的束缚即自由的否定。可以肯定，当今人类强烈的不自由感，预示着一个更加自由时代的到来。这是当代不自由的严重感的主观因素。

但是，真正造成人的不自由的严重感并不是主观因素，而是客观因素。当代自由问题与历史上的自由问题一样，其根本原因在于社会历史条件。西方的人文主义思潮的一些主要思想家普遍认为，当代人们普遍的不自由的严重感的原因在于人的严重异化。美国的著名存在主义者巴雷特和杨凯洛维奇指出："西方人已变成了三重（与自然界、与他人、与自己）异化的人。"由于异化的严重存在，使发达工业社会的人丧失了人性、尊严、价值，成为机器、工具式的"单面人"。西方人文主义思想家正确看到了现代人不自由感是社会的严重异化造成的，但是，他们并没有正确的揭示造成这种社会异化的根源。当代西方社会之所以出现严重的社会异化，其根源在于资本主义制度本身。资本主义社会的价值目标是贪得无厌地追求利润和剩余价值。在这种价值目标下，创造利润和剩余价值的工人阶级和劳动者不但不能成为社会的目的，相反，成为了实现这种价值目标的手段和工具。在现代发达的资本主义社会里，生产力和科学技术、社会和他人，以及与资本主义制度相联系的现代战争，都成为了个人的异己力量。这种异己力量正是当代西方人普遍的严重不自由感的直接原因。现代发达的工业社会从双向度的社会变成了单向度的社会，即是说，从以前人在物质方面和精神方面都有所需求的社会，变成了物质上得到满足而精神上得不到发展的社会。以前物质贫困，但精神上得到发展，现在人的享受提高了，人变成了与物一样，成了物质奴役的工具，他们没有精神上进取的冲动，所以成了单方向发展的单向度的人了。著名的西方马克思主义者，法兰克福学派的主要代表人物马尔库塞认为，发达工业社会中的人都是"单面"性的，现代文明使人无论在政治和经济中，还是在科学和文艺中，还是在哲学和日常思维中，都只有一个方面而没有第二方面。就是说，人们丧失了批判的思维能力，丧失了个性自由，而变成了统治制度的消极工具。

第一，不自由的严重感来自科学技术对人的控制。科学技术对人的控制使人丧失个性的自由，这是当代异化现象最突出的现象，也是西方学者最关注的问题。

人类为了征服和控制自然，获得物质上的满足，摆脱自然对人的奴役，创造了科学技术，并使之日益高度发达。现代的工业社会，科学技术得到了突飞猛进的发展，人类控制自然的力量大大增强，人类的物质需要也获得了满足。但是，科学技术的高度发展，使得它对于个人成为了一种不可控制的异己力量，个人不仅不能控制它，它反过来控制着人。也就是说，科学技术的发展在控制自然界，在为"人"的实现创造条件的同时，又压抑了人的意欲，损害了人的存在，把人当作它的工具来役使。科学技术对人的控制，导致了西方普遍的技术"悲观主义"。有研究者认为："在人类以技术取得成就引以为荣以后，现代人类正在技术的重压下辗转呻吟。"①

对人的控制首先表现在个人在自然界面前和科学技术面前的无能为力。科学技术的发展使得个人离开了科学技术，对自然界、甚至对自己的生活就会无能为力。科学技术是控制自然的巨大力量，但是这种力量是整体性的、社会性的，而不是个人性的。离开了科学技术，个人就会无所作为。正如罗素所指出的："技术给了人

---

① 中国社会科学院哲学研究所《哲学译丛》编辑部编译：《关于马克思主义人道主义问题的论争》，生活·读书·新知三联书店1981年版，第58页。

一种能力感：感觉到人类远不像在从前的时代那么任凭环境摆布了。但是技术给予的能力是社会性能力，不是个人的能力；一个平常人乘船遇险漂落在荒岛上，假设是在 17 世纪，他会比现在能够多有所作为。"① 个人的无力感导致了个人对人生信念、意义的怀疑和悲观。

与此相联系，科学技术对人的控制其次表现在，科学技术使人的主体性丧失，人成为了科学技术的附属物和工具。科学技术要求人们按照铁一般的必然性和操作规程行动。法兰克福学派的代表人物曾经引用马尔库塞的话说："在这个宇宙中，技术也使人的不自由变成非常合理的，并证明科学技术使人不可能成为主动的，可能决定他自己的生活。因此，这个不自由既不表现为不合理的，也不表现为政治的，而毋宁是表现为服从技术机构。"② 美国存在主义者巴雷特和扬凯洛维奇也指出："集团的文明同现代技术一道使我们生活在一种缺乏真实性的存在中。个人变成了完全失去人性的对象，他丧失了自己的统一性，被他的社会和经济的职能所吞没。"③

科学技术对人的控制表现在第三个方面是，科学技术作为一种社会性的力量，增强了人对社会秩序即所谓第二自然的服从，导致了一部分人对另一部分人的统治力量的增强，而这些统治者即组织者和管理者本身也日益变成依存于他们所组织和管理的机器了。也就是说，科学技术导致了个人与他人的异化。科学技术对人的控制最后还表现在，科学技术使环境污染，生态系统遭到破坏，导致自然界重新控制人，科学技术发展的这种后果严重威胁着人的生存，导致人们对人类命运的担忧。马尔库塞指出："在现有的社会中，尽管自然界本身越来越受到有力的控制，但它反过来又变成了从另一方面控制人的力量，变成了社会伸展出来的手臂和它的抗力。商品化的自然界、被污染了的自然界、军事化了的自然界，不仅在生态学的含义上，而且在存在的含义上，缩小了人的生存环境。"④ 因此，有的西方学者得出结论说："历史的目标不应是对自然的统治，而应是同自然的和解，而这就意味着要抛弃那种使自然服从于人的'粗野'而'无望'的企图。"⑤

总之，科学技术对人类的影响，正如刘青峰所描述的："在人类手中，它就如阿拉丁神灯，有着翻天覆地的威力，又具有把幻想变为现实的魔法。依靠它，人登上了月球，在太空中踱着天使般轻飘的步子。依靠它，人潜入大海深处寻找矿产资

---

① ［英］罗素：《西方哲学史》下卷，马元德译，商务印书馆 1976 年版，第 6 页。
② ［德］哈贝马斯：《作为"意识形态"的技术与科学》，转引自全增嘏主编：《西方哲学史》下卷，上海人民出版社 1985 年版，第 869 页。
③ ［美］巴雷特、扬凯洛维奇：《自我与本能》，转引刘放桐等：《现代西方哲学》，人民出版社 1981 版，第 538 页。
④ ［德］马尔库塞：《自然和革命》，《西方学者论〈一八四四年经济－哲学手稿〉》，复旦大学出版社 1983 年版，第 145 页。
⑤ ［德］霍克海姆、阿道尔诺：《启蒙的辩证法》，参见许崇温：《"西方马克思主义"》，天津人民出版社 1982 年版，第 329 页。

源。但是，这个神灯呼唤出来的巨人也使人感受到它的威胁：地球在 40 亿年间生成的能源正在迅速地枯竭；维持人类生活的生物圈已濒于十分脆弱的平衡中。科学技术的发动机不停顿地牵着飞快行驶的列车，迅速把人类推向不可知的未来。人类尚未适应新的环境，科学技术又把我们引到了一个更不熟悉的世界。"现在，环境污染和核武器已经动摇了人们对于科学一定会给自己谋福利的信仰。""科学技术掀起的巨浪，已把人类冲击得头晕目眩。"①因此，科学技术的迅猛发展及其对人类的控制是当今人们严重的不自由感的最重要原因。

第二，不自由的严重感来自"极权主义"对人的奴役。"极权主义"是马尔库塞提出的一个概念，他认为现代发达的资本主义社会是极权主义的，所谓极权主义是指现代发达的工业社会，由于工人阶级生活水平的普遍提高和工作条件极大改善，社会的阶级对立和革命的激进主义消失，出现政治协调和经济——技术协调所形成的资本主义社会的整体力量。关于极权主义，马尔库塞指出："'极权主义'不仅是一种对社会的恐怖主义的政治协调，而且也是一种通过由既得利益者操纵需要而发生作用的，非恐怖主义的经济——技术协调，这样，它就排除了一个反对整体的有效的反对派出现的［可能性］，不仅为极权主义创造了一个特殊的政府和政党统治形式，而且也为它［创造了］一种特殊的生产和分配制度，它可以同政党、报纸'抵消力量'等等的'多元论'相适合。"②马尔库塞在《单向度的人》等著作中说，由于"后工业社会"的巨大生产力使得向工人阶级作出普遍的让步具有了可能，自动化和技术发展也把劳动力的本质从体力劳动变为白领的被雇佣者，此外，福利的增加，宣传、灌输、广告和公共关系，一切的一切都保证普遍的激进主义的消失，使这个社会成为极权主义的。这种极权主义使资本主义社会的工人阶级和现存制度似乎出现了同一性。如工人和他的老板享受同样的电视节目和游览同一个娱乐场所，一个打字员同样可以打扮得像他的雇主的女儿一样漂亮，普通工人同样可有汽车，甚至工人可以在股份公司占有一定的股金等等。但是事实上，极权主义是一种对人的奴役力量。

首先，极权主义社会的这种经济——技术协调把人整个地——身和心——变成了一个工具，甚至变成了工具的组成部分。人们积极的或消极的，在工作时间和自由时间为社会制度服务。人们成了资本主义过程的协调人所协调的局部的操作和功能。社会的经济技术结构把人们组织成了一个生产和支撑富裕社会的工具之网。

其次，极权主义的这种经济——技术协调还驾驭人的需要及其满足，把人变成了管理的对象。正如马尔库塞所指出的，极权主义使整个人——理智和感觉——都成了管理的对象，被开动去生产和再生产制度所要求的目标。在意识形态后面，在

---

① 刘青峰：《让科学的光芒照亮自己》，四川人民出版社 1984 年版，第 2～3 页。

② ［德］马尔库塞：《单向度的人》，转引自徐崇温《"西方马克思主义"》，天津人民出版社 1982 年版，第 351 页。

民主政治的面纱后面，出现了现实的、普遍的奴役，在一个预先规定好的选择自由中丧失人的尊严。马尔库塞主张，应该使"自由的个人成为社会化的生产手段的主人，而不是'社会'成为社会化的生产手段的主人"，要建立一种"合理的社会"。①

最后，极权主义的经济和政策改造着人的生理需要和动机的结构，造成压迫的生理机制，从个人身上产生社会性压抑。现代社会的反人道主义在人的本性中有它自己的支柱，人的本性"本身"起来反对威胁现代资本主义社会的任何变化。然而，由于极权主义追逐高生产率而妨碍着人的本能欲望得到满足，人们特别是青年开始意识到极权主义对自己的奴役。"五月风暴"中，学生就喊出了"直到用最后一个资本家的肠子勒死最后一个官僚之前，人都不是自由的"口号。现代心理学证明，人有很多需要，有低级需要和高级需要，在低级需要得到满足的情况下，必然要追求高级的需要，现代发达国家人们的物质生活需要得到了满足，因此必然要求高级的需要。由此可见，极权主义导致人的不自由感是必然的。

第三，不自由的严重感还来自战争对人的威胁。战争的威胁是我们时代最尖锐的问题之一。20 世纪发生过两次世界大战。这两次世界大战给世界人民带来了深重的灾难，至今人们一想起这两次战争就不寒而栗。第二次世界大战以来，世界上的战争从来就没有停止，当今人类仍然面临着战争的严重威胁。随着科学技术的迅速发展，出现了许多现代化的军事武器特别是核武器。从自 20 世纪 50 年代出现了大规模的杀伤性武器以来，随着核技术的发展，现在又出现了或正在研究适应作战使用不同要求的具有特定动能的核武器，如已经出现的中子弹，国外正在研究中的冲击波弹、电磁脉冲弹及核爆炸激励的 X 射线激光武器等。70 年代中期以来，随着微电子、定向能、新材料、传感技术等最新科技成果在军事领域的广泛运用，常规武器的发展正在出现一场新的革命，其来势之凶猛、影响之深远，很可能使武器装备发生自核武器出现以来的又一次新的飞跃，这些新型常规武器包括：精确制导武器、人工智能武器、定向能武器、新型燃烧武器、隐性武器、气象武器等。由于新科学技术的应用和大批新型杀伤性武器的出现，未来战争的破坏性将会空前扩大，对人类的杀伤、对设施的破坏、对财力的消耗均将达到空前巨大的程度。未来战争的战场范围也将空前扩大，不仅涉及交战国的领土、领海和领空，而且将扩展到极地、海底乃至包括月球在内的外层空间；不仅如此，未来战争的突然性将比以往更大。所有这些并非危言耸听，而是活生生的事实。在这种情况下，不仅人的自由，而且人的生存，不仅个人的生存，而且整个人类的生存都面临着严重的威胁，因而它是人类最担忧和悲观的问题。在这种战争的严重威胁面前，个人很难获得真正的自由。

---

① ［德］马尔库塞：《理性与革命》，转引自全增嘏主编：《西方哲学史》下卷，上海人民出版社 1985 年版，第 851 页。

四、自由的涵义及其历史性、有限性和永恒性

从以上历史和现实的考察我们可以发现，自由问题实际上是人（既指人类也指个人）与环境（既包括自然界、社会，也包括自身）的关系问题。对自由的理解也必须从人与环境的关系来理解。离开了人与环境关系这个自由问题的根本，就不可能对自由问题做出科学的回答，不可能真正理解自由。历史上思想家对于自由问题的回答及其对自由概念规定的一个共同的致命缺陷，就在于抓住了自由问题的这一方面或另一方面，而忽视了人与环境这个自由问题的关键环节。由于这一根本的缺陷，历史上的思想家，以至当代的存在主义者关于自由问题的回答虽然有许多合理的见解，但整个说来是难以令人信服的。例如，文艺复兴时期人文主义者主张自由就是意志的随意性，这种观点虽然注意到了自由的主体独立性方面，但却忽视了主体的意志受环境制约的方面。近代德国古典哲学家们克服了把自由仅仅理解为意志的随意性的缺陷，提出人的意志自由并不是无规律的，而是要服从理性法则的指导，或者说要建立在对必然性的认识基础之上，这是很有见地的。但是他们并没有自觉地从主体与环境的关系角度来分析自由，因而不能正确指出人为什么会有自由以及实现自由的现实途径，同时对自由的历史性、有限性、永恒性等问题没有做出应有的回答。至于当代的存在主义者萨特的自由观虽然深刻反映了人类整体自由和个人自由的矛盾，突出了个性自由在当代自由问题中的意义，但却用过分强调环境对个人自由的限制而走向把两者绝对对立起来的极端。这种反理性、反社会的极端个人主义的自由观，在理论上不可能给当代自由问题以科学的回答，在实践上也不可能给人们获得真正的个性自由指出现实的正确途径。

从人与环境的关系来看，自由本质上就是作为主体的人对环境的独立性。如果对自由概念作一个一般性的规定，那就可以说，所谓自由就是人对环境条件的主体性的确立，就是人不受环境条件规定的独立性和自主性。这里的环境条件，既指自然环境，也指社会环境，还包括人的生理和心理条件。

自由就其对象而言，大致可划分为相对于自然的自然自由（自然的主人）、相对于社会的社会自由（社会的主人）和相对于人自身的精神自由（自身的主人）。一般地说，自由的这三个方面不是同步的，程度也往往是不一样的。它们之间有互相联系、彼此促进的一面，但不能互相替代，人们只有获得这三个方面的自由才是真正完美的自由。这里的人既指人类，也指个人。

自由就其主体而言，大致可以划分为人类自由和个人自由。人类自由和个人自由是互相联系、互为条件的，是彼此促进的。但是，人类或其一部分（如阶级、国家等）作为一个有机的整体，它的自由又不完全等同于个人自由，特别是在当代，人类整体获得了较大的自由，但是个人所获得的自由相对来说是有限的。人（无论是人类，还是个人）是否获得自由以及自由度是大还是小，关键在于人对于环境的

主体性是否确立以及确立的程度。只有不为环境所束缚、所规定、所摆布而保持主体的独立自主性的人，才是自由的。因此，自由这个概念可以从主体与客体和环境之间的关系来理解。环境是由客体构成的，因而自由也可以说涉及的是人与环境的关系。

从这个意义上讲，把自由理解为对必然的认识及在此基础上对必然的利用或控制是不确切的。自由不只是一种对必然控制的能力，而是人在自我实现的过程中获得的相对于客体乃至整个环境的主体性。这种主体性包括人不受客体和环境奴役、压迫、强制的独立性（这即是所谓消极意义的自由），也包括人在此基础上按照自己意愿行事的自主性（这即是所谓积极意义的自由）。在这种意义上，自由与主体是一致的，一个人只有获得了自由，他才成为了主体，而当一个人成为了主体时，那就意味着他获得了自由。成为主体，成为自由人，是人真正自我实现的标志，也是人成为真正意义的人、成为应当成为的人的标志。

每一个正常人都有自由的潜能，但现实的自由并非与生俱来的，而是后来获得的，是人争取甚至斗争的结果。人类文明的进化使人具有潜在的成为主体的可能性，但是这种潜在的可能性不等于实在的现实性。也就是说，现实的人具有成为自由人、成为主体的可能性，但这并不意味着现实的人都是自由人和主体。要实现这种可能性到现实性的转变，需要人的主观的努力，需要人的社会实践活动。人的社会实践活动是人获得自由和主体性的唯一途径，人的主观努力则是人获得自由的前提条件。只有在实践中经过人的主观努力，人才能成为现实的自由人，成为现实的主体。也只有当人成为自由的主体时，他才是真正意义上的自由人，否则虽然他具备可能成为自由人的生理和心理条件，但与其他动物没有什么本质的区别。

实践活动和主观努力是人获得自由和主体性的必要条件，但仅此还不够。我们认为，要不受环境力量的规定而获得主体的独立性，还需要三个具体的条件：第一，认识环境；第二，在认识环境的基础上控制环境；第三，在控制环境的同时与环境达到和谐一致。能否正确认识环境，发现环境的规律，这是能否获得自由的前提条件。对环境没有正确的认识，就谈不上对环境的有效控制，因而也谈不上自由。虽然你可以不顾环境的必然性或客观规律而任意行动，但最终会在必然面前碰得头破血流，这样当然根本谈不上自由。如果正确认识了环境，但不通过有效的活动来利用、控制环境，那么环境还是环境，人还是人，人仍然要完全受缚于环境。只有人在正确认识环境的基础上，通过自己的有效活动来控制环境，人的主体性才能真正确立，人才能有自由可言。对环境的有效控制是主体性确立的关键环节。但是，历史事实证明，人的主体性的确立，除了正确认识环境和有效控制环境之外，还必须在此基础上，与环境形成和谐的统一。人的生活、人的主体性或自由，不能离开环境，只有建立了与主体和谐一致的环境，自由才能完满地获得。也就是说，自由意味着在人与环境、主体与客体的关系中，人作为主体应该成为环境和客体的主人，但不能因此否认环境客体对主体人的意义，更不能通过破坏甚至毁灭环境来突出、显示主体人的地位。如果只是控制环境，一味地主宰环境，不顾环境自身的必然性，不妥善处理环境与主体的关系，搞唯我独尊，环境可能发生异化，反过来统治主体，使主体的主体性丧失而失去自由。

总之，上述三方面都是极为重要的，对于主体性的确立来说，它们是相互联系、缺一不可的。当前人类可以说能够在较大程度上正确认识和控制环境，但还没有在此基础上形成与环境的和谐统一，相反产生了人与环境的严重对立，因而今天的人类不但没有获得较完满的自由，反而产生了严重的不自由感。由于主体的独立自主性或自由受上述三个条件规定，因而主体性或自由的实现就取决于它们具备的程度。也就是说，取决于正确认识环境的程度，取决于认识环境、控制环境以及在此基础上和谐一致的深度和广度。达到的深度和广度越大，主体的独立自主性越大，自由就也大，反之，自由就小。自由的实现问题，特别是个人的自由实现问题，涉及很多复杂的社会的、个人的，以及两者相互的因素和关系，这里限于篇幅不作进一步的阐述。

抓住人和环境的关系，不仅可以正确地理解什么是自由，以及怎样才能获得自由，而且可以进一步了解人获得自由的限度及前景，即可以进一步认识自由的历史性、有限性和永恒性。

从以上分析可以看到，作为主体的人与环境的关系，实际上是一种人认识、控制环境，以及在此基础上与环境达到和谐的关系问题。人们对这种关系的认识和处理是一个具体的历史的复杂过程，既有其历史的一贯性或连续性，又呈现出区别性和阶段性。也就是说，人们总是在一定的社会实践水平的基础上，在一定的具体的社会历史条件下来认识、控制环境以及与环境达到统一的，对这种关系的认识和处理有一个在程度上由浅入深、在范围上由小到大的过程。在一定的历史时期，人们只能在一定的程度上和范围内来认识和处理这种关系。与此相适应，人对于环境的独立性，人的自由是具有历史性的。可以说，人类在一定的阶段上只能达到某种程度和范围的自由，而不能超越这种程度和范围。例如，在古代社会，人们至多只能在一个国家的范围内，通过手工劳动的手段来获得人对于自然环境的独立性；在现代，人们则至少可能在全球的范围内，通过现代工具和科学技术手段获得人对于环境的独立性。在古代人看来是最自由的人，可能还没有达到当代人看来最不自由的自由程度。即使在同一历史时代的不同历史时期，人们所理解的自由以及实际获得的自由和可能获得的自由也会是不同的。由于自由的历史性，我们完全可以预料，未来人会像现代人嘲笑古代人完全没有自由一样来嘲笑我们时代的人完全没有自由。所以，自由是一个相对概念，它既是相对于人与环境的关系而言，也是相对于前人的自由而言的。

自由不仅是历史的、相对的，而且也是有限的，具有有限性。自由首先是人们认识、控制环境，是对于环境的独立性。但是，人类对环境，无论是自然环境、还是社会环境、还是人自身的生理心理条件，认识和控制的程度总是有限的。任何时候、任何条件下，人们不可能在广度和深度上穷尽对环境的认识，更不可能达到彻底的对环境的控制，最多只能在程度上不断提高。这一点仅从人类对自然环境的认识和控制就可以得到说明。我们的直接自然环境是地球，但地球是太阳系的一个行星，太阳系又是银河系的一个星系，整个宇宙有无穷无尽的星系，它们构成一个庞大的系统。我们就生活在这种系统中的一个微不足道的小星体之上。我们对于我们自然环境的彻底认识和控制，至少就意味着对宇宙这个系统的彻底认识和控制，这是可能的吗？有人可能说宇宙不一定是无限的，如果宇宙是有限的，它又会和其他另一些有限的东西构成更大的系统，可以依此类推，推至无限，这种无限同样也不是人能彻底认识和控制的。更何况，整个宇宙不是静态的，而是运动、生成和变化着的，因而人的认识和控制永远也达不到完全彻底。现代科学技术可谓发达，但即使是对非洲地区连续几年的干旱就无可奈何，这就是人类认识和控制环境能力有限的一个有力证明。由于人认识和控制环境的有限性，人和环境也不能达到最后的圆满的和谐。人与环境的和谐也是有限度的，而且即使和谐在一定程度上达成，也会由于人与环境的变化发展导致新的不和谐。因此，历史上和今天一切主张自由是绝对的观点是不能成立的。这种观点的根本错误在于，它没有从人与环境的关系来理解自由，忽视了自由的有限性。

我们说自由是一个历史的有限的概念，不能对此作宿命论的理解，也不应该由此得出关于自由的悲观主义结论。在一定的时代，在一定的生产力水平和社会实践水平基础上，虽然可能获得的最大限度的潜在自由是一定的，但这种潜在的最大限度自由能否变成现实，则取决于人们主观上和客观上争取自由的努力程度。大致上处于相同社会发展阶段的不同民族、国家，其中有的可能更自由些，有的则不然；处于同一时代同一国家内的不同人群，情形亦如此。在这里，人们的自由意识和自觉的自由斗争起着决定性作用。从历史的观点看，人们追求自由斗争的任务，就是要把一定历史时代、一定环境条件所包含的潜在的自由可能性最大限度地发掘出来。事实上，人们在最大限度地发掘自由的潜在可能性时，环境也在相应改变，环境的改变又包含着更大自由的潜在可能性。这就是说，一定历史条件下的自由是有限度的，但是通过人们现实的斗争，这种限度会随着这种斗争的深度和广度朝着不断扩大的方向前进，因此现实的自由斗争总是没有限度的。另一方面，实际上，人们不会因为自由的历史性、有限性而满足于已经获得的自由，更不会放弃对自由的追求。只要人还作为人，人就会要求获得主体性，获得越来越大的主体性。现代心理学证明，人类的本质特征就在于人具有能够高度发展的智能，人类必然会运用自己能够高度发展的智能不断去认识、控制环境，去寻求与环境的和谐统一。人类的历史已经证明并且还在继续证明这一点。因此，对于人类来说，自由是永恒的，具有永恒性。人不可能离开自由，不可能离开对自由地追求。如果没有自由和对自由的不断追求，人就不成其为人，人类就不成其为人类，人类的生命也就会终止。

由于自由具有历史性、有限性和永恒性，因此，自由是人类探索的永恒课题，是人类追求的永恒目标。这就是笔者从理论和实践上对于自由问题进行历史考察和理论反思的结论。这个结论是与存在主义者对自由问题的回答根本不同的。存在主义者萨特认为"人注定是自由的"，与此相反，我们的结论认为人不是注定自由的，而是注定要追求自由的，至于他是否成为自由人则取决于他努力的程度。如果人注定是自由的，就不会出现历史上和现实中的严重的自由问题，萨特的自由理论大概也是没有必要的。只有人注定要追求自由，而一定的自由又可以达到，才会发生自由问题，自由问题才会引起我们的理论兴趣，研究自由问题才会有现实意义。我们每个人都可以成为自由人，但是，自由不靠命定，也不靠神赐，而靠我们自己的努力追求。我们要想成为自由人，首先必须是追求自由的勇士。这就是由我们关于自由的结论引出的对人们的忠告。

附录一　康德的道德教育思想述评[*]

康德（1724～1804）是欧洲伦理思想史上伟大的伦理思想家。他在批判经验主义和宗教神学的道德理论的基础上，建立了一个完整的理性主义伦理思想体系，其内容十分丰富。康德伦理思想的基本问题是"研究纯粹理性是否以及如何能有实践力量"，但是道德教育问题在康德伦理思想体系中也占有十分显要的地位。在他的最重要的伦理学著作《实践理性批判》中专门研究了道德的"培养与练习"问题，这就是与该书第一部《纯粹实践理性的原理论》并列的第二部《纯粹实践理性的方法论》。

康德的道德教育思想与他的整个伦理思想一样，具有理性思辨的色彩和体系性的特征。道德教育论在他那里就是所谓"纯粹实践理性的方法论"，在这个题目下，康德全面而系统地研究了道德教育的一般性问题和比较具体的方法，有许多独到的见解。特别是他第一次从伦理学的角度系统地提出道德教育理论，这在西方思想史上具有开创性的意义。由于康德在这方面的理论成就，美国著名学者弗兰克纳把他与亚里士多德和杜威并称为历史上的三位重要教育哲学家。但是，长期以来，在中外有关康德的著述中几乎都没有涉及康德思想的这一部分。也许是康德过于丰富的思想遮蔽了人们的注意力，但这毕竟是康德思想研究中的一个缺陷。

鉴于对康德道德教育思想研究的荒芜状况，本文试就康德思想的这个方面择其主要略加述评，以期引起伦理学界的注意。

一、关于道德教育本质和目的的看法

在《纯粹实践理性的方法论》的一开始，康德就对他所谓的"纯粹实践理性方法论"做了明确的规定。他指出："……这里的方法论乃是指我们能借以使纯粹实践理性的法则进入人心，并影响其准则的那种方式而言，即是指我们能借以使在客观上本有实践力量的理性在主观上也成为有实践力量的那种方式而言。"^①这段话通俗地说就是，道德教育方法论研究的是如何使道德法则或道德原则深入人心并成为行为的准则，或者说如何使理性完全决定意志。值得注意的是，这段话不仅是康德对他的道德教育论研究的目的和任务的规定，同时也表明了康德关于道德教育本质

---

*　原发表于《武汉师范学院学报》（哲学社会科学版）1984 年第 5 期。

①　［德］康德：《实践理性批判》，关文运译，商务印书馆 1960 年版，第 153 页。

和目的的基本观点。在康德看来，所谓道德教育就是要使纯粹实践理性法则或道德法则变成人们的内心信念，并成为支配人们行为的准则。由于康德认为理性具有规定意志的力量，但又不能完全无遗地规定意志，因而从这个意义上说，道德教育也就是要使在客观上具有实践力量的理性在主观上完全决定意志。康德关于道德教育本质和目的的这种看法，比起他的前人和同时代的思想家来有其独到和深刻之处。

自古希腊以来，西方思想史上的许多思想家十分重视道德教育问题，提出过不少有价值的思想和观点。但是，他们对道德教育本质问题的认识却是肤浅的，甚至根本没有涉及。他们大多把道德教育看做是人格完善的教育，道德教育的目的就是要培养人们的某些道德品质，形成某些良好的道德习惯。古希腊思想的集大成者亚里士多德强调必须"认真考虑每个公民怎样成为善人"①，并且具体研究了如何"入德成善"的问题，特别是他极为重视道德行为的实践和道德习惯的培养，这是很深刻的。但是，亚里士多德与其他古希腊思想家一样，认为道德教育的目的就在于培养人们的德性，特别是"四大德性"。被莱布尼茨称为在教育学上具有哥白尼在天文学上同样意义的伟大教育家夸美纽斯（1590～1670），对道德教育问题进行过详细的探讨。他认为道德教育的目的就是通过培养"四大德性"，以及谦逊、顺从等德性，从而达到"自我管束"②。显然，他对道德教育本质和目的的认识与古希腊思想家是一致的。上述在道德教育理论上做出过较大贡献的思想家，在对道德教育本质的认识上都存在一个致命的弱点——他们都把道德教育看成是对人们德性的培养，没有自觉地把道德教育与一定的道德要求联系起来。康德注意到了这一点。在他看来，培养人们具有这些德性固然是好的，但必须"有一个善良意志作为先决条件"，"如果没有善良意志作为准则，这些德性可能成为坏的东西"③。什么是善良意志？简单地说，所谓善良意志就是按照道德法则行动的意志。④而使意志完全为道德法则所规定，正是康德的道德教育目的之所在。这样，康德就否认了把道德教育仅仅看做是人格完善的教育，而把道德教育和一定道德原则联系了起来。

康德对道德本质和目的的认识和几乎与他同时代的法国思想家卢梭相比，也显得深刻一些。卢梭在他的著名教育学著作《爱弥儿》中，以特殊的方式研究过道德教育问题。在卢梭看来，道德教育的目的就是要教育青年爱一切人，使他们成为真正的人。他说："一句话，要教育你的学生爱一切的人。"⑤这样，道德教育归根到

---

① ［古希腊］亚里士多德：《政治学》，吴寿彭译，商务印书馆1965年版，第384页。

② 参见曹孚编：《外国教育史》，人民教育出版社1979年版，第95页。

③ 参见［德］康德：《道德形而上学探本》，唐钺译，商务印书馆1957年版，第8页。

④ 参见［德］康德：《道德形而上学探本》，唐钺译，商务印书馆1957年版，第51页。

⑤ ［法］卢梭：《爱弥儿》上卷，李平沤译，商务印书馆1978年版，第311页。

底是一种培养博爱感情的教育。显然这是与康德的看法大相径庭的。特别是卢梭把博爱看成是从自爱产生的，认为"由自爱而产生的对他人的爱，是人类的正义的本原"①，这更是康德所不能接受的。因为这种观点是与康德所竭力反对的18世纪法国唯物主义者从自爱引申出道德的观点本质上一致的。在康德看来，即使承认爱一切人的行为大多数是符合责任的，但只要更深入地考察，就会发现"处处见到这个亲爱的自我始终占着首要的地位"，"行为的目标是自我"②。在道德教育上，如果以这种从自我出发的博爱为目的，就会影响道德的纯粹性，道德法则就不可能成为行为的唯一动机。可见，在道德教育的本质和目的问题上，康德与卢梭的分歧仍然在于，是把道德教育看成某种品质或情感的培养还是看成使某种道德法则变为人的内心信念和行为准则。

马克思主义伦理学认为，道德教育本质上是一定社会或阶级为了使其道德要求（通常表现为道德原则和道德规范）转化为人们的内在品质并成为行为准则所进行的道德活动。由于不同社会、阶级的道德要求不同，道德教育实质上是各不相同的。康德把道德教育看成是使道德法则进入人心并成为行为的准则，这与他的前人以及同时代思想家相比，应该说是深刻的。他不是把道德教育笼统地看作为某些品质或情感的培养，而是正确地把道德教育与实现一定的道德要求联系起来。这表明康德比较自觉地接触到道德教育的本质问题。但是，在这个问题上康德并没有达到科学的认识。这主要表现在他所谓的道德法则或纯粹实践理性法则是一种空洞的形式原则。关于这个法则的内容，康德明确规定说："纯粹实践理性的基本法则：无论做什么，总应该做到使你的意志所遵循的准则永远同时能够成为一条普遍的立法原理。"③在《道德形而上学的奠基》中，康德把这条法则比较通俗地表述为"只照你同时认为能够变成普遍法则的准则去行动"④。就是说，人们的任何行为准则必须具有普遍的有效性，只有这样，人的行为才是道德的。康德的道德法则主要是针对18世纪法国唯物主义者以感官生理的感受性为基础建立道德原则而提出的。他认为，诉诸"人的本性"不可能确立普遍必然的道德法则，因为经验的东西没有客观的标准。只有诉诸超人性的纯粹理性，才能建立这种道德法则本身。由于康德只强调理性，而理性又是人人具有、人类永远具有的，因而他的道德法则便成了超历史、超阶级的空洞形式原则。正如恩格斯批评费尔巴哈的道德论时所指出的："它适用于一切时代、一切民族、一切情况；正因为如此，它在任何时候和任何地方都是不适用的。"⑤由此可见，康德对道德教育本质的理解实质上是不科学的、唯心主义的。他

---

① ［法］卢梭：《爱弥儿》上卷，李平沤译，商务印书馆1978年版，第326页。
② ［德］康德：《道德形而上学探本》，唐钺译，商务印书馆1957年版，第22页。
③ ［德］康德：《实践理性批判》，关文运译，商务印书馆1960年版，第30页。
④ 参见［德］康德：《道德形而上学探本》，唐钺译，商务印书馆1957年版，第35页。
⑤ 《马克思恩格斯选集》第4卷，人民出版社1972年版，第236页。

的使这种道德法则深入人心并成为行为准则的道德教育目的也是永远实现不了的。

二、关于道德教育的必要性和可能性的见解

为什么要使道德法则进入人心并成为行为准则？这如何可能？康德对这个问题的解决，不只是建立他的道德教育论的需要，更是为了在理论上与 18 世纪法国唯物主义者划清界限。18 世纪法国唯物主义者都十分强调教育对于德性形成的意义，但他们对于道德教育的必要性和可能性的理解是以人的生理需要为基础的。他们认为道德学、道德教育之所以必要，就是为了向人们指明，"为了使自己幸福，就必须为自己的幸福所需要的别人的幸福而工作"，因为"在所有的东西中间，人最需要的东西乃是人"。①所以，应当教育人们，"为了自己的利益，应当爱其他的人"②。也正是由于德性是个人获得利益和幸福的手段，所以人们才愿意培养德性。爱尔维修明白地说："如果爱美德没有利益可得，那就决没有美德。"③康德完全否认上述观点，他从理性主义出发来论证道德教育的必要性和可能性问题。在康德看来，人一方面是感性存在，同时又是理性存在。人作为感性世界的成员，服从自然规律；作为本体，只服从理性法则。虽然康德承认人有肉体感受性，但他更强调人的理性。他认为，人作为自然存在并不比动物优越，也并不比动物有更高的价值可言，但人作为本体的存在，作为实践理性（道德）的主体是超越一切动物的。因此，道德教育之所以必要和可能，不只在于人的感性一面，更在于人的理性一面。

康德是从人是"自私的"这一前提来论证道德的必要性的。他认为，人是不同于神或上帝的，不具有圆满的神圣性。他假定，如果人像神那样理性能够完全决定意志，意志能自觉地与理性相符合，那么也就不存在道德问题了。然而，人是感性世界中的成员，"自私原是人的天性，并且甚至在道德法则之前就已发生于我们心中"④，理性可以决定意志，经验也可以决定意志。不仅如此，"人们爱把这种依照主观动机从事选择的自我定为一般意志的客观动机"⑤，因而人的意志的本性并不必然接受客观法则，它是一个尚不彻底的善意志。正因为如此，"在不以理性为其意

　　① ［法］霍尔巴赫：《社会体系》，北京大学哲学系外国哲学史教研室编译：《十八世纪法国哲学》，商务印书馆 1963 年版，第 649 页。

　　② ［法］霍尔巴赫：《社会体系》，北京大学哲学系外国哲学史教研室编译：《十八世纪法国哲学》，商务印书馆 1963 年版，第 650 页。

　　③ ［法］爱尔维修：《论人的理智能力和教育》，北京大学哲学系外国哲学史教研室编译：《十八世纪法国哲学》，商务印书馆 1963 年版，第 512 页。

　　④ 参见《道德形而上学》"德的形而上学要素"。

　　⑤ ［德］康德：《实践理性批判》，关文运译，商务印书馆 1960 年版，第 74 页。

志的唯一动机的那类存在者方面"，道德法则"乃是一个命令，乃是以那个'应当'为其特征"的定言命令①。这就决定了他们永远不得不把自己的行为准则的意向建立在道德的强制力上，换言之，不得不把"唯一能使准则成为真正合乎道德并且给予它们以一种道德价值的那个意志动机"和"客观上对它（当作义务）的必然遵守"，"表象为行为的真正动机"②。

　　康德还从另一方面作了论证。他断言，在普通人那里同样具有实践理性，具有纯粹的道德性。但是这种纯粹性难于保持，容易被引诱而走上邪路，因而"普通人的实践理性也不能够终认为好的"③。为了使实践理性保持长久，为了在以道德法则为根据的准则和以爱好为根据的准则相对立时不至于无所适从而走邪路，必须求助于哲学，求助于对理性的彻底批判。只有这样，才能为责任的诸规范实施提供条件，否则就不可能养成纯粹的道德意向并使之根深蒂固④。在这方面，康德不仅同18世纪法国唯物主义者从个人利益出发论证教育的必要性划清了界限，而且也从根本上否认了宗教神学，特别是17、18世纪在西欧流行的冉森教派从"原罪"论证教育必要性的观点。

　　康德从人的理性方面说明了对人们进行道德教育的可能性。18世纪法国思想家虽然也承认理性，但把理性看成是获得幸福的手段。康德针对这种看法提出，人之为人，是因为他为了另外一个更高的理想而存在，人的理性所固有的使命就是实现这种理想。他自认为他在有机物的自然结构中找到了一个原则，即在有机物的自然结构中没有一个用于一定目的的器官不是与这一目的最相适应⑤。他据此推论说，理性不是用来实现幸福的手段。假如自然给人以理性的目的在于获得幸福，那这种安排太笨拙了，因为理性还不如本能更有把握达到目的。理性的使命在于使人具有德性。人作为理性的主体，能够把理性法则看作是对我的命令，把按理性法则行动看做是自己的责任。这样，定言命令之所以可能就在于人有理性。他说："道德法则的概念，单由人的理性就能够对人心发生极强烈的影响。"⑥

　　正因为人有理性，所以人对道德有一种自发的倾向性。任何人，以至最普通的人，都知道必须做什么，在他们的道德认识中可以找到某种道德原则。尽管人们的理性这时不能使之普遍化为道德法则，然而实际上把它作为道德价值的标准。康德说，之所以会这样，是因为理性的图景比快乐或幸福的诱惑，甚至比痛苦和灾难的

---

① ［德］康德：《实践理性批判》，关文运译，商务印书馆1960年版，第75页。
② ［德］康德：《实践理性批判》，关文运译，商务印书馆1960年版，第18页。
③ 参见［德］康德：《实践理性批判》，关文运译，商务印书馆1960年版，第153页。
④ ［德］康德：《道德形而上学探本》，唐钺译，商务印书馆1957年版，第20页。
⑤ 参见［德］康德：《道德形而上学探本》，唐钺译，商务印书馆1957年版，第26～27页。
⑥ 参见［德］康德：《道德形而上学探本》，唐钺译，商务印书馆1957年版，第25页。

恫吓对人心有更大的支配力，给行为合法则性也能提供十分强有力的动机，并且还能使人纯粹尊重法则，排除一切其他考虑。这一点初看并不如此，但康德肯定地说："事实确系这样，而且人性如果不是天生如此，则我们纵然烦言费辞，反复诱导，将法则形容尽致，也永不会产生出意向的道德性来。"①正因为这些理由，康德认为使道德法则进入人心并成为行为准则不仅必要，而且完全可能。

康德关于道德教育的必要性和可能性的这些观点反映了处于上升时期的资产阶级的积极进取精神，同时也表现出康德作为理性主义思想家重视人的主观能动性的特征。但是，康德所强调的理性，仍然是人的自然性。因而在本质上是与法国唯物主义者一致的，他并没有摆脱他们在社会历史观上的唯心主义。他之所以不像18世纪法国思想家那样赤裸裸地强调人的感性，而崇尚人的理性，只不过是反映和预示着软弱的德国市民－资产阶级的本性特征，正如马克思和恩格斯所说的："在康德那里，我们又发现了以现实的阶级利益为基础的法国自由主义在德国所采取的特有形式。"②从理论上看，尽管康德强调道德教育的必要性和可能性，并做了详细的论述，但由于历史和阶级的局限性，他没有也不可能提供科学的理论。

三、关于道德教育过程和方法的阐述

康德从理性主义出发，以使道德法则进入人心成为行为准则为指导原则，具体阐述了建立和培养人的道德意向的过程和方法。严格讲，道德教育的方法问题才是纯粹实践理性方法论所要解决的主要问题，这个问题占了《纯粹实践理性的方法论》的大部分篇幅。

从康德对道德教育方法的论述中，可以看到卢梭教育思想对他的影响。卢梭反对实行呆读死记、体罚和摧残儿童个性的经院式的学校教育，主张教育应当是自然的，在对儿童进行教育的时候应当遵循他们的本性。他特别强调少说多做，用实例教育学生。在道德教育方面，他强调不是通过"说教"而是通过真实的事物来培养学生的道德情感。像卢梭一样，康德也极力反对经院式教育，反对教条式的训诫，主张遵循人的本性，强调实例教育。但是，由于康德对道德基础的看法与卢梭存在着分歧，因而在道德教育问题上，他强调的不是学生的一般本性，而是他们的理性，他所主张的道德教育方法因而与卢梭也有很大的差异。

康德提出的道德教育方法，可以概括为锻炼道德判断力和培养道德意向纯粹性这两方面。前者是利用教育者的理性喜欢对道德问题作精微考察的倾向，通过区别实际

---

① ［德］康德：《实践理性批判》，关文运译，商务印书馆1960年版，第153页。
② 《马克思恩格斯全集》第3卷，人民出版社1960年版，第213页。

行为中的各种责任，锻炼他们的道德判断力，进而培养他们对道德法则的关切心。后者是在第一种方法的基础上，进一步用实例呈现出道德的纯粹性，通过这种榜样的道德纯粹性的力量使青年也想成为道德纯粹的人，从而达到道德教育的目的。在康德那里，道德教育方法是与道德教育过程一致的，道德教育的两种基本方法实际上也就是道德教育过程的两个阶段，实施这两种方法的过程也就是道德教育的全过程。

康德认为，人的理性有一种喜欢对道德问题作最精微考察的倾向。他举例说，有些人对于理论中一切费思索的问题感到枯燥麻烦，但当问题是弄清一种善行或恶行的含义时，他们会马上参加讨论，而且能够提出自己的看法，表现出在理论方面所不能产生的精微和细致。康德强调进行道德教育必须利用理性的这种倾向。他针对当时德国学校中虚妄和迷信流行的状况，提出质疑："理性既然有一种倾向，……我就不懂得负有教育青年之责的人们为什么许久以来不曾利用这种倾向。"①

在康德看来，理性的这种倾向是判断自己的自由行为和对他人自由行为的观察而发生的一种自然活动。这种活动使判断尖锐化了。他要求应当在此基础上教育青年区别某种行为的责任问题。首先要问这种行为客观上是否符合道德法则，进而要问符合哪条法则。不仅如此，还要考察这种行为是否在主观上"为了道德法则的缘故而发生的，以至使它不但作为一种行为看在道德上是正当的，而且还当作为一个意向着，依照行此事的准则，而有了一种道德的价值"②。也就是要考察客观上符合道德法则的行为，其动机是否也是道德的。康德断言，这种练习会使理性由此在道德判断方面得到培养，并且一定会逐渐对理性法则自身，并因而对道德上的行为表示关切。

在给青年奠定了一定的判断责任能力的基础以后，康德主张应该在古今人物中给提出的责任问题搜集实例，使他们运用其批判能力，尤其是通过比较不同环境下的相似行为来评价其道德意义的大小。在康德看来，这样做有两个好处：一方面，那些思想还不成熟的青年在这里会立刻变得敏锐起来，并且由于在评价中感到自己的判断力有所进步而发生兴趣；另一方面，也是最重要的，他们能够在评价中希望常常练习认识和赞扬醇乎其醇的善行，同时又对一些小的失误表示惋惜或鄙视。这样，就会一方面留下一个永久敬佩的印象，同时又留下一个永久嫌恶的印象。康德认为，即使这种练习只是一种儿童们的游戏，但"照这样，单单因为我们常常习于认某些事情是值得嘉许的，或应受惩责的，就给将来生涯中的正直德行奠定下良好基础"③。但是，康德反对拿狭义书籍中的所谓"壮举"范例来教育学生。因为他认

---

① ［德］康德：《实践理性批判》，关文运译，商务印书馆1960年版，第158页。
② ［德］康德：《实践理性批判》，关文运译，商务印书馆1960年版，第161页。
③ ［德］康德：《实践理性批判》，关文运译，商务印书馆1960年版，第156页。

为，这种"壮举"只会产生出"浪漫英雄"来，这种"英雄"会把日常的责任看成是渺小无价值的而不加以遵守。如果以所谓高超、豪爽等"壮举"作为范例教育学生憧憬这些行为，那就会南辕北辙。

在康德看来，上述方法会给青年奠定良好的道德基础，但仅此不够，还必须深入到道德意向、道德动机。因为，道德动机是行为之所以具有道德价值的前提条件①。康德道德教育过程的第二阶段，就是要用实例把道德意向活生生地呈现出来，从而注意培养学生道德意向的纯粹性。其具体作法是：首先借实例指点出道德意向纯粹性的标准，然后把实例告诉学生。康德用了较大篇幅举一个诚实人的例子进行说明。这个实例简单说来就是，人们想劝一个诚实人诬告一个清白无罪的人，首先许以重利，随后恫吓胁迫，以至要给他处死，但这个诚实人誓死不屈。最后眼看祸及亲属，这时他虽然极度痛苦，但仍然忠贞不贰。康德认为，这样的实例会使听者由赞许和嘉赏提高到仰慕，再由仰慕提高到惊讶，最后达到最大的崇拜，一心想自己也成为这样的人。康德由此得出结论说："道德愈是呈现在纯粹形式下，它在人心上就愈有鼓舞力量。"②在道德教育过程中，必须用这样的范例教育学生，使他们也想成为道德纯粹的人。

康德的道德教育方法论强调道德的纯粹性，根本否认利益的作用。然而他有时也肯定利益或利害关系在道德教育中的某些作用，尽管对这种作用作了极大的限制。他举例说，要想把一个粗野不驯的人引导到道德的轨道，那就需要准备指导的工夫。这可以是两方面的：或者以利益来引诱他；或者以损失来恐吓他。通过这些方式使那种粗野慑于利害关系得以收敛。但是康德强调，这种工作一产生效果后，就应当进行正常的道德教育，让纯粹的道德动机完全支配心灵。因此，利益的引诱和恐吓在康德那里只是一种特殊情况下使用的特殊教育方法，而不是一般道德教育过程的一个环节。

以上分析可见，康德对道德教育方法的阐述是具体而详尽的，其中具有不少合理成分。他把道德教育方法和道德教育过程统一起来，重视道德判断力的锻炼，把道德教育的重点放在培养学生的道德动机上，这些见解是颇有见地的。特别是他把实例教育方法作为道德教育的一般方法，十分重视实例教育，表明康德注意到了道德教育不同于一般知识教育的特点。但是，康德像其他一切唯心主义者一样，"不知道真正现实的、感性的活动本身"③，完全忽视了达到道德教育目的的根本途径：实践。这是康德道德教育方法论的根本缺陷。在这方面，康德甚至比强调只有在社会中才能进行道德教育的卢梭还要逊色得多。

---

① 参见［德］康德：《实践理性批判》，关文运译，商务印书馆 1960 年版，第 73 页。
② ［德］康德：《实践理性批判》，关文运译，商务印书馆 1960 年版，第 158 页。
③ 《马克思恩格斯选集》第 1 卷，人民出版社 1972 年版，第 16 页。

附录二　康德是唯动机论者吗？——兼评康德的动机论*

在我国公开出版的伦理学教科书和一些关于道德问题的小册子中，通常把康德作为唯动机论的典型代表来加以批评。尽管人们并没有称康德是唯动机论者，但断定康德的动机论只强调动机对于道德上善恶的意义，而否认其他一切因素，特别是行为结果。因此，在人们的眼里，康德的动机论实际上就成了唯动机论，康德就是唯动机论者。毋庸讳言，康德的确极为重视动机对于道德善恶的意义。但是，他是在多大程度上估价行为动机对于评价道德价值意义的，或者说他是否把行为动机的善恶看作行为是否具有道德价值的唯一标准，这个问题值得我们深入研究。

在《实践理性批判》一书中，康德有专章论述动机问题。在这章的一开头，康德就指出："构成行为的全部道德价值的重要条件就是：道德法则必须直接决定意志。"① 这句话清楚地表达了康德关于动机对于道德价值的基本看法。这就是，道德法则决定意志，即以道德法则作为行为动机是行为全部道德价值的重要条件。问题是如何理解这里的重要条件。康德进一步认为，人的行为只有出于道德动机（即以道德法则为动机）才会是道德的，否则，"诚然含有合法性，但并不含有道德性"。不仅如此，还必须以道德法则作为行为的唯一动机，"人们只要允许别的动机（如利益动机）与道德法则通力合作，那还是有危险的"②。因为如果行为掺杂了别的动机，意志就会为这些动机所左右，就可能产生"合于"道德法则的行为，而影响道德的纯洁性。显然，道德法则决定意志被看做行为具有道德价值的前提条件，被看作行为具有道德价值的首要根据。

"责任"③ 概念是理解康德道德价值论的一个关键概念。正如康德在《道德形而上学的奠基》一书中所指出的，"我们要估计我们行为的全部价值，这个概念（即为道德法则所决定的善意志——引者注）是首要的，是一切其余的条件。要发挥这个概念，我们要先讨论责任这个观念"④。什么是责任？康德明确规定说："一种单依照这个法则（即道德法则——引者注）而排除了一切好恶动机并在客观上应当实践的行为就称为责任，这种责任由于有这种排除作用，所以在其概念中就包括着一种实践的义务，包含着强人实行某些事情的决定力量，不论这些事情是如何拂人意

---

* 原发表于《湖北大学学报》（哲学社会科学版）1988 年第 2 期。

① ［德］康德：《实践理性批判》，关文运译，商务印书馆 1960 年版，第 73 页。

② ［德］康德：《实践理性批判》，关文运译，商务印书馆 1960 年版，第 73 页。

③ "责任"，德文原文是 pflicht，含英文的 duty、obligation 等意。《实践理性批判》（关文运中译本）中译为"职责"，《道德形而上学探本》（唐钺中译本）中译为"义务"，本人认为译为"责任"更好。

④ ［德］康德：《道德形而上学探本》，唐钺译，商务印书馆 1957 年版，第 11 页。

的。"①很明显，康德所理解的责任概念，具有两方面含义：一方面，主观上责任仅仅依照道德法则而排除一切利害的考虑，即以道德法则为唯一动机；另一方面，客观上责任是一种应当实践的行为，而且在这里康德特别强调了责任概念的实践方面，把这个方面看作是责任概念本身所要求的一种义务。康德自己也作出明确的说明，他讲："因此，责任概念，在行为方面就要求在其客观上契合于法则，并且在行为的准则方面，又要求在主观上对法则发生一种敬重，而以此作为法则决定意志的唯一方式。"②在这里，康德对责任概念所包含的主观上敬重法则，客观上合乎法则这两方面的含义表达更为清楚。可见，康德所理解的责任并不是一种观念，而是一种行为，一种出于道德动机的行为，即道德的行为。责任概念和康德经常使用的"出于责任心的行为"或"出于责任的行为"的含义是一致的。正因为如此，康德说："道德的价值，则只当置在下面一个事实中，就是，行为必须是本于责任，即单单为了法则才成立的。"③从责任概念可以明显看出，在康德那里道德动机或主观上对道德法则的敬重是构成道德价值的首要条件或前提条件，但不是唯一条件，构成道德价值的要素还必须包括行为客观上的合法则性。

　　康德的上述观点，在他的道德教育思想中也有明显的表现。他在对他的道德教育方法论进行规定时说："这里的方法论乃是指我们能借以使纯粹实践理性的法则进入人心，并影响其准则的那种方式而言。"④这段话虽然是康德对他的道德教育方法论的规定，但包含了他对道德教育目的的看法。在康德看来，道德教育目的包括使道德法则进入人心（即作为行为的动机）和影响其准则（即作为行为的准则）这两个方面。换言之，道德教育的目的就是要使人们出于道德动机按照道德法则行动。这里康德也是从行为动机和行为过程两方面来考察行为的道德价值的。在论述道德教育的具体方法时，康德也表露出这种观点。他认为要判断一种行为是否具有道德价值，不但要考虑这种行为作为一种行为看在道德上是正当的，而且还要把它当作一个意向看，是为了道德法则的缘故发生的。⑤当然，康德在这里所强调的重点同样是道德动机。

　　主张康德是唯动机论者的学者，经常举出康德在《道德形而上学奠基》一书第一章的开始讲到的"善意志本身就是善的"作为根据，来证明康德是唯动机论者。康德的确认为"善意志本身就是善的"⑥，但不能由此得出康德是唯动机论者的结论。这里的关键是如何理解"善意志"概念。康德所谓的善意志，也就是他所说的实践

　　①　［德］康德：《实践理性批判》，关文运译，商务印书馆1960年版，第82页。
　　②　［德］康德：《实践理性批判》，关文运译，商务印书馆1960年版，第83页。
　　③　［德］康德：《实践理性批判》，关文运译，商务印书馆1960年版，第83页。
　　④　［德］康德：《实践理性批判》，关文运译，商务印书馆1960年版，第153页。
　　⑤　参见［德］康德：《实践理性批判》，关文运译，商务印书馆1960年版，第161页。
　　⑥　参见［德］康德：《道德形而上学探本》，唐钺译，商务印书馆1957年版，第9页。

理性，"理性承认建立善意志是它的最高的实践上的目的"①，这种作为理性的最高实践目的的善意志就是实践理性。善意志或实践理性本身就包含了行为的道德动机和出于这种动机行动的必然性两个方面。在这本书的另一个地方，康德对意志作了明确的规定："意志是被认为决定自己依照某些规律的概念去行动的一种能力。"②相应地，善意志就是决定自己依照道德法则的概念行动的能力。"意志的客观依据是动机"③，善意志的客观依据是道德法则的概念（或道德原则）。康德这里讲的善意志，只是普通人的善意志，康德讲普通人的善意志，是要从这里引出绝对善意志。什么是绝对善意志？康德规定说："照能够同时把自身作为普遍的自然规律的准则去行动。这就是表示绝对善意志的公式。"④这里的善意志就更明确地包含了依照道德法则即能把行为准则变成普遍的自然规律和以此作准则行动这两方面的含义。很明显康德肯定行为动机和行为过程对道德价值的影响，而否认行为结果的意义。

认为康德是唯动机论者的另一个重要理由是，康德否认行为结果对于道德价值的意义。诚然，康德的动机论始终反对从行为的结果来看道德价值，认为行为的道德价值不在于这个行为的预期结果或实际结果，但是，从他反对根据行为的结果评价行为的道德价值的看法并不能得出他否认评价行为道德价值应注意行为本身的结论。前面已经讲到，在道德价值的客观方面，康德要求行为符合道德法则或符合责任，强调按照道德法则或责任的要求做的行为本身。这就是说，虽然康德否认了行为结果对道德价值的意义，但肯定了行为的另一个客观方面即行为本身或行为过程对道德价值的意义。康德在谈到兴趣问题时曾明确说过："在出于责任心的行为，我们一定不要注意到对于行为的对象的兴趣，只注意到对行为自身以及行为所依据的理性原则（即法则）的兴趣。"⑤可以看出，在考察行为的道德价值时，康德反对从行为的对象（即行为作用的结果）方面进行考察，而强调要从行为过程本身，从行为所依据的法则这两个方面去考察。

从以上的考察和分析可见，在道德价值问题上，康德十分强调道德动机，极力否认行为结果的道德意义。但是，康德在强调道德动机对道德价值的意义时，从来都是把它看作行为之所以具有道德价值的重要的或首要的前提条件，并没有超越此界限把它当作唯一条件，也没有因为强调道德动机对道德价值的意义而否认构成道德价值的其他条件。因此，有理由认为，康德虽然十分强调动机对道德价值的意义，但并不是唯动机论者。

那么，康德为什么如此强调动机对于道德的意义呢？我们不妨对这其中的原因

① 参见［德］康德：《道德形而上学探本》，唐钺译，商务印书馆1957年版，第11页。
② ［德］康德：《道德形而上学探本》，唐钺译，商务印书馆1957年版，第41～42页。
③ ［德］康德：《道德形而上学探本》，唐钺译，商务印书馆1957年版，第42页。
④ 参见［德］康德：《道德形而上学探本》，唐钺译，商务印书馆1957年版，第51页。
⑤ ［德］康德：《道德形而上学探本》，唐钺译，商务印书馆1957年版，第28页。

作些分析，这对于理解康德的动机论是有帮助的。

第一，康德作为理性主义思想家，强调动机在道德中的意义是和他的整个思想体系相一致的。康德特别崇尚人的理性，把理性看成是人区别于动物的根本标志。理性不仅具有思维的能力，而且还具有实践的能力，这种实践能力"就是要左右意志的能力"①。理性要左右意志，实际上就是要产生善意志，善意志也就是他所谓的实践理性。所以，康德强调道德动机、善意志对道德价值的意义实际上是强调实践理性、理性对道德价值的意义。他认为，大自然让人类具有理性的真正目的就是要产生善的意志，确立善意志是理性的实践上的最高目的。从康德的整个伦理思想来看，他还不只是强调理性对道德价值的意义，而且把理性作为他整个伦理思想的基础。

第二，康德强调动机的意义是为了彻底反对经验主义，特别是十八世纪法国唯物主义的经验主义。18世纪法国唯物主义者企图以感官生理的感受性为基础，以苦乐、幸福、利益等经验性的东西作为行为是否道德的标准，因此在道德评价问题上必然强调行为的结果。康德反对这种理论，认为苦乐、幸福、利益等经验性的东西没有客观标准，它们是有条件的，只有理性的东西才是无条件的、普遍的。这种理性的原则实际上就是康德的道德法则。所以，康德强调动机、作为动机的道德法则对道德的意义实际上还是为了强调理性对道德的意义，否认经验因素的作用。正是出于这种目的，康德说："关于道德价值的问题，我们要考究的不是我们能看见的行为，乃是我们看不见的那些发生行为的内心原则。"②

第三，康德强调动机的意义，是因为他注意到动机在道德评价中具有重要的意义。这一点是非常重要的。康德在开始涉及动机与道德价值的关系时，就讲到他为什么重视道德动机或出于责任心的理由。他说，有好些行为，已经公认是与责任不相容的。对于这些行为，他排除考虑，因为这些行为肯定是不道德的。还有些行为，实际上合于责任，或者说从行为本身看是善的，但这些行为中有较复杂的情况，人们可以出于不同的动机达到在客观上同样善的结果。如果根据18世纪法国唯物主义者的观点，这些行为就都是善的，但这是人们很难接受的。因为"歪打"也可以"正着"，许多抱着自私的动机，或者出于自己的爱好的行为也可以产生善的结果，但很难说这样的行为在道德上是善的。这样，如何判断和评价客观上产生善的结果的行为，就成为道德学家所面临的问题。康德正是为了解决这个问题而提出了他的动机论，企图通过考察行为的动机如何来最后判断和评价这种客观上符合道德法则的行为究竟是否真的道德。通过考察，康德发现，行为的道德价值不在于这个行为所达到的目的，不在于它的结果，"也不在于要从这种结果得到原动力的任何种行为原则。""因为一切这些结果都可以由别的原因产生，并不是有理性的意

---

① ［德］康德：《道德形而上学探本》，唐钺译，商务印书馆1957年版，第11页。

② ［德］康德：《道德形而上学探本》，唐钺译，商务印书馆1957年版，第22页。

志才可以得到这个结果"①。他由此得出结论：只有道德动机对于行为的道德价值才具有首要的甚至决定性的意义。

第四，康德强调道德动机的意义，是因为康德认为道德动机是道德教育中的重要问题。在康德看来，道德教育的最根本目的就是要解决建立和培养纯粹的道德意向或道德动机问题。他主张在对学生进行了道德判断力的训练以后，就要"用实例把道德意向活生生地呈示出来，而注意意志的纯粹性"②。如果不注意建立和培养学生的纯粹的道德意向，"虽然可以产生出行为的合法性来，但并不能产生出意向的道德性来"③，那么这种道德教育就是不成功的。同时，康德还从理性主义出发，认为纯粹的理性图景比快乐、幸福的诱惑对于人心具有更大的支配力。"道德愈是呈现在纯粹形式下，它在人心上就愈有鼓舞力量。"④因此，利用不掺杂任何其他因素的纯粹道德动机或道德意向对青年进行道德教育是一种重要的道德教育方法。

正是由于上述原因，康德才十分重视动机问题，动机问题在他的整个伦理思想体系中占有突出的地位。康德强调动机对于道德的意义是不是一种错误？这个问题是评价康德动机论的一个关键性问题。在笔者看来，强调动机对于道德的意义并不是康德动机论的错误所在，相反，这正是康德伦理思想深刻性的重要表现。

我们知道，一般说来，人们的任何行为都可以从两方面评价，一方面是从对社会的功利角度进行评价；另一方面是从道义的角度进行评价。从对社会的功利角度进行评价，就是所谓行为的社会功利价值问题；从道义的角度进行评价，就是所谓行为的道德价值问题。对同一行为，从这两方面所作的评价通常是一致的。也就是说，对社会有利的行为，不仅具有社会价值，而且也具有道德价值；对社会不利或有害的行为，不仅没有社会价值，而且也没有道德价值；对社会既无利也无害的行为，对于社会功利评价来说是中性行为，对道德评价来说亦如此。但是，这两种评价毕竟是不同的，有时具有很高社会价值的行为，而较少具有或不具有道德价值。这里的问题在于，对行为作道德价值评价不仅要考虑行为是否符合道德原则规范，而且必须考虑它的动机是否善；而对行为作社会价值评价则可以完全不考虑行为的动机，仅仅考虑行为的结果是对社会有利还是有害。也就是说，构成道德价值必须有两个要素：行为的动机是否善和行为是否符合道德规范；而构成社会价值的因素只有一个，这就是对社会是否有利。在道德评价上完全不承认"歪打正着"的行为具有道德价值，但在作社会评价时则同样地承认这种行为具有价值。十分明显，行为的动机对道德评价以至对道德价值本身来说具有前提条件的意义，动机不善良的一切行为都不具有道德价值。这一点是构成道德价值不同于社会价值的本质区别。

<hr>

① ［德］康德：《道德形而上学探本》，唐钺译，商务印书馆 1957 年版，第 15～16 页。
② ［德］康德：《实践理性批判》，关文运译，商务印书馆 1960 年版，第 162 页。
③ ［德］康德：《实践理性批判》，关文运译，商务印书馆 1960 年版，第 153 页。
④ ［德］康德：《实践理性批判》，关文运译，商务印书馆 1960 年版，第 158 页。

　　康德的动机论的意义正在于，他清楚地看到了道德价值与社会功利价值之间的这种区别，看到了道德动机对于道德价值的重要意义。康德并不否认人们出于感情、爱好，以至于追求自己幸福所产生的对社会有利的行为的社会价值，他肯定这样的行为是可称许的。如他说："如果我们因为疼爱他人，对之休戚相关，才向他们行善，或者只是由于我们喜爱维护秩序，才主持公道，那诚然也是一种好事。"①尽管这种行为应受到称赞、鼓励，但不值得高度推崇，值得高度推崇的只有那些有这种效果，同时又出于责任心的行为。在道德动机与道德价值的关系上，康德比那些后果主义者，特别是功利主义者高明得多。功利主义者在这个问题上的最大失足就在于，把道德价值与社会价值相混淆，把社会价值等同道德价值，因而否认道德动机对于道德价值的意义。如功利主义者边沁认为，行为的善恶不应该根据动机，而应根据效果来判断。他的理由是虽然动机极好，但还是不能抹杀行为的善恶；反过来虽然动机极坏也不能抹杀行为的善恶。显然，边沁由于动机与效果的矛盾而走向否认行为动机对于行为善恶的意义。功利主义的集大成者约翰·密尔更是因噎废食。他针对人们对功利主义者太注重行为的效果而不太注重产生行为的道德品质的批评辩解说，这一错误不是功利主义固有的错误，而是因为在行为后面去找动机很困难这一事实所引起的必然后果。康德也感到考察人们的动机困难而回避了这个问题，但他毕竟正视了动机与道德价值的关系。

　　康德在动机与道德价值的关系问题上的见解是可取的，他对这个问题所作的探讨具有重要意义。但是，肯定康德动机论的合理性和可取性，决不应该忽视这种动机论的缺陷和错误。康德动机论的主要缺陷和错误在于，他脱离一定社会历史条件，脱离人的社会性、阶级性和具体的生活条件来研究动机问题，忽视了人的道德实践活动对于考察行为动机的意义。人们行为动机的产生是与一定的历史条件，与人们所处的社会地位、阶级地位，以及个人的生活条件相联系的。离开了这些条件，离开了人们的具体的道德实践活动，就不可能真正洞察人们行为动机的秘密，而且必定会把发现人的动机推向不可知的彼岸。难怪康德得出这样的结论："其实，就是经过极严密的省察，我们也不能完全看出行为的秘密动机。"②不仅如此，判断人们的动机是否善的标准是一定社会或阶级的道德要求，离开一定社会或阶级的道德要求就不可能考察人们行为动机是否善良。康德像其他一切资产阶级道德学家一样，由于不懂得道德的社会历史性和阶级性，企图寻找一种永恒的道德原则作为评价人们行为动机的标准。康德的动机论的唯心主义性质，决定了这种理论本质上不可能是科学的，也决定了这种理论最终不能给人们的道德评价和道德教育等道德实践活动以正确的指导。

---

　　① ［德］康德：《实践理性批判》，关文运译，商务印书馆 1960 年版，第 84 页。
　　② ［德］康德：《道德形而上学探本》，唐钺译，商务印书馆 1957 年版，第 22 页。

主要参考文献

1. 康德原著

［德］康德：《纯粹理性批判》，蓝公武译，商务印书馆 1960 年版。

［德］康德：《实践理性批判》，关文运译，商务印书馆 1960 年版。

［德］康德：《判断力批判》（上下卷），韦卓民译，商务印书馆 1964 年版。

［德］康德：《道德形而上学探本》，唐钺译，商务印书馆 1957 年版。

李秋零主编：《康德著作全集》第 2 卷，中国人民大学出版社 2004 年版。

李秋零主编：《康德著作全集》第 3 卷，中国人民大学出版社 2004 年版。

李秋零主编：《康德著作全集》第 4 卷，中国人民大学出版社 2004 年版。

李秋零主编：《康德著作全集》第 5 卷，中国人民大学出版社 2007 年版。

李秋零主编：《康德著作全集》第 6 卷，中国人民大学出版社 2010 年版。

李秋零主编：《康德著作全集》第 8 卷，中国人民大学出版社 2010 年版。

2. 外国学者著作（以作者国别拼音字母为序）

［奥］维特根斯坦：《逻辑哲学论》4.0031，韩林合译，商务印书馆 2013 年版。

［德］费希特：《论学者的使命：人的使命》，梁志学、沈真译，商务印书馆 1984 年版。

［德］海涅：《论德国宗教和哲学的历史》，海安译，商务印书馆 1974 年版。

［德］黑格尔：《小逻辑》，贺麟译，商务印书馆 1980 年版。

［德］黑格尔：《哲学史讲演录》第一卷，贺麟、王太庆译，商务印书馆 1959 年版。

［德］黑格尔：《哲学史讲演录》第三卷，贺麟、王太庆译，商务印书馆 1959 年版。

［德］黑格尔：《哲学史讲演录》第四卷，贺麟、王太庆译，商务印书馆 1978 年版。

［德］莱布尼茨：《人类理智新论》上册，陈修斋译，商务印书馆 1982 年版。

［德］莱布尼茨：《神义论》，朱雁冰译，生活·读书·新知三联书店 2007 年版。

［德］叔本华：《作为意志和表象的世界》，石冲白译，杨一之校，商务印书馆 1982 年版。

［俄］普列汉诺夫：《论一元论历史观之发展》，博古译，生活·读书·新知三联书店 1961 年版。

［法］柏格森：《创造进化论》，姜志辉译，商务印书馆 2004 年版。

［法］柏格森：《形而上学导言》，刘放桐译，商务印书馆 1963 年版。

［法］霍尔巴赫：《自然的体系》下卷，管士滨译，商务印书馆 1977 年版。

［法］拉美特利：《人是机器》，商务印书馆 1979 年版。

［法］卢梭：《论科学与艺术》，何兆武译，商务印书馆 1959 年版。

［法］卢梭：《社会契约论》，何兆武译，商务印书馆 1982 修订第 2 版。

［法］孟德斯鸠：《论法的精神》上册，张雁深译，商务印书馆 1961 年版。

［法］茄罗蒂：《论自由》，江天冀、陈修斋译，生活·读书·新知三联书店 1962 版。

［法］萨特：《存在主义是一种人道主义》，周煦良、汤永宽译，上海译文出版社 1988 年版。

［古罗马］奥古斯丁：《忏悔录》，周士良译，商务印书馆 1963 年版。

［古罗马］奥古斯丁：《论自由意志》// 奥古斯丁：《恩典与自由》，奥古斯丁著作翻译小组译，江西人民出版社 2008 年版。

［古罗马］塞涅卡：《论幸福生活》// 塞涅卡：《强者的温柔——塞涅卡伦理文选》，包利民等译，王之光校，中国社会科学出版社 2005 年版。

［古希腊］亚里士多德：《政治学》，吴寿彭译，商务印书馆 1965 年版。

［荷］斯宾诺莎：《伦理学》，贺麟译，商务印书馆 1981 年版。

［美］杜威：《自由与文化》，付统先译，商务印书馆 1964 年版。

［苏］K.C. 巴克拉捷：《近代哲学史》，愚生译，上海译文出版社 1983 年版。

［苏］阿尔森·古尔加：《康德传》，贾泽林、候鸿勋、王炳文译，商务印书馆 1981 年版。

［苏］奥伊则尔曼：《辩证唯物主义与哲学史》，上海译文出版社 1985 年版。

［苏］瓦·费·阿斯穆斯：《康德的哲学》，蔡华五译，上海人民出版社 1959 版。

［英］贝克莱：《人类知识原理》，关文运译，商务印书馆 1973 年版。

［英］霍布斯：《利维坦》，黎思复、黎廷弼译，杨昌裕校，商务印书馆 1985 年版。

［英］罗素：《西方哲学史》下卷，马元德译，商务印书馆 1976 年版。

［英］洛克：《人类理解论》上册，关文运译，商务印书馆 1959 年版。

［英］莫尔：《乌托邦》，生活·读书·新知三联书店 1956 年版。

［英］休谟：《人类理解研究》，关文运译，商务印书馆 1982 年版

［英］休谟：《人性论》，关文运译，郑之骧校，商务印书馆 1980 年版。

A. E. Teale：Kantian Ethics，Greenwood Press，1957.

3. 中国学者著作（以作者姓氏拼音为序）

北京大学哲学系外国哲学史教研室编译：《古希腊罗马哲学》商务印书馆 1961 年版。

北京大学哲学系外国哲学史教研室编译：《十七—十八世纪西欧各国哲学》，商务印书馆 1975 年版。

北京大学哲学系外国哲学史教研室编译：《十八世纪法国哲学》，商务印书馆 1963 年版。

北京大学哲学系外国哲学史教研室编译：《西方哲学原著选读》上卷，商务印书馆 1981 年版。

车铭洲：《西欧中世纪哲学概论》，天津人民社 1982 版。

杜任之主编：《现代西方著名哲学家述评》，生活·读书·新知三联书店 1982 年版。

法学教材编辑部《外国法制史》编写组：《外国法制史资料选编》下册，北京大学出版社 1982 年版。

洪谦主编:《现代西方资产阶级哲学论著选辑》,商务印书馆 1964 年版。

李泽厚:《批判哲学的批判》(修订本),人民出版社 1984 年第 2 版。

刘放桐等编著:《现代西方哲学》,人民出版社 1981 年版。

冒从虎:《德国古典哲学》,重庆出版社 1984 年版。

齐良骥:《康德》//王树人、李凤鸣编:《西方著名哲学家评传》第六卷,山东人民出版社 1984
　　年版。

全增瑕主编:《西方哲学史》下卷,上海人民出版社 1985 年版。

汤侠生:《布鲁诺及其哲学》,上海人民出版社 1985 年版。

徐崇温:《"西方马克思主义"》,天津人民出版社 1982 年版。

赵敦华:《基督教哲学 1500 年》,人民出版社 1994 年版。

朱德生等编:《简明欧洲哲学史》,人民出版社 1979 年版。

人名术语索引

（以汉语拼音为序）

丛书编后记

1994 年，为振兴和发展湖北大学的哲学事业，我们两个人（江畅、戴茂堂）分别从湖北大学政治教育系和《湖北大学学报》编辑部调到湖北大学哲学研究所，当时我们信心满满地想建立中国哲学的"沙湖学派"。从那时到今天，已经整整 20 年了。20 年来，沙湖学派从小到大，从弱到强——从当时的几位老师和几位学生，到今天的几十位老师和几百位毕业生和在校生；从没有一个学位点，到今天拥有本科、硕士、博士学位点，以及博士后流动站；从没有任何重点学科到今天具有省级一级哲学重点学科；从当时单二级学科的西方哲学或伦理学研究到今天的作为一级学科的哲学研究，以及更广范围的文化研究，搭建起了湖北大学基础文科的文化发展研究平台。我们正在组织出版五本集刊（《德国哲学》《价值论与伦理学研究》《文化发展论丛》（中国卷、世界卷、湖北卷））和三本蓝皮书（《文化建设蓝皮书：中国文化发展报告》《世界文化蓝皮书》《湖北文化蓝皮书》）；正在组织有关中国、世界、湖北文化发展的学术论坛。今天，沙湖学派已经成为中国哲学和文化研究的一支重要力量。我们希望本丛书能以更突出的个性特色为沙湖学派的发展壮大、为我国哲学与文化的繁荣昌盛做出一份贡献！

在 2000 年开始出版的"价值论与伦理学丛书"的总序中，我们第一次明确宣告了沙湖学派的宗旨，即："以关注和研究人类（特别是中国）价值与道德问题为宗旨，以个体自主和整体和谐为旗帜，以重反思、重批判、重对话为指针，以出思想、出观点、出理论为使命，力求在哲学和伦理学上有所突破，有所创新，形成独树一帜的'沙湖学派'，以成为哲学百花园中的一簇充满生机和活力的鲜花。"我们还阐明了出版丛书的基本思路，即："从广义上理解伦理学，把道德问题作为其中的一部分并放到更广泛的价值问题中去审视和探讨，使伦理学与价值论沟通、统一起来。从哲学的高度研究伦理学，使伦理学成为幸福哲学、价值哲学、人生哲学，成为能为社会和个人观念构建、反思、更新提供一般价值原则和基本行为准则的真正意义的哲学"；"立足中国当代现实，着眼人类未来发展，借鉴现代世界文明，弘扬中国传统文化。不拘一格，广泛吸纳人类已有的一切有价值的思想理论成果，在批判、选择、综合的基础上创新，构建一种理论与应用内在一致的，具有兼容性、开放性、创新性的动态伦理学体系"。在 2002 年创办的《价值论与伦理学论丛》（后改名为《价值论与伦理学研究》）的发刊词中，我们又强调了这些沙湖学派的基本观念。

上述观念仍然是本丛书的基本观念，我们还会将这些观念进一步运用于文化问题的研究。文化问题的核心是价值问题，价值问题的难题是道德问题。我们将着眼于文化问题研究道德和价值问题，以解决道德问题为突破口破解价值问题和文化问题，以价值问题的研究加强道德问题与文化问题之间的关联，使道德问题、价值问题与文化问题贯通起来，融为一体。我们希望通过我们持续不解的学术探索为我国主流价值观和主流价值体系构建提供理论支持和智库服务。

江 畅

（湖北大学高等人文研究院院长、教育部"长江学者"特聘教授）

戴茂堂

（湖北大学哲学学院院长）

2014 年 10 月